GUNTHER WENZ

# EINFÜHRUNG IN DIE EVANGELISCHE SAKRAMENTENLEHRE



Hans Georg [illegible]
Juni 88

# DIE THEOLOGIE

Einführungen in Gegenstand, Methoden und Ergebnisse
ihrer Disziplinen und Nachbarwissenschaften

WISSENSCHAFTLICHE BUCHGESELLSCHAFT
DARMSTADT

GUNTHER WENZ

# EINFÜHRUNG IN DIE EVANGELISCHE SAKRAMENTENLEHRE

WISSENSCHAFTLICHE BUCHGESELLSCHAFT
DARMSTADT

CIP-Titelaufnahme der Deutschen Bibliothek

**Wenz, Gunther:**
Einführung in die evangelische Sakramentenlehre /
Gunther Wenz. – Darmstadt: Wiss. Buchges., 1988
(Die Theologie)
ISBN 3-534-07261-8

Bestellnummer 07261-8


Satz: Satzrechenzentrum Elda GmbH, Darmstadt
Druck und Einband: Wissenschaftliche Buchgesellschaft, Darmstadt
Printed in Germany
Schrift: Garamond, 10/11

ISSN 0174-1063
ISBN 3-534-07261-8

# INHALT

# VERZEICHNIS DER ABKÜRZUNGEN

| | |
|---|---|
| A | Das geistliche Amt in der Kirche. Bericht der Gemeinsamen Römisch-katholischen / Evangelisch-lutherischen Kommission 1981. |
| BSLK | Die Bekenntnisschriften der evangelisch-lutherischen Kirche, hrsg. im Gedenkjahr der Augsburgischen Konfession 1930, Göttingen $^{7}$1976. |
| CR | Corpus Reformatorum, 1834 ff. |
| DS | Denzinger, H., und A. Schönmetzer, Enchiridion symbolorum definitionum et declarationum de rebus fidei et morum, Basel, Freiburg, Rom $^{36}$1976. |
| GChr | Die Gegenwart Christi in Kirche und Welt. Schlußbericht des Dialogs zwischen Reformiertem Weltbund und dem Sekretariat für die Einheit der Christen 1977. |
| H | Das Herrenmahl. Bericht der Gemeinsamen Römisch-katholischen / Evangelisch-lutherischen Kommission 1978. |
| Inst. | Calvin, J., Institutio Christianae religionis 1559. |
| J | Reformierte Bekenntnisschriften und Kirchenordnungen in deutscher Übersetzung, hrsg. v. P. Jacobs, Neukirchen 1949. |
| KD | Barth, K., Die Kirchliche Dogmatik, München 1932 ff. |
| L(T,E,A) | Taufe, Eucharistie und Amt. Konvergenzerklärungen der Kommission für Glauben und Kirchenverfassung des Ökumenischen Rates der Kirchen (›Lima-Dokument‹) 1982. |
| LG | ›Lumen Gentium‹, Dogmatische Konstitution über die Kirche (Vaticanum II). |
| LK | Konkordie reformatorischer Kirchen in Europa (›Leuenberger Konkordie‹) 1973. |
| LThK | Lexikon für Theologie und Kirche, hrsg. v. J. Höfer und K. Rahner, 10 Bde., Freiburg $^{2}$1957–1967, mit drei Ergänzungsbänden: Das II. Vatikanische Konzil. Dokumente und Kommentare, Freiburg, Basel, Wien 1966–68. |

M Die Bekenntnisschriften der reformierten Kirche. In authentischen Texten mit geschichtlicher Einleitung und Register hrsg. v. K. Müller, Leipzig 1903.

Ma Bericht der Evangelisch-lutherisch / Römisch-katholischen Studienkommission 'Das Evangelium und die Kirche' (›Malta-Bericht‹) 1972.

NR Neuner, J., und H. Roos, Der Glaube der Kirche in den Urkunden der Lehrverkündigung, Regensburg [7]1965.

PO ›Presbyterorum Ordinis‹, Dekret über Dienst und Leben der Priester (Vaticanum II).

RE Realencyklopädie für protestantische Theologie und Kirche, begr. v. J. J. Herzog, 3. Aufl., hrsg. v. A. Hauck, 24 Bde., Leipzig 1896 ff.

RGG Die Religion in Geschichte und Gegenwart. Handwörterbuch für Theologie und Religionswissenschaft, 3. Aufl., hrsg. v. K. Galling, 6 Bde., Tübingen 1957–1965.

SC ›Sacrosanctum Concilium‹, Konstitution über die heilige Liturgie (Vaticanum II).

ThW Theologisches Wörterbuch zum Neuen Testament, begr. v. G. Kittel, hrsg. v. G. Friedrich, 9 Bde., Stuttgart 1933–1973.

TRE Theologische Realenzyklopädie, hrsg. v. G. Krause und G. Müller, Berlin, New York 1977 ff.

UR ›Unitatis redintegratio‹, Dekret über den Ökumenismus (Vaticanum II).

Sonstige Abkürzungen sind entweder im Text aufgelöst oder folgen dem Verzeichnis von RGG.

# EINLEITUNG

Von Sakramenten in dem Sinne, wie er dem gegenwärtigen kirchlich-theologischen Bewußtsein geläufig ist und bereits den Sprachgebrauch der Reformatoren prägte, ist im Neuen Testament nicht die Rede. Das griechische Wort μυστήριον, das in den ersten christlichen Jahrhunderten vielfach mit dem lateinischen sacramentum wiedergegeben wurde, ist ursprünglich ohne direkten Bezug zu den Zeichenhandlungen, welche die spätere Theologie dem Sakramentsbegriff subsumierte. So werden etwa Taufe und Abendmahl, deren Sakramentalität von fast allen christlichen Kirchen anerkannt wird, im Neuen Testament nirgendwo dem μυστήριον-Begriff zugeordnet, geschweige denn durch diesen Terminus zusammengefaßt. Dieser Befund legt es nahe, in einer einführenden begriffsgeschichtlichen Untersuchung (1.1) zu fragen, wann und weshalb der Sakramentsbegriff zu jener Bedeutung gelangte, die er im Bereich christlicher Theologie und Kirche in der Regel bis heute besitzt.

Diese Frage führt zugleich hinein in die Theologiegeschichte des frühen Christentums, als deren Höhepunkt auch und gerade in der Sakramentsthematik Augustin (1.2) zu gelten hat. Denn vor allem Augustin, für die Reformatoren der Kirchenvater schlechthin, war es, der für die Spezialisierung des Sakramentsbegriffs bestimmend geworden ist. Nach ihm sind Sakramente sichtbare Zeichen und Sinnbilder einer unsichtbaren Wirklichkeit. Ließ die Annahme einer symbolischen Verfassung der Gesamtwirklichkeit, wie sie für das platonische Empfinden der Alten Kirche selbstverständlich war, die sakramentale Verbindung von signum (Zeichen) und res (bezeichneter Gnadengehalt) zunächst zu keinem zentralen Problem werden, so kommt es mit dem Eintritt des Christentums in die Welt der Germanen zu einer Krise der sakramentalen Idee (Ratramnus; Berengar) und zu einem Auseinandertreten der ursprünglich vereinten effektiv-realistischen und signifikativ-spirituellen Aspekte des sakramentalen Geschehens. Da noch die einschlägigen Streitigkeiten der Reformationszeit und ihre konfessionellen Folgen unter dem Einfluß dieser Krise stehen, sind kurze Erläuterungen unentbehrlich.

Entsprechendes gilt für die Sakramententheologie der Scholastik, auf welche die Reformatoren in Kritik und Konstruktion ständig Bezug nehmen. Die scholastische Lehrentwicklung des Mittelalters differenzierte den Ansatz Augustins und baute ihn zu einer allgemeinen Sakramentenlehre aus, wobei man zu präzisen Bestimmungen u. a. in Hinblick auf Einsetzung, Heilsgehalt, Spender, Empfänger, Wirkung, Wirkweise und Zahl der Sakramente gelangte. Am Lehrsystem des Thomas von Aquin (1.3) soll dies exemplarisch dargestellt werden. Was die Thomasrezeption im Konzil von Trient (vgl. bes. DS 1600 ff.) sowie gegenwärtige Reformulierungsversuche der klassischen römisch-katholischen Sakramententheologie anbelangt, so sei auf Alexandre Ganoczys ›Einführung in die katholische Sakramentenlehre‹ (Darmstadt 1979, ²1984) verwiesen.

Auf der Basis der damit erreichten Kenntnis sollen sodann Grundzüge evangelischer Sakramententheologie dargestellt werden. Schwerwiegende, im beschränkten Rahmen einer Einführung nicht vollständig behebbare Probleme der Themenorganisation bringt dabei die Tatsache mit sich, daß die Sakramententheologie unter den aus der Reformation hervorgegangenen Kirchen lange Zeit strittig war. Das betrifft insbesondere die Abendmahlslehre, die deshalb vergleichsweise ausführlich zu behandeln sein wird, aber in bestimmter Weise auch schon die Unterscheidung zwischen einer allgemeinen Sakramentenlehre und einer Lehre von den sog. Einzelsakramenten als solche, welche in der lutherischen Tradition vielfach abgelehnt wurde, weil man die Heilsmedien nicht einem allgemeinen Sakramentsbegriff unterordnen, sondern einzig und allein mit dem Stiftungswillen Christi begründen wollte. Diesen Schwierigkeiten versucht die Gliederung durch eine gewissermaßen doppelte Optik Rechnung zu tragen: Die Entfaltung der Probleme einer Sakramententheologie im allgemeinen soll so erfolgen, daß nach einer Skizze der ursprünglichen reformatorischen Einsicht (2.1) lutherische (2.2) und reformierte (2.3) Bekenntnistradition gesondert behandelt werden. Diese Perspektive relativiert nicht nur die in der Gliederung vorgenommene Unterscheidung zwischen allgemeiner und spezieller Sakramentenlehre, sondern verleiht der Darstellung zugleich ein gewisses historisches Profil, wenngleich im gegebenen Rahmen selbstverständlich keine entwicklungsgeschichtlichen Details, sondern jeweils nur typische und charakteristische Aspekte Berücksichtigung finden können. Das evangelische Verständnis der Heilszeichen Taufe (3.1) und Herrenmahl (3.2), die gemeinchristlicher Tradition als sacramenta maiora gelten und auf deren Vollzug sich die sakramentale Theorie und Praxis der Reformationskirchen konzentriert, soll hingegen, ohne daß auf historische Differenzierung völlig verzichtet werden könnte, primär in systematischen Zusammenhängen und einheitlichen Gedankenfolgen entwickelt werden. Ein solches Verfahren ist nicht zuletzt durch die sog. Leuenberger Konkordie von 1973 (vgl. 3.2.3.1) nahegelegt, ja gefordert, in der die unterzeichnenden reformatorischen Kirchen ein gemeinsames Verständnis des Evangeliums, insonderheit auch von Taufe und Herrenmahl, feststellen, welches es ihnen ermöglicht, Kirchengemeinschaft zu erklären und zu verwirklichen. Um eine entsprechende Verständigung über den Bereich der Reformationskirchen hinaus zu befördern, sollen bei der Darstellung der evangelischen Tauf- und Abendmahlslehre (abgesehen von der Ehe) schließlich auch jene kirchlichen Handlungen Berücksichtigung finden, deren Sakramentalität den Reformatoren im Unterschied zur ostkirchlichen und römischen Tradition zweifelhaft war oder von ihnen gänzlich bestritten wurde (vgl. 3.1.4 und 3.2.4).

Der Schlußteil der Studie wird sodann neben terminologischen Fragen (4.1) und Problemen einer theologischen Zeichen- und Symboltheorie (4.2) insbesondere dem christologischen (4.3), pneumatologischen (4.4) und ekklesiologischen (4.5) Kontext der Sakramentenlehre gewidmet sein, wobei die Einsetzungsthematik im Zentrum des Interesses stehen wird. Zugleich wird eine Reihe von Bezügen zur gegenwärtigen Diskussion hergestellt, während ansonsten das Hauptaugenmerk auf die Theoriegestalten des 16. Jahrhunderts gerichtet ist, die bis heute den wichtigsten Orientierungspunkt evangelischen Sakramentsverständnisses darstellen.

# 1. DIE ENTWICKLUNG DES CHRISTLICHEN SAKRAMENTSVERSTÄNDNISSES BIS ZUR REFORMATION

## 1.1 Zur Geschichte des Sakramentsbegriffs

### 1.1.1 Sacramentum im antiken Sprachgebrauch

Dem deutschen Wort Sakrament liegt das lateinische sacramentum zugrunde. Der Stamm sacr- verweist auf die Sphäre des Religiösen, Heiligen und Numinosen. Sacrare bzw. consecrare wird der Vollzug genannt, durch den Personen oder Sachen dem göttlichen Rechtsbereich zugewiesen und in die Kategorie des sacrum eingereiht werden; sacra wiederum heißen alle verbindlichen Beziehungen zwischen dem Menschen und seiner Gottheit, also etwa die Opfer. Das Suffix -mentum hat einen instrumentellen Sinn und dient als Bezeichnung des Mittels oder Werkzeuges. So gelangt man zu drei etymologischen Grundbedeutungen von sacramentum: Gegenstand oder Mittel des Weihens (id quod vel quo quis sacrat), das Geweihte (id quod sacratur vel sacratum est), die Weihehandlung (sacratio). Was die semasiologische Verwendung des Begriffs betrifft, so bezeichnet er zum einen den Eid im Zivilprozeß bzw. die eidliche Verpflichtung überhaupt und nimmt als militärischer terminus technicus die Bedeutung Fahneneid an. „*Das Wesen der eidlichen Aussage* besteht darin, daß der Schwörende, nachdem er seine Aussage oder sein Versprechen gemacht hat, die Götter anfleht, sie sollten ihm im Falle, daß er die Wahrheit sagt oder das Versprechen hält, gnädig sein, sie sollten ihn strafen, wenn er meineidig sei oder werde. Mit dieser Anrufung der Götter wird die Person oder der Rechtshandel *in den Rechtsbereich der Götter* gehoben."[1] In der Bedeutung einer offiziellen Eidesweihe mittels Selbstverflu-

[1] Kolping, A., Sacramentum Tertullianeum, 1. Teil: Untersuchungen über die Anfänge des christlichen Gebrauches der Vokabel sacramentum, Regensberg, Münster 1948, 26; vgl. ferner: Soden, H. v., Μυστήριον und Sacramentum in den ersten drei Jahrhunderten der Kirche, in: ZNW XII (1911), 188–227.

chung für den Fall des Meineids konnte sacramentum in der römischen Rechtssprache dann zum anderen Verwendung finden auch als Bezeichnung der Geldsumme, die von den Prozessierenden als Kaution an einem geweihten Ort (locus sacer) hinterlegt werden mußte und im Falle einer Niederlage dem Heiligtum anheimfiel.

Die ältesten lateinischen Bibelübersetzungen verwenden sacramentum sodann als Wiedergabe des griechischen Wortes μυστήριον. In der außerchristlichen Antike war die Verwendung der Vokabel sacramentum als Äquivalent von μυστήριον schon insofern vorbereitet, als einerseits die Weihe zum Mysterienkult häufig mit einer Eidesabstattung verbunden war, andererseits der Eid selbst als Weihehandlung verstanden wurde, wobei in beiden Fällen eine bindende Verpflichtung zu bestimmten Dienstleistungen an die Gottheit statthatte. Zu einer völligen Gleichsetzung beider Begriffe kam es dann allerdings erst in christlichen Texten. Im kirchlichen Sprachgebrauch konnte sacramentum infolgedessen die Bedeutungsfülle des μυστήριον-Begriffs annehmen und ihn zugleich mit neuem Gehalt verbinden.

### 1.1.2 Μυστήριον in Kult und Philosophie der Antike

Μυστήριον leitet sich her von μύειν: den Mund, die Lippen schließen. Der Begriff bezeichnet also, wie ja auch das lateinisch-deutsche Lehnwort Mysterium, eine geheime, nur Eingeweihten zugängliche Angelegenheit, über die grundsätzliches Stillschweigen zu wahren ist. Die Geschichte des Begriffs ist deshalb von Anfang an kultisch-religiös geprägt, während seine profane Verwendung selten und erst relativ spät belegt ist. Üblich ist im übrigen nicht die Singular-, sondern die Pluralform des Wortes. Μυστήρια heißen zunächst die vielfältigen Mysterienkulte der antiken Geisteswelt, deren Wirkung sich vom 7. vorchristlichen bis zum 4. nachchristlichen Jahrhundert erstreckt. Es sind dies geheime kultische Feiern, zu denen allein Geweihte, also durch besondere Rituale Vorbereitete, Zugang finden; durch heilige Handlungen werden die Geschicke einer Gottheit (Demeter und Kore, Dionysos, die 'großen Götter' von Samothrake, Kybele und Attis, Adonis, Isis und Osiris, Mithras u. a.) vergegenwärtigt, um den Mysten Anteil zu geben an deren unvergänglichem Leben. Für alle Mysteriengötter gilt, „daß in ihrem mythisch-personhaften Geschick die Lebenskräfte der periodisch vergehenden und wiederkehrenden Natur walten; die Götter selbst unterstehen dem Wandel, aber erliegen ihm nicht, sondern verwalten in ihrem naturhaftes Geschehen und menschliches Erleben einenden Schicksal die dem Menschen nicht verfügbaren, aber für ein geschütztes Dasein hier und ein seliges Los im Jenseits notwendigen Kräfte des Lebens“[2].

Die antike Philosophie hat Terminologie und Anschauungen der Mysterienkulte vielfach zu integrieren versucht. Besonders signifikant sind hierfür Platon und die platonische Tradition. Es geht dabei um einen Prozeß der Vergeistigung der Mysterienkulte, in dessen Verlauf das Wort μυστήριον die Bedeutung Geheimlehre annimmt. Diese Entwicklung ist für die Gnosis und ihre Mythen charakteristisch. Μυστήριον ist danach „all das, was sich auf die jenseitige verborgene Himmelswelt, den Ursprung und die Erlösung des Menschen bezieht“[3].

### 1.1.3 Μυστήριον als biblischer Begriff

In der Septuaginta (LXX), der griechischen Übersetzung des Alten Testaments, begegnet das Wort μυστήριον nur selten, und zwar ausschließlich in Schriften der hellenistischen Zeit (Dan 2, 18 f. 27–30. 47; Sir 3, 18; 22, 22; 27, 16 f. 21; Weish 2, 22; 6, 22; 14, 15. 23; Tob 12, 7. 11; Jdt 2, 2; 2 Makk 13, 21). Das hebräische Äquivalent sod (= vertrautes Gespräch, vertrauliche Beratung, Geheimnis) wird in LXX an keiner Stelle mit μυστήριον wiedergegeben. Ebensowenig findet der Begriff auf das alttestamentliche Opfer bzw. sonstige Kulthandlungen Anwendung. Diese Zurückhaltung erklärt sich in erster Linie aus dem Bedürfnis nach Distanz gegenüber den heidnischen Konnotationen des Begriffs. Einen eigentümlich neuen und für die weitere Entwicklung bedeutsamen Sinn erhält μυστήριον bei Daniel; der Begriff bezeichnet nun die verhüllte Ankündigung der von Gott bestimmten zukünftigen Geschehnisse (ThW IV, 821),

[2] Bornkamm, H., Art. Μυστήριον, in: ThW IV, 809–834, hier: 812.

[3] Finkenzeller, J., Die Lehre von den Sakramenten im allgemeinen. Von der Schrift bis zur Scholastik, Freiburg, Basel, Wien 1980 (Handbuch der Dogmengeschichte IV, 1a), 8.

womit das zentrale Thema der spätjüdischen Apokalyptik angesagt ist. Die Fähigkeit zur Enthüllung eschatologisch-kosmischer Geheimnisse, die als verborgene Realitäten im Himmel bereitet sind, wird dem apokalyptischen Seher durch Entrückung bzw. Offenbarungen und Gesichte zuteil, in denen sich ihm das zukünftige Geschick und der jenseitige Wirklichkeitsgrund alles Seienden ankündigt. Das Mysterienverständnis der Gnosis zeigt deutliche Zusammenhänge mit dem der Apokalyptik: „Hier und dort die gleichen Schweigegebote, die in den Apokalypsen von Engeln übernommene Rolle des Mystagogen und die vom Gnostiker und Apokalyptiker visionär erfahrene, in den Kulten liturgisch dargestellte Himmel- und Hadesfahrt. Diesen gemeinsamen Zügen stehen aber wesentliche Differenzen gegenüber: 1. die apokalyptischen Mysterien beziehen sich nicht auf ein Schicksal, das die Gottheit oder der himmlische Erlöser erleiden, sondern das die Gottheit verfügt und bestimmt; 2. der Empfang der Mysterien ist in der Apokalyptik nicht als Vergottung verstanden; 3. die Mysterien der Apokalyptik sind auf eine eschatologische, kosmische Offenbarung ausgerichtet" (ThW IV, 82 f.).

Daß die Schriften des Neuen Testaments von apokalyptischen Vorstellungsweisen und Deutekategorien stark beeinflußt sind, bestätigt sich an der offenkundig eschatologischen Ausrichtung des neutestamentlichen μυστήριον-Begriffs. Bezeichnenderweise steht der Terminus an der einzigen Stelle, an welcher er in den synoptischen Evangelien auftaucht, in unmittelbarer Verbindung mit dem βασιλεία-Begriff als dem Zentralbegriff der Botschaft Jesu: ὑμῖν τὸ μυστήριον δέδοται τῆς βασιλείας τοῦ θεοῦ – Euch ist das Geheimnis des Reiches Gottes anvertraut (Mk 4, 11 par. Mt 13, 11; Lk 8, 10). Das Reich Gottes, dessen Geheimnis nach Aussage des Logions den Jüngern gegeben ist, wird in der Verkündigung Jesu nicht als politisch-nationale, sondern als menschheitsgeschichtlich-universale Größe verstanden, wobei herkömmliche endzeitliche Vorstellungsgehalte der Apokalyptik zwar beibehalten werden, auf jede Detailbeschreibung hingegen verzichtet wird. Charakteristisch ist im übrigen der differenzierte Zusammenhang futurischer und präsentischer Aussagen. Indem Jesu Sein und Wirken ganz von der Zukunft des Reiches Gottes bestimmt ist, ist dieses bereits antizipativ gegenwärtig in ihm. Von daher dürfte dann auch die in Mk 4, 11 par nicht explizit beantwortete Frage zu lösen sein, was denn das Geheimnis der Gottesherrschaft eigentlich ist: „Kennen die Jünger die

Reichsgeheimnisse, so heißt das: ihnen sind die Augen geöffnet für den Anbruch der messianischen Zeit (Mt 13, 16 f.); sie werden befähigt, auch die Parabeln Jesu anders zu verstehen als das Volk, da sie ihnen mehr als nur ein allgemeines Verständnis vom Wesen der βασιλεία vermitteln, nämlich das im Wort und in der Tat Jesu sich ereignende Hereinbrechen der Gottesherrschaft anzeigen. Diese Erkenntnis ist nicht das Ergebnis ihres eigenen Scharfsinns oder der Lohn ihrer eigenen Leistung, sondern das Geschenk der frei waltenden Gnade Gottes. Das μυστήριον τῆς βασιλείας τοῦ θεοῦ, das den Jüngern offenbart ist, ist also Jesus selbst als der Messias" (ThW IV, 825).

In der Auferweckung des Gekreuzigten ist dies manifest. Konsequenterweise wird deshalb der eschatologische Sinn der Sendung Jesu christologisch entfaltet. Entsprechend steht der μυστήριον-Begriff, der nun vorwiegend im Singular gebraucht wird, in den paulinischen und deuteropaulinischen Briefen in engster Verbindung mit dem Christuskerygma (vgl. etwa 1. Kor 2, 7–10; Röm 16, 25 f.; Kol 1, 26 f.; Eph 1, 8–10; 3, 3–7. 8–12). Jesus Christus ist das wahre endzeitliche μυστήριον Gottes, das auf verborgene Weise vor Anbeginn der Welt in Gott dem Allschöpfer bereitet war und dessen himmlische Herrlichkeit in der Geschichte von Kreuz und Auferstehung in den alten Äon einbricht, um die verkehrte Weisheit der Welt zu überwinden. Während sich aber ein Rätsel nach seiner Lösung gewissermaßen erledigt, bleibt das μυστήριον Gottes Geheimnis auch und gerade in seiner Offenbarung. Sonach ist die Verkündigung der göttlichen Heilstat in Jesus Christus nicht nur Kunde von vergangenem Geschehen, sondern, wie auch der ihr folgende Glaube, selbst ein dem göttlichen Mysterium zugehörendes eschatologisches Ereignis.

Neben dem pointiert christologischen kommt es dann auch zu einem allgemeiner gehaltenen Gebrauch von μυστήριον, wobei der eschatologische Sinn des Begriffs allerdings stets erhalten bleibt. So werden der Inhalt der Zungenrede (1. Kor 14, 12), die Verstockung Israels und dessen eschatologische Rettung (Röm 11, 25 f.), die Verwandlung der die Parusie des Herrn erlebenden Christen (1. Kor 15, 51), aber etwa auch die Zeit des Abfalls (2. Thess 2, 7; vgl. Apk 17, 5. 7) Geheimnis bzw. Geheimnisse genannt. Eine besondere Bedeutung für die spätere Sakramententheologie kommt der Stelle Eph 5, 32 zu, sofern sie im Zusammenhang mit Eph 5, 25 vom Trienter Konzil (vgl. DS 1799 sowie 1327) als Beleg für die Sakramentalität der Ehe verstanden wurde. Fraglich ist allerdings, ob das große Geheimnis, von dem der Text spricht, überhaupt direkt auf die Verbindung von Mann und Frau zu beziehen ist oder nicht primär den allegorisch auf das Verhältnis Christi zur Kirche zu deutenden Sinn des im vorhergehenden Vers (31) zitierten alttestamentlichen Schriftwortes meint, demgemäß ein Mann Vater und Mutter verlassen und seinem Weibe anhangen wird, so daß zwei ein Fleisch sein werden.

Zusammenfassend ist für den neutestamentlichen Befund folgendes zu sagen: „Aufs Ganze gesehen, ist μυστήριον ein im NT seltener Begriff, der nirgends Beziehungen zu den Mysterienkulten erkennen läßt. Wo solche Beziehungen erkennbar sind (wie z. B. in den Sakramentstexten), findet sich der Begriff nicht; wo er aber begegnet, fehlen sie" (ThW IV, 831). Der grundlegende Unterschied des neutestamentlichen μυστήριον-Verständnisses zu den heidnischen Mysterienkulten wird nicht zuletzt daran deutlich, daß das in Jesus Christus offenbare Geheimnis Gottes nicht auf Arkandisziplin, sondern zu öffentlichem Bekenntnis drängt. Das wiederum hängt damit zusammen, daß das göttliche Geheimnis im Sinne jüdisch-christlicher Tradition nicht in der Sphäre des Naturhaften, sondern in einem geschichtlichen Personleben zu suchen und zu finden ist.

Die in den Schriften des NT zu identifizierende Bedeutungsbreite des μυστήριον-Begriffs hat sich in der Alten Kirche ebenso erhalten wie die klare Tendenz zu seiner christologischen Konzentration. Während er bei den Apostolischen Vätern nur selten und niemals in kultisch-sakramentalem Sinn auftritt (vgl. Ign Eph 19, 1; Ign Mg 9, 1; Ign Tr 2, 3; Did 11, 11), gewinnt er bei den Apologeten wachsende Bedeutung und wird „im Z[usammenhang] der kirchlichen Auseinandersetzung mit Gnosis und Mysterienfrömmigkeit zu einem theologischen und liturgischen Zentralbegriff" (ThW IV, 831), wobei die wichtigsten Verwendungsweisen folgende sind: zunächst als Bezeichnung für die heidnischen Mysterienkulte und die Geheimlehren der Gnostiker, in Übertragung auf das Christentum sodann auch für die grundlegenden Heilstatsachen sowie für Vorgänge typologischen Charakters. In der alexandrinischen Theologie (vgl. Origenes) kann der Mysterienbegriff die Wahrheit der christlichen Religion insgesamt bezeichnen. Schließlich konnte auch der ursprüngliche kultische Mysterienbegriff Aufnahme in den christlichen Sprachgebrauch finden und zu einer, allerdings kritischen Vergleichung zwischen heidnischen Kultfeiern und kirchlich-gottesdienstlichen Handlungsvollzügen führen, die man als symbolische Gegenwärtigsetzung der einmaligen Heilstat Gottes in Jesus Christus verstand. Beide, Heilstat und kultische Darstellung, können nun μυστήριον genannt werden.

### 1.1.4 Sacramentum als Übersetzung des biblischen μυστήριον

In den altlateinischen Bibelübersetzungen wird μυστήριον in der Regel mit sacramentum wiedergegeben. Das gilt für die nordafrikanischen Texte, aber weitgehend auch für die Itala, während die Vulgata dann die Übersetzung mit dem Lehnwort mysterium bevorzugt. Als lateinisches Äquivalent für den biblischen μυστήριον-Begriff nimmt sacramentum eine Bedeutungsfülle an, die über den klassisch-antiken Sprachgebrauch weit hinausgeht. Das läßt sich am besten an einem der wichtigsten Zeugen und einflußreichsten Gestalter der frühen Tradition studieren, an dem aus Karthago stammenden und dem Kulturkreis der nordafrikanischen Kirche zugehörigen Tertullian (um 160–220). Der Bedeutungsrahmen des tertullianischen sacramentum-Begriffs ist bestimmt vor allem durch die paulinische Bezeichnung des messianischen Heils als μυστήριον. Sacramentum bezeichnet demgemäß, wie in den vortertullianischen Bibelübersetzungen, primär die verborgene Heilsökonomie Gottes, was insbesondere im Zusammenhang der typologischen Exegese des AT deutlich wird. In übertragener Weise kann der Sakramentsbegriff dann auch den Glaubensinhalt im Sinne lehrhafter Zusammenfassung bezeichnen. Auch seine schließliche Applikation auf die Kultvollzüge und Riten der christlichen Kirche ist letztlich eine Folge der Übersetzung des biblischen μυστήριον-Begriffs durch sacramentum, wenngleich diese Verwendung nicht im biblischen Ursprungssinn von μυστήριον angelegt ist, sondern erst später durch externe Einflüsse heidnischer Kultmysterien in ihn hineingelesen wurde. Tatsache ist, daß Tertullian im Anschluß etwa an den μυστήριον-Begriff Justins sacramentum nun auch im Sinne der abbildhaften kultischen Teilnahme am Urmysterium durch nachahmendes rituelles Tun verwenden und demgemäß auf Taufe und Abendmahl beziehen kann. Beide,

Justin und Tertullian, vergleichen in diesem Zusammenhang die heidnischen Mysterien mit den christlichen Sakramenten, „jener freilich, ohne die christl[ichen] Kultfeiern μυστήρια . . ., dieser, ohne die heidnischen sacramenta zu nennen“ (ThW IV, 832). Wie immer man die begriffsgeschichtliche Entwicklung im einzelnen beurteilen mag, festzuhalten ist, daß um die Wende vom 2. zum 3. Jahrhundert μυστήριον und sacramentum zu festen Termini christlicher Kultriten werden. Neben dem durch die Gleichsetzung mit μυστήριον geprägten Sinngehalt von sacramentum hat sich bei Tertullian dann allerdings auch noch die klassische, stärker ethisch-rechtlich als intellektuell-kultisch geprägte Bedeutung des Begriffs erhalten. So wird, wenn auch nicht die Taufhandlung insgesamt, so doch das Taufgelöbnis in Teufelsabschwörung und Glaubensbekenntnis bildlich mit der soldatischen Eidesverpflichtung verglichen und die Christenheit als militia Christi bestimmt.

Cyprian (200/210–258), bis Augustin die wichtigste theologische Autorität der lateinischen Kirche, stand unter wesentlichem Einfluß Tertullians. Auch sein Sakramentsbegriff ist in hohem Maße von Tertullian abhängig und wird wie bei diesem in doktrinalem, figurativem und dogmatischem Sinne verwendet, wobei der Bedeutung Symbol und Zeichen ein klarer Vorrang zukommt. „Neu eingeführt wird von Cyprian im Blick auf die Sorge um Kircheneinheit der Ausdruck sacramentum unitatis.“[4] Was schließlich Augustins Lehrer Ambrosius (339–397) betrifft, so wird zwar bei ihm schon „eine deutliche Entwicklung zu der in der Scholastik zum Durchbruch gekommenen und das theologische Feld der Sakramentenlehre allein beherrschenden Sicht der die Gnade verleihenden Heilsmittel“ erkennbar; „dennoch ist auch bei ihm noch der Begriff sacramentum so sehr mit dem Problem der Offenbarung, dem Nachweis der Einheit und Übereinstimmung der beiden Testamente verzahnt, daß die Zeichenhaftigkeit der sacramenta nicht übersehen werden kann“.[5]

Nur am Rande sei notiert, daß unterschiedliche Forschungsergebnisse in der Begriffsgeschichte, insbesondere unterschiedliche

[4] A. a. O., 32.

[5] Mayer, C. P., Die Zeichen in der geistigen Entwicklung und in der Theologie des jungen Augustinus, Würzburg 1969, 301 f.; vgl. Huhn, J., Die Bedeutung des Wortes Sacramentum bei dem Kirchenvater Ambrosius, Fulda 1928.

Tendenzen in der Beurteilung des Einflusses, den die Mysterienreligionen auf die Denk- und Vorstellungsgewohnheiten des Christentums auch und gerade in der Sakramententhematik ausgeübt haben, nicht selten ein dogmatisches Interesse verraten, das wiederum ein jeweils konfessionsspezifisches Anliegen anzeigt. Zumindest in der Vergangenheit wurden im Gewande historisch-kritischer Rekonstruktionsarbeit vielfach konfessionelle Differenzen ausgetragen. Viele evangelische Forscher vertraten die Auffassung, daß mit dem Terminus μυστήριον/α auch die Gehalte der Mysterienkulte in die christliche Kirche eingedrungen seien, welche die römische Sakramentenlehre zu ihrem Schaden bis heute beeinflussen würden. Vor allem die liberale Theologie sah in dem frühen Eindringen hellenistischer Kultsprache in die altchristliche Liturgie bereits eine sachliche Überfremdung des Christentums durch Elemente antiker Geisteskultur und in der katholischen Sakramentskirche entsprechend eine paganistische Entartung der ursprünglichen Jesusreligion. Im Gegensatz dazu wollten etwa der katholische Theologe Odo Casel und seine Anhänger die antiken Mysterien, die sie als rituelle Handlungen verstanden, in deren Vollzug die Heilstatsache, auf welche sich der Ritus bezieht, Gegenwart wird und die Kultgemeinde am gegebenen Heil Anteil gewinnt, als eine „Vorschule des Christentums“ auffassen.

## 1.2 Die Begründung der Sakramentenlehre durch Augustin

### 1.2.1 Allgemeine Zeichentheorie

Bei Augustin (354–430) wird der Sakramentsbegriff erstmalig Gegenstand einer expliziten und differenzierten Theorie, deren gedankliche Präzision die Voraussetzung darstellt für seine definitive Verwendung im Sinne eines zusammenfassenden Oberbegriffs christlicher Heilszeichen. Daß es sich bei Sakramenten in irgendeiner Weise um geheimnisvolle und heilige Zeichen handelt, läßt sich zwar bereits der voraugustinischen Begriffsgeschichte entnehmen; aber erst bei Augustin wird die Bedeutung Zeichen zur bestimmenden Mitte der Theorie des Sakramentalen. Sakramente, so die grundlegende Definition, sind sichtbare zeitliche Zeichen einer unsichtbaren ewigen Wirklichkeit: „Signum est id quod seipsum sensui, et praeter se aliquid animo ostendit" (PL 32, 1410); „signa, quae cum ad res divinas pertinent, Sacramenta appellantur" (PL 33, 527).[6]

Zum rechten Verständnis dieser Elementarbestimmung sind insbesondere der frühe philosophische Dialog ›De Magistro‹ (PL 32, 1193–1220)[7] sowie die vier Bücher ›De doctrina christiana‹ (PL 34, 15–122)[8] hilfreich. Im ersten dieser Bücher führt Augustin aus, daß jede Lehre entweder Sachen (res) oder Zeichen (signa) zu ihrem Gegenstand hat, wobei die Sachen durch Zeichen erlernt werden. Sache im eigentlichen Sinne wird sodann all jenes genannt, was nicht zur Bezeichnung von etwas anderem verwendet wird, sondern gewissermaßen für sich selbst steht. Zeichen hingegen sind dadurch charakterisiert, daß sie etwas bezeichnen, was sie nicht unmittelbar selbst sind. Wenn Augustin gleichwohl auch signa als res ansprechen kann, dann deshalb, weil auch die Zeichen, sollen sie an sich selbst nicht nichts sein, als bestimmte Entitäten zu gelten haben. Ein Zeichen ist mithin eine solche Sache, die ihrem Begriff entspricht, indem sie auf etwas anderes verweist als auf sich selbst. Kurzum: signum est res significans. Sinn und Bedeutung einer res significans aber erschließen sich nur, wenn der Zeichenbenutzer nicht auf die sinnenfällige Erscheinung des Zeichens fixiert bleibt, sondern sich durch das Zeichen auf das Bezeichnete (res significata) verweisen läßt.

Im folgenden unterteilt Augustin die Gattung der Zeichen sodann in natürliche (signa naturalia) und gegebene Zeichen (signa data). Natürliche Zeichen sind solche, die absichtslos und ohne bewußten Willen etwas außer sich selbst erkennen lassen, wie etwa der Rauch die Nähe des Feuers oder die hinterlassene Spur den Vorbeigang eines bewegungsfähigen Wesens. Gegebene Zeichen hingegen sind jene, die bewußt und willentlich gesetzt werden, um z. B. Gemütsbewegungen, Gefühle oder Kenntnisse unterschiedlichsten Inhalts anzuzeigen. Zeichen dieser Art sind vorrangig bei Menschen anzutreffen, wenngleich sich im Tierreich vorbereitende Ansätze finden lassen. Die menschlichen

[6] Zum Textbefund vgl. im einzelnen: Couturier, C., 'Sacramentum' et 'Mysterium' dans l'Œuvre de saint Augustin, in: Études Augustiniennes, Paris 1953 (Theologie 18), 163–332.

[7] In deutscher Übersetzung hrsg. v. C. J. Perl, Paderborn 1959.

[8] In deutscher Übersetzung hrsg. v. S. Mitterer, München o. J. (Bibliothek der Kirchenväter Bd. 49; Augustins ausgewählte Schriften Bd. VIII).

Mitteilungszeichen unterscheidet Augustin des weiteren danach, auf welche Sinnesorgane sie sich beziehen. Dabei zeigt sich, daß die überwiegende Mehrzahl der menschlichen signa data den Gehörsinn (sensus aurium) in Anspruch nehmen, während den Gesichtssinn (sensus oculorum) nur einige und die übrigen Sinne die wenigsten affizieren. Die auf den Gehörsinn bezogenen Zeichen wiederum sind insbesondere Wörter. Den Wörtern kommt sonach die herausragende Stellung im menschlichen Zeichenschatz zu, der principatus significandi inter homines. Augustin bestätigt dies dadurch, daß er die auf den Gesichtssinn bezogenen Zeichen verba visibilia, sichtbare Wörter nennen kann.

Unbeschadet ihrer eminenten Bedeutung für die menschliche Verständigung hat nach Augustin nun allerdings wie für die Zeichen überhaupt, so auch für die Wortzeichen zu gelten, daß sie in ontischer Hinsicht, also im Blick auf ihre Wirklichkeitsfülle, den bezeichneten bzw. zu bezeichnenden Sachen eindeutig unterzuordnen sind. Demgemäß bestreitet Augustin in dem Dialog ›De Magistro‹, daß rechte Erkenntnis überhaupt hinreichend durch Lehre, also mittels sprachlicher Zeichen beigebracht werden könne.[9] Ein Wort nämlich, so wird argumentiert, setzt, um wirklich verständliches Zeichen und nicht ein bloßes Schallerzeugnis zu sein, eine Sache voraus, die ihre Seinsmacht dadurch beweist, daß sie sich durch Selbsterweis zur Kenntnis zu bringen vermag. In der Sinnenwelt geschieht dies durch die Evidenz unmittelbarer Anschauung und Wahrnehmung, die aller Bezeichnung vorausgeht und in bezug auf welche Zeichen allenfalls heuristische Signalwirkung haben können. Aber nicht nur in der Sphäre der sensibilia ist der Wert der Wörter beschränkt; auch und gerade in der intelligiblen Sphäre können Sprachzeichen bestenfalls die Funktion haben, anfängliche Hinweise zu geben auf eine Wahrheit, die sich durch das Selbstzeugnis des Geistes, durch mentale Evidenz zur Geltung bringt, also gewissermaßen von innen her einleuchtet. Wie durch das äußere Licht die sinnliche Welt in Erscheinung tritt, um durch das leibliche Auge erkannt zu werden, so offenbart sich die intelligible Welt im inneren Lichte der mens, des verborgenen Auges der Seele, das in ratio und intellectus seine geistige Sehkraft besitzt. Damit sind die erkenntnistheoretischen und ontologischen Grundlagen

[9] Vgl. Duchrow, U., Sprachverständnis und biblisches Hören bei Augustin, Tübingen 1965, 62 ff.

von Augustins allgemeiner Zeichenlehre skizziert, deren durchgängig neuplatonischer Charakter offenkundig ist und keines eigenen Beweises bedarf.

### 1.2.2 Lehre von den kirchlichen Heilszeichen

Augustins Lehre von den Sakramenten als den Heilszeichen der Kirche schließt an seine allgemeine Zeichenlehre an. „Die Ontologie des sacramentum ist . . . die des signum und damit grundsätzlich dualistisch. Das heißt, die Trennung von signum und der durch das signum erkennbaren res ist auch für das sacramentum konstitutiv. Dieses Auseinanderfallen von signum und res ist eine ontologische Schwäche der signa und damit gleichzeitig der Grund für deren Variabilität und Ambiguität. Weil die signa ihre res significata nur significando im Verweisen haben, können auch mehrere sacramenta nacheinander und auch gleichzeitig auf ein und dieselbe res verweisen.“[10]

Um genauer zu verstehen, auf welche Sache die Sakramente verweisen, muß zunächst Augustins Aufteilung der res insgesamt erörtert werden. Er unterscheidet insbesondere zwischen solchen, die zum Gebrauch (uti), und solchen, die zum Genuß (frui) bestimmt sind. Unter Genuß ist dabei zu verstehen, einer Sache um ihrer selbst willen in Liebe anhangen; gebrauchen aber heißt, die zum Leben notwendigen Dinge auf die Erreichung des der Liebe würdigen Gegenstands zu beziehen (De doctr. christ. I, 4, 4). Während also die zum Genuß bestimmten Sachen selig machen, haben die zum Gebrauch bestimmten das Streben nach Seligkeit zu fördern. Wenn nun der Mensch, hineingestellt zwischen Gebrauch und Genuß, das zu Gebrauchende mit dem zu Genießenden verwechselt, so daß ihm der Gebrauchsgegenstand selbst zum Genußmittel wird, verkehrt er die von Gott gestiftete kosmische Ordnung und mit ihr zugleich sich selbst. Er gleicht dem, welcher den Weg für das Ziel nimmt und somit zwangsläufig „auf der Strecke bleibt“. Auf die irdische Pilgerschaft zur himmlischen Vollendung übertragen heißt dies: „Wenn wir nun ins Vaterland zurückkehren wollen, wo wir allein unser Glück finden, so müssen wir diese Welt zwar gebrauchen, aber nicht genießen, damit wir so das Unsichtbare an Gott durch das er-

[10] Mayer, C. P., a. a. O., 330.

schaffene Sichtbare schauen, das heißt von den körperlichen und zeitlichen Sachen eine geistige und ewige Ernte halten" (De doctr. christ. I, 4, 4). Man kann das dann im Sinne Augustins auch so sagen: Gott und Welt verhalten sich wie res sacramenti und sacramentum rei. Es ist die Bestimmung der Welt, Zeichen des Göttlichen zu sein. Sie ist dies, wenn ihre Zeitlichkeit und Endlichkeit als Hinweis auf das Ewig-Unendliche genommen wird. Entsprechend ist die Welt als der Inbegriff des Zuhandenen als sacramentum Gottes zu gebrauchen, der in seiner unveränderlichen Glorie der einzige Gegenstand wahren Genusses ist, wie er von der reinen Seele in ihrer göttlichen Wesensschau empfunden wird.

Nun ist indes weder die Welt, wie sie sich faktisch vorfindet, ein transparentes Zeichen Gottes noch der Mensch dieser Welt eine reine Seele. Schuld daran ist der Fall der Sünde und das Böse. Statt durchsichtig zu sein für Gott, stellen Mensch und Welt sich in die Mitte, verstellen damit aber – in undurchsichtiger Verkehrung das zum Gebrauch bestimmte Relative als Absolutes genießend – sich und anderen den Blick auf Gott, um in blinder Selbstliebe (amor sui) und Begehrlichkeit (concupiscentia) zu vergehen. Sinn und Zweck der Heilsgeschichte, wie sie in der Inkarnation des Sohnes Gottes Jesus Christus sich vollendet, ist es, diesen Abgrund zu überbrücken und Mensch und Welt von dem selbstbereiteten Untergang durch Gnade zu erretten. Um es mit Augustins eigenen Worten zu sagen: „Obgleich sie [die göttliche Weisheit] selbst unsere Heimat ist, wollte sie auch noch unser Weg zu dieser Heimat werden. Während sie für ein gesundes und reines Geistesauge überall gegenwärtig ist, wollte sie selbst den fleischlichen Augen jener Menschen erscheinen, deren Geistesauge schwach und unrein war" (De doctr. christ. I, 11, 11). Die Heilsgeschichte, insonderheit die Erscheinung Jesu Christi, übernimmt also gewissermaßen stellvertretend jene sakramentale Hinweisfunktion auf Gott, zu der Welt und Menschheitsgeschichte ursprünglich in ihrer Gesamtheit bestimmt waren, deren sie aber im Sündenfall durch eigene Schuld verlustig gingen.

Mit der Funktionsbestimmung der Heilsgeschichte ist Augustins Verständnis des Sakramentalen im wesentlichen geklärt. Sakramente sind geschichtliche Heilszeichen, die sich im sacramentum incarnationis zusammenfassen bzw. in ihm begründet und gestiftet sind. Kommt den geschichtlichen signa sacra der israelitisch-jüdischen Tradition nur vorläufige Bedeutung zu, sind der christlichen Kirche mit Taufe und Abendmahl,[11] auf welche Augustins Sakramentenlehre, was die kultischen Vollzüge betrifft, speziell und fast ausschließlich konzentriert ist, die bis ans Ende der Tage verbindlichen Heilszeichen anvertraut, in denen sich die endgültige Erscheinung Gottes in Jesus Christus lebendig bezeugt und in Erinnerung bringt. Bezüglich der Binnenstruktur jener christologisch begründeten Heilszeichen, in welchen sich das Leben der Kirche vollzieht, ist Augustin entsprechend seiner allgemeinen Zeichenlehre vor allem ihre worthafte Verfassung wichtig. Nicht das Element in seiner naturhaften Gestalt, sondern erst das hinzukommende, die Relation von Offenbarung und Glaube erschließende Wort ergibt das Sakrament gemäß der berühmten Formel: „Accedit verbum ad elementum, et fit Sacramentum, etiam ipsum tanquam visibile verbum“ (Joh. Ev. Tract. 80, 3; PL 35, 1840). Auch wenn Augustin Analogien etwa zwischen dem Taufwasser und der in der Taufe statthabenden inneren Reinigung namhaft machen kann, müßte gleichwohl das nicht ins Wort gefaßte natürliche Element einer geistlichen Bedeutungslosigkeit anheimfallen: „Detrahe verbum, et quid est aqua nisi aqua?“ (Ebd.) Sakramente gehören sonach primär nicht in den Bereich unmittelbarer, durch das Wort allenfalls nachträglich zu deutender Naturgegebenheit, sondern zielen von vornherein auf die Sphäre geistigen Personlebens, in welcher sie dann auch ursprünglich gegründet sind, wenn anders es sich bei ihnen um bewußt eingesetzte signa, mithin um Zeichen freier göttlicher Selbstmanifestation handelt.

Abschließend bleibt zu fragen, ob nicht auch die ins Wort gefaßten Zeichen, welche die christlichen Sakramente darstellen, jenem Seinsdefizit ausgesetzt sind, welches Augustin wie den Zeichen insgesamt, so auch noch dem Wort als deren erfüllter Gestalt attestiert hatte. In der Tat wird man von Augustins allgemeiner Zeichenlehre her folgendes sagen müssen: Wie der Mensch ohne Sprache und jegliche äußere Zeichen auskommen könnte, wäre er reine Seele, so bedürfte er, wäre er in der ursprünglichen Gemeinschaft Gottes geblieben, auch keiner Sakramente, um zur Einsicht der göttlichen Wahrheit zu gelangen.

[11] Vgl. Adam, K., Die Eucharistielehre des hl. Augustin, Paderborn 1908.

Heilsgeschichte und Sakramente sind Folgen des Falles der Sünde und eingesetzt, um den der Sünde Verfallenen auf den rechten Weg zurückzubringen. Haben sie diese Funktion erfüllt, erledigen sie sich gewissermaßen von selbst. Selbst für das sacramentum incarnationis und die menschliche Gestalt Jesu als das sichtbare Zeichen des Logos hat von daher zu gelten, daß sie nur als Werkzeuge, Instrumente, Mittel zum Zweck dienen, ohne eine wirkliche Eigenbedeutung zu haben. Entsprechend hat nach Augustin „nicht einmal der Herr selbst, sofern er sich würdigte, unser Weg zu sein, verlangt, daß wir uns bei ihm aufhalten, sondern nur, daß wir an ihm vorübergehen sollen" (De doctr. christ. I, 34, 38). Um wieviel mehr muß dies in bezug auf die die Geschichte des Herrn bezeugenden Sakramente gelten!

Wenngleich Augustin diese von der Philosophie des Neuplatonismus geprägte Perspektive nie gänzlich revidiert hat und eine spiritualisierende Grundtendenz durchgängig erhalten bleibt, sind deutliche Akzentverschiebungen unübersehbar. Je abgründiger ihm im Laufe seiner Entwicklung der Fall der Sünde erschien, desto wichtiger wurde ihm der Anhalt an der konkreten Gestalt Jesu Christi und infolgedessen auch die Bedeutung des sakramentalen Heilsangebots der Kirche. Diese Entwicklung ist für die Zuordnung von allgemeiner Zeichentheorie und spezieller Sakramententheologie nicht unerheblich, erlaubt es jedenfalls nicht, den theologischen Sakramentsbegriff Augustins insgesamt einlinig aus seinem neuplatonischen Zeichenverständnis zu deduzieren. Denn Tatsache ist, daß sich Augustin nicht damit begnügte, das sakramentale Wort als bloß deutenden Verweis, das Sakrament als Sinnbild eines schlechterdings Übersinnlichen, mithin im Sinnbild recht eigentlich Abwesenden zu erklären. Vielmehr konnte er mit dem sakramentalen Wort als verbum fidei zugleich die göttliche Kraft des Geistes, mit dem Sakrament die bezeichnete Wirklichkeit selbst verbinden. Daraus erklärt sich schließlich auch die gegen die Donatisten verfochtene Überzeugung Augustins, daß die objektive Gültigkeit und Wirksamkeit der Sakramente[12] allein durch den stiftungsgemäßen rituellen Vollzug und nicht durch die subjektive Befindlichkeit und

[12] Vgl. Simonis, W., Ecclesia visibilis et invisibilis. Untersuchungen zur Ekklesiologie und Sakramentenlehre in der afrikanischen Tradition von Cyprian bis Augustinus, Frankfurt a. M. 1970; Kornyljak, P. V., Sancti Augustini de efficacitate sacramentorum doctrina contra Donatistas, Rom, Philadelphia 1953.

Qualität von Spender oder Empfänger bedingt sind. Die Heiligkeit der Kirche gründet demgemäß nicht in der Heiligkeit ihrer Glieder, sondern in der Teilhabe an den sancta, namentlich an den Sakramenten, die von sich aus heilig sind und nicht erst durch die Weise ihrer Spendung bzw. ihres Empfangs geheiligt werden.

### 1.2.3 Sakramentalismus versus Spiritualismus

Konnten die Spannungen zwischen den signifikativ-spirituellen und effektiv-realistischen Tendenzen der augustinischen Sakramentenlehre im Kontext eines platonischen Urbild-Abbild-Symbolismus noch halbwegs ausgeglichen werden, so kommt es bei den Epigonen zur Alternative von Spiritualismus und sakramentalem Realismus. Der Wandel im Verständnis der Beziehung des Zeichens (signum) bzw. Bildes (figura) zur Sache (res) bzw. Wahrheit (veritas) reicht zurück bis ins 9. Jahrhundert, in die Zeit eines Paschasius und Ratramnus, und er ist bedingt durch einen seit dem Übergang des Christentums in die Welt der Germanen fortschreitenden Wandel des gesamten Wirklichkeitsverständnisses. Die Annahme einer 'symbolischen' Verfassung der Wirklichkeit schwindet zugunsten einer mehr oder minder sensualistischen Weltauffassung, was zu einer Veränderung des gesamten Mysteriumverständnisses führt. Während Paschasius Radbertus (um 790–856/859) (vgl. bes. ›De corpore et sanguine Domini‹) in Anlehnung an Isidor von Sevilla das verbum visibile des Sakraments – unter Berufung auf Augustin – noch „als das wirklichkeitserfüllte Abbild einer konkreten Wahrheit" verstehen konnte, trennte Ratramnus († nach 868) (vgl. auch Gottschalk [803–869], ›De corpore et sanguine Domini‹) – ebenfalls unter Berufung auf Augustin – bereits scharf zwischen Zeichen und bezeichneter Wirklichkeit. So ist etwa „auch das wahre und wirkliche Leiden Christi nicht im Zeichen des Mysteriums enthalten, sondern liegt außerhalb desselben in seiner unwiederholbaren und abgeschlossenen Geschichtlichkeit"[13]. Der durch diese Kontroverse hervorgerufene Abendmahlsstreit erfuhr eine Neuauflage in der Auseinandersetzung zwischen Lanfrank

[13] Pratzner, F., Messe und Kreuzesopfer. Die Krise der sakramentalen Idee bei Luther und in der mittelalterlichen Scholastik, Wien 1970, 133 f.

(1005–1089) und Berengar von Tours (1000/1010–1088).[14] Es kommt zum Gegensatz zwischen einer sog. realistisch-metabolischen und einer symbolisch-spiritualistischen Auffassung der Sakramente. Die Kirche entscheidet sich gegen Berengar und seinen spiritualistischen Symbolismus; Synoden in Rom und Vercelli 1050 sowie in Paris 1051 verwerfen Berengars Lehre in dessen Abwesenheit; 1054 in Tours und 1059 in Rom nimmt Berengar gezwungenermaßen eine ihm vorgelegte Bekenntnisformel an, um sie freilich später in seinem Sinne zu modifizieren oder zu widerrufen. In dieser Formel heißt es: „Ich, Berengar, glaube von Herzen und bekenne mit dem Mund, daß das Brot und der Wein, die auf dem Altar liegen, durch das Geheimnis des heiligen Gebets und durch die Worte unseres Erlösers wesentlich gewandelt werden in das wahre, eigentliche, lebensspendende Fleisch und Blut unseres Herrn Jesus Christus; und nach der Weihe sind sie der wahre Leib Christi, der aus der Jungfrau geboren wurde, der, geopfert für das Heil der Welt, am Kreuze hing und der zur Rechten des Vaters sitzt, und das wahre Blut Christi, das aus seiner Seite floß, nicht nur im Zeichen und in der Wirksamkeit des Sakraments, sondern in seiner eigentlichen Natur und in seiner Wesenheit." In diesem Sinne hatte Berengar der zur Häresie erklärten Behauptung abzuschwören, „das Brot und der Wein seien . . . nach der Konsekration nur Sakrament und nicht wahrhaft Leib und Blut unseres Herrn Jesu Christi, und diese könnten nicht . . . von den Händen der Priester gegriffen und gebrochen (tractari vel frangi) und mit den Zähnen der Gläubigen gekaut werden (atteri)" (DS 690).

Damit hatte sich der dem dinglichen Denken der Germanen entgegenkommende Sakramentsrealismus kirchenoffiziell durchgesetzt. Ob tatsächlich er und nicht der Symbolismus eines Berengar als legitimer Erbe Augustins zu gelten hat, ist eine andere Frage, wobei nach wie vor gute Gründe für die provokative These F. Loofs sprechen, „daß der bedeutendste Lehrer der abendländisch-katholischen Kirche in seiner Abendmahlslehre ungefähr denselben Standpunkt einnimmt wie die 'Ketzer' Berengar v. Tours, Wiclif, (Zwingli), Calvin und ihre Nachfolger" (RE I, 63).

[14] Vgl. Schnitzer, J., Berengar von Tours, sein Leben und seine Lehre. Ein Beitrag zur Abendmahlslehre des beginnenden Mittelalters, München 1890.

## 1.3 Thomas von Aquin als führender Repräsentant mittelalterlicher Sakramentenlehre

### 1.3.1 Wesensbestimmung der Sakramente

Der Prozeß der Systematisierung der augustinischen Sakramentenlehre reicht weit zurück in die Vorgeschichte der Scholastik und erlangt mit Berengar von Tours einen ersten Höhepunkt, wie sich an seinem Brief an Adelmann von Lüttich (um 1048) und seinem Werk ›De sacra coena‹ (nach 1070) exemplarisch zeigen ließe.[15] Unter den Lehrern der Frühscholastik des 12. Jahrhunderts kommt sodann Hugo von St. Victor († 1141) und Petrus Lombardus († 1160) besondere Bedeutung für die allgemeine Theorie der Sakramente zu. In Hugos Hauptwerk ›De sacramentis christianae fidei‹ wird das Wesen des Sakraments wie folgt bestimmt: „Sacramentum est corporale et materiale elementum foris sensibiliter propositum ex similitudine repraesentans, et ex institutione significans, et ex sanctificatione continens aliquam invisibilem et spiritualem gratiam" (PL 176, 317 D). Einflußreicher noch als die Sakramentsdefinitionen des Victoriners wurde diejenige von Petrus Lombardus, dessen Sentenzen von den Theologen der Hochscholastik häufig kommentiert wurden. Der Lombarde bietet vor allem drei – sich gegenseitig ergänzende – Formeln: „Sacramentum est sacrae rei signum"; „sacramentum est invisibilis gratiae visibilis forma"; „sacramentum enim proprie dicitur quod ita signum est gratiae Dei et invisibilis gratiae forma, ut ipsius imaginem gerat et causa existat" (Sent. IV, d. 1, 2). Zur zweiten Wesensbestimmung ist zu bemerken, daß in ihr der Terminus forma gemäß der genuin augustinischen Tradition noch die sinnlich wahrnehmbare Gestalt des Sakraments bezeichnet, während man seit dem zweiten Viertel des 12. Jahrhunderts unter forma sacramenti primär die sakramentalen Worte bzw. die rituelle Grundstruktur der sakramentalen Feier versteht, im Unterschied zur sog. materia des Sakraments, welcher Begriff nun als Synonym für res und elementum gelten kann. Auf den Zusammenhang der entwickelten Materia-forma-Lehre mit dem aristotelischen Hylemorphismus kann nur hingewiesen werden.

Die fortschreitende Rezeption der aristotelischen Philosophie,

[15] Vgl. Finkenzeller, J., a. a. O., 71 f.; zum folgenden vgl. 78 ff., 126 ff.

welche den platonischen Idealismus des antiken Christentums ablöste, führte in der mittelalterlichen Kirche auch ansonsten zu wesentlichen Umgestaltungen der augustinischen Tradition. Das Ergebnis dieses Prozesses soll im folgenden dargestellt werden am System des Thomas von Aquin, des führenden Repräsentanten der Hochscholastik und doctor communis der römischen Kirche, dessen Lehre 1879 zur Richtschnur katholischer Theologie erklärt wurde. Die entscheidenden Grundsätze seiner Sakramentenlehre sind entfaltet in den ›Quaestiones‹ LX bis LXV des III. Buches seiner ›Summa theologiae‹.

Daß ein Sakrament Zeichen einer heiligen (und heiligenden) Sache ist (signum rei sacrae), sagt im Anschluß an Augustin auch Thomas, wobei er hinzufügt, ein Sakrament sei zum ersten ein erinnerndes Zeichen (signum rememorativum) des Leidens Christi als der Ursache (causa) unserer Heiligung, zum zweiten ein hinweisendes Zeichen (signum demonstrativum) der Gnade als des Wesens (forma) unserer Heiligung, zum dritten ein vorausdeutendes Zeichen (signum prognosticum) der künftigen Herrlichkeit des ewigen Lebens, in welcher unsere Heiligung ihr Ziel (finis) findet. Da der Mensch generell durch sinnenfällige Dinge zur Erkenntnis intelligibler Wahrheit gelangt, vollzieht sich nach Thomas auch der Zeichendienst der Sakramente durch res sensibiles, wie sie durch göttliche Einsetzung (ex divina institutione) festgelegt sind. Den sinnlichen Elementen sind indes stets Wörter beigefügt, welche den Sinneszeichen allererst ihre Eindeutigkeit verleihen, nicht nur den Leib, sondern auch die Seele des Menschen ansprechen und recht eigentlich erst die Konformität zwischen sacramentum rei und res sacramenti bewirken. Näherhin verhalten sich sakramentales Wort und Sinneszeichen bzw. Element wie forma und materia, wie Form und Stoff, wobei die Form im aristotelischen Sinne als bestimmender Grund, als Ziel und Grenze des Stoffes zu gelten hat. Was Funktion und Gestalt des sakramentalen Wortes betrifft, so kommt es Thomas weniger auf den äußeren Wortlaut als auf den inneren, vom Glauben festgehaltenen Sinn der Worte an; für die Gültigkeit des Sakraments ist die Absicht hinreichend, das zu tun, was die Kirche tut (intendere facere quod facit Ecclesia).

### 1.3.2 Wirkungen und Ursachen der Sakramente

Nachdem Thomas die Heilsnotwendigkeit der Sakramente für den postlapsarischen Menschen insbesondere mit dem Hinweis auf dessen Bedürftigkeit, durch Sinnlich-Körperliches auf Geistig-Übersinnliches hingeführt zu werden, begründet hat, erklärt er die Gnade (gratia) zum Prinzipaleffekt der Sakramente. Entscheidend ist dabei der traditionelle Leitsatz, daß die Sakramente des Neuen Bundes bewirken, was sie bezeichnen (efficiunt quod figurant), und so in bestimmter Weise Gnade verursachen. Während als Hauptursache der Gnade, welche nicht weniger ist als eine mitgeteilte, das natürliche Seelenvermögen übersteigende Ähnlichkeit göttlicher Natur (quaedam participata similitudo divinae naturae), Gott selbst zu gelten hat, werden die Sakramente zu Instrumentalursachen (causa instrumentalis) erklärt, deren sich Gott werkzeuglich bedient. Sakramente sind demnach – kurz gesagt – Medien: Gott wirkt in Jesus Christus Gnade durch sie *hindurch*; aber eben damit auch *durch* sie und nicht an ihnen vorbei. Thomas lehnt daher die von anderen Scholastikern vertretene Auffassung ab, die Sakramente seien nicht Ursache der Gnade, indem sie selbst etwas bewirken, sondern weil Gott, sobald die Sakramente angewendet werden, in der Seele die Gnade erzeugt. Zugleich unterstreicht er die innere Wirkmacht und Gnadenursächlichkeit der Sakramente durch Verteidigung des Satzes, in den Heilszeichen des Neuen Bundes sei die Gnade enthalten. Entschieden abgewehrt wird dabei allerdings die Vorstellung, die Gnade sei im Sakrament wie in ihrem Träger (in subjecto) oder wie in einem lokal begrenzten Gefäß (in vase, prout vas est locus quidem).

Ist die primäre Wirkung der Sakramente die Gnade, so prägen sie zugleich ihrem Empfänger ein sakramentales Mal auf, den sog. Charakter. Wie ein Geldstück durch Prägung für den Tauschverkehr gekennzeichnet, ein antiker Soldat durch ein Mal für den Kriegsdienst bestimmt wird, so wird der gläubige Empfänger des Sakraments durch das Siegel der Gnade zur Freude der ewigen Herrlichkeit und schließlich auch dazu geprägt, seinerseits Werkzeug und Instrument der empfangenen göttlichen Gnade zu werden, um sie – dem Priestertum Christi gleichgestaltet – in Liebe an andere weiterzugeben. Obgleich der sakramentale Charakter als unverlierbar (indelebilis) zu gelten hat, weist Thomas gleichwohl ein habituelles Verständnis ab, weil ein Habitus nach Aristoteles ein eindeutiges Gepräge darstelle, das sakramentale Mal hingegen auch mißbraucht werden könne. Hinzuzufügen ist, daß nicht alle Sakramente ein geistliches Siegel einprägen, sondern nur jene, die, wie Thomas sagt, unmittelbar auf den Dienst Gottes zugeordnet sind, nämlich Taufe, Firmung und Priesterweihe, deren Unwiederholbarkeit zugleich mit ihrer unaustilgbaren Prägung begründet wird.

Das Problem der Ursachen der Sakramente betrifft Fragen der Urheberschaft sowie Fragen der Spendung, wobei Gott stets als Hauptwirkursache, der menschliche Spender hingegen allein als Instrumentalwirkursache fungiert. Selbst Jesus Christus hat gemäß seiner menschlichen Natur nicht die Macht, die innere Wirkung und Gnadenursächlichkeit der Sakramente zu begründen, und wirkt bei ihrer Stiftung als Mensch nur werkzeuglich mit, wenngleich sein Menschsein dank der personalen Einheit mit dem göttlichen Logos als instrumentum coniunctum, die Sakramente selbst oder gar ihre kirchlichen Spender hingegen als instrumenta separata zu gelten haben. Sonach kommt dem Menschen Jesus wenn auch nicht die Urheberschaft, so doch die Hauptvollmacht oder Vorzugsgewalt (potestas excellentiae) der Sakramente zu, welche sich darin äußert, daß das Verdienst und die Kraft seines Leidens in den Sakramenten wirksam sind, daß sie in seinem Namen geheiligt werden, daß er die Macht hat, Sakramente einzusetzen und ihre Wirkung gegebenenfalls ohne ihren äußerlichen Vollzug zu vermitteln. Was schließlich die Spendung der Sakramente durch verordnete Diener der Kirche betrifft, so erfolgt sie nicht gemäß deren eigener Kraft und Fähigkeit und ist deshalb gültig und wirksam auch dann, wenn sie von Unwürdigen vollzogen wird – gesetzt den Fall, sie wahren den äußeren Ritus, die geforderte materia sowohl als auch die geforderte forma.

### 1.3.3 Zahl der Sakramente

Die römisch-katholische Kirche zählt bekanntlich sieben Sakramente: Taufe (baptisma), Firmung (confirmatio), Eucharistie (eucharistia), Buße (paenitentia), Letzte Ölung bzw. Krankensalbung (extrema unctio), Weihe (ordo) und Ehe (matrimonium). Diese Zählung sowie ihre Reihenfolge und Anordnung, wie sie im Konzil von Trient (vgl. DS 1601) vom römisch-katholischen Lehramt gegen die Angriffe der Reformation verteidigt und endgültig definiert wurden, haben sich in der Hoch- und Spätscholastik allgemein durchgesetzt. Auch von der Theologie der Ostkirche wurde die Siebenzahl der Sakramente seit der zweiten Hälfte des 13. Jahrhunderts anerkannt, wenngleich es im Bereich der Orthodoxie zu keiner lehramtlich verbindlichen Aussage gekommen ist. Vor Mitte des 12. Jahrhunderts indes gab es auch im Westen noch keine einheitliche Zählung, was vor allem dadurch bedingt war, daß noch keine feste Sakramentsdefinition vorhanden war. So wurde bestimmten kirchlichen Riten sakramentaler Rang zuerkannt, ohne sie Sakramente zu nennen, während umgekehrt Heilszeichen des Alten Bundes sacramenta genannt wurden, ohne daß ihnen sakramentale Bedeutung beigemessen wurde. Hinzu kommt, daß der Sakramentsbegriff gar nicht auf den Bereich des kirchlichen Ritus eingeschränkt war. Erst in der Frühscholastik kam es dann zu ersten Klassifizierungsversuchen, bis um 1150 schließlich jene Zählung und Reihenfolge üblich wurde, die Thomas bereits als selbstverständlich und unumstritten voraussetzen konnte.

Thomas begründet die Siebenzahl u. a. mit Verweis auf den sakramentalen Zweck persönlicher und gemeinschaftlicher Vervollkommnung. Wie das körperliche Personleben durch Zeugung, Wachstum, Ernährung und gegebenenfalls durch Heilmaßnahmen sich erhält und erbaut, so wird das geistliche Personleben durch Taufe, Firmung, Eucharistie sowie durch Buße und Krankensalbung bewahrt und gestärkt. In seiner Beziehung zur Gemeinschaft aber wird der Mensch durch öffentliche Leitungsvollmacht sowie durch natürliche Fortpflanzung und entsprechend durch Weihe und Ehe vervollkommnet. Aus diesem Argumentationsgang ergibt sich zugleich die Reihenfolge der Sakramente, wobei als das wichtigste der Sakramente das Altarsakrament genannt wird, weil in ihm Christus selbst wesenhaft enthalten ist, während die anderen Sakramente nur eine werkzeugliche, von Christus mitgeteilte Kraft enthalten. Den Heilszeichen des Alten Bundes, unter denen die Scholastik vor allem die Beschneidung hervorhebt, wird eine eigentliche sakramentale Bedeutung abgesprochen, insofern sie die in Jesus Christus erscheinende Gnade wohl vorläufig versinnbildlichen, keineswegs aber enthalten und verursachen.

## 2. ALLGEMEINE GRUNDFRAGEN REFORMATORISCHER SAKRAMENTENLEHRE

### 2.1 Die ursprüngliche Einsicht der Reformation

Der Selbsterweis Gottes in Jesus Christus, dem die Reformatoren mit ihrer gesamten Theologie dienen wollten, ist nach gemeinsamer Überzeugung lutherischer und reformierter Bekenntnistradition gegenwärtig wirksam als Evangelium der Rechtfertigung des Sünders „aus Gnaden umb Christus willen durch den Glauben“, wie es im IV. Artikel der ›Confessio Augustana‹ heißt. Demgemäß gilt die Rechtfertigungslehre reformatorischem Bekenntnis als der „höchste . . . führnehmste . . . Artikel der ganzen christlichen Lehre“ (AC IV, 2); auf sie ist man deshalb auch dann verwiesen, wenn man nach Mitte und Grenze[1] einer evangelischen Sakramententheologie fragt.

Es ist freilich nicht leicht, den theologischen Stellenwert reformatorischer Rechtfertigungslehre und ihre Bedeutung für alle dogmatischen Einzelthemen genau zu bestimmen. Gewiß wird sie mißverstanden, wenn man sie zu einem bloßen Lehrstück neben anderen erklärt. Denn es soll ja gelten, wie etwa E. Schlink in seiner ›Theologie der lutherischen Bekenntnisschriften‹ deutlich macht, daß „ . . . jedes einzelne Lehrstück . . . nur von der Mitte der Bekenntnisschriften, nämlich von dem Artikel von der Rechtfertigung her, zu verstehen [ist]“[2]. Indes läßt sich der

[1] Vgl. Wolf, E., Die Rechtfertigungslehre als Mitte und Grenze reformatorischer Theologie, in: Peregrinatio II. Studien zur reformatorischen Theologie, zum Kirchenrecht und zur Sozialethik, München 1965, 11–21.

[2] Schlink, E., Theologie der lutherischen Bekenntnisschriften, München 1940, 14; vgl. weiterhin: Brunstäd, F., Theologie der lutherischen Bekenntnisschriften, Gütersloh 1951; Fagerberg, H., Die Theologie der lutherischen Bekenntnisschriften von 1529 bis 1537, Göttingen 1965; Mildenberger, F., Theologie der Lutherischen Bekenntnisschriften, Stuttgart, Berlin, Köln, Mainz 1983. – Bezüglich der reformierten Bekenntnistradition verdanke ich wichtige Hinweise und Einsichten meinem Freund und Kollegen Jan Rohls, dessen ›Theologie reformierter Bekenntnisschriften‹ kürzlich erschienen ist (Göttingen 1987); vgl. ferner:

Rechtfertigungsartikel ebensowenig als ein axiomatisches Prinzip fassen, aus dem alle Wahrheit des Glaubens deduktiv zu entfalten wäre. Er ist vielmehr stets hingeordnet auf den konkreten Vollzug der Zusage des Versöhnungsevangeliums Jesu Christi durch Wort und Sakrament. Die reine Verkündigung und die rechte Verwaltung der Sakramente (vgl. CA VII) dadurch zu gewährleisten, daß er sie beide zu Medien der vorbehaltlosen göttlichen Gnade bestimmt, wie sie in Jesus Christus offenbar ist, dies ist die theologische Funktion des Rechtfertigungsartikels, in welcher er seinem Gehalt entspricht. Daraus ergibt sich zudem, daß die Rechtfertigungslehre ihre eigentümliche Aufgabe nur dann sachgemäß erfüllen kann, wenn sie nicht selbst zum unmittelbaren Glaubensgegenstand wird, das Heil also nicht von der äußeren Annahme eines bestimmten Lehrstücks abhängig gemacht wird.

Aus dem Gesagten lassen sich zwei wesentliche, sich gegenseitig ergänzende Folgerungen für das Gesamtverständnis reformatorischer Theologie ziehen. Zum einen: Will man ihrer inneren Einheit überhaupt gewahr werden, wird man in ihr jenen einheitsstiftenden Organisationszusammenhang zu entdecken haben, von dem her ihre inhaltlichen Bestimmungen zugleich auf ihre funktionale Bedeutung hin durchsichtig werden. Zum anderen: Der materiale Wert der Rechtfertigungslehre muß nicht mit der Überzeugungskraft jener Vorstellungen stehen und fallen, in denen sie ehemals zeitgemäß zur Sprache kam und die aufs engste verbunden sind mit der mittelalterlichen Bußtradition. Was in der Lehre von der Rechtfertigung angesagt ist, ist vielmehr mit einer regulativen Idee zu vergleichen, die in allen Momenten der Glaubenswahrheit bestimmend mitgesetzt ist. Luther konnte deshalb seine reformatorische Zentraleinsicht ohne weiteres auch im Zusammenhang z. B. der Freiheitsthematik entfalten.

Versucht man eine Skizze der Rechtfertigungslehre in ihrer üblichen Darstellungsform zu geben, so ist in Kürze folgendes zu sagen: Die Weise, wie Christus und der Glaube im Rechtfertigungsereignis zusammenstehen, entscheidet nach reformatorischer Lehre über das theologische Verständnis Gottes wie des Menschen und damit über die Gesamtheit christlicher Lehre. In-

Jacobs, P., Theologie reformierter Bekenntnisschriften in Grundzügen, Neukirchen 1959.

dem er nichts vom eigenen Vermögen, aber alles von den Möglichkeiten Gottes in Jesus Christus erwartet, ist der Glaube, was er ist: fides apprehensiva. Vertrauen (fiducia) als die erfüllte Gestalt des Glaubens ist nichts anderes als jenes Sichverlassen, welches das Seine nicht bei sich selbst, sondern allein in Jesus Christus (extra nos) sucht. Auf sich und seine vermeintliche Kraft und Fähigkeit gerichtet hingegen ist der Glaube in sich verkehrt und zum Unglauben geworden, welcher in seinem Eigensinn vergehen muß. Luther hat dieses exzentrische Wesen des Glaubens in prägnanten Formen (ungerecht in mir selbst, gerecht in Hoffnung bzw. in Christus – iniustus in me, iustus in spe; gerecht und Sünder zugleich – simul iustus ac peccator) dem selbstverkehrten Unwesen des Unglaubens eindrucksvoll kontrastiert.

Um hier nicht falschen Alternativen zu verfallen, muß sogleich folgendes klargestellt werden: Die externe Gerechtigkeit Christi ist nach Luthers Auffassung im Glauben gerade darin real und effektiv, wirklich und wirksam, als sich dieser in keiner Weise auf seine vorfindliche und tatsächliche Gerechtigkeit, sondern einzig und allein auf die Gerechtigkeit Christi verläßt, wie sie das Evangelium ihm zuspricht. An den lutherischen Ausführungen etwa zur Sündenlehre ließe sich diese Einsicht im einzelnen bestätigen. Denn das Bekenntnis zur radikalen Abgründigkeit der Sünde steht in negativer Korrespondenz zum Zeugnis von der unverdienten und nicht zu verdienenden, mithin unbedingten Rechtfertigungsgnade Gottes in Jesus Christus und will von daher und nur von daher verstanden sein. In diesem Zusammenhang ist es wichtig zu sehen, daß die Unterscheidung zwischen der durch die Sünde verderbten Natur des Menschen und der guten menschlichen Schöpfungsnatur, an welcher die ›Konkordienformel‹ von 1577 gegen Flacius, der die Natur des Menschen als solche für verderbt erklärt hatte, ausdrücklich festhält, doch zugleich dem menschlichen Vermögen und seiner Zuständigkeit entzogen wird, indem der konstatierte Unterschied allein aus Gottes Heilstat hergeleitet und nur durch sie aufrechterhalten wird. Die integre Einheit menschlicher Natur bzw. ihre Identität im Prozeß ihrer heilsamen Erneuerung läßt sich, so ist damit gesagt, nicht unmittelbar aus dieser Natur selbst begründen, sondern verdankt sich einzig und allein dem Selbstvollzug der Liebe Gottes, welcher dem Menschen – trotz seiner und entgegen seiner sündigen Selbstverfassung – eine bleibende Selbstidentität zu geben gewillt ist. Das Menschsein des Menschen wird also gerade verfehlt, wenn es aus sich heraus begründet und identifiziert werden soll; denn seine eigene Voraussetzung und identischer Grund seiner selbst sein zu wollen, ist eben die Ursünde des Menschen. Demgegenüber hat durchgängig zu gelten, was Luther in seiner ›Disputation über den Menschen‹ von 1536 gemäß Röm 3 klassisch so formuliert: „Der Mensch, das ist durch Glauben gerechtfertigt werden" („hominem iustificari fide"; vgl. WA 39/I, 176, These 32).

Daraus ergibt sich die Abgrenzung gegen jegliche Form von Werkgerechtigkeit bzw. emanzipativer Selbstbefreiung. Wie der Mensch sich nicht aus eigener Kraft gerecht machen kann, so kann auch seine Freiheit nach reformatorischer Lehre nur als Befreiung durch Gott ausgesagt werden. Dies impliziert die generelle Bestreitung einer eigenmächtigen Wirkung oder Mitwirkung (Synergismus) des Menschen zur Beschaffung seines Heils. Die göttliche Befreiung trifft den Menschen indes keineswegs wie ein Keil den Klotz. Der befreiende göttliche Zuspruch in Jesus Christus bekehrt den Menschen vielmehr zu seiner eigenen Bestimmung und nimmt ihn zugleich als freies Vernunftwesen in Anspruch, das zu sein er in sündiger Selbstverkehrung versagte. Die durch Gott gegebene Begründung menschlicher Freiheit kann deshalb nicht als bloße Gegebenheit bestimmt und gegen deren praktischen Vollzug ausgespielt werden. Denn durch die göttliche Befreiung ist der Mensch zu sich selbst befreit. Insofern wird von der Reformation auch keineswegs der verpflichtende Wert guter Werke in Abrede gestellt. Deutlich gemacht werden soll allerdings, daß sich die Basis christlichen Seins und Wirkens jeder Begründung und Erhaltung durch autarkes menschliches Handeln entzieht, weil Gottes Wirken in Jesus Christus allem menschlichen Tun zuvorgekommen ist und stets zuvorkommt. Durch dieses zuvorkommende göttliche Handeln wird sinnvolle menschliche Praxis indes nicht unmöglich gemacht, vielmehr allererst ermöglicht. Denn indem der Glaube, da er sich in gänzlichem Vertrauen auf Gott verlassen kann, frei ist von der Sorge um das Eigene, ist er allererst frei zu dankbarer Fürsorge und sinnvoller Tat der Liebe. Versucht der Mensch hingegen selbsttätig sein Heil zu wirken, verkehrt er sich zwangsläufig in sich selbst und ist in allen seinen vermeintlichen guten Werken nur selbstbezogen mit der Konstitution seiner selbst beschäftigt, welch leeres Kreisen um sich von den Reformatoren anhand einer Reihe sinnloser frommer Verpflichtungen identifiziert wurde.

In diesem Sinne werden im ›Heidelberger Katechismus‹, einem zentralen reformierten Lehrbekenntnis, alle die ethische Lebensthematik, mithin die menschliche Selbsttätigkeit, betreffenden Fragen unter der Überschrift ›Von der Dankbarkeit‹ (Dritter Teil) abgehandelt. Damit wird ein für die gesamte reformatorische Ethik grundlegender Sachverhalt namhaft gemacht. Christliches Handeln hat seinen Ursprung nicht in sich selbst, sondern im Zuvorkommen göttlicher Tat. Insofern vollzieht es sich als Dank, der einen Empfang voraussetzt und sich auch nachträglich nicht als ein Abgelten, das sich nichts schenken lassen will, verstehen kann. Der wahrhaft Dankbare wird sagen müssen, daß er auch sein Danken zuletzt dem verdankt, welchem er dankbar ist. Gleichwohl stellt Dank keinen Gegensatz dar zu aktivem, selbsttätigem Tun. Der Dankbarkeit erwächst vielmehr gerade deshalb sinnvolle und freie Tat, weil sie sich im Unterschied zu einem selbstbegründenden, selbstrechtfertigenden Handeln als sich gegebenes Geben weiß. In der Sphäre des Dankes, so zeigt es sich, wird das Verhältnis von Abhängigkeit und Freiheit, Aktivität und Passivität nicht als Alternative, sondern als ein Verhältnis wechselseitiger Aufgeschlossenheit wahrgenommen. Entsprechend lautet die ethische Maxime der Reformation: Die Christen können für das Reich Gottes nur, aber nun auch gerade deshalb sinnvoll wirken, weil sie der Sorge um dessen Kommen enthoben sind.

Aus der skizzierten Gedankenreihe lassen sich nicht nur alle Einzelbestimmungen im unmittelbaren Kontext reformatorischer Rechtfertigungslehre entfalten; sie macht zugleich die Motivation verständlich, die der reformatorischen Kritik an der zeitgenössischen römischen Theorie und Praxis der Sakramente zugrunde lag. Trotz der gemeinsamen Alternative gegen Rom auf der Basis des neuentdeckten Rechtfertigungsverständnisses kam es dann allerdings, als es um die positive Formulierung des eigenen Sakramentsverständnisses ging, auch innerhalb des reformatorischen Lagers zu nicht unerheblichen Differenzen. Lutherische und reformierte Bekenntnistradition sind deshalb zunächst gesondert zu betrachten.

## 2.2 Die lutherische Bekenntnistradition

### 2.2.1 Die Bekenntnisschriften der evangelisch-lutherischen Kirche

Die Entstehung des ›Konkordienbuches‹, welches die Ausgabe der ›Bekenntnisschriften der evangelisch-lutherischen Kirche‹[3], auf die im folgenden durchweg Bezug genommen wird, „*inhaltlich* normiert" (BSLK VII), steht in engstem Zusammenhang mit dem Zustandekommen der sog. ›Konkordienformel‹ von 1577 (›Formula Concordiae‹ = FC). Die FC ist das Ergebnis zahlreicher Bemühungen, angesichts diverser interner Lehrstreitigkeiten die doktrinale Einheit der aus der lutherischen Reformation hervorgegangenen Territorialkirchen herzustellen und zu sichern. Sie bezieht sich also primär nicht auf andere Kirchengemeinschaften, sondern versucht, die nach Luthers Tod im eigenen Lager (vor allem zwischen den Philippisten genannten Melanchthon-Anhängern und den von Flacius geführten Gnesio-Lutheranern) entstandenen Lehrdifferenzen zu beheben. „Den Hintergrund der Einigungsversuche, nötigend und auch hemmend, bildet die Auseinandersetzung mit den katholischen Mächten in Richtung sowohl auf konziliare Religionsvergleichung wie auch über den Augsburger Religionsfrieden hinausgreifende Sicherung durch ein gesamtprotestantisches und politisches Bündnis" (BSLK XXXII). Entsprechend der für die FC bestimmenden Absicht, eine verbindliche konfessionelle Einigungsgrundlage des Luthertums zu schaffen, ist auch das ›Konkordienbuch‹ zusammengestellt, wie bereits sein Titelblatt beweist (vgl. BSLK XLIII). Gemäß der Vorrede der FC, die im Druck von 1580 an den Beginn des ›Konkordienbuchs‹ gesetzt wurde (vgl. BSLK 739–766 bzw. 3–17), enthält dieses folgende Texte: die drei altkirchlichen Symbole, nämlich Apostolicum, Nicaeno-Constantinopolitanum und das sog. Athanasianum; die ›Confessio Augustana‹ (= CA) von 1530 samt Melanchthons ›Apologie‹ (= AC), die (durch die Confutatio veranlaßt) im darauffolgenden Jahr erschienen war; die ›Schmalkaldischen Artikel‹ (= ASm), im Jahre 1537 im Blick auf das von Papst Paul III. nach Mantua berufene Konzil mit dem Anspruch eines theologischen Testaments von Luther formuliert; schließlich Luthers

[3] Siehe Verzeichnis der Abkürzungen.

Kleinen (= KK) und Großen Katechismus (= GK) (vgl. auch BSLK 768 f.). Den ASm angefügt ist der von Melanchthon verfaßte ›Tractatus de potestate et primatu papae‹, der zwar nicht als Anhang zu den ASm, sondern als Zusatz und Ergänzung zur CA konzipiert ist, freilich auf dem Bundestag zu Schmalkalden verhandelt und angenommen wurde. Dazu kommt die FC selbst in ihrer komprimierten (›Epitome‹ = Ep) und ausführlichen (›Solida Declaratio‹ = SD) Fassung und ein lange umstrittener Appendix (›Catalogus Testimoniorum‹), der die Legitimität der Christologie der FC mit Väterzitaten belegen soll. Teilweise ist noch Luthers Trau- und Taufbüchlein beigegeben.

### 2.2.2 Begriff und Zahl der Sakramente

Dem Versuch, Taufe und Abendmahl, für die es auch im Neuen Testament keinen gemeinsamen Ausdruck gibt, einem allgemeinen Sakramentsbegriff unterzuordnen, begegnete man in der lutherischen Tradition, wie erwähnt, zumeist mit Skepsis und Zurückhaltung. (Aus diesem sachlichen Grund läßt es sich methodisch nicht vermeiden, bereits unter 2.2 explizit auf Probleme der Tauf- und Abendmahlslehre einzugehen!) Zwar ist es nicht so, daß man auf Überlegungen zu Begriff und Wesen der Sakramente generell verzichtet hätte. Nicht nur in den verschiedenen Auflagen der 1521 erstmals erschienenen ›Loci communes‹ von Philipp Melanchthon, auch bei Luther selbst lassen sich Ansätze einer allgemeinen Sakramentenlehre finden, wie insbesondere seine Schrift ›De captivitate Babylonica ecclesiae‹ von 1520 beweist, in der sich der Reformator kritisch mit den sieben Sakramenten der mittelalterlichen Kirche auseinandersetzt. Allerdings hat Luther den Sakramentsbegriff zeitlebens durchaus mehrdeutig verwendet, nämlich zum einen als übliche Bezeichnung bestimmter kirchlicher Handlungen, zum anderen aber auch, wie vom neutestamentlichen Befund nahegelegt, in dezidiert christologischem Sinne („... si usu scripturae loqui velim, non nisi unum sacramentum habeam et tria signa sacramentalia ..." [WA 6, 501, 37 f.]). Zugleich gilt, daß er die schließlich Sakramente genannten kirchlichen Handlungen niemals aus einer allgemeinen Definition und Wesensbestimmung des Sakramentsbegriffs abgeleitet, vielmehr stets 'positivistisch', d. h. mit den analogielosen (vgl. auch FC, SD VII, 38) Einsetzungsworten

Jesu Christi begründet hat. „Auf die Frage: '*Warum* Taufe und Abendmahl?' war Luthers erste und grundlegende Antwort stets der Hinweis auf ihr Gestiftet- und Befohlensein durch Christus als sein 'Testament' und nicht prinzipielle Erweisungen ihrer Notwendigkeit und Nützlichkeit von einer einleuchtenden Idee her."[4] Die Bekenntnisschriften teilen im wesentlichen diese Perspektive, was sich u. a. schon daran erkennen läßt, daß in CA IX bis XIII zuerst von Taufe, Abendmahl, Beichte und Absolution und erst im XIII. Artikel ›De usu sacramentorum‹ gehandelt wird. Ausgangspunkt ist die konkrete, durch Jesus Christus frei und ursprünglich gesetzte Einzelhandlung und ihr theologischer Eigenwert. Wenngleich es Ansätze zu einer allgemeinen Definition, wie gesagt, durchaus gibt, so dient der Sakramentsbegriff doch nur „als heuristischer und hinweisender *Hilfsbegriff*", nicht aber als ein „*Interpretationsbegriff*..., der durch den ihm immanenten Eigengehalt die Bedeutung der Handlungen, die ihm subsumiert werden, a priori präjudiziert, statt nur den Rahmen dafür zu geben, daß der kontingente Eigengehalt dieser konkreten Handlungen selbst zur Geltung kommt".[5]

In diesem aposteriorischen, nachträglich zusammenfassenden Sinne wird in CA XIII gegen Zwingli gelehrt, die Sakramente seien eingesetzt „non modo ut sint notae professionis inter homines, sed magis ut sint signa et testimonia voluntatis Dei erga nos, ad excitandam et confirmandam fidem in his, qui utuntur, proposita" („nicht allein darum, daß sie Zeichen seien, dabei man äußerlich den Christen kennen muge, sondern daß es Zeichen und Zeugnus seien gottlichs Willens gegen uns, unseren Glauben dadurch zu erwecken und zu stärken" [BSLK 68]). Des weiteren wird mit Blick auf die römische Lehre von der Wirksamkeit der Sakramente „ex opere operato" betont, die Sakramente seien so zu gebrauchen, „ut fides accedat, quae credat promissionibus, quae per sacramenta exhibentur et ostenduntur" („derhalben sie auch Glauben fordern und dann recht gebraucht werden, so man's im Glauben empfähet und den Glauben dadurch stärket" [BSLK 68]). In der ›Apologie‹ (AC XIII, 1 f.) wird schließlich, übrigens in ausdrücklicher Übereinstimmung mit den Confutatoren, den römischen Kommentatoren bzw. Kritikern der CA,

[4] Kinder, E., Zur Sakramentslehre, in: NZSTh 3 (1961), 141–174, hier: 144.

[5] A. a. O., 148.

erneut festgestellt, Sakramente seien „nicht schlechte Zeichen, dabei die Leute unter einander sich kennen, wie Losung im Krieg und Hof-Farbe etc., sondern sind kräftige Zeichen und gewisse Zeugnis göttlicher Gnade und Willens gegen uns, dadurch Gott unsere Herzen erinnert und stärket, desto gewisser und fröhlicher zu gläuben" („non esse tantum notas professionis inter homines, ut quidam fingunt, sed magis esse signa et testimonia voluntatis Dei erga nos, per quae movet Deus corda ad credendum" [BSLK 291 f.]). Entsprechende Bestimmungen lassen sich auch anderwärts (vgl. AC XXIV, 49, 69 u. a.) finden: Stets wird der göttliche Gabencharakter (vgl. BSLK 709, 8 ff.) und in dezidierter Abgrenzung gegen den Zwinglianismus betont, Sakramente seien nicht allein menschliche Erkennungszeichen, sondern Zeichen göttlichen Willens gegen uns (BSLK 369, 23 ff.).

Besteht jedenfalls hierin grundsätzlicher Konsens mit Rom, so lehnt es Melanchthon in AC XIII gleichwohl ab, sich auf die Siebenzahl der Sakramente fixieren zu lassen. Diese Ablehnung ist zunächst eine schlichte Folge des Desinteresses, einen fest umrissenen Allgemeinbegriff des Sakraments zu formulieren, was durch den historisch zutreffenden Hinweis unterstrichen wird, auch die Väter in der Alten Kirche hätten keinen abgeschlossenen Sakramentsbegriff gekannt. Demgemäß kann Melanchthon betonen, kein vernünftiger Mensch werde um die Vokabel 'Sakrament' bzw. um die Zahl der Handlungen, die mit dieser Vokabel bezeichnet werden sollen, „einen großen Zank veranstalten", wenn nur „Gottes Wort und Befehl nicht abgebrochen werde" („si tamen illae res retineantur, quae habent mandatum Dei et promissiones" [AC XIII, 17]). Mandatum Dei und promissio gratiae haben sonach neben dem Zeichencharakter als entscheidende Definitionsbedingungen eines Sakraments zu gelten (AC XIII, 3: „Sacramenta vocamus ritus, qui habent mandatum Dei et quibus addita est promissio gratiae"). Hinzuzufügen ist, daß bei Melanchthon der Zeichenbegriff die ganze rituelle Handlung (ritus; ceremonia; opus) umfaßt, während er bei Luther stärker auf das sichtbare Element konzentriert ist, was zu einer engeren Fassung des Sakramentsbegriffs überhaupt und zu seiner Beschränkung auf Taufe und Herrenmahl führen konnte. Indes konnte Luther, wie sein Kleiner Katechismus (BSLK 517 ff.) beweist, auch die Beichte durchaus in einem Zusammenhang mit Taufe und Abendmahl nennen und damit zu einer entsprechenden Zählung gelangen wie AC XIII, wo Taufe, Abendmahl und Beichte ausdrücklich Sakramente im strengen Sinne von göttlichen Gnadenzeichen genannt werden: „Denn diese haben Gottes Befehl, haben auch Verheißung der Gnaden, welche denn eigentlich gehöret zum neuen Testament und ist das neue Testament" („Nam hi ritus habent mandatum Dei et promissionem gratiae, quae est propria novi testamenti" [AC XIII, 4]). Daß es dabei nach wie vor nicht um den Sakramentsbegriff als solchen, sondern um die besondere Wertigkeit konkreter ritueller Vollzüge im Unterschied zu anderen geht, zeigt die Tatsache, daß Melanchthon gegebenenfalls auch die Sakramentalität des unter Handauflegung vollzogenen ordo (Weihe) anzuerkennen bereit ist, wenn das ordinationsgebundene Amt nur recht verwaltet und nicht etwa nach der Weise werkgerechten Opferdienstes mißbraucht werde (AC XIII, 7 ff.: „Si autem ordo de ministerio verbi intelligatur, non gravatim vocaverimus ordinem sacramentum. Nam ministerium verbi habet mandatum Dei et habet magnificas promissiones ..."). Selbst die Ehe kann unter gewissen Bedingungen Sakrament genannt werden (AC XIII, 14 f.), ebenso, ja vom Neuen Testament her mit noch größerem Recht Gebet, Almosen sowie Kreuz und Trübsal der Christen (AC XIII, 17).

All dies bestätigt: Der lutherische Sakramentsbegriff hat eine vergleichsweise geringe theologische Eigenbedeutung und ist nicht in dem Sinne abgeschlossen und definitiv, daß er eindeutige Festlegungen und Alternativen begründen könnte. Worauf es der lutherischen Reformation hinsichtlich überkommener kirchlicher Zeichenhandlungen im wesentlichen ankam, ist neben und mit dem Problem, wie sich äußeres Zeichen und Wort zueinander verhalten, die Frage, ob sie ein klares Mandat Gottes haben.

### 2.2.3 Die Qualifikation des Zeichens

Daß das äußere Zeichen des Sakraments (bzw. die durch dieses Zeichen elementar geprägte rituelle Handlung) in seinem Singehalt vom Wort her und nicht das Wort von der Eigenbedeutung des äußeren Zeichens her zu verstehen ist, steht für lutherische Bekenntnistradition außer Zweifel. So antwortet Luther im Kleinen Katechismus auf die Frage, was die Taufe sei: „Die Taufe ist nicht allein schlecht Wasser, sondern sie ist das Wasser, in Gottes Gebot gefasset und mit Gottes Wort verbunden" (BSLK 515). Entsprechend hängt die Wirkung des Taufbads am Wort: „Wasser tut's freilich nicht, sondern das Wort Gottes, so mit und bei dem Wasser ist, und der Glaube, so solchem Wort Gottes im Wasser trauet; denn ohn Gottes Wort ist das Wasser schlecht Wasser und keine Taufe, aber mit dem Wort Gottes ist's eine Taufe, das ist ein gnadenreich Wasser des Lebens ..." (BSLK 516; vgl. 693 f.). Im Blick auf die Abendmahlslehre bestätigt sich dieser Befund: „Das ist wohl wahr", heißt es im Großen Katechismus (BSLK 710, 15 ff.), „wenn Du das Wort davon tuest oder ohn Wort ansiehest, so hast Du nichts denn lauter Brot und Wein, wenn sie aber dabei bleiben, wie sie sollen und müssen, so ist's lauts derselbigen wahrhaftig Christus' Leib und Blut. Denn wie Christus' Mund redet und spricht, also ist es, als der nicht liegen noch triegen kann" (vgl. BSLK 708, 3 ff.; 713, 1 ff.). Der Nutzen von Essen und Trinken im Abendmahl hängt sonach daran, daß dieses Mahl in Gottes Wort gefaßt ist (vgl. BSLK 520, 32 ff.). „Das Wort ... ist das, das dies Sakrament machet und unterscheidet, daß es nicht lauter Brot und Wein, sondern Christus' Leib und Blut ist und heißet" (BSLK 709, 32 ff.). Fehlt das Wort, „so bleibt's ein lauter Element" (BSLK 709, 44). Die sakramentale Zeichenfunktion des Elements ist allein durch das Wort begründet. Daraus erklärt es sich, daß lutherische Abendmahlstheologie „keinerlei Interesse [hat] an dem Aufweis der symbolischen Bedeutung, die Brot und Wein an und für sich haben könnten, und durch die Brot und Wein bereits als solche aus anderen Elementen dieser Welt hervorgehoben wären. Brot und Wein an und für sich sind nur 'schlecht Brot und Wein, so man sonst zu Tisch trägt' (GK 9) und stehen in gleicher Nichtigkeit wie das Wasser und der Strohhalm zwischen andern Elementen, ohne aus sich heraus bereits auf Christi Sterben und Gottes Gnade hinzuweisen."[6] Jede symbolische Ausdeutung des Mahlvorgangs bzw. der Mahlelemente um ihrer selbst willen wird unterlassen. Es bleibt bei der lakonischen Feststellung, daß „an ihm selbs Brot Brot ist" (BSLK 713, 7). Entsprechendes gilt, wie gesagt, für das Wasserbad der Taufe.

Als erstes ist demnach festzuhalten: Ihr göttlicher Verweisungscharakter, mithin ihr sakramentaler Charakter kommt den sinnenfälligen Zeichen oder Zeichenhandlungen keineswegs in

[6] Schlink, E., a. a. O., 217 f.

ihrer natürlichen Verfassung zu. Das gilt für Taufe und Herrenmahl gleichermaßen. Erst indem die Zeichen der Kargheit ihrer natürlichen Selbstbezüglichkeit entnommen und in den durch die Stiftungsworte bestimmten Beziehungszusammenhang eingesetzt sind, werden sie zu wirksamen Gnadenzeichen. Die comparatio des Zeichens zum Bezeichneten bedeutet somit „keine im irdischen Sein schon angelegte Sakramentsmöglichkeit". Es ist vielmehr strikt zu unterscheiden „zwischen der natürlichen Zeichenqualität eines Dinges und der ihm erst von Gott gegebenen, zwischen einem signum naturale und einem signum datum, quod non natura, sed instituto et voluntate Dei id significat, cuius est signum"[7]. Theologisch grundsätzlich ist damit gesagt, daß die Welt für sich genommen nicht als Zeichen der Gegenwart Gottes gelten kann. Die faktische Vorfindlichkeit der Welt offenbart die Gegenwart Gottes nicht nur nicht, sie verstellt sie vielmehr und erweckt mithin den für die Welterfahrung nicht zu hintergehenden Anschein göttlicher Abwesenheit. Mithin kann kein Weltding als solches, in dem, was es unmittelbar aus sich heraus ist, elementares Zeichen göttlicher Präsenz sein. Anderes zu behaupten, hieße die Welt verhimmeln und sie bzw. einen Teil ihrer zu vergöttern. Zu Gnadenzeichen, mithin zu Sakramenten werden die Zeichen erst durch jene freie Wahl, wie der Herr sie im Stiftungswort persönlich kundtut, welche Kundgabe in einem inneren Zusammenhang steht mit der freien Selbsterschließung Gottes überhaupt, welche Jesus Christus in Person ist und welche ihrerseits nicht abgeleitet werden kann aus der vorfindlichen Gegebenheit der Welt bzw. alles dessen, was in der Welt der Fall ist, sondern den Charakter kontingenter oder besser: sich selbst konstituierender und bezeugender Wirklichkeit hat.

Eine andere Frage ist es, ob man unter der Voraussetzung einer konsequent christologisch-offenbarungstheologischen Begründung der Sakramente von einem „*widernatürlichen Mißbrauch* des natürlichen Dinges"[8], also von einer Bedeutungsverkehrung des sinnenfälligen Zeichens durch das Stiftungswort sprechen muß und sprechen darf. Zwar ist es zweifellos unangemessen, „von der alten Natur der Dinge auf die Möglichkeiten

[7] Gollwitzer, H., Coena Domini. Die altlutherische Abendmahlslehre in ihrer Auseinandersetzung mit dem Calvinismus dargestellt an der lutherischen Frühorthodoxie, München 1937, 103.

[8] A. a. O., 105.

ihrer neuen Natur zu schließen"[9]. Die Taufe ist etwas anderes als ein metaphorisch ins Seelisch-Geistige überhöhtes Reinigungsbad. Das Abendmahl ist etwas anderes als ein hypostasiertes Gastmahl, und mag dieses auch der Inbegriff menschlichen Gemeinschaftserlebens sein.[10] Die Mahnung zur Unterscheidung der Speisen und die Differenzierung zwischen Eucharistie und Agape sind deshalb theologisch nicht nur berechtigt, sondern notwendig und unaufgebbar. Unbeschadet der betonten Ablehnung jeder wortlosen Elementensymbolik in lutherischer Theologie scheint es mir dennoch nicht angemessen zu sagen, daß Jesus Christus die in freiem Willensentschluß beanspruchten Elemente so in Anspruch nimmt, daß er sie in ihrer Eigenart schlechterdings negiert. Die lutherische Ablehnung einer „annihilatio" der Brot- und Weinsubstanz im Vollzug der Wandlung mag als ein Hinweis hierfür gelten. Damit soll, um im Zusammenhang der Abendmahlslehre zu bleiben, keineswegs behauptet sein, daß Jesus Christus eines natürlichen Substrats bedürfe, um gegenwärtig zu sein. Ebensowenig soll revoziert werden, daß Brot und Wein Zeichen nicht um ihrer selbst willen, sondern allein wegen der positiven Stiftung Christi sind. Die betonte Wortgebundenheit des sakramentalen Zeichens soll ja gerade anzeigen, daß sein Sinngehalt in der freien personalen Gnadenmitteilung Jesu Christi besteht; das sakramentale Zeichen ist, was es ist, durch freie Wahl, als eingesetztes, will heißen: worthaft gesetztes Zeichen. Indes scheint mir der Stiftungszuspruch das Weltding nicht zu erledigen, vielmehr zu seiner schöpfungsgemäßen Bestimmung zu befreien, welche eben darin besteht, Zeichen zu sein des Daseins Gottes in der Welt. Insofern kann m. E. mit gutem theologischem Grund das sakramentale Zeichen dank seiner Einsetzung auch als Repräsentant der durch Jesus Christus befreiten geschöpflichen Welt betrachtet werden, als ein Wahrzeichen dafür, daß die in Jesus Christus erschlossene Welt als solche dazu bestimmt ist, sakramentalen Charakter anzunehmen, durchsichtig zu werden für das Gegenwärtigsein Gottes. Will man den Gedanken der Weltvollendung nicht im Sinne einer „annihilatio mundi" fassen und die gebotene Christozentrik der Gefahr eines welt- und leiblosen Manichäismus aus-

[9] Ebd., Anm. 6.

[10] Vgl. Josuttis, M., und G. M. Martin (Hrsg.), Das heilige Essen. Kulturwissenschaftliche Beiträge zum Verständnis des Abendmahls, Stuttgart, Berlin 1980.

setzen, wird man sagen dürfen und wohl auch sagen müssen, daß es das in Jesus Christus leibhaft antizipierte und durch die Einsetzung von Sakramenten bestätigte eschatologische Ziel der Welt ist, als Welt Zeichen zu sein göttlicher Nähe, Realsymbol des dreieinigen Gottes. Indes entspricht die Welt, um es noch einmal zu betonen, in ihrer faktischen Vorfindlichkeit dieser eschatologischen Bestimmung nicht nur nicht, sie widerspricht ihr vielmehr durch die theologisch nicht genetisierbare, aber durch die Offenbarung Gottes in Jesus Christus identifizierte und zum Verschwinden bestimmte Tatsächlichkeit des Bösen. Deshalb läßt sich der sakramentale Charakter der Elemente nicht aus einer unterstellten allgemeinen Sakramentalität der Welt ableiten, hängt vielmehr an der Einzigkeit der Gestalt Jesu Christi. Aus dem Zusammenhang seiner „Lebenswelt", wie sie das Evangelium bezeugt, hat sich deshalb der sakramentale Charakter der Elemente allein zu begründen. Dies ist ein entscheidendes Implikat der These, ein Sakrament sei in seinem Wesen an die Stiftung gebunden.

### 2.2.4 Sakrament und Glaube

Die Stiftungsworte, durch welche die eingesetzten Zeichen ihre sakramentale Bedeutung gewinnen, stehen nun zugleich dafür, daß die Sakramente konsequent auf den Empfang durch Menschen hingeordnet sind, d. h. auf ein worthaft verfaßtes Personenleben zielen. Dies gilt es wahrzunehmen, um die bisherige Argumentation vor Mißverständnissen zu bewahren. Denn der konsequenten Hinordnung der sinnenfälligen Zeichen bzw. der durch sie elementar geprägten rituellen Zeichenhandlungen auf den Empfang durch Menschen läßt sich der Hinweis entnehmen, daß die besagte Weltvollendung ihr Ziel in der Vollendung des Menschen hat, die Schöpfung mithin im menschlichen Geschöpf sich erfüllt. Kurz: nicht um des Wassers resp. um Brotes und Weines willen, sondern um des Menschen willen sind die Sakramente eingesetzt. Nach gemeinreformatorischer Auffassung wird deshalb das Wesen der Sakramente gründlich verkannt, wenn man mit ihnen gewissermaßen magisch-naturhafte Wirkungen verbindet und von der Annahme ausgeht, daß „Unpersönliches aus sich heraus auf Persönliches wirkt, ohne personal in der Weise der Freiheit geleitet zu sein"[11].

Eine solche Auffassung vermuteten die Reformatoren insbesondere hinter der für die mittelalterliche Scholastik geläufigen Formel, die Wirksamkeit der Sakramente sei 'ex opere operato' gewährleistet. Die Polemik gegen diese Formel, in der man den Inbegriff des Römischen gegeben sah, findet sich deshalb in ihren Schriften allenthalben und zumeist in heftigster Form. Dabei versteht man unter opus operatum den bloß äußerlichen Vollzug des Sakraments, ein Werk ohne Christus, ohne Glauben, ohne innere Beteiligung des Herzens (vgl. etwa BSLK 199, 86; 255, 12; 352, 12). Dem wird entgegengehalten, die Sakramente seien eingesetzt – ich zitiere noch einmal die deutsche Fassung von CA XIII, 2 – „unseren Glauben dadurch zu erwecken und zu stärken, derhalben sie auch Glauben fordern und dann recht gebraucht werden, so man's im Glauben empfähet und den Glauben dadurch stärket". Wie das Wort, so ist auch das Sakrament eindeutig auf Glauben im Sinne der fiducia als eines persönlichen Vertrauens ausgerichtet. Nicht zuletzt dies will die ständige Betonung, daß das Sakrament worthaft verfaßt sei, einschärfen. Indes soll durch den Hinweis, „daß zum rechten Brauch der Sakramenten der Glaube gehöre" (AC XIII, 20; BSLK 295, 21 ff.), der Glaube keineswegs zu einem die Sakramentsgnade ergänzenden Zusatz oder gar zu einer vom Menschen beizubringenden Voraussetzung erklärt werden, welche die Sakramentsgnade allererst konstituiert. Daß die Wirklichkeit der sakramentalen Gnade durch die stiftungsgemäße Verwaltung des Sakraments, also durch das gültig gesetzte Zeichen und nicht durch subjektive Bedingungen auf seiten des Spenders oder des Empfängers zustande kommt, hat reformatorische Theologie ebenso entschieden festzuhalten versucht, wie sie das wirksame Zuvorkommen des gnädigen Handelns Gottes allem menschlichen Eigenvermögen gegenüber betonte. Das Kürzel 'sola fide' ist mithin stets von der in CA IV genannten unmißverständlichen Formel 'propter Christum per fidem' und deren Interpretation in der ›Apologie‹ her zu verstehen, wo es heißt: „Und durch das Wort SOLA, so wir sagen: allein der Glaube macht fromm, schließen wir nicht aus das Evangelium und die Sakrament, daß darum das Wort und Sakrament sollten vergeblich sein, so es der Glaub alles allein thut, wie die Widersacher uns alles gefährlich deuten; sondern un-

[11] Gollwitzer, H., a. a. O., 63.

sern Verdienst daran schließen wir aus." (AC IV, 74; BSLK 175, 11–16. „Excludimus autem opinionem meriti. Non excludimus verbum aut sacramenta, ut calumniantur adversarii" [BSLK 175, 3–6].) Die Polemik gegen das „ex opere operato" ist also keineswegs nur gegen ein magisch-naturhaftes Mißverständnis des Sakraments gerichtet, sondern zugleich und mindestens ebensosehr gegen die Vorstellung sakramentaler „Werkerei". Man darf die stereotypen Zusätze, mit denen Melanchthon in der ›Apologie‹ die Formel „ex opere operato" erläutert (sine bono motu accipientis, sine bono motu cordis, sine bono motu utentis), deshalb nicht mißverstehen: sie verweisen den Glauben nicht auf sein Eigenvermögen, sondern auf das Zuvorkommen der – nun freilich personenhaft und damit worthaft verfaßten – göttlichen Gnade, welche sich gefallen zu lassen und anzunehmen das Wesen des Glaubens ausmacht. In diesem Sinne gilt: „Sine bono motu utentis, hoc est, sine fide in Christum" (AC XII, 25; BSLK 256, 37 f.).

Hält man sich an diese Gedankenfolge, dann wird man allerdings zugleich zugeben müssen, daß die römische Lehre von der Wirksamkeit der Sakramente mit reformatorischer Heilsauffassung zumindest in dem Motiv übereinstimmt, die Priorität des Handelns Gottes und das göttliche Gnadenangebot in seiner Unbedingtheit und Unabhängigkeit von allen menschlichen Voraussetzungen zur Geltung zu bringen. Nicht diese, von den Theologen des Spätmittelalters allerdings vielfach verdunkelte Intention der Lehre vom „opus operatum" kann fernerhin Gegenstand der Kritik sein. Viel eher schon die Tatsache, daß selbst die klassische Auffassung, wenngleich sie die sakramentale Gnade allein durch das gültig verwaltete sakramentale Zeichen bedingt sein läßt, doch immer auch, man darf wohl sagen: zusätzlich, die subjektive Würdigkeit des Empfängers verlangt; denn auch die 'ex opere operato' gewirkte Gnade hängt an der Voraussetzung, daß ihr kein 'obex' vorgesetzt wird, und ihr Grad bestimmt sich 'secundum propriam cuiusque dispositionem et cooperationem' (vgl. DS 1525 ff; 1606; 1451). Die menschliche Disposition hat damit zuletzt eben doch eine, wenn auch bescheidene, konstitutive Funktion. Die lutherische Lehre von der 'fides apprehensiva' hingegen will unzweideutig den synthetischen Charakter des Gnadenaktes betonen. Die bleibende Forderung einer 'dispositio' wäre dann der entscheidende Gegenstand lutherischer Kritik an der Lehre von der Gültigkeit der Sakramente 'ex opere operato'[12], weil durch sie die Aufmerksamkeit des Christenmenschen, statt allein auf das externe Heil ausgerichtet zu werden, zur Introspektion verleitet wird. Freilich ist auch dieser Hinweis vor Mißverständnissen nicht gesichert, die sich nur durch eine genaue strukturelle Begriffsbestimmung des Glaubens ausräumen ließen, der nach lutherischer Auffassung ist, was er ist, indem er – von allem Eigenvermögen des Menschen absehend – sich allein auf Gottes Vermögen in Jesus Christus verläßt. Sonach hat zu gelten: „Sosehr . . . nur der Glaube empfängt, wozu das Sakrament da ist, so sehr bezieht sich der Glaube auf etwas, was ihm vorgegeben ist, ist er als Glaube auf ein Jenseits seiner selbst bezogen, das im Sakrament als dem Instrument des Heiligen Geistes begegnet. Es ist um des Glaubens willen notwendig, das vorgängig zum Glauben geschehende Kommen Gottes festzuhalten, ein Kommen Gottes, das sich heute und hier (und nicht nur damals im einstigen Kommen Christi) in Leibhaftigkeit und Niedrigkeit ereignet. In diesem Sinne hält Luther der Sache nach an der Wirksamkeit der Sakramente 'ex opere operato' fest, er lehnt eine solche Wirksamkeit nur im Sinne eines meritorischen Verständnisses des Vollzugs und einer Heilswirkung ohne Glauben ab."[13]

### 2.2.5 Die sakramentale Gabe

Als Inbegriff der sakramentalen Gabe hat nach lutherischem Verständnis die Sündenvergebung zu gelten. Dabei ist, um naheliegende Mißverständnisse zu vermeiden, sogleich klarzustellen, daß Sündenvergebung im Sinne lutherischer Theologie nichts anderes und nicht weniger bezeichnet als die Aufnahme des Sünders in die Christusgemeinschaft. Sündenvergebung ist deshalb nicht eine Gnadengabe unter anderen, sondern Zentralgehalt aller Gnadengaben. Entsprechend belehrt uns der Kleine Katechismus: „ . . . wo Vergebung der Sünde ist, da ist auch Leben und Seligkeit" (BSLK 520, 29 f.). Wie in der Rechtfertigungslehre, so darf mithin auch in der Lehre vom Nutzen des Sakraments der Vollzug der Sündenvergebung nicht als ein äußerer

[12] So Wisløff, C. F., Abendmahl und Messe. Die Kritik Luthers am Meßopfer, Berlin, Hamburg 1969. bes. 49 f.

[13] Kühn, U., Sakramente, Gütersloh 1985 (Handbuch Systematischer Theologie 11), 71 f.

Rechtsformalismus vorgestellt werden, der die innere Lebensthematik des Menschen nicht betrifft. Hier wie dort darf der forensische Aspekt des Rechtfertigungsgeschehens gegen den effektiven nicht ausgespielt werden. Sündenvergebung bedeutet deshalb nicht nur Nichtanrechnung der Sünde, sondern zugleich Stärkung und Befestigung im täglichen Kampf gegen sie, Schutz und Hilfe wider die Macht des Teufels. Ja, Luther kann die effektive, alle Lebensbereiche des Menschen durchdringende Wirkung der Sakramente so weit fassen, daß er etwa das Abendmahl zu einer „Hülf und Ärznei" (BSLK 723, 18 f.) wider „Sunde, Tod und alle Unglück" (BSLK 712, 4 f.) erklärt, zu einer Heilkraft also, die hineinwirkt bis in die leiblichen Dimensionen menschlichen Seins: „Der mund, der hals, der leib, der Christus leib isset, sol seinen nutz auch davon haben, das er ewiglich lebe und am iungsten tage aufferstehe zur ewigen selickeit" (WA 23, 258, 4 ff.). Weil die Christusgemeinschaft, an der das Abendmahl Anteil gewährt, nicht nur eine spirituelle, sondern eine durchaus leibliche ist, besser: eine Gemeinschaft, die den Gegensatz von Geist und Leib hinter sich läßt, deshalb lassen sich auch die Wirkungen des Altarsakraments nicht auf eine geistige Sphäre beschränken, sie reichen vielmehr hinab bis in die somatischen Dimensionen menschlichen Seins. So empfiehlt Luther das Abendmahl „als eitel heilsame, tröstliche Ärznei, die Dir helfe und das Leben gebe beide an Seele und Leib" (BSLK 721, 16 ff.).

Man hat solche und vergleichbare Aussagen nicht selten als Rückfall kritisiert in eine durch die westliche Tradition bereits grundsätzlich überwundene Anschauung, welche die Abendmahlsgabe als ein φάρμακον ἀθανασίας und „die Wirkungsweise des gegessenen Leibes Christi so vorstell[e], daß unserm Leib auf naturhaft-physische Weise eine inhärierende Qualität mitgeteilt [werde]"[14]. Indes muß man, um hier nicht zu Fehlurteilen zu gelangen, den gesamten Argumentations- und Begründungszusammenhang im Auge behalten. Zunächst gilt es, die Vorstellung abzuweisen, die sakramentale Gabe vermittle ihrem Empfänger eine inhärierende Qualität: Lutherische Theologie – das bedarf keines Belegs – setzte stets alles daran, das Mißverständnis zu vermeiden, als sei die effektiv empfangene Gabe des Sakraments als gegebener Eigenbesitz des Christenmenschen zu

[14] Graß, H., Die Abendmahlslehre bei Luther und Calvin. Eine kritische Untersuchung, Gütersloh ²1954, 109.

betrachten. Denn damit wäre die Exzentrizität gläubigen Empfangs zuletzt doch wieder in Selbstzentriertheit, die Gabe in eine Habe verkehrt. Gerade in diesem Zusammenhang wird die durchgängige Analogie der Sakramentenlehre zur Rechtfertigungslehre zu beachten sein. Die entschiedene Betonung des effektiven Charakters der Rechtfertigung, der etwa die Hervorhebung der bis in die leibliche Sphäre reichenden Wirksamkeit der Abendmahlsgabe korrespondiert, ändert noch nichts an der kompromißlosen Ablehnung jeder Form eines analytischen Verständnisses der iustificatio, jeder Verkehrung des Verhältnisses von Rechtfertigung und Heiligung, Glaube und Liebe. Würde das göttliche Rechtfertigungsurteil zuletzt doch auf Verfassung und Werke des Menschen bezogen, könnte auch die Behauptung, die neue Qualität des Menschen sei nicht von ihm selbst, sondern von Gott gewirkt, nichts an der Verkehrtheit der theologischen Gesamtperspektive ändern. Denn im Entscheidenden würde der Mensch schließlich doch auf sich selbst und seine Gerechtigkeit gestellt. Selbstgerechtes und das heißt ungläubiges Wesen entsteht aber nach Auffassung lutherischen Bekenntnisses nicht nur dort, wo die Gerechtigkeit des Menschen mehr oder minder als selbstgewirkte ausgegeben wird, sondern auch dort, „wo die Gnade dem Menschen überstellt wird als ihm einwohnende und dann als mit seinem eigenen Vermögen vermittelte zum Grund des göttlichen Urteils gemacht wird“[15]. Die Struktur des Rechtfertigungsgedankens sprengt daher die Logizität substantialer und in sich identischer Größen. Das wird durch die Sakramentenlehre nicht in Frage gestellt, sondern bestätigt.

Mit der aufgewiesenen Parallelität der Sakramentenlehre zur Rechtfertigungslehre ist zugleich angezeigt, daß und warum Sündenvergebung als Inbegriff der sakramentalen Gabe zu gelten hat. Ist es doch die Verkehrtheit der Sünde, in der sich der Widerspruch zur exzentrischen Christusgemeinschaft des Glaubens am abgründigsten, weil in einer das innerste Personsein des Menschen tangierenden, ja zersetzenden Weise manifestiert. Seine depersonalisierende Selbstzentriertheit, seine Sündenschuld ist es, welche den Menschen am tiefsten von Gott und jenem gottmenschlichen Zusammensein trennt, welches in Jesus

[15] Baur, J., Martin Chemnitz, in: ders., Einsicht und Glaube. Aufsätze, Göttingen 1978, 154–172, hier: 169.

Christus persönlich offenbar wurde. Sünde und Tod bzw. das sonstige physische Verderbensgeschick verhalten sich gewissermaßen wie innerer und äußerer Abgrund. Dem am biblischen Zeugnis geschulten Gewissen Luthers war hinreichend bewußt, daß es noch Schlimmeres gibt als das physische Verderben: „viel grosser", sagt Luther, „ist schuld denn peyn, sund denn todt" (WA 10 I/1, 718, 8 f.).

Der Zugang zum Heil wird also primär durch Sündenvergebung erschlossen. Entsprechend dürfen auch Luthers Aussagen über den leiblichen Nutzen der Sakramente nicht aus dem durch die Sündenvergebung bestimmten theologischen Gesamtzusammenhang herausgelöst werden. Die Überwindung der depersonalisierenden Verkehrtheit der Sünde, in welcher der Mensch sich mit dem Gottesglauben zugleich das rechte Verständnis seiner selbst und seiner schöpfungsgemäßen Bestimmung verstellt hat, ist demnach die erste und vornehmste Heilsgabe. Da aber die Sünde etwas zu tun hat mit den Naturbedingungen menschlichen Daseins, insbesondere mit der selbstzentrierten Verfaßtheit unseres Körpers, ist eine wirkliche Überwindung der Sünde nicht denkbar ohne eine heilsame Aufhebung 'erbsündlicher' Selbstzentriertheit menschlicher Körperlichkeit und ohne eine eschatologische Erhebung zu jener Leibhaftigkeit, die der Apostel mit der Wendung σῶμα πνευματικόν bezeichnet. Nicht dazu ist der Mensch bestimmt, daß sein Körper infolge exzentrischer Christusgemeinschaft des Glaubens im Geist untergehe, wohl aber ist es seine Bestimmung, leibhafter Geist zu werden. So falsch es deshalb nach Luther wäre, die sakramentale Gabe einseitig auf das körperliche Dasein des Menschen zu beziehen, so falsch wäre es auch, aus der betonten Wortgebundenheit des Sakraments zu folgern, das durch die Heilsmittel Gegebene sei einer leiblosen menschlichen Geistigkeit vorzubehalten. Die in solcher Argumentation vorausgesetzten Alternativen entsprechen nicht lutherischer Theologie: Wie Wort und Sakrament einen Heilszusammenhang vermitteln, so gehören auch Leib und Geist bzw. Leib, Seele und Geist des Menschen untrennbar zusammen. Jede dicho- bzw. trichotomische Scheidung ist lutherischer Anthropologie fremd. Entsprechend lautet auch der entscheidende hamartiologische Gegensatz nicht: „Seele und Leib, Person und Natur, sondern Fleisch und Geist. Seele *und* Leib, Person *und* Natur sind Fleisch und werden *beide* erneuert durch Gottes

Geist."[16] Deshalb ist es theologisch nicht nur legitim, sondern notwendig, auf den ganzheitlichen, auch die Physis von Mensch und Welt umgreifenden Charakter des in Jesus Christus erworbenen und durch Wort und Sakrament vermittelten Heils zu reflektieren. Die Möglichkeit einer positiven Wertung unserer Leibhaftigkeit ist dabei im entscheidenden darin begründet, daß Jesus Christus selbst leibhaftig auf Erden wandelte, leibhaftig auferstand und leibhaftig gegenwärtig ist in seinem Mahle. Die Christusgemeinschaft, welche die Medien des Heils gewähren, umgreift deshalb auch den Menschen in seinem leibhaften Dasein.

### 2.2.6 Das Problem eines sakramentalen Propriums

Mit dem Gesagten ist bereits angedeutet, wie im Sinne Luthers die schwierige Frage zu beantworten sei, ob dem Sakrament eine ausgezeichnete Besonderheit, ein sog. proprium dem Wort gegenüber zukomme. Dieses Problem, das mit besonderer Intensität im Blick auf das Abendmahl behandelt wurde und daher im folgenden auf diesen Kontext beschränkt werden soll, ist unter den Interpreten strittig wie kaum ein anderes. Auf der einen Seite wird betont, daß Luther keine Heilsgabe kenne, die das Wort vorenthalte, und entsprechend niemals das sakramentale Zeichen selbständig neben das Wort treten lasse. Er beschränke sich darauf, die Notwendigkeit des Zeichens mit der Einsetzung durch Christus und mit der Schwachheit unseres Fleisches zu begründen. Von einem sachlichen Abendmahlsproprium sei demgemäß nirgends die Rede. „Das Proprium des Altarsakramentes ist nicht das Was der Gegenwart Christi; in ihm ist wie in Wort und Taufe der totus Christus uns gegenwärtig. Das Proprium ist das Wie dieser Gegenwart; der Herr ist uns nicht nur mit seinem Fleisch und Blut durch das Wort im Herzen gegenwärtig, er dringt zugleich mit Hilfe der Elemente in unseren Mund ein."[17] Insofern sei es verfehlt, mit einer eigenständigen Frucht des Abendmahls zu rechnen. Der Unterschied zwischen Wort und Sakrament bezeichne niemals eine sachliche, sondern nur eine

[16] Schlink, E., a. a. O., 229, Anm. 16.
[17] Peters, A., Realpräsenz. Luthers Zeugnis von Christi Gegenwart im Abendmahl, Berlin, Hamburg 1966, 139.

modale Differenz. Dagegen wird von der anderen Seite eingewendet, daß die Bestreitung eines selbständigen Propriums des Abendmahls zwangsläufig mit einer unstatthaften Unterordnung des Sakraments unter das Wort ende. Luther aber habe das Abendmahl nicht zu einer bloßen Funktion des Wortes und zu dessen marginalem Anhängsel erklärt; es stehe „nicht *unter* ihm, sondern *neben* ihm“[18], wobei zu gelten habe, daß das Abendmahl „nicht einfach eine Dublette dessen [ist], was im Wort schon gesagt ist“[19]. Betont wird in diesem Zusammenhang insbesondere der ganzheitliche, nicht nur die Seele, sondern auch den Leib des Menschen umfassende Bezug des Altarsakraments. Es sei deshalb unstatthaft, die Beziehung auf das persönliche Leben in einen Gegensatz zu stellen zu der naturhaften Seite des Abendmahls und die interna actio gegen die externa actio abzuwerten. Dabei gehe es nicht um eine ‘heilige Physik’, „nicht um Naturphilosophie, Naturmystik oder Naturmetaphysik, sondern einfach um die Frage, ob die Inkarnation des Logos in die irdische Leiblichkeit ernst genommen werden soll oder nicht“[20]. Nicht umsonst habe Luther die Befürchtung ausgesprochen, „wer die wirkliche Gegenwart des Leibes und Blutes Christi in den Elementen leugne, werde zuletzt auch leugnen, daß Gottes Sohn Mensch geworden sei und die göttliche Majestät sich in den engen Leib eines Weibes beschlossen habe“[21].

So bedenkenswert diese Überlegungen sind, zu beachten ist stets, daß die Abwehr einer Unterordnung des Sakraments unter das Wort nun nicht umgekehrt in einer Unterordnung des Wortes unter das Sakrament endet. Solche Tendenzen sind leider von den Verfechtern eines sakramentalen Propriums nicht immer vermieden worden: Während das Wort, so die vielfach variierte These, für sich genommen der Differenz von Zeichen und Bezeichnetem unterliegt, findet es im Sakrament, in dem Zeichen und Bezeichnetes zusammenfallen, seine Erfüllung. Das Sakrament ist demgemäß das Ereignis, „das das Wort meint und

[18] Sommerlath, E., Der Stand der Abendmahlsfrage. Eine systematische Besinnung, in: Schniewind, J., u. E. Sommerlath, Abendmahlsgespräch, hrsg. v. Schlink, E., Berlin 1952, 23–54, hier: 33.

[19] A. a. O., 32.

[20] A. a. O., 39.

[21] Sommerlath, E., Das Abendmahl bei Luther, in: Sasse, H. (Hrsg.), Vom Sakrament des Altars, Leipzig 1941, 95–132, hier: 102 mit Verweis auf WA 26, 442, 23 ff.; WA 18, 186, 29 ff.; WA 18, 143, 16 ff.

zu dem es drängt"[22]. Diese Bestimmung könnte unter der Voraussetzung akzeptiert werden, daß die sakramentale Identität von Zeichen und Bezeichnetem als eine durch das Wort vermittelte, also als eine solche Einheit begriffen wird, die den Unterschied von Wort und Element in sich bewahrt, wenngleich als aufgehobenen. Indes tendieren einige Verfechter der Propriumsthese dazu, die sakramentale Einheit unmittelbar einzuführen und sie gleichsam zur Naturbasis des Wortes zu erklären. An der Verhältnisbestimmung von Person und Natur bzw. Person und Sein, die in signifikanter Weise auf den Zusammenhang von Wort und Sakrament abgebildet wird und in der die ontologischen Prämissen der Argumentation in wünschenswerter Deutlichkeit zum Ausdruck kommen, kann man dies bestätigt finden. So gibt es etwa nach Sommerlath, einem der bemerkenswertesten neulutherischen Verfechter der Propriumsthese, „kein personenhaftes Leben, keine von dem Personzentrum des Ich getätigte Entscheidung, die nicht zunächst und zuerst unentwirrbar in Naturhaft-Unpersönliches eingebettet wäre. Zuerst ist alles überkommen, naturhaft gebunden, seinsmäßig geprägt, und nur darinnen und inmitten dieses Seinsgrundes bewegt sich das persönliche Leben"[23]. Diese Zuordnung von Sein und Person erkennt Sommerlath in der Abendmahlslehre Luthers wieder, der es „nicht – mindestens zunächst nicht – um die Gegenwart der *Person* Christi [gehe], sondern um die Gegenwart von *Leib* und *Blut* Christi. So scheint sich hier der Gegensatz von *personhafter* und *dinglicher* Gabe aufzutun, hinter dem sich der tiefere Gegensatz von *Person* und *Sein* verbirgt."[24] Sommerlaths Insistieren auf einer substanzmäßigen Gegenwart des Leibes und Blutes Christi bzw. auf einem dinghaften Verständnis der Abendmahlsgabe hat seinen entscheidenden Grund also offenbar darin, daß er Naturhaft-Unpersönliches zum Seinsrahmen des Persönlichen erklärt.

Im Zusammenhang der Abendmahlslehre wird davon sachlich noch die Rede sein. Bereits an dieser Stelle ist festzuhalten: Die Mittel, vermöge derer der persönliche Gott das in Jesus Christus personhaft erschlossene Heil mitteilt, zielen nach evangelischer Auffassung auf den Glauben als die erfüllte Gestalt geistigen Per-

[22] A. a. O., 110.
[23] A. a. O., 129.
[24] A. a. O., 125.

sonlebens. Das gilt für Wort und Sakrament gleichermaßen. Damit soll indes nicht ein Personalismus favorisiert werden, der in spiritualisierender Weise vom Sein der leibhaft gegebenen Welt abstrahiert. Denn solange das geistige Personleben in einem Gegensatz zu Leib, Welt, Natur, Sein usw. befangen ist, bleibt es selbst durch deren Äußerlichkeit bestimmt oder vergeht in innerer Leere. So hängt für die Erlösungshoffnung des Glaubens tatsächlich alles daran, daß Gott wirklich zur Welt gekommen ist, der Logos wahrhaft und nicht nur zum Schein Fleisch angenommen hat, Christus leibhaftig auferstanden ist usw. Entsprechend ist es ein unaufgebbares lutherisches Bekenntnis, daß sich das fleischgewordene Wort im Sakrament des Altars „vom Glauben mitten in unserer Welt, in der unmittelbaren Nähe, in echter, uns betreffender Geschichtlichkeit, also in Leiblichkeit, eben in der Handlung des dargereichten Brotes und Weines leibhaftig greifen und halten läßt"[25]. Und in diesem Sinne hat dann auch das Sakrament tatsächlich eine Aufgabe am Wort, nämlich deutlich zu machen, daß die Unterscheidung von Geist und Natur resp. Leib nur ein Durchgangsmoment darstellt, die Bestimmung der Schöpfung und des Geschöpfs sich in der Einheit von Geist und Natur erfüllt. Das Verhältnis von Wort und Sakrament ist entsprechend als *ein* – wenngleich differenzierter – Zusammenhang zu bestimmen. In ihre Wahrheit gelangen beide allein im Vollzug wechselseitiger Selbstauslegung.

Ein bloßer 'Verbismus' hat sonach an der lutherischen Bekenntnistradition keinen Anhalt. Um dies eindeutig klarzustellen und gegenüber naheliegenden Mißverständnissen abzusichern, scheint es geboten, die sehr allgemein gehaltene und unpräzise Formel 'Wort und Sakrament' genauer zu differenzieren. Ernst Kinder hat mit Recht darauf hingewiesen, daß in Luthers Sprachgebrauch „zwischen 'Wort' und 'Wort' unterschieden werden [muß]: der Predigt, dem durch Menschenmund verkündigten Wort Gottes, dem die Sakramentshandlungen grundsätzlich koordiniert sind, und dem *einen* schöpferischen, wirkenden Wort Gottes in seiner ganzen 'Gefülltheit', das hinter *beiden* steht und durch *beide* ergeht"[26]. Kinder schlägt deshalb

[25] Althaus, P., Luthers Abendmahlslehre, in: Lutherjahrbuch XI (1929), 2–42, hier: 34.
[26] Kinder, E., a. a. O., 157.

vor, statt in allgemeiner und irreführender Weise von 'Wort und Sakrament', besser „von 'Predigt und Sakramentshandlung' . . . oder von dem *mündlich gepredigten* Wort und dem durch die Handlung mit dem *äußerlichen Element* wirkenden Wort [zu sprechen], hinter denen beiden das *eine* Wort Gottes (das Christus ist und in der Heiligen Schrift urbezeugt wird) steht, das durch beide Gestalten im Zusammenhang miteinander am Menschen wirken will"[27]. Dabei kann der Doppelheit oder besser: Zweieinigkeit von Predigtwort und Zeichenhandlung schließlich auch ein Hinweis darauf entnommen werden, daß das göttliche Wort, welches Jesus Christus in Person ist, nicht als asarkischer, sondern als leibhaftiger Logos zu verstehen ist.

### 2.2.7 Stiftungswort und Spendevollmacht

Predigtwort und Sakramentshandlung leben von dem Zuvorkommen des einen Wortes Jesu Christi. Wenn deshalb im Zusammenhang lutherischer Sakramentenlehre vom Wort die Rede ist, dann ist dabei folgerichtig nicht in erster Linie an das Wort des Predigers oder Sakramentsverwalters oder etwa an eine existentiale Selbstinterpretation des Glaubens gedacht, sondern an Jesu Christi ureigenes Wort, näherhin an das Stiftungswort, durch welches das Sakrament eingesetzt und in seinem Sinn begründet ist. Nun ist freilich das reformatorische Verständnis von Einsetzung weiter gefaßt als das moderne, durch historisch-kritische Forschung geprägte. Ein verbindliches Stiftungswort Jesu Christi (institutio; mandatum) erachtete man dann als verläßlich gegeben, wenn es von der Heiligen Schrift klar und eindeutig bekundet war. Die Unterscheidung zwischen einer ipsissima vox des irdischen Jesus und dem Kerygma der christlichen Gemeinde, zwischen dem Zeugnis des vorösterlichen Jesus und dem vom erhöhten, nachösterlichen Christus, wie sie dem exegetisch-historischen Bewußtsein moderner Theologie geläufig ist, kannten die Reformatoren in dieser Weise nicht. Sie ist erst eine Folge der Krise des Schriftprinzips im Zuge einer allgemeinen Historisierung der Theologie. Da die moderne Bibelwissenschaft, in der die Historisierung des theologischen Bewußtseins

[27] A. a. O., 159.

ihren wichtigsten Ausdruck findet, die Zuverlässigkeit der klassischen Stiftungsberichte bzw. Stiftungsworte vielfach in Zweifel zieht, scheint die Bedeutung biblischer Belege für die Begründung einzelner sakramentaler Handlungen überhaupt relativiert. Damit hat sich das Einsetzungsproblem für moderne Theologie derart problematisiert, daß eine gesonderte Behandlung an späterer Stelle unumgänglich ist (vgl. bes. 4. 4).

Im Blick auf die reformatorische Situation gilt es zunächst festzuhalten, daß durch die nachdrückliche Forderung eines eindeutigen Stiftungswortes klargestellt werden sollte, daß Jesus Christus als Herr und eigentliches Subjekt des sakramentalen Vollzugs der Kirche zu gelten hat. Die Bindung an die Einsetzung durch Jesus Christus sollte entsprechend den reinen Gabencharakter der Sakramente unterstreichen und zugleich verhindern, daß Menschensatzungen sakramentale Dignität beanspruchen. In diesem Sinne erklärt die ›Konkordienformel‹, „daß die wahre Gegenwärtigkeit des Leibs und Bluts Christi im Abendmahl nicht schaffe einiges Menschen Wort 'oder' Werk, es sei das Verdienst oder Sprechen des Dieners oder das Essen und Trinken oder Glaub der Communicanten, sondern solchs alles solle allein des allmächtigen Gottes Kraft und unsers Herrn Jesu Christi Wort, Einsetzung und Ordenung zugeschrieben werden“ (FC, SD, VII, 74; BSLK 998, 7 ff.; vgl. 798, 4 ff.). Weder „dem Sprechen als dem Werk des Priesters“ noch der Verfassung des Kommunikanten kommen sakramentsstiftende Kraft zu; sie ist allein dem allmächtigen Worte Christi vorbehalten (BSLK 1014, 11 ff.), dessen Wirkmacht von der Würdigkeit des Spenders ebenso unabhängig ist wie von der des Empfängers (vgl. BSLK 710, 34 ff.; 720, 7 ff.; 708, 47 ff. usw.). Entsprechendes gilt nach Luthers Großem Katechismus von der Taufe: weil der Herr sich selbst der Johannestaufe im Jordan unterzogen und bei seiner Himmelfahrt seinen Jüngern befohlen hat, alle Völker im Namen des dreieinigen Gottes zu taufen, darum ist er in der Kraft des göttlichen Geistes der eigentliche Täufer, und „in Gottes Namen getauft werden, ist nicht von Menschen, sondern von Gott selbst getauft werden“ (BSLK 692, 40 ff.); liegt aber alles an Gottes Gebot und Verheißung, dann gilt zugleich dies: „mein Glaube machet nicht die Taufe, sondern empfähet die Taufe“ (BSLK 701, 41 f.).

Das göttliche Mandat bestimmt die sakramentalen Vollzüge der Kirche mithin zu – wenn man so sagen will – „Empfangshandlungen"[28], zu Handlungen also, die nicht den Charakter autonomer Setzung haben, sondern an einer Voraussetzung hängen, die sich selbsttätig zur Geltung zu bringen vermag. Dem hat nicht zuletzt die Funktion des verordneten Dieners der Kirche im Zusammenhang des sakramentalen Vollzugs zu entsprechen. Da hiervon in einem Einzelabschnitt ausführlich die Rede sein wird (vgl. 3.2.4), mögen einstweilen folgende Hinweise genügen: Wie in bezug auf das öffentlich wahrzunehmende kirchliche Amt insgesamt, so hat auch in bezug auf die sakramentale Spendevollmacht grundsätzlich zu gelten, daß niemand ohne ordentlichen öffentlichen Beruf die Sakramente verwalten soll gemäß der in CA XIV ausgesprochenen Maxime: „De ordine ecclesiastico docent, quod nemo debeat in ecclesia publice docere aut sacramenta administrare nisi rite vocatus" (BSLK 69). Dabei wird in Übereinstimmung mit der Tradition die Gültigkeit der Sakramente nicht an die Würdigkeit des Spenders gebunden. Ausdrücklich heißt es in AC VII, 47, „daß die Sakramente nicht darum ohne Kraft sein, ob sie durch Heuchler gereicht werden; denn sie reichens an Christus statt und nicht für ihre Person" (BSLK 246, 16 ff.).

Die Tatsache, daß die kirchlich verordneten Diener im Sakramentsvollzug nicht eigenmächtig, sondern als beauftragte Sprachrohre Christi fungieren, dokumentiert sich am offensichtlichsten daran, daß z. B. ihre Rede zunächst nur die Funktion eines Nachsprechens vorgeschriebener Worte, eben der durch die Heilige Schrift urkundlich bezeugten Stiftungsworte hat. Indes hat dies nach reformatorischem Verständnis nichts mit der magischen Rezitation einer Zauberformel („Hokuspokus") zu tun. Vielmehr erfordern die Stiftungsworte um ihrer selbst willen ihre äußere und innere Verständlichkeit. Nicht umsonst drängten die Reformatoren sowohl auf den Gebrauch der Muttersprache, in der die Stiftungsworte laut und vernehmlich zu sprechen seien, wie auch auf ihre Auslegung als Summe des Evangeliums für die im Gottesdienst versammelte christliche Öffentlichkeit durch Predigt über sie. Wie freilich die Übersetzung in die Muttersprache am Urtext hängt, so ist auch die Auslegung nur dann rechtens, wenn sie den vorgeschriebenen Ursprungssinn der Stiftungsworte Jesu Christi nicht verläßt. Entsprechend hat Luther

[28] Ebeling, G., Dogmatik des christlichen Glaubens, Bd. III, Tübingen 1979, 321.

im innerreformatorischen Streit um das Abendmahlsverständnis seine gesamte Argumentation auf die Stiftungsworte konzentriert und von ihnen her begründet. Dabei zeichnet sich eine signifikante, für Luthers gesamtes Denken charakteristische und die innere Formation des Protestantismus, insbesondere das Verhältnis von Luthertum und reformierter Tradition entscheidend prägende Entwicklung ab, die es nahelegt, bereits an dieser Stelle kurz auf sie einzugehen.

In seiner Schrift ›De captivitate Babylonica ecclesiae‹ und dem Sermon vom Neuen Testament von 1520 hatte Luther den Testamentsbegriff, wie er den Einsetzungsworten entnommen ist, zur wichtigsten abendmahlstheologischen Deutekategorie überhaupt erklärt. Die verba testamenti werden als Summe des Evangeliums, als Inbegriff der Heilszusagen Gottes in Christus an den Menschen interpretiert. Die Funktion der sakramentalen Zeichen geht weitgehend darin auf, das testamentum des ans Kreuz gehenden Christus zu besiegeln. In diesem, durch die Stiftung vorgegebenen Sinn solle das Abendmahl als elementar bekräftigtes Verheißungswort der letztwilligen Verfügung Christi gemäß zur Erbauung und Stärkung des Glaubens der Gemeinde bis zu seiner Wiederkunft wiederholt werden. Seit Beginn des innerreformatorischen Streits um die Realpräsenz verliert der Testamentsbegriff dann allerdings seine bestimmende Stellung in der Abendmahlstheologie Luthers. „Wenn dieser Begriff später hier und da noch einmal auftaucht, so hat er doch seine Bedeutung für die Gesamtkonzeption verloren.“[29] Das hat seinen wesentlichen Grund in der Absicht, abendmahlstheologisch stärker als bisher und stärker als mit dem Testamentsbegriff möglich, den unauflöslichen Zusammenhang von Verheißungswort und Mahlgeschehen, geistlichem und leiblichem Vollzug hervorzuheben. Entsprechend werden die Mahlelemente und die auf sie gerichtete konsekratorische Funktion der Einsetzungsworte stärker akzentuiert. Nicht als bloßes ‘Deutelwort’, sondern als ‘Tätelwort’, als Wirklichkeit setzendes, reale Wandlung erzielendes Sprachereignis sind die verba testamenti zu verstehen. Dem korrespondiert die Einzelexegese und Sprachanalyse der Einsetzungsworte. Luther denkt primär nicht von den unterschiedenen Satzbestandteilen, sondern dezidiert vom Satzzu-

[29] Hilgenfeld, H., Mittelalterlich-traditionelle Elemente in Luthers Abendmahlsschriften, Zürich 1971, 86.

sammenhang her (dies *ist* mein Leib, dies *ist* mein Blut). Der Satzzusammenhang aber hängt an dem wörtlich zu nehmenden 'est', während ein 'significat' nach Luthers Auffassung die Trennung von Zeichen und Bezeichnetem fixiert, statt das Verhältnis von signum und res als einen unauflöslichen, wenngleich differenzierten Zusammenhang wahrzunehmen. Das 'est' schließt das auf das Wort verweisende Demonstrativpronomen 'hoc' unmißverständlich mit dem corpus Christi zu wirklicher Einheit zusammen. Weil aber das Wort Christi nicht lügen noch trügen kann, wirkt es zugleich, was es sagt, und hebt so als Machtwort die Trennung zwischen Wort und Sache auf. Wie Brot und Leib resp. Wein und Blut durch das den Satzzusammenhang bestimmende 'est' wörtlich zusammengesprochen werden, so geschieht dies auch 'in Wirklichkeit'. Im Abendmahl waltet Christus seines Amtes als Herr der neuen Schöpfung: „wie er gebeut, so steht's da".

Die Betonung der an den Elementen realistisch wirksamen Funktion der Einsetzungsworte darf nun allerdings nicht zu dem Mißverständnis führen, als sei ihre auf den Hörer des Wortes gerichtete Verheißungsfunktion verlorengegangen, auf welche durch den Testamentsbegriff ursprünglich die Aufmerksamkeit des Glaubens gerichtet wurde. Denn die verba testamenti bestimmen die Elemente ja ausdrücklich und nach Luthers Verständnis ausschließlich für den Empfang. „Konsekration als magica incantatio ist nicht lutherische Lehre."[30] Entsprechend würde ein Herauslösen der Elemente aus dem Vollzug des konkreten Mahlgeschehens im Gefolge einer einseitig am Konsekrationsgeschehen orientierten Abendmahlstheologie Bestimmung und Gesamtsinn des Altarsakraments gründlich verkehren. Über der Tatsache, daß Brot und Wein das Mahlgeschehen elementar prägen, darf die konsequente Hinordnung der Abendmahlsgaben auf den konkreten Handlungsvollzug nicht vergessen werden. Mahlhandlung und Elemente interpretieren sich wechselseitig. Der Gegensatz einer isolierten Elementenfrömmigkeit und eines von den Elementen absehenden Aktualismus ist ebenso zu vermeiden wie die Alternative zwischen einem geistlos-materialistischen Verständnis von Leib und Blut Christi und deren spiritualistisch-doketischer Auflösung. In der expliziten Abendmahlslehre wird dies noch im einzelnen zu erörtern sein; hier reicht der Hinweis aus, daß Luther trotz unterschiedlicher Ak-

[30] Gollwitzer, H., a. a. O., 193.

zentsetzung Melanchthons Grundsatz: 'Sacramentum nullum esse extra actionem sacramentalem' stets zugestimmt und seine Richtigkeit ausdrücklich bestätigt hat. Sosehr er am elementaren Gegebensein Christi in, mit und unter Brot und Wein interessiert war, so selbstverständlich teilte er doch auch die Überzeugung, daß das Sakrament 'propter hominem, non propter panem' (vgl. CR IV, 263 f. / Nr. 2218) eingesetzt sei.

Für das rechte Verständnis der verba testamenti gilt deshalb folgendes: „Indem die Einsetzungsworte die Gabe, die sie zusprechen, sogleich auf ihren Empfang hin zusprechen, haben sie die Doppelfunktion des die Mahlelemente in Dienst nehmenden *Konsekrationswortes* und des die Empfänger anredenden *Zusagewortes*, das sie auf die Gabe aufmerksam macht und zum Glauben ruft."[31] Das Interesse am Verkündigungscharakter der verba testamenti darf also nicht der Behauptung ihrer konsekratorischen Kraft widerstreiten und umgekehrt. Denn für Luther haben die Einsetzungsworte, wie gesagt, stets eine doppelte Bedeutung: „die eine, die den Elementen zugewandt ist (Konsekration), die andere, die sich an die Gemeinde wendet (Verkündigung). Auf beide legt Luther großen Wert, je nach Erfordernis diese oder jene besonders hervorhebend."[32] Dabei ist allerdings genauestens darauf zu achten, daß aus der funktionalen Unterscheidung keine Trennung von wesentlich Zusammengehörigem wird. Die Funktion des Wortes gegenüber den Elementen kann zwar von der den Sakramentsempfängern gegenüber unterschieden, aber nicht geschieden werden. Beide Funktionen sind Momente eines Vollzuges; wo die verba testamenti laut werden – und sie müssen wirklich laut und öffentlich werden, sollen sie bewirken, was sie besagen – liegt „beides ganz ineinander"[33].

[31] Kinder, E., Die Bedeutung der Einsetzungsworte beim Abendmahl nach lutherischem Verständnis, in: Abendmahlshandlung und Konsekration, Berlin 1961 (Luthertum H. 25), 7–26, hier: 17 f.

[32] Diestelmann, J., Konsekration. Luthers Abendmahlsglaube in dogmatisch-liturgischer Sicht, Berlin 1960 (Luthertum H. 22), 42.

[33] Kinder, E., a. a. O., 18.

## 2.3 Die reformierte Bekenntnistradition

### 2.3.1 Reformierte Bekenntnisschriften

Bekenntnisschriften der reformierten Kirche[34] unterscheiden sich durch eine Reihe von Punkten schon formal von den lutherischen Bekenntnisschriften: „1. Sie sind nicht in einem Buch von dogmenkanonischem Rang zusammengefaßt, entsprechend dem Ansehen des ›Konkordienbuches‹. 2. Sie haben keinen fest umrissenen Umfang, entsprechend der Begrenzung des ›Konkordienbuches‹. 3. Sie sind nicht in einer kurzen Epoche entstanden, entsprechend den sechs ersten lutherischen Bekenntnisschriften des ›Konkordienbuches‹. 4. Sie stammen nicht von einem zeitlich und lokal umgrenzten Theologenkreis, entsprechend dem kirchengeschichtlichen Raum der Wittenberger Reformation. 5. Sie sind infolgedessen weniger auf einen Hauptton abgestimmt, entsprechend dem Rückgrat der lutherischen Bekenntnisschriften nach dem Maßstab der ›Augsburger Konfession‹. 6. Sie stehen nicht in der Gültigkeit für alle reformierten Kirchen, mindestens entsprechend den ersten sechs lutherischen Bekenntnisschriften."[35] Hinzu kommt, daß Kirchenordnungen in der reformierten Tradition im Bekenntnisrang stehen und Bekenntnisschriften häufig in engem Bezug zu Kirchenordnungen sowie die Tatsache, daß das reformierte Corpus doctrinae stets offenblieb, weil die Bekenntnisse nach ihrem Selbstverständnis nichts anderes sein wollen als grundsätzlich revidierbare Zeugnisse des Glaubens zu einer bestimmten Zeit an einem bestimmten Ort. Die Sakramententheologie in ihren wesentlichen Grundstrukturen einführend zu skizzieren, ist demnach für die reformierte Bekenntnistradition noch schwieriger als für die lutherische, die ja auch keineswegs völlig einheitlich ist, wie das Verhältnis von Luther und Melanchthon exemplarisch beweist. Ohne gewisse Typisierung und die mit ihnen zwangsläufig verbundenen historischen Unschärfen wird es deshalb auch und gerade im folgenden nicht abgehen.

Zunächst seien einige der wichtigsten reformierten Bekenntnistexte des 16. Jahrhunderts chronologisch aufgelistet und

[34] Zu den Sammlungen reformierter Bekenntnisschriften siehe Verzeichnis der Abkürzungen.

[35] Jacobs, P., a. a. O. (vgl. Anm. 2), 20.

knapp charakterisiert: 1. Die ›Confessio tetrapolitana‹ von 1530, das Bekenntnis der Städte Straßburg, Memmingen, Lindau und Konstanz anläßlich des Reichstags zu Augsburg, welche sich von der CA insbesondere durch eine zwischen Luther und Zwingli vermittelnde Sakramentenlehre unterscheidet. 2. Zwinglis Privatbekenntnis zum Augsburger Reichstag, die sog. ›Fidei ratio‹. 3. ›Die Confessio helvetica prior‹ von 1536, die auf Anordnung der Magistrate von Zürich, Bern, Basel, Schaffhausen, St. Gallen, Mühlhausen und Biel unter Mitarbeit der Straßburger Theologen Bucer und Capito von Bullinger, Myconius, Grynaeus, Leo Jud und Megander im Bemühen um Annäherung an die lutherische Abendmahlslehre verfaßt wurde und lange Zeit als wesentlicher Ausdruck des schweizerisch-reformierten Glaubens in Geltung stand. 4. Von den durch Calvin verfaßten Bekenntnisschriften sind insbesondere das ›Genfer Bekenntnis‹ von 1536 sowie der ›Genfer Katechismus‹ von 1545 zu erwähnen. Genannt werden muß ferner Calvins ›Institutio religionis Christianae‹, die, von 1536 bis 1559 unablässig erweitert, in den reformierten Kirchen durchaus Bekenntnisrang genießt. 5. Der sog. ›Consensus Tigurinus‹ von 1549 als Ergebnis der Unionsverhandlungen zwischen Calvin und Bullinger. 6. Die ›Confessio helvetica posterior‹ von 1562, in der Bullinger die Theologien Zwinglis und Calvins zum Ausgleich zu bringen versuchte. 7. Unter den westlichen Bekenntnissen sind hervorzuheben die ›Confessio gallicana‹ von 1559, die eng an sie anschließende ›Confessio belgica‹ von 1561, schließlich die von John Knox mitverfaßte ›Confessio scotica‹ von 1560. 8. Zu den wichtigsten Zeugnissen der anglikanischen Kirche, die sich gemäß der Suprematsakte vom 3. November 1534 unter Heinrich VIII. von Rom löste, ist neben den Artikeln von 1552 und 1562 der Katechismus von 1549, ›The Book of Common Prayer‹, zu rechnen. 9. Ein entscheidendes Dokument des Presbyterianismus ist die ›Westminster Confession‹ von 1647. 10. Für die deutschen Gebiete seien schließlich noch der auf Veranlassung Friedrichs III., des Kurfürsten von der Pfalz, von Zacharias Ursinus und Kaspar Olevianus verfaßte ›Heidelberger Katechismus‹ von 1563, das ›Nassauische Bekenntnis‹ von 1578 sowie der ›Consensus Bremensis‹ von 1595 erwähnt (vgl. im einzelnen M XVI–LXXI). Im folgenden beschränke ich mich darauf, zunächst den Zwinglischen Typus, sodann die von Calvin geprägte Gestalt der Sakramententheologie zu charakterisieren. Nicht zuletzt um Wiederholungen zu vermeiden, kann es dabei nicht um eine Gesamtdarstellung gehen, die alle Einzelaspekte zu berücksichtigen hätte. Zu achten sein wird vielmehr vor allem auf die Unterschiede, durch welche sich die reformierte Tradition in spezifischer Weise von der lutherischen abhebt.

### 2.3.2 Sakramente als Bekenntniszeichen

Im 15. Artikel seines Werkes ›De vera et falsa religione commentarius‹ vom März 1525[36], der ersten und einzigen Darstellung seiner Theologie, in der alle wesentlichen Themenbestände der Dogmatik in 29 loci kompendiarisch behandelt werden, beginnt Zwingli die sakramentstheologischen Erörterungen (757 ff.) mit der lakonischen Feststellung, die Deutschen hätten das Lehnwort Sakrament nie in ihren Wortschatz aufnehmen dürfen. „Hören sie das Wort ‘Sakrament’, so verstehen sie darunter etwas Großes und Heiliges (aliquid magnum sanctumque), das durch seine Kraft das Gewissen von der Sünde frei macht“ (757). Diese Verwendung aber sei durch den antiken Ursprungssinn des Wortes nicht gedeckt, demgemäß ‘sacramentum’ die Strafsumme, den Eid bzw. Fahneneid bezeichne. Zwingli lehnt sie deshalb ebenso ab, wie er die Übersetzung des neutestamentlichen μυστήριον-Begriffs durch ‘sacramentum’ für unangemessen hält. Durch seine begriffsgeschichtlichen Erwägungen sieht Zwingli sich in der Auffassung bestätigt, unter Sakrament sei nichts anderes zu verstehen als eine initiatio (Eintritts-, Antrittszeremonie) oder oppignoratio (Verpflichtung, Verpfändung). „Denn wie die Prozeßparteien eine gewisse Geldsumme hinterlegen, die nur der Prozeßgewinner (wieder) fortnehmen durfte, so nehmen diejenigen, die sich durch die Sakramente einweihen lassen, eine Verpflichtung auf sich, sie geben und empfangen gleichsam ein Unterpfand (des Inhalts), nicht mehr (ins frühere Leben) zurückkehren zu dürfen.“ („Sicut enim, qui litigaturi erant, certum pecuniae pondus deponebant, quod auferri non licebat, nisi vincenti, sic, qui sacramentis initiantur, sese ad-

[36] In: Zwingli, H., Sämtliche Werke, hrsg. v. E. Egli, G. Finsler und W. Köhler, Bd. III (= CR XC), Leipzig 1914, 590–912. Die nachfolgenden Seitenverweise im Text beziehen sich hierauf. Die deutsche Übersetzung folgt: Blanke, F., O. Farner, O. Frei und R. Pfister (Hrsg.), Zwinglis Hauptschriften, Bd. 10, Zürich 1963, 27 ff.

stringunt, oppignorant, ac velut arrabonem accipiunt, ut referre pedem non liceat" [759].) Kann Sakrament dem Ursprungssinn des Wortes gemäß allenfalls eine Einweihung (initiatio) oder öffentliche Einführung (publica consignatio) bedeuten, so versteht sich nach Zwingli von selbst, daß ein Sakrament keine das Gewissen befreiende interne Kraft besitzt, über welche Kraft ohnehin Gott allein und unmittelbar verfügt. „Es befinden sich also diejenigen in gröblichem Irrtum, die da glauben, daß die Sakramente reinigende Kraft (vim mundandi) haben" (760).

Zwingli denkt dabei zunächst sicherlich an die römische Theologie und Kirche. Indes soll seine Kritik auch die lutherische Lehrauffassung treffen, die nach seiner Meinung den äußeren Sakramentsvollzug und den Vollzug innerer Reinigung unstatthaft gleichschaltet. „Denn auf diese Weise wäre die Freiheit des göttlichen Geistes, der sich (doch) einem jeden nach Belieben mitteilt, d. h., wem, wann und wo er will, angebunden. Wenn er (der Geist) nur dann inwendig wirken dürfte, wenn wir ihn äußerlich mit den Zeichen andeuten, so wäre er völlig an die Zeichen gebunden." („Nam hac ratione libertas divini spiritus alligata esset, qui dividit singulis, ut vult, id est: quibus, quando, ubi vult. Nam si tunc cogeretur intus operari, qum [sic] nos extra signis notamus, signis prorsus alligatus esset ..." [761].) Demgegenüber bestätige das Schriftzeugnis, daß der Geist auch unabhängig von den sakramentalen Zeichenvollzügen bzw. ihnen zuvor jenen Glauben wirke, dessen Wirklichkeit der Mensch nicht in der Sphäre äußerlicher Vorgaben, sondern allein in der Innerlichkeit des Herzens wahrnehme („sentit ... homo intus in corde fidem" [769]), welche innere Selbstgewißheit durch äußere Zeichen nur bekundet, nicht aber bestätigt oder gar begründet werde. Von daher gelangt Zwingli zu folgender abschließender Sakramentsdefinition: „Sakramente . . . sind . . . Zeichen oder Zeremonien, mittels deren der Mensch der Kirche glaubhaft macht, daß er entweder ein Kandidat oder ein Soldat Christi ist, und sie (die Sakramente) machen die ganze Kirche deines Glaubens viel mehr gewiß als dich (selbst). Wenn nämlich dein Glaube nicht auf eine andere Weise zu einem vollendeten wird als dadurch, daß er ein zeremonielles Zeichen zur Bestätigung nötig hat, so ist es kein Glaube. Denn das ist Glaube: Sich, wie Paulus an vielen Stellen zeigt, unerschütterlich, fest und unzerteilt auf Gottes Erbarmung gründen." („Sunt ergo sacramenta signa vel ceremoniae . . ., quibus se homo ecclesiae probat aut candidatum aut militem esse Christi, redduntque ecclesiam totam potius certiorem de tua fide quam te. Si enim fides tua non aliter fuerit aboluta, quam ut signo ceremoniali ad confirmationem egeat, fides non est. Fides enim est, qua nitimur misericordiae dei inconcusse, firmiter et indistracte, ut multis locis Paulus habet" [761].) An Taufe und Herrenmahl, die er als von Christus eingesetzt strikt von anderen kirchlichen Zeremonien abhebt, kann Zwingli die einweihende und verpflichtende Bedeutung des Sakraments exemplifizieren: „Sacramenta vero duo omnino reliquit nobis Christus: baptismum et coenam dominicam. Quibus sic initiamur, ut altero nomen demus, altero victoriae Christi memores nos eius ecclesiae membra esse probemus" (761).

Im 7. Artikel seiner ›Fidei ratio‹ zum Augsburger Reichstag von 1530 hat Zwingli sein Verständnis der Sakramente als Bekenntniszeichen des Glaubens ausdrücklich erneuert und jegliche Verbindung von Gnade und Sakrament konsequent geleugnet. Sakramente sind nach seiner Auffassung keine Gnadenmittel, welche die Gnade verleihen (conferant), herzubringen (adferant) oder zuteilen (dispensent). „Wie nämlich die Gnade vom göttlichen Geiste kommt oder geschenkt wird . . ., so fällt dieses Geschenk dem Geiste allein zu" (M 86, 11 ff.). Um aber die Gnade persönlich zu vermitteln, benötigt der Geist keinen Führer (dux) und kein Transportmittel (vehiculum): „Ipse enim est virtus et latio qua cuncta feruntur" (M 86, 15). Der Geist ist autark: er bedarf, um sich selbst als den Inbegriff der Gnade zur Geltung zu bringen, grundsätzlich keiner sensibilia und wirkt in diesem Sinne unmittelbar, d. h. rein aus und durch sich selbst. Entsprechend trennt Zwingli scharf zwischen der Unsichtbarkeit des Geistes und der Sichtbarkeit des Gegebenen, zwischen spiritueller Unendlichkeit und leibhafter Endlichkeit, eine Trennung, die sich in christologischer Hinsicht bereits im ersten Artikel der ›Fidei ratio‹ identifizieren läßt, wo (bemerkenswerterweise im Rahmen der Gotteslehre) das Problem der communicatio idiomatum behandelt und betont wird, es handle sich hierbei um eine bloße Redensart und nicht, wie bei Luther, um eine wirkliche Übertragung der Eigenschaften der göttlichen Logosnatur Christi auf seine menschliche Natur.

Gleichwohl wäre es falsch, aus der spiritualistischen Geringschätzung sinnenfälliger Zeichen zu folgern, Zwingli sei für die generelle Abschaffung der Sakramente. Er will Taufe und Herrenmahl zweifellos beibehalten, aber nur unter der Voraussetzung

zung ihrer Neudeutung gemäß der Devise: „Die Sakramente werden zum öffentlichen Zeugnis der Gnade gegeben, die jedem vorher persönlich zuteil geworden ist" („. . . sacramenta dari in Testimonium publicum eius gratiae, quae cuique privato prius adest" [M 86, 47 f.]). Sinn und Zweck der Sakramente besteht also darin, die ohne sie erfolgte Gnaden- und Geistbegabung und die damit gegebene Teilhabe an der unsichtbaren Schar der Erwählten offenkundig werden zu lassen, um so eine von anderen Vereinigungen zu unterscheidende sichtbare Kirche auf Erden zu konstituieren. Zwingli kann sogar, um nicht als Sakramentsverächter zu erscheinen, sagen, das Sakrament trage als Zeichen der geschehenen Gnade (factae gratiae signum) bzw. als sichtbares Abbild und Beispiel der unsichtbaren Gnade (visibilis figura sive forma; visibile exemplum) eine gewisse Ähnlichkeit mit der durch den Geist gewirkten Sache in sich (fere analogiam quandam rei per spiritum gestae prae se fert; vgl. M 87, 15 ff.). Das ändert freilich nichts an seiner nochmals ausdrücklich betonten Überzeugung, daß das Sakrament die Gnade des Geistes nicht bewirke, sondern nur bezeuge.

### 2.3.3 Sakramente als Siegel des Verheißungswortes

Zwinglis Sakramentsauffassung hat sich in der reformierten Tradition aufs Ganze gesehen nicht durchgesetzt. Selbst die stark zwinglianisch geprägten schweizerischen Bekenntnisse rücken von der These ab, Sakramente seien primär Bekenntnis- oder Pflichtzeichen. So bezeugt die ›Confessio helvetica prior‹ von 1536, „das die Sacrament nit allein ussere zeychen syend Christenlicher gsellschafft, Sonder wir bekennendts für zeichen göttlicher gnaden, durch die die diener der kilchen dem Herren zu dem fürnemen und End, das er uns selbs verheyßt, anbütet und krefftenklich verschafft, mitwürckend, doch der gstallt, wie oben vom zudienen des wortts geseyt jst, namlich das alle heylmachende und seligmachende krafft dem Herrn gott allein zugeschriben werde" (M 106, 37 ff.). Entsprechendes gilt für die ›Confessio helvetica posterior‹ von 1562. Zwar greift Bullinger, der Züricher Nachfolger Zwinglis, dessen Sakramentsbestimmung auf, aber doch nur in einem nachgeordneten Sinn: Sakramente, so ist zu lesen, sind „geheimnissvolle Wahrzeichen (symbola mystica) oder heilige Gebräuche (ritus sancti) oder weihevolle Handlungen (sacrae actiones), von Gott selbst eingesetzt, die in seinem Wort verankert sind, in Zeichen und in bezeichneten Dingen, wodurch er in der Kirche die Erinnerung an seine höchsten Wohltaten, die er den Menschen erwiesen hat, wachhält und immer wieder erneuert, wodurch er ferner seine Verheißungen besiegelt und das, was er selbst uns innerlich schenkt, äußerlich darstellt und gleichsam zur Betrachtung vor Augen führt und so unsern Glauben durch die Wirkung des Geistes Gottes in unsern Herzen stärkt und nährt; endlich scheidet er uns durch die Sakramente von allen andern Völkern und Religionen und heiligt und verpflichtet sich uns allein und zeigt uns, was er von uns fordert" (J 226; M 205, 31 ff.).

Noch deutlicher wird die Differenz zu Zwingli bei Calvin und den von ihm beeinflußten reformierten Bekenntnissen (vgl. bes. Art. 14 des ›Genfer Bekenntnisses‹ [M 114]; Teil IV des ›Genfer Katechismus‹ [M 145 ff.]; Art. XXXIV der ›Confessio gallicana‹ [M 230]; Art. XXXIII der ›Confessio belgica‹ [M 245 f.]. Unter den deutschen Bekenntnissen sind vor allem zu beachten: die Antwort auf die 66. Frage des ›Heidelberger Katechismus‹ [M 699 f.] sowie der 10. Artikel des ›Consensus Bremensis‹ [M 766 ff.]. Zum Versuch der Annäherung zwischen Genf und Zürich vgl. den ›Consensus Tigurinus‹ von 1549 [M 159 ff.]). Dies soll im folgenden anhand der Letztausgabe von Calvins ›Institutio‹[37] exemplarisch dargestellt werden. Es fällt sogleich auf, daß sich Calvin gegen die spiritualistische Unterschätzung der Sakramente nicht minder entschieden abgrenzt wie gegen ihre abergläubische Überschätzung. Zwar bestreitet er nicht, daß Sakramente Bekenntnis-, Verpflichtungs- und Unterscheidungszeichen seien, ein Aspekt, der ja auch in der Wittenberger Tradition durchaus präsent ist, wie sich besonders an Melanchthon zeigen ließe. Aber es handelt sich dabei doch um ein vergleichsweise sekundäres, jedenfalls nachfolgendes und untergeordnetes Moment und nicht um das eigentliche Wesenszentrum des als göttliche Gabe an uns zu verstehenden Sakraments. Calvin hält deshalb den Verlauf der christlichen Rezeptionsgeschichte des lateinischen Wortes ‘sacramentum’ im Unterschied zu Zwingli für sachlich durchaus angemessen: „Obwohl es eigentlich den

[37] Institutio Christianae Religionis 1559, in: Calvin, J., Opera selecta, ed. P. Barth, W. Niesel, Vol. V, München ³1974. Die nachfolgenden Seitenverweise im Text beziehen sich hierauf. Die deutschen Zitate folgen der Übersetzung von O. Weber, Neukirchen 1936 ff.

Eidschwur bedeutet, mit dem sich der Soldat seinem Feldherrn angelobt, hat man daraus einen Schwur des Feldherrn gemacht, kraft dessen er die Soldaten in seine Schar aufnimmt. Denn durch die Sakramente verheißt der Herr, er wolle unser Gott sein und wir sollten sein Volk sein" (XIV, 13; vgl. auch XIV, 2).

Seine eigene Definition des Sakramentsbegriffs, mit der er seine einschlägigen Ausführungen einleitet, will genau diesem Bedeutungswandel entsprechen: „Ein Sakrament ist ein äußeres Merkzeichen, mit dem der Herr unserem Gewissen die Verheißungen seiner Freundlichkeit gegen uns versiegelt, um der Schwachheit unseres Glaubens eine Stütze zu bieten, und mit dem wiederum wir unsere Frömmigkeit gegen ihn sowohl vor seinem und der Engel Angesicht als auch vor den Menschen bezeugen." („... externum esse symbolum, quo benevolentiae erga nos suae promissiones conscientiis nostris Dominus obsignat, ad sustinendam fidei nostrae imbecillitatem: et nos vicissim pietatem erga eum nostram tam coram eo et Angelis quam apud homines testamur" [XIV, 1].) Kürzer gefaßt: „Sakrament heißt ein mit einem äußeren Zeichen bekräftigtes Zeugnis der göttlichen Gnade gegen uns, bei dem zugleich auf der anderen Seite eine Bezeugung unserer Frömmigkeit Gott gegenüber stattfindet." („... divinae in nos gratiae testimonium externo signo confirmatum, cum mutua nostrae erga ipsum pietatis testificatione" [XIV, 1].) Aus diesen Begriffsbestimmungen geht hervor (XIV, 3), daß ein Sakrament nie ohne eine voraufgehende Verheißung ist (sine praeeunte promissione), diese vielmehr anhangsweise (tanquam appendicem) zu bekräftigen (confirmare), zu besiegeln (obsignare), für uns besser zu bezeugen und zu ratifizieren (nobis testiatiorem, imo ratam quodammodo facere) habe, was zwar nicht im Hinblick auf Gott, wohl aber wegen der Unwissenheit (ignorantia), Trägheit (tarditas) und Schwäche (infirmitas) irdischer Wesen durchaus nötig sei. Um die damit erreichte gebräuchliche Bestimmung, das Sakrament bestehe aus Wort und äußerem Zeichen, noch präziser zu fassen, fügt Calvin unter Berufung auf die Schrift und auf Augustin hinzu, unter Wort sei nicht einfach eine magische Beschwörungsformel, sondern das offene Wort der Predigt zu verstehen: „Verbum enim intelligere debemus, non quod sine sensu et fide insusurratum, solo strepitu, velut magica incantatione, consecrandi elementi vim habeat: sed quod praedicatum intelligere nos faciat quid visibile signum sibi velit" (XIV, 4). Können somit die sinnenfälligen Zeichen niemals anderes bezeugen als das gepredigte Verheißungswort, von welchem her sie allererst ihre Eindeutigkeit gewinnen, so sind sie gleichwohl nicht überflüssig, indem sie, wie gesagt, die Verheißung versiegeln, verbürgen, erhalten, festigen, bekräftigen, mehren usw. Calvin kann daher sagen, daß Gott „seine Barmherzigkeit und ein Unterpfand seiner Gnade sowohl durch sein Wort darbietet als auch durch die Sakramente" (XIV, 7). Ja, er kann den Sakramenten vor dem Wort sogar einen besonderen Vorzug einräumen, welcher darin besteht, daß sie die Verheißungen „wie in einem Bilde abmalen und sie uns dergestalt lebenswahr vergegenwärtigen" („hoc habent prae verbo peculiare, quod eas (sc. promissiones) veluti in tabula depictas nobis ad vivum repraesentant" [XIV, 5]).

Mit diesem Vorzug ist indes mitnichten ein Vorrang der Sakramente dem Verheißungswort gegenüber erklärt. Vielmehr hat zu gelten: „Wer ... meint, es würde ihm durch die Sakramente mehr zuteil, als was ihm im Worte Gottes dargeboten wird und was er dann mit wahrem Glauben ergreift, der betrügt sich selbst" (XIV, 14). Insbesondere sei es ein verderblicher Irrtum zu behaupten, die Sakramente verschafften Gerechtigkeit ohne persönlichen Verheißungsglauben (XIV, 14. 16). Allerdings ist dies nicht so zu verstehen, „als ob die Kraft oder die Wahrheit des Sakramentes von dem Zustand oder auch von dem Gutdünken (conditione aut arbitrio) dessen abhängig wäre, der es empfängt. Denn was Gott eingerichtet hat, das bleibt fest bestehen und behält seine Natur bei, wie sehr sich auch Menschen verändern mögen. Aber Anbieten (offere) und Annehmen (recipere) sind zwei verschiedene Dinge, und deshalb steht dem nichts entgegen, daß das Merkzeichen, das durch das Wort des Herrn geheiligt ist (consecratum verbo Domini symbolum), mit der Tat ist, was es dem Namen nach sein soll, und daß es seine Kraft behält – während doch aus ihm für einen nichtsnutzigen und gottlosen Menschen keinerlei Nutzen erwächst" (XIV, 16). Die Geltung des Sakraments ist also nicht durch den Glauben konstituiert, wenngleich seine Wirkung nur dem Glauben zugute kommt. Letzteres unterstreicht Calvin, wenn er sich vehement gegen die Vorstellung einer den Sakramenten inhärierenden, an Gläubige und Ungläubige gleichermaßen zu verteilenden unpersönlichen Wirkkraft wendet. Mit Nachdruck betont er, keineswegs der Meinung zu sein, den Sakramenten würde fortdauernd irgendeine verborgene Wirkkraft innewohnen, durch die sie in der Lage wären, von sich aus den Glauben zu fördern und zu stärken („non quasi arcanam vim nescio quam illis perpetuo insitam putem, qua fidem per se promovere aut confirmare valeant“ [XIV, 9]). Damit ist gesagt, daß den Sakramenten recht eigentlich keine glaubensbegründende, sondern nur eine glaubensstärkende Funktion zukommt. Sie setzen den Glauben, an dem ihr Nutzen hängt, als durch das Verheißungswort bereits vermittelt voraus. Von einer Heilsnotwendigkeit der Sakramente kann deshalb bei Calvin in einem strengen Sinne nicht die Rede sein: „Die Zuversicht auf das Heil hängt nicht von der Teilnahme am Sakrament ab, als ob darin die Rechtfertigung läge; denn wir wissen, daß die Rechtfertigung allein in Christus beruht und uns nicht weniger durch die Predigt des Evangeliums als durch die Versiegelung mitgeteilt wird, die uns die Sakramente gewähren, und daß sie auch ohne solche Versiegelung vollkömmlich bestehen kann“ (XIV, 14).

Dem entspricht die Forderung, der Glaube dürfe sich nicht an die äußere Gestalt der Sakramente hängen, um in ihr zuletzt gar die Kreatur zu vergöttern, habe sich vielmehr durch die sinnenfälligen Zeichen auf die in ihnen verborgenen Geheimnisse verweisen zu lassen, um sich vom Zeitlich-Endlichen in die ewige Sphäre des Unendlichen zu erheben. In diesem Sinne muß dann nach Calvin strenger noch als zwischen Verheißungswort und vollendeter Wirklichkeit zwischen Sakrament und der vom Sakrament bezeichneten Sache unterschieden werden. Während bei Luther die traditionelle Unterscheidung von Bild und Wahrheit ganz im Dienste ihres Zusammenseins steht, betont Calvin, ohne dieses Zusammensein einfachhin zu leugnen, „daß sie nicht so sehr miteinander zusammenhängen, daß sie nicht getrennt werden könnten, und daß auch in der Verbundenheit selbst stets die Sache von dem Zeichen unterschieden werden muß, damit wir nicht auf das eine übertragen, was dem anderen eigen ist“ („... neque enim significat duntaxat, figuram et veritatem illic contineri, sed non ita cohaerere quin separari queant: ac in ipsa etiam coniunctione oportere semper discerni rem a signo, ne ad alterum transferamus quod alterius est“ [XIV, 15]). Damit dürfte zugleich ein entscheidender Hinweis gegeben sein, wie die unterschiedlichen sakramentstheologischen Akzentsetzungen in lutherischer und calvinistisch-reformierter Tradition strukturell präzise erfaßt werden können.

Bevor hierauf näher einzugehen ist, soll nachgefragt werden, wie sich nach Calvin die Sakramente des Alten und des Neuen Bundes zueinander verhalten. Nach seiner Definition umfaßt der Begriff Sakrament „allgemein sämtliche Zeichen, die Gott je den Menschen aufgetragen hat, um sie der Wahrheit seiner Verheißungen gewiß und sicher zu machen" („Sacramenti nomen ... omnia generaliter signa complectitur quae unquam hominibus mandavit Deus, ut certiores securosque de promissionum suarum veritate redderet" [XIV, 18]). Unter diese Zeichen sind – generell betrachtet – sowohl natürliche Dinge (res naturalēs) wie etwa der noachitische Regenbogen, als auch diverse Wunder (miracula) zu rechnen. Als eigentliche Sakramente hingegen sollen nur jene Zeichen oder besser gesagt: zeremoniellen Zeichenhandlungen gelten, die von Gott zu regelmäßigem Gebrauch eingesetzt wurden. Für das alttestamentliche Bundesvolk waren dies insbesondere die Beschneidung, zu der dann allerlei Reinigungen, Opfer und sonstige Gebräuche hinzukamen. Nach ihrer Abschaffung in der Folge der Erscheinung Christi wurden für das neue Bundesvolk Taufe und Abendmahl als Sakramente eingesetzt. Daß man auch die Ordination zum kirchlichen Amt ein Sakrament nennen kann, will Calvin nicht grundsätzlich bestreiten. Was das Verhältnis der Sakramente Alten und Neuen Bundes betrifft, so ist, wie Calvin mit Nachdruck hervorhebt, ihr gemeinsamer Inhalt Jesus Christus. Der Unterschied besteht einzig darin, „daß jene den verheißenen Christus andeuteten (adumbrarunt), als er noch erwartet wurde, diese dagegen Christus als den bezeugen, der uns bereits gewährt und offenbart ist (praestitum et exhibitum testantur)" (XIV, 20). Wird also in alttestamentlichen und neutestamentlichen Sakramenten beide Male der eine Christus angezeigt, so geschieht das doch in dem einen Fall vergleichsweise dunkel und andeutungsweise, im anderen leuchtender und klarer (illustrius ac luculentius), reichlicher und völliger (uberior ac plenior; XIV, 26).

### 2.3.4 Zum Verhältnis lutherischer und calvinistischer Tradition

Daß Gott und nicht etwa der bekennende Mensch Primärsubjekt der sakramentalen Handlung ist, behaupten lutherische und calvinistische Bekenntnistradition in gemeinsamem Gegensatz zu Zwingli. Prinzipielle Übereinstimmung herrscht darüber, daß die Sakramente primär Zeichen göttlicher Gabe und erst sekundär und von daher Zeichen menschlicher Antwort sind. In diesem Rahmen können dann – auch innerhalb der jeweiligen Bekenntnistradition – durchaus unterschiedliche Akzente gesetzt werden: Korrespondiert der sakramentstheologischen Konzentration auf die Elemente bei Luther die dezidierte Betonung des göttlichen Gabencharakters, so läßt Melanchthons Definition der Sakramente als Riten und Zeremonien stärker ihre „Phänomenstruktur als Handlungen der Gemeinde“[38] ins Bewußtsein treten. Indes handelt es sich hierbei um Perspektivenunterschiede, die das sakramentale Verhältnis von göttlicher Aktion und menschlicher Reaktion bzw. den eindeutigen Richtungssinn dieses Verhältnisses nirgends in Zweifel ziehen. Das gilt, wie gesagt, für die gesamte reformatorische Tradition mit Ausnahme von Zwingli.

Auch was den Zusammenhang von Wort und Sakrament sowie die Relation von promissio und fides betrifft, fallen zunächst die Gemeinsamkeiten ins Auge. In fast wörtlicher Übereinstimmung mit Aussagen Calvins bezeugen die ›Bekenntnisschriften der lutherischen Kirche‹: „Das äußerliche Zeichen ist wie ein Siegel und Bekräftigung (quasi pictura verbi seu sigillum) der Wort und Verheißung . . . Darum, wie die Verheißung vergeblich ist, wenn sie nicht durch den Glauben gefaßt wird, also ist auch die Ceremonia oder äußerlich Zeichen nicht nütz, es sei denn der Glaube da, welcher wahrhaftig dafür hält, daß uns Vergebung der Sunde widerfähret“ (BSLK 369 f.). Die enge Bindung des Sakraments ans Wort wird des weiteren dadurch unterstrichen, daß in beiden Traditionen der Sinngehalt des Zeichens niemals wortlos-natürlich vorgestellt wird. Augustins Formel: „Accedit verbum ad elementum, et fit Sacramentum“ (Joh. Ev. Tract. 80, 3) gehört zu den Lieblingszitaten aller Reformatoren. So erklärt etwa Bullinger: „Durch Gottes Wort werden Dinge zu Sakramenten, die sie zuvor nicht waren. Sie werden nämlich durch das Wort geweiht und als heilig erwiesen von dem, der sie eingesetzt hat“ (J 228). Als solchermaßen ins göttliche Wort gefaßte Zeichen sind die Sakramente dann allerdings – auch dies gilt für beide reformatorische Bekenntnistraditionen – anderes als bloße Zeichen. „Wenn man uns“, heißt es in der ›Confessio scotica‹, „also verleumdet, wir behaupteten und glaubten, die

[38] Kühn, U., a. a. O., 306.

Sakramente seien bloße Zeichen, so schmäht man nicht nur uns, sondern die Wahrheit" (J 144).

Erst bei genauerem Zusehen werden gewisse Tendenzunterschiede der Argumentation erkennbar. Ein solcher Tendenzunterschied betrifft die Zuordnung von Predigtwort und sakramentaler Handlung. Ernst Kinder hat zutreffend beobachtet, daß im Luthertum die sakramentalen Handlungen der Predigt grundsätzlich koordiniert werden, während der Calvinismus (vgl. auch die Variata CA XIII; CR 26, 732) eher zu einer Subordination neigt, so daß gilt: „Die Zueignung des durch Christus erworbenen Heils geschieht prinzipiell *allein* durch die Predigt und die Sakramente kommen in irgendeinem Sinne *noch dazu*. Welche Bedeutung sie dann auch zusätzlich zur Predigt noch haben – hier gibt es im einzelnen recht verschiedene Bestimmungen –, fest steht, daß sie bei der eigentlichen, faktischen Heilszueignung *selbst* keinen Ort haben; hier steht vielmehr grundsätzlich *allein* das *gepredigte* Wort. Und von ihm müssen sich die Sakramente ihren Ort und ihre Bedeutung zumessen lassen; sie haben diese insoweit, als sie in einem zusätzlichen Verhältnis zur Predigt stehen."[39]

Diese Überordnung des verbalen Predigtwortes vor dem sichtbaren Wort (verbum visibile) des Sakraments in reformierter Tradition dürfte unter anderem darin seinen Grund haben, daß man das verbale Wort der Sprache für das geeignetere Medium hielt, die Unterscheidung von Zeichen und Bezeichnetem zu Bewußtsein zu bringen. Darauf aber kam es reformierter Tradition entschieden an: So wird das Verhältnis von sakramentalem Zeichen und der bezeichneten substantiellen res stets so bestimmt, daß der Zusammenhang beider unter dem Vorzeichen ihrer prinzipiellen Unterschiedenheit steht. Entsprechend hat auch die unio sacramentalis den Charakter einer gewissermaßen nominellen Vereinigung, die unter der Bedingung verbalen Differenzbewußtseins steht. Die These, daß das sakramentale Zeichen das von ihm Bezeichnete 'enthält', muß daher konsequenterweise abgelehnt werden. "The Grace", so konstatiert die ›Westminster Confession‹, "which is exhibited in or by the Sacraments rightly used, is not conferred by any Power in them" (M 601, 26 ff.). Das sakramentale Zeichen steht zum Bezeichneten im Verhältnis eines äußerlichen, instrumentellen Mittels.

[39] Kinder, E., Zur Sakramentenlehre, 153.

Ähnliches gilt nun freilich auch für die verbalen Zeichen des Predigtwortes. Zwar kann gelegentlich gesagt werden, die Predigt des Wortes Gottes sei das Wort Gottes (vgl. etwa J 178). Aber diese Identitätsaussage ist doch im Grunde eine uneigentliche Rede, die nicht darüber hinwegtäuschen darf, daß der reformierten Tradition auch im Blick auf das Predigtwort sehr daran gelegen ist, zwischen äußerer Gestalt und innerem geistigen Gehalt zu unterscheiden. Wie sich äußere Gestalt und innerer Gehalt des Wortes zueinander verhalten, ist dann allerdings ein schwieriges Problem, das man sich am besten an der Frage nach der Art und Weise des Wirkens des Heiligen Geistes verdeutlicht. Wirkt der Heilige Geist so durch Wort und Sakrament, daß er seine Gnadenkraft, wenn auch nicht gezwungenermaßen, so doch in freier Selbstverpflichtung derart an Wort und Sakrament in ihrer hör- und sichtbaren Gestalt bindet, daß mit einer Wirksamkeit des Geistes an den das konkrete Erscheinen Jesu Christi bezeugenden Medien von Predigtwort und Sakrament vorbei theologisch nicht zu rechnen ist? Eben dies zu behaupten, scheint das Argumentationsziel von CA V. Denn die an sich zweideutige Formulierung, der Heilige Geist werde „per verbum et sacramenta tamquam per instrumenta" gegeben und wirke den Glauben, „ubi et quando visum est deo", mündet doch in der klaren Absage an die Idee vermittlungsloser Geistunmittelbarkeit und in das eindeutige Bekenntnis, daß der Geist „sine verbo externo", „ohn das leiblich Wort des Evangelii", welches die Rechtfertigung des Sünders um Jesu Christi willen verkünde, nicht zu fassen sei. Für Zwingli hingegen galt, daß der Geist keineswegs so an das Predigtwort, geschweige denn an das Sakrament gebunden ist, daß er nicht auch unmittelbar den Glauben bewirken kann und tatsächlich bewirkt. Nur so glaubte der Züricher Reformator die Freiheit des göttlichen Geistes sichern zu können. Zwar wirkt auch nach Zwingli der Geist in der Regel durch die sog. Gnadenmittel; aber diese pneumatologisch immerhin vorgesehene Ordnung ist nicht so beschaffen, daß sie Grundsätzliches am arbiträren Charakter der Freiheit des Geistes bzw. am äußerlich marginalen Status der externen Gnadenmittel ändern könnte. Die von Calvin geprägte Tradition hat hier, wie sich bereits zeigte, zweifellos anders votiert und den Zusammenhang von äußerem Wort und Geistzeugnis ungleich stärker betont als Zwingli. Indes wird in der reformierten Bekenntnistradition aufs Ganze gesehen keineswegs völlig einheitlich argumentiert: Das betrifft insbesondere die Frage, wie man sich das Zusammenwirken von Geist und verbum externum genau zu denken hat. Auf der einen Seite entsteht der Eindruck, daß die Verkündigung des äußeren Wortes und die innere Wirkung des Geistes zwei parallel verlaufende, zwar aneinander orientierte und ausgerichtete, aber gleichwohl grundsätzlich unverbundene Vorgänge darstellen. Auf der anderen Seite wird nachdrücklich betont, daß das Verhältnis von Wort und Sache bzw. Zeichen und Gabe als ein gleichzeitig-simultanes zu denken ist, so daß, wenn von einem parallelen Wirken des Geistes und des verbalen bzw. sakramentalen Wortes gesprochen werde, immer hinzuzufügen sei, es handle sich hierbei um „ein miteinander verbundenes, nicht voneinander zu trennendes parallellaufendes Geschehen“[40]. Es ist hier nicht möglich, beide Tendenzen an Beispielen zu belegen. Es läßt sich aber unschwer feststellen, daß die frühen Bekenntnisse eher der ersten, die späteren eher der zweiten Argumentationsfigur zuneigen. Freilich bleibt auch für sie das Primärmotiv reformierter Lehrbildung erkennbar, nämlich die dezidierte Betonung der souveränen Freiheit und weltüberlegenen Transzendenz Gottes bzw. des göttlichen Geistes, welchem spezifischem Interesse ein mehr oder minder ausgeprägter Spiritualismus korrespondiert, welcher das Wirken Gottes als Heiliger Geist stets unter klarer Abhebung von der Sphäre des Materiellen und Leiblichen vorstellt.

Hingegen ist, wenn man sich einmal einer solchen Typisierung bedienen darf, die lutherische Theologie ganz auf die Kondeszendenz Gottes konzentriert. Ihr Wahlspruch lautet, um mit Luthers eigenen Worten zu reden: „Non gaff ghen caelum ... hie unden hastus“ (WA 41, 546, 10 f.). An den innerreformatorischen Streitigkeiten zur Christologie im Umkreis der Abendmahlslehre wird das im einzelnen noch aufgewiesen werden (vgl. 4.3). Ausgangspunkt der theologischen Reflexion ist für das Luthertum, soviel kann jetzt schon gesagt werden, stets die konkrete Gestalt Jesu Christi und nicht etwa das Verhältnis des Endlichen zum Unendlichen, Gottes und des Menschen im allgemeinen. Nicht zuletzt aus diesem Grund verzichtete man im Unterschied zur reformierten Tradition in der Regel auch auf eine allgemeine Wesensbestimmung der Sakramente, um die einzelnen rituellen Vollzüge der Kirche, in denen sich Jesus Christus

[40] Jacobs, P., a. a. O., 112.

gemeine Wesensbestimmung der Sakramente, um die einzelnen rituellen Vollzüge der Kirche, in denen sich Jesus Christus gegenwärtig bezeugt, allein aus der positiven Setzung des Herrn zu begründen. Mit der freien Willenssetzung des Herrn verbindet die lutherische Tradition nun allerdings zugleich die Vorstellung einer Selbstbindung Jesu Christi und des von ihm ausgehenden göttlichen Geistes. Die Freiheit Jesu Christi und des Heiligen Geistes darf deshalb nicht als arbiträre Willkürfreiheit gedacht werden; die göttliche Freiheit erweist sich vielmehr gerade in der beständigen und zuverlässigen Treue, mit welcher sie vorbehaltlos zu den einmal ergangenen Verheißungen steht. Dabei war die lutherische Tradition davon überzeugt, daß die göttliche Verheißung grundsätzlich an alle Menschen gerichtet ist und sich nicht etwa auf eine prächristologisch festgelegte Zahl der Erwählten beschränkt, wie die reformierte Lehre dies behauptete. In diesem Sinne ist die Tatsache, daß die von Christus eingesetzten Gnadenmittel in gewissen Fällen nicht zum Heil wirken, nach lutherischer Auffassung nicht etwa dem Heiligen Geist und seinem ausgebliebenen Heilsangebot zuzurechnen, sondern der selbstverkehrten Verstockung des Sünders. Aber all dies und die damit angesagten Probleme macht man sich am besten deutlich im konkreten Zusammenhang der Tauf- und Abendmahlslehre, wovon nun zu handeln ist.[41]

[41] Zur Systematisierung lutherischer und reformierter Sakramentenlehre in der Dogmatik altprotestantischer Orthodoxie vgl. Schmid, H., Die Dogmatik der evangelisch-lutherischen Kirche dargestellt und aus den Quellen belegt, neu hrsg. v. H.-G. Pöhlmann, Gütersloh [10]1983, bes. 331 ff., sowie Heppe, H., Die Dogmatik der evangelisch-reformierten Kirche dargestellt und aus den Quellen belegt, Neukirchen 1935, bes. 468 ff.

# 3. DIE HEILSZEICHEN TAUFE UND HERRENMAHL

## 3.1 Die Taufe

### 3.1.1 Die Taufe als Grund christlicher Identität

Die christliche Taufe wird mit Wasser im Namen Gottes des Vaters, des Sohnes und des Heiligen Geistes vollzogen. Im Verlauf der Liturgiegeschichte konnte die Taufe mit einer Reihe von ausdeutenden symbolischen Handlungen verbunden werden, die in einigen Kirchen nach wie vor geübt werden, wie etwa die Handauflegung, die Salbung bzw. Ölung, die Signation des Täuflings mit dem Zeichen des Kreuzes, die zumeist exorzistisch verstandene Gabe des Salzes oder die Speisung mit Milch und Honig (vgl. Ex 3, 8). Zu nennen sind ferner die Riten der Wasserweihe und gegebenenfalls der Ölweihe. Solche Zeichen können die Liturgie zweifellos bereichern, sie können freilich auch das Taufverständnis verdunkeln, wenn sie nicht klar und deutlich hingeordnet sind auf den Akt der Waschung mit Wasser in Verbindung mit der trinitarischen Spendeformel, in welchem die christliche Taufe ihre konstitutive Mitte hat. Hinzuzufügen ist, daß „in der Anrufung des dreieinigen Gottes . . . die Anerkennung der Heilstat enthalten [ist], die Gott in der Sendung Jesu Christi und des Heiligen Geistes ein für allemal getan hat und die er durch die Taufe tun will“[1]. Die Antwort des Glaubens auf Gottes Heilsangebot, wie sie sich im Bekenntnis des Täuflings ausspricht, gehört mithin wesentlich zum Akt der Taufe hinzu.

Die im Namen des dreieinigen Gottes gespendete Wassertaufe erkennen die christlichen Großkirchen mit Ausnahme einiger baptistischer Gemeinschaften in der Regel gegenseitig als gültig an. Bereits im sog. Ketzertaufstreit (256) hatte sich gegen Cyprian und seine Anhänger die römische Praxis von Papst Stephan

[1] Schlink, E., Die Lehre von der Taufe, Kassel 1969, 153; vgl. insgesamt 142–167.

durchgesetzt, welche bestätigt, daß die von Mitgliedern häretischer christlicher Gemeinschaften ordnungsgemäß gespendete Taufe grundsätzlich gültig, wenngleich in ihrer Wirkung beeinträchtigt sei. Augustin hat diese Auffassung in seiner Auseinandersetzung mit den Donatisten verteidigt und systematisch ausgebaut. Noch konsequenter als Augustin hat schließlich Luther die Verbindung von Taufgnade und Zugehörigkeit zu einer bestimmten Kirchengemeinschaft aufgesprengt. Die Reformationskirchen beschränken infolgedessen die Gültigkeit und Heilswirkung von Taufen keineswegs auf die in ihrem Bereich gespendeten. Vergleichbares läßt sich auch von der römisch-katholischen Kirche sagen, nachdem durch das ›Ökumenismusdekret‹ des II. Vatikanischen Konzils ausdrücklich bestätigt wurde, daß auch diejenigen Getauften, die nicht in voller Gemeinschaft mit der römisch-katholischen Kirche stehen, durch den Glauben in der Taufe gerechtfertigt und Christus eingegliedert werden, so daß ihnen der Ehrennamen des Christen gebührt und sie mit Recht von den Söhnen der katholischen Kirche als Brüder im Herrn anerkannt werden (vgl. UR 3). Während die Gültigkeit der in den getrennten orientalischen Kirchen sowie in der altkatholischen Kirche gespendeten Taufe ohnehin nicht in Zweifel gezogen wird, kann nach dem gegenwärtigen Stand römisch-katholischer Lehre „im allgemeinen . . . auch die Gültigkeit der von der evangelisch-lutherischen und den reformierten Kirchen, von den Gliedkirchen der Union, von der Anglikanischen Kirche und von den meisten Freikirchen gespendeten Taufe angenommen werden“[2]. Die Praxis der sog. bedingungsweisen Taufspendung (sub conditione) wird entsprechend nur mehr in Ausnahmefällen geübt. Weniger eindeutig ist im Vergleich dazu die Haltung der orthodoxen Kirche: „Teils fordert sie (sc. bei Übertritten) – vor allem im griechischen Bereich – eine erneute Taufe, teils tut sie das nicht, und beides durchaus in Fällen, in denen die Betroffenen aus ein und derselben Kirche kommen.“[3] Aufs Ganze gesehen wird man gleichwohl sagen dürfen, daß die Kir-

[2] Sekretariat der Deutschen Bischofskonferenz (Hrsg.), Richtlinien für die ökumenische Praxis, Bonn 1985 (Arbeitshilfen 39), 7.

[3] Wendebourg, D., Taufe und Oikonomia. Zur Frage der Wiedertaufe in der Orthodoxen Kirche, in: Hauschild, W.-D., C. Nicolaisen und D. Wendebourg (Hrsg.), Kirchengemeinschaft – Anspruch und Wirklichkeit. Festschrift für Georg Kretschmar zum 60. Geburtstag, Stuttgart 1986, 93–116, hier: 93.

chen auf dem Weg zur gegenseitigen Anerkennung der Taufe beständig fortschreiten und die Taufe zweifellos eines der stärksten konfessionsumgreifenden Bande der Weltchristenheit darstellt. Um diesen ökumenisch höchst bedeutsamen Sachverhalt gebührend zu unterstreichen, sollen im folgenden unter Bezug auf die einschlägigen Ausführungen der Konvergenzerklärung der Kommission für Glauben und Kirchenverfassung des Ökumenischen Rates der Kirchen ›Taufe, Eucharistie und Amt‹[4], die 1982 in Lima verabschiedet wurde, zunächst Grundzüge einer christlichen Tauflehre entwickelt werden, ehe kontroverstheologisch zum Teil umstrittene Einzelaspekte erörtert werden.

Weil die Sakramentalität der Einzelsakramente im Mysterium Jesu Christi gründet, müssen diese sich auf Jesus Christus zurückführen lassen, um als Sakramente im strengen Sinne gelten zu können. Das ›Lima-Dokument‹ stellt in bezug auf die Einsetzungsfrage zunächst allgemein fest, daß „die christliche Taufe ... im Wirken Jesu von Nazaret, in seinem Tod und seiner Auferstehung verwurzelt [ist]" (LT 1). Näher begründet wird die „universale Praxis der Taufe durch die apostolische Kirche" (LT 1) sodann mit dem Hinweis auf den Taufbefehl des zum Himmel fahrenden Christus in Mt 28, 18–20: „Darum geht zu allen Völkern, und macht alle Menschen zu meinen Jüngern; tauft sie auf den Namen des Vaters und des Sohnes und des Heiligen Geistes, und lehrt sie, alles zu befolgen, was ich euch geboten habe. Seid gewiß: Ich bin bei euch alle Tage bis zum Ende der Welt" (vgl. Mk 16, 16). Als weitere klassische Belegstelle wird die Jordantaufe Jesu durch Johannes genannt (LT 3; vgl. Mt 3, ,13–17; Mk 1, 9–11; Lk 3, 21 f.; Joh 1, 29–39), die bereits für das traditionelle und insbesondere auch für das reformatorische Verständnis der Stiftung christlicher Taufe von großer Wichtigkeit war, wie u. a. Luthers bekanntes Tauflied von 1541 beweist: „Christ unser Herr zum Jordan kam nach seines Vaters Willen / von Sankt Johann die Taufe nahm, sein Werk und Amt zu erfüllen. / Da wollt er stiften uns ein Bad, / zu waschen uns von Sünden, / ersäufen auch den bittern Tod / durch sein selbst Blut und Wunden; / es galt ein neues Leben" (vgl. EKG 146). Die Tatsache, daß der Begriff der Einsetzung in der traditionellen Lehre von der Taufe nicht auf den expliziten Taufbefehl

[4] Siehe Verzeichnis der Abkürzungen.

beschränkt wurde, verdient gerade angesichts der schwierigen Sachlage in der gegenwärtigen historisch-kritischen Exegese besondere Beachtung. Denn darüber, daß der Schluß des Matthäusevangeliums mit seiner trinitarischen Taufformel erst relativ spät formuliert wurde und der Taufbefehl des Auferstandenen keinen unmittelbaren Anhalt an einem Wort des irdischen Jesus hat, besteht unter den Exegeten weitgehende Übereinstimmung. Daß Jesus selbst nicht getauft hat, ist ohnehin unstrittig. Soll also die von Anfang an selbstverständlich geübte Taufpraxis der nachösterlichen Jüngergemeinde nicht ohne Bezug zum irdischen Leben Jesu bleiben, wird man den historisch gut verbürgten Sachverhalt, daß Jesus sich der Taufe des Johannes im Jordan unterzogen hat, entsprechende dogmatische Bedeutung beizumessen haben. Um dies in angemessener Weise zu tun, bedarf es allerdings einiger geschichtlicher und theologischer Differenzierungen.

Die Taufe des Johannes steht religionsgeschichtlich zweifellos in Zusammenhang mit rituellen Waschungen und Reinigungsbädern, wie sie im offiziellen Judentum und in jüdischen Sondergruppen seinerzeit verbreitet waren und auch in anderen Religionen nicht selten zu verzeichnen sind. Die Eigenart der Johannestaufe bestand darin, daß sie eindeutig als Taufe der eschatologischen Buße zur Vergebung der Sünde verstanden sein wollte. „In jenen Tagen", heißt es im Evangelium des Matthäus, „trat Johannes der Täufer auf und verkündete in der Wüste von Judäa: Kehrt um! Denn das Himmelreich ist nahe" (Mt 3, 1–12, hier: 1 f.; vgl. Mk 1, 2–8; Lk 3, 3–17; Joh 1, 19–28). Nicht Herstellung der levitischen Reinheit, wie in der jüdischen Proselytentaufe, sondern Zubereitung des ganzen Menschen zu der von der nahen Begegnung mit dem Richtergott geforderten völligen Umkehr ist das Sinnziel der Johannestaufe. „Das Neue der Johannestaufe gegenüber den anderen Waschungen und Tauchbädern seiner Zeit gründet in seinem Auftrag, das unmittelbar bevorstehende Gericht zu verkündigen. Mit dieser Botschaft steht er in der Reihe der alttestamentlichen Propheten als ihr letzter und als Vorläufer des Kommenden. Von dieser Naherwartung her dürfte die Einmaligkeit seiner Taufe, aber auch die Tatsache, daß gerade seine Taufe nicht als Selbsttaufe vollzogen wurde, zu verstehen sein. In der Erwartung des nahen endgeschichtlichen Gerichts kann sich der Mensch nicht durch seine eigenen Taten retten, sondern er kann nur durch Gott und den von Gott Gesandten für die Rettung zubereitet werden."[5] Indem sich Jesus vor Beginn seines öffentlichen Auftretens der Bußtaufe des Johannes unterzog, bestätigte er nicht nur das Recht von dessen Wirken, sondern trat selbst in die Solidarität mit den zur Buße gerufenen Sündern ein, welche Solidarität ihn im Verfolg seiner Sendung schließlich ans Kreuz von Golgatha brachte und den Fluchtod sterben ließ. Nach der göttlichen Bestätigung des Gekreuzigten aber, wie sie in seiner Auferweckung statthatte, bot die Tatsache der Wassertaufe Jesu die „Möglichkeit, nach Ostern genau dieses Zeichen für das kommende Gottesreich wieder aufzugreifen"[6] – eine Möglichkeit, die in der Weise des in Mt 28, 18–20 erwähnten Gebots des Erhöhten verbindliche Gewißheit für die Christengemeinde wurde.

Läßt sich so die Genese christlicher Taufe kontinuierlich entwickeln, so dürfen doch die im Laufe dieser Entwicklung sich vollziehenden Wandlungen nicht übersehen werden. Deren wichtigste ist folgende: Was bei Johannes den Charakter zwar naher, aber grundsätzlich noch ausstehender Zukunft hat, wird in Jesus Christus, dem auferstandenen Gekreuzigten, als erfüllte Gegenwart offenbar. Die führt folgerichtig zu einem Wandel auch im Verständnis der Taufe: Die Wassertaufe des Johannes erfüllt sich in der Geisttaufe Jesu Christi. Rückwirkend prägt diese Entwicklung, die in der Auferstehung des Gekreuzigten ihren Richtpunkt hat, dann schließlich auch das christliche Verständnis der Jordantaufe Jesu: „Das Verständnis der praktizierten christlichen Taufe wird zunehmend in die Schilderung der Taufe Jesu selber hineingeschrieben, und damit wird an der Person Jesu die Johannestaufe neu interpretiert, christologisiert, verchristlicht. Er selbst ist gewissermaßen der Kristallisationspunkt, seine eigene Taufe ist der Ort, von dem aus die Taufpraxis der Kirche untermauert wird."[7] In diesem Sinne läßt Markus Johannes den Täufer sagen: „Nach mir kommt einer, der ist stärker als ich; ich bin es nicht wert, mich zu bücken, um ihm die Schuhe aufzuschnüren. Ich habe euch nur mit Wasser getauft, er aber wird euch mit dem Heiligen Geist taufen" (Mk 1, 7 f.). Die anderen Evangelisten und die übrigen neutestamentlichen Zeu-

[5] Schlink, E., a. a. O., 22.
[6] Schneider, T., Zeichen der Nähe Gottes. Grundriß der Sakramententheologie, Mainz 1979, 87.
[7] A. a. O., 85 f.; bei Schneider gesperrt.

gen sind Markus, unbeschadet perspektivischer Unterschiede in der Sicht der Dinge, grundsätzlich gefolgt.

Versucht man die mannigfachen neutestamentlichen Aussagen über Bedeutung und Sinngehalt der Taufe, die hier nicht im einzelnen aufgeführt werden können[8], inhaltlich zu strukturieren, so sind im Anschluß an das ›Lima-Dokument‹ vor allem folgende Aspekte hervorzuheben: Taufe ist zum einen Eingliederung in und Übereignung an Jesus Christus und solchermaßen Teilhabe an seinem Tod und seiner Auferstehung. „Völlig einbezogen in den Tod Christi, werden [die Getauften] mit ihm begraben und werden hier und jetzt zu einem neuen Leben in der Macht der Auferstehung Jesu Christi auferweckt in der Gewißheit, daß auch sie schließlich mit ihm eins werden in einer Auferstehung wie der seinen" (LT 3 mit Verweis auf Röm 6, 3–11; Kol 2, 13; 3,1; Eph 2, 5–6). Dieser christologische Bezug ist für jedes christliche Taufverständnis elementar. Bezeichnenderweise sprechen die neutestamentlichen Schriften, um die Eigenart christlicher Taufe zu benennen, stets von der Taufe auf den (bzw.: im) Namen Jesu Christi, während die übliche trinitarische Formel nur einmal, nämlich im besagten matthäischen Taufbefehl vorkommt. Gleichwohl ist die trinitarische Differenzierung der christologischen Basisformel der Taufe durchaus sachgemäß, wenn anders die geschichtliche Gestalt Jesu Christi, mit der die Taufe den Getauften verbindet, als Selbstoffenbarung Gottes des Schöpfers in der Kraft des göttlichen Geistes zu verstehen ist. Taufe im und auf den Namen Jesu ist deshalb immer auch Taufe durch den Gottesgeist. In diesem Sinne heißt es im ›Lima-Dokument‹: „Der Heilige Geist ist am Werk im Leben der Menschen vor, bei und nach ihrer Taufe. Es ist derselbe Geist, der Jesus als den Sohn offenbarte (Mk 1, 10–11) und zu Pfingsten die Jünger mit Kraft ausrüstete und sie vereinte (Apg 2). Gott verleiht jedem Menschen die Salbung und Verheißung des Heiligen Geistes, kennzeichnet sie mit seinem Siegel und prägt in ihre Herzen das Angeld ihres Erbes als Söhne und Töchter Gottes ein. Der Heilige Geist stärkt das Leben des Glaubens in ihren Herzen bis zur endgültigen Erlösung, wenn ihnen diese vollkommen zuteil werden wird zum Lobe der Herrlichkeit Gottes (2 Kor 1, 21–22; Eph 1, 13–14)" (LT 5). Mit der Gabe des Geistes, die vom Vollzug der Wassertaufe wohl zu unterscheiden, nicht aber zu tren-

[8] Vgl. Schlink, E., a. a. O., 31–36.

nen ist und deren christologische Herkunft gerade durch die Bindung an den in der geschichtlich-konkreten Erscheinung Jesu Christi gründenden und sie bezeugenden Taufakt verdeutlicht wird, ist nach neutestamentlichem Zeugnis stets der Zuspruch und Anspruch verbunden, im Geiste zu wandeln. Um solchen Zuspruch wahrzunehmen und solchem Anspruch gerecht werden zu können, bedarf der Täufling indes zunächst und vor allem Bekehrung, Vergebung und Reinigung von Sündenschuld. „Die Taufe, die Christen zu Teilhabern am Geheimnis von Christi Tod und Auferstehung macht, schließt (denn auch) Sündenbekenntnis und Bekehrung des Herzens in sich ... Die Getauften werden ... von Christus freigesprochen, reingewaschen und geheiligt und empfangen als Teil ihrer Tauferfahrung eine neue ethische Orientierung unter der Führung des Heiligen Geistes" (LT 4).

Um das bisher Gesagte nicht in einem isoliert individualistischen Sinne mißzuverstehen, ist sogleich klarzustellen, daß die in Jesus Christus, dem auferstandenen Gekreuzigten, gegründete, vom Heiligen Geist getragene und vom dreieinigen Gott gemeinsam gewirkte Taufe stets auf eine konkrete geschichtliche Gemeinschaft der Getauften zielt und als Eingliederung bzw. Aufnahme in die Gemeinde zu verstehen ist. Die ekklesiologische Dimension ist so mit der christologisch-pneumatologischen bzw. trinitätstheologischen stets und untrennbar verbunden. Indem die Taufe in der Kraft des Geistes mit dem in Jesus Christus offenbaren Gott vereint, schließt sie zugleich die Getauften zu einem Leibe zusammen und nimmt sie auf in den Neuen Bund zwischen Gott und seinem Volk. „Vollzogen im Gehorsam gegenüber unserem Herrn, ist die Taufe ein Zeichen und Siegel unserer gemeinsamen Jüngerschaft. Durch ihre eigene Taufe werden Christen in die Gemeinschaft mit Christus, miteinander und mit der Kirche aller Zeiten und Orte geführt" (LT 6). Hervorzuheben ist in diesem Zusammenhang, daß nach reformatorischer Auffassung die Taufe nicht nur die erste Stufe der Kirchengemeinschaft darstellt, sondern volle Teilhabe am Leibe Christi gewährt und somit einen unüberbietbaren, nicht steigerungsfähigen Gnadenstand vermittelt. Mit dieser Auffassung ist die Ablehnung geistlicher Stufengrade innerhalb der Reihen der Getauften notwendig verbunden, was wiederum die negative Voraussetzung der reformatorischen Theorie und Praxis des allgemeinen Priestertums aller Gläubigen ist. Auch wenn Luther, wovon noch zu reden sein wird, den Unterschied zwischen allgemeinem Priestertum und ordinationsgebundenem Amt keineswegs generell in Abrede stellt, so verbietet es gleichwohl sein Taufverständnis, diesen Unterschied im Sinne einer geistlichen Standesdifferenz zu fassen. In der Gemeinde der Getauften kann es „kein Glied mehr geben, das den anderen gegenüber vor Gott eine besondere Stellung einnähme. Eine Priesterkaste mit religiösen Vorrechten hat in ihr keinen Raum."[9] Der theologische Begriff des Priestertums aller Getauften hebt die Differenz zwischen Klerus und Laien, geistlichem und weltlichem Stand auf. Insofern haben nach Luther alle Getauften als gleichrangige Glieder am Leibe Christi zu gelten. Kurz: „Was ausz der tauff krochen ist, das mag sich rumen, das es schon priester, Bischoff und Bapst geweyhet sey" (WA 6, 408). Mag diese These auf den ersten Blick als eine prinzipielle Absage an das römische Kirchenverständnis erscheinen, so wird man doch zu bedenken haben, daß der Gedanke des Priestertums aller Getauften keineswegs ein ausschließlich protestantisches Theologumenon darstellt. Zwar lehnt die offizielle katholische Lehre mit Nachdruck ab, daß alle Christen in gleicher Weise Priester und mit derselben geistlichen Vollmacht ausgestattet seien; gleichwohl wird – insbesondere in Lehrdokumenten dieses Jahrhunderts, etwa in der Kirchenkonstitution ›Lumen gentium‹ des II. Vatikanischen Konzils – ausdrücklich betont, daß alle Christen kraft der Taufe auf ihre Weise am kirchlichen Priestertum partizipieren.[10]

Die ekklesiologische Dimension der Taufe wäre nicht angemessen beschrieben, wenn zuletzt nicht auch dies noch gesagt würde, daß die Kirche als Gemeinschaft der Getauften dazu bestimmt ist, „Zeichen des Reiches Gottes und des Lebens der zukünftigen Welt" (LT 7) zu sein. Damit ist die dogmatische und ethische Verpflichtung der Kirche und ihrer Glieder kategorisch verbunden, die durch die Taufe gegebene Einheit christlicher Gemeinschaft weder durch Unterschiede des Geschlechts, der Rasse oder des sozialen Status noch auch durch konfessionelle Differenzen in Frage stellen zu lassen (LT 6).

[9] Niedermeyer, G., Das allgemeine Priestertum der Gläubigen und das geistliche Amt, in: ZSTh 7 (1929/30), 337–362, hier: 341.

[10] Vgl. Schnell, U., Das Verhältnis von Amt und Gemeinde im neueren Katholizismus, Berlin, New York 1977.

### 3.1.2 Die Taufe als konkrete Gestalt der Rechtfertigung

Die Taufe ist der Konstitutionsgrund des Christseins. Wurzelnd in Wirken, Tod und Auferstehung Jesu Christi gibt sie Anteil an der eschatologischen – Menschheit und Welt umfassenden – Wirklichkeit des Reiches Gottes, indem sie mit der Person des auferstandenen Gekreuzigten vereint und die Gabe des Heiligen Geistes verleiht. In wirksamer Weise zeigt die Taufe an: Der Christ fängt nicht mit sich selbst an; all sein Beginnen lebt von der zuvorkommenden Gnade des dreieinigen Gottes, wie er in Jesus Christus ein für allemal für uns offenbar ist. Als Sakrament der zuvorkommenden Gnade Gottes befreit die Taufe den Menschen mithin von dem verkehrten Zwang, sich selbst konstituieren, sich selbst eine Existenz erschaffen, sich selbst einen Namen machen zu müssen. Sie erlöst so aus dem Banne der Sünde, wirkt deren Erkenntnis und Bekenntnis sowie Bekehrung des Herzens und stellt zugleich die Bedingung der Möglichkeit sinnvoller Werke dar: denn erst wo er der Sorge ums Eigene ledig ist, hat der Mensch das Vermögen, Fürsorge und dankbare Tat der Liebe zu üben. In diesem Sinne antwortet Luther im Kleinen Katechismus auf die Frage nach Gabe und Nutzen der Taufe: „Sie wirket Vergebung der Sunden, erlöset vom Tode und Teufel und gibt die ewige Seligkeit allen, die es gläuben, wie die Wort und Verheißung Gottes lauten“ (BSLK 515 f.). Im Großen Katechismus bestimmt Luther Sinn und Gehalt der Taufe entsprechend: „Überwindung des Teufels und Tods, Vergebung der Sunde, Gottes Gnade, den ganzen Christus und Heiligen Geist mit seinen Gaben. Summa, es ist so überschwenglich, daß, wenn's die blöde Natur bedenket, sollt' sie zweifeln, ob es kunde wahr sein“ (BSLK 699, 41). Die Taufe ist so eine heilsame Sündflut (BSLK 539, 14), ein Wasser des Lebens (BSLK 516, 10), ein Bad der Wiedergeburt (BSLK 696, 27; 541, 30), das selig macht (BSLK 700, 46), Eingang in die Christenheit (BSLK 691, 2; 704, 64; 538, 9) und zu allen christlichen Gütern (BSLK 538, 9) verschafft. Sie macht zu Gottes Kindern (BSLK 670, 37; 707, 83; 535, 2; 537, 8), gibt den Heiligen Geist (BSLK 154, 35; 699, 41) und wirkt die Wiedergeburt (BSLK 53, 2; 516, 10; 696, 27; 538, 13). Sie verschafft neues Leben (BSLK 706, 75), entreißt dem Tod und Teufel (BSLK 515, 6; 699, 41. 43) und verleiht Stärkung und Trost (BSLK 214, 155; 700, 44).

Diese Aufzählung der Wirkung der Taufe braucht hier nicht

weiter fortgeführt zu werden, weil die unter Bezug auf das ›Lima-Dokument‹ entwickelte tauftheologische Gedankenfolge von lutherischer Bekenntnistradition grundsätzlich bestätigt wird. Einzugehen ist indes noch auf die vom Limapapier unberücksichtigte, zwischen Rom und den Lutheranern strittige Frage nach der Wirkung der Taufe hinsichtlich der Erbsünde. Hierzu bedarf es zunächst einer Vorbemerkung zum lutherischen Erbsündenverständnis im allgemeinen: In der Erbsündenproblematik versucht die ›Konkordienformel‹ die reine Lehre sowohl gegen eine manichäische Substantiierung der Sünde, wie Flacius sie vorgenommen hatte, als auch gegen die mannigfachen Variationsformen des Pelagianismus abzugrenzen. Sie hält dazu eine Erklärung der kontroversen Begriffe der Natur und der Substanz des Menschen für erforderlich (vgl. BSLK 770, 26–772, 33; vgl. 843–849). Man wird die in diesem Zusammenhang vorgenommenen komplizierten Distinktionen nur dann entsprechend würdigen können, wenn man sich klarmacht, daß FC I die Erbsündenlehre in zwei Blickrichtungen interpretiert: „Von Gott aus gesehen sind die Erbsünde und die menschliche Natur unterscheidbar, vom Menschen aus gesehen sind sie es nicht.“[11] Die Unterscheidbarkeit der menschlichen Wesensnatur von ihrer faktischen Verfassung, so ist damit gesagt, wird eröffnet und offengehalten allein durch Gottes Heilstat; angesichts seiner Sündenverfallenheit ist die Bestimmung des Menschen und die Realisierung solcher Bestimmung erschlossen und ermöglicht nur in der Kraft des göttlichen Geistes, wie er von Jesus Christus ausgeht (vgl. 2.1).

Daraus ergeben sich alle antipelagianischen bzw. antisemipelagianischen Verwerfungen im Zusammenhang der Erbsündenlehre der FC (vgl. BSLK 772 f.; 850 f.). Daß man dabei auch Rom im Blick hatte, geht aus den Formulierungen deutlich hervor, selbst wenn ausdrückliche Bezugnahmen fehlen. Die Damnationen folgen aus der Überzeugung, „dass die Erbsünde nicht blos defectus oder carentia, also etwas Negatives, sondern eine wirkliche corruptio, eine congenita prava vis, interna immunditia cordis, pravae concupiscentiae et inclinationes, also eine positive

[11] Sparn, W., Begründung und Verwirklichung. Zur anthropologischen Thematik der lutherischen Bekenntnisse, in: Brecht, M., und R. Schwarz (Hrsg.), Bekenntnis und Einheit der Kirche. Studien zum Konkordienbuch, Stuttgart 1980, 129–153, hier: 143.

widergöttliche Richtung sei"[12]. Nun hatte zwar das Tridentinum in seinem Erbsündendekret diese Überzeugung keineswegs ausdrücklich bestritten (vgl. DS 1510–1516), in der mit der Tauflehre verbundenen Frage, ob die Konkupiszenz Sünde ist bzw. das Unwesen der Sünde ausmacht, den lutherischen Lehrsätzen allerdings widersprochen (DS 1515; vgl. dazu bes. BSLK 850, 19–22). Die lutherischen Bedenken gegenüber der römischen Erbsündenlehre blieben deshalb bestehen, zumal sie sich durch die tridentinischen ›Canones de iustificatione‹ (vgl. bes. DS 1554–1557), in denen ein wirksamer Fortbestand des liberum arbitrium nach dem Fall proklamiert wurde, und durch die zeitgenössische Theologie bestätigt fühlen konnten.

Man wird in dieser Kontroversfrage indes genau abwägen und stets den skizzierten Begründungszusammenhang mitbedenken müssen, will man des Differenzpunktes genauer ansichtig werden. Was das konfessionell unterschiedliche Konkupiszenzverständnis anbelangt, so hat H.-G. Pöhlmann die These vertreten, es handle sich hierbei letztlich um ein bloß „semantische[s] Mißverständnis", welches als Paradebeispiel dafür gelten könne, daß kontroverstheologische Streitigkeiten vielfach „schon dadurch entstanden, daß in den Konfessionen dieselben Begriffe verschiedene Inhalte oder verschiedene Begriffe dieselben Inhalte haben und man diesen Umstand zu wenig beachtet hat"[13]. Richtig daran ist, daß der Streit um den Begriff Konkupiszenz für sich genommen kein Eigengewicht hat, sich vielmehr reduzieren läßt auf die Problematik des Erbsündenverständnisses im allgemeinen sowie auf die problematische Frage, ob bzw. inwiefern die Erbsünde in den Getauften bleibt, im besonderen. Die ›Confutatio‹ hatte ja gegenüber CA II moniert, „daß die *concupiscentia* Sünde sei, *könne* so verstanden werden, daß die Erbsünde auch in dem Getauften bleibt. Diese Auffassung wird verworfen, indem darauf hingewiesen wird, daß der Römische Stuhl schon zwei Sätze von Luther über das Verbleiben der Erbsünde nach der Taufe verurteilt habe."[14] Entsprechend bestimmt

[12] Frank, F. H. R., Die Theologie der Concordienformel historisch-dogmatisch entwickelt und beleuchtet, 4 Bde., Erlangen 1858 ff., I, 54.

[13] Pöhlmann, H.-G., Das Konkupiszenzverständnis der CA, der Confutatio, der Apologie und des Konzils von Trient, in: Iserloh, E. (Hrsg.), Confessio Augustana und Confutatio. Der Augsburger Reichstag 1530 und die Einheit der Kirche, Münster 1980, 389–395, hier: 389.

[14] Grane, L., Die Confessio Augustana. Einführung in die Hauptgedanken der lutherischen Reformation, Göttingen 1970, 26 (mit Belegen).

Canon 5 des tridentinischen ›Decretum de peccato originali‹ (DS 1515; NR 225): „Wer leugnet, daß durch die in der Taufe verliehene Gnade unseres Herrn Jesus Christus die Schuld der Erbsünde nachgelassen wird, oder auch behauptet, nicht all das werde hinweggenommen, was das wirkliche und eigentliche Wesen der Sünde ausmacht, sondern sagt, diese werde nur obenhin abgeschabt oder nicht angerechnet, der sei ausgeschlossen." Bestimmend ist dabei gewiß die Absicht, jede Devaluierung der Taufgnade konsequent zu unterbinden, deren Gültigkeit und Wirksamkeit man durch ein 'non imputari' der Sünde unterbestimmt glaubte.

Nun hatte Melanchthon in seiner ›Apologie‹ (vgl. AC II, 35–45) mit Entschiedenheit darauf hingewiesen, daß Luther „allzeit klar also geschrieben [habe], daß die heilige Taufe die ganze Schuld und Erbpflicht der Erbsunde wegnimmt und austilget, wiewohl das Material (wie sie [sc. die Widersacher] es nennen) der Sunde, namlich die böse Neigung und Lust bleibet" (BSLK 154, 8–13). Strittig war also nicht, daß durch die Taufe die Schuld der Erbsünde vergeben werde. Allerdings bestand man reformatorischerseits darauf, daß die im Getauften zurückbleibende böse Neigung und Lust, eben die concupiscentia, nicht nur „ein Last und aufgelegte Strafe (poena)" (BSLK 154, 41 f.), sondern „verdammliche Sunde" (BSLK 155, 3) sei. Mit einem Bleiben der Erbsünde in dem Getauften sei insofern zu rechnen. Die ›Apologie‹ beruft sich hierfür mit Luther auf das Wort Augustins: „Peccatum in baptismo remittitur, non ut non sit, sed ut non imputetur" (BSLK 154, 16 f.). Damit wollte man indes keineswegs die wirksame Gültigkeit der Taufgnade herabmindern, vielmehr die *bleibende* Angewiesenheit des Getauften auf sie einschärfen. Denn die Taufe schenkt eben nicht einen dergestalt habituellen Besitz, „daß der Mensch nun, isoliert betrachtet, ein anderer oder besserer Mensch ist, sondern ein neues Gottesverhältnis, so daß der Mensch, insofern er sich an Christus hält, an dessen Gerechtigkeit teilhat"[15]. In seiner auf sich und sein Vermögen gerichteten Selbstbeurteilung bleibt somit auch der Getaufte – seiner Taufe widersprechend – ein Sünder vor Gott; verläßt er sich hingegen nicht auf sich und sein vermeintliches Eigentum, sondern dem sacramentum der Taufe entsprechend auf die zuvorkommende Gnade Gottes in Jesus Christus, *ist* er

[15] A. a. O., 29.

gerecht und aller Sünde ledig. Man muß auch hier das für lutherische Lehre insgesamt zentrale 'simul' theologisch denken, um sich nicht in terminologische Querelen zu verlieren. So schließt denn auch die AC ihre Stellungnahme zu dem Problemkreis Taufe und Erbsünde mit einer Kritik des Verdienstdenkens ab, „dadurch ... das Erkenntnis Christi und das Evangelium ganz untergedrückt (ward). Derhalben (sic!) hat D. Luther aus der Schrift lehren und erklären wollen, wie ein groß Todsschuld die Erbsunde für Gott sei, und wie in großem Elend wir geboren werden, und daß die uberig Erbsunde, so nach der Taufe bleibt, an ihr selbst nicht indifferens sei, sondern bedarf des Mittlers Christi, daß sie uns Gott nicht zurechne, und ohne Unterlaß des Lichts und Wirkung des heiligen Geistes, durch welchen sie ausgefeget und getödtet werde" (BSLK 156, 36–42).

„Das Insistieren auf der bleibenden Schwäche des Getauften hinsichtlich seiner eigenen Kräfte war (also) bereits die Konsequenz aus der grundsätzlichen Bewertung seiner Möglichkeiten auf das eigene Heil hin."[16] Von daher erschließt sich dann auch die lutherische Lehre von der Erbsünde im allgemeinen, auf die hier nicht mehr näher eingegangen werden kann. Kontroverstheologisch bedeutsam sind dabei insbesondere die konfessionell differenten Bestimmungen der iustitia originalis bzw. der Gottebenbildlichkeit des Menschen (Bedeutung der traditionellen Distinktion von imago und similitudo). Indem die lutherische Reformation die Gottebenbildlichkeit des Menschen mit der Urstandsgerechtigkeit gleichsetzte, mußte ihr der Verlust der Urstandsgerechtigkeit durch den Sündenfall ebenso den Verlust der Gottebenbildlichkeit bedeuten. Bei diesem theologischen Sachverhalt handelt es sich indes nicht um ein einfaches Grund-Folge-Verhältnis, sondern um einen wechselseitigen Begründungszusammenhang. Die Einsicht in die Radikalität der Erbsünde als der Wurzel aller Tatsünden schließt jeden Gedanken an einen unversehrten Rest definitiv aus. „Während sich der privative und der positive Aspekt in der scholastischen Erbsündenlehre gegenseitig begrenzen, legen sie sich nunmehr, sich verschärfend, gegenseitig aus."[17] Wichtig bei alledem ist es, festzuhal-

[16] Breuning, W., und B. Hägglund, Sünde und Erbsünde, in: Confessio Augustana. Bekenntnis des einen Glaubens. Gemeinsame Untersuchung lutherischer und katholischer Theologen, Paderborn, Frankfurt a. M. 1980, 79–104, hier: 94.

[17] Sparn, W., a. a. O., 132.

ten, daß das lutherische Bekenntnis zur radikalen Abgründigkeit der Sünde in – wenn man so sagen darf – negativer Korrespondenz steht zum Zeugnis von der unverdienten und nicht zu verdienenden, mithin unbedingten Rechtfertigungsgnade Gottes in Jesus Christus und nur von daher verstanden werden will und kann.

Entsprechendes gilt nun auch – in positiver Hinsicht – für die Taufe. Mit gutem Grund hat man Luthers Tauflehre „seine Rechtfertigungslehre in konkreter Gestalt"[18] genannt. Das Getauftsein des Christen ist gewissermaßen die konkrete Gestalt seines extra-se-Seins in Christus, welche ihm verbürgt, daß sein Sein in Christus nicht den Verlust, sondern den Gewinn einer bleibenden namentlichen Identität vor Gott darstellt. Die dogmatisch geforderte Einmaligkeit und Unwiederholbarkeit der Taufe unterstreicht genau dies: Gott, wie er in Jesus Christus offenbar ist, begründet und anerkennt durch die Taufe das individuell-einmalige Personleben des Menschen, dessen Identität und integrierte Ganzheit durch natürliche Herkunft und empirischen Lebensvollzug allein nicht nur nicht hinreichend gewährleistet, sondern vielfach gründlich in Frage gestellt ist. Die Taufe zeigt in wirksamer Weise an: der Christenmensch ist in Christus insofern „gut aufgehoben", als durch dessen Geist wohl die Selbstverkehrtheit der Sünde und des Bösen negiert ist, gerade so aber die menschliche Erfüllung schöpfungsgemäßer Bestimmung heraufgeführt und ein bleibender Bestand des Menschen vor Gott ermöglicht wird. In diesem Sinne gilt: „Wenn der Glaubende nach Luther *extra se* lebt, indem er durch den Glauben bei Christus ist, auf den er sich verläßt, so bedeutet das doch nicht, daß der Glaubende kein eigenes persönliches Leben hätte. Vielmehr konkretisiert sich sein Leben extra se in Christo für ihn individuell in seiner Taufe. Durch die Taufe gewinnt die Neubegründung des eigenen, persönlichen Lebens von Christus her für den Glaubenden Gestalt. Darum soll man sich in der Anfechtung auf die empfangene Taufe berufen und sagen: ‚Ich bin getauft.'"[19]

Wahrgenommen wird solcher Sinngehalt, wie gesagt, im Glauben. Der Glaube läßt sich die Gnade Gottes gefallen und an ihr genug sein. Im Glauben weiß der Mensch sein Leben als eine

[18] Althaus, P., Die Theologie Martin Luthers, Gütersloh 1962, 305.

[19] Pannenberg, W., Christsein und Taufe, in: Um die eine Kirche. Evangelische Katholizität (Festschrift H.-J. Mund), München 1984, 58–65, hier: 60.

Gabe zu schätzen, deren Gegebensein nicht in innerweltlichen Komponenten auflösbar ist, sondern seinen Urgrund in Gott selbst hat. Selbstachtung (domini sumus) und Achtung vor der unantastbaren Personwürde jedes Menschen folgen daraus gleichermaßen. Zugleich impliziert der Zusammenhang von Selbstachtung und Respekt vor anderen die Rücksicht auf eine gemeinsame Welt, deren Bestand es zu fördern und zu erhalten gilt.

Daß „die Notwendigkeit des Glaubens für den Empfang des Heils, wie es in der Taufe verkörpert und dargestellt ist" (LT 8), von reformatorischer Tradition nachdrücklich hervorgehoben wurde, bedarf keiner besonderen Betonung. Was den rechten Gebrauch der Taufe anbelangt, so gehört nach gemeinreformatorischer Auffassung der Glaube unabdingbar hinzu. Dies wird schon daran deutlich, daß stets die worthafte, auf persönlichen Glauben zielende Verfassung des Taufbads herausgestellt wird. Die Relation von promissio und fides ist für jede reformatorische Tauftheologie elementar. Das Wesen der Taufe ist es, Gottes Wort ins Wasser gefaßt zu sein: „Die Taufe ist nicht(s) anders", sagt Luther in den ›Schmalkaldischen Artikeln‹, „denn Gottes Wort im Wasser, durch seine Einsetzung befohlen oder, wie Paulus sagt, ‚lavacrum in verbo'" (BSLK 449; vgl. Eph 5, 26; dazu: AC VII, 7 f.). Die Wirkung der Taufe wird demnach keineswegs durch das Wasser oder eine dem Wasser inhärierende Kraft hervorgebracht: „Wasser tut's freilich nicht, sondern das Wort Gottes, so mit und bei dem Wasser ist, und der Glaube, so solchem Wort Gottes im Wasser trauet; denn ohn Gottes Wort ist das Wasser schlecht Wasser und keine Taufe, aber mit dem Wort Gottes ist's eine Taufe, das ist ein gnadenreich Wasser des Lebens und ein ‚Bad der neuen Geburt im heiligen Geist' . . ." (BSLK 516, 13 ff.). Wie Taufbad und Wort, so gehören mithin Taufe und Glaube untrennbar zusammen. Wie „unser Herre Christus spricht Marci am letzten: ‚Wer da gläubet und getauft wird, der wird selig. Wer aber nicht gläubet, der wird verdammpt'" (BSLK 516, 6 ff.; vgl. MK 16, 16).

Bei näherer Betrachtung des Verhältnisses von Taufe und Glaube lassen sich nun allerdings auch Unterschiede innerhalb der reformatorischen Tradition namhaft machen. In lutherischer Lehre soll die Betonung der Notwendigkeit des Glaubens insbesondere den göttlichen Gabencharakter der Taufgnade unterstreichen und jede noch so subtile Form der Werkgerechtigkeit abwehren. Der Taufe entspricht allein das reine Empfangen der fides apprehensiva. Insofern aber der Glaube Gabe und Nutzen des Taufsakraments gerade deshalb empfängt, weil er sie sich schenken läßt, statt sie durch eigene Werke zu erlangen oder sonstwie zu beanspruchen, ist es nur konsequent, wenn Luther die Gültigkeit der Taufe nicht durch den Glauben konstituiert sein läßt. Die Gültigkeit der Taufe kommt dem Glauben durchaus zuvor und ist allein in der göttlichen Stiftung bzw. dem stiftungsgemäßen Vollzug gegründet. Luther sagt deshalb im Großen Katechismus ausdrücklich, „daß uns nicht die größte Macht daran liegt, ob, der da getauft wird, gläube oder nicht gläube; denn darümb wird die Taufe nicht unrecht, sondern an Gottes Wort und Gepot liegt es alles. Das ist nu wohl ein wenig scharf", fährt Luther fort, „stehet aber gar darauf, daß ich gesagt habe, daß die Taufe nichts anders ist denn Wasser und Gottes Wort bei und miteinander, das ist, wenn das Wort bei dem Wasser ist, so ist die Taufe recht, obschön der Glaube nicht dazu kömmt; denn mein Glaube machet nicht die Taufe, sondern empfähet die Taufe" (BSLK 701, 30 ff.). Entsprechend habe auch zu gelten, „daß die Taufe allezeit recht und in vollem Wesen bleibt, wenn gleich nur ein Mensch getauft würde und dazu nicht rechtschaffen gläubte" (BSLK 703, 34 ff.).

Man hat solche und ähnliche Äußerungen Luthers, denen zufolge die Gnadenwirklichkeit der Taufe unabhängig vom Glauben des Empfängers in Geltung steht, nicht selten als ein vorreformatorisches Relikt bzw. einen Rückfall hinter die ursprüngliche Einsicht der Reformation gewertet und mit einer durch die Auseinandersetzung insbesondere mit den Schwärmern veranlaßten restaurativen Wende in der Entwicklung seiner Tauftheologie zu erklären versucht. Richtig ist, daß „in der frühesten Phase bis etwa 1518 . . . der Akzent des Nachdenkens Luthers ganz auf der Aktualisierung der Taufgnade im Leben des Getauften [lag]"[20]. Indes hat schon der frühe Luther eindeutig erklärt, daß die Taufe Gottes und nicht des Menschen Werk sei. Umgekehrt hat der Reformator auch in späteren Jahren niemals eine gewissermaßen automatische Wirkung der Taufe gelehrt, wie seine durchgängige Kritik an der römischen Theorie des opus operatum beweist. Man geht deshalb fehl, wenn man die historischen Akzentverschiebungen als Diskontinuität in der Sache interpretiert. Denn die sachliche Einheit von Luthers

[20] Kühn, U., a. a. O., 28.

Tauflehre bzw. seiner Verhältnisbestimmung von Taufe und Glaube bleibt durchaus erhalten und läßt sich im Anschluß an A. Peters etwa wie folgt umschreiben: „Gottes Heilstat sucht unseren lebendigen, verantwortlichen Glauben, und zugleich kann dieser Glaube allein dadurch seiner selbst gewiß werden, daß er von sich selbst absieht und sich vorbehaltlos in das Zeugnis von Gottes vorgängiger Heilstat hineinbirgt."[21]

Auch Melanchthon kann in der Regel mit der Taufhandlung eine effektive, heilschaffende Kraft verbinden, obschon seine frühen ›Loci‹ ein rein signifikatives Verständnis der Taufe nahelegen. Was Calvin betrifft, so behandelt er in seiner ›Institutio‹ von 1559 die Taufe unter folgendem Grundsatz: „Die Taufe ist ein Zeichen der Einweihung (signum initiationis), durch das wir in die Gemeinschaft der Kirche (in Ecclesiae societatem) aufgenommen werden, um in Christus eingeleibt (Christo insiti) und damit zu den Kindern Gottes gerechnet zu werden. Sie ist uns ... von Gott zu dem Zweck gegeben, daß sie zum ersten unserem Glauben vor ihm (fidei nostrae apud se) und zum zweiten unserem Bekenntnis vor den Menschen (confessioni apud homines) diene" (IV, 15, 1). Die Taufe ist somit auch nach Calvin primär nicht Zeichen menschlichen Handelns Gott gegenüber, sondern Zeichen des Handelns Gottes am Menschen. Die Bedeutung der Taufe für den Glauben bestimmt Calvin sodann dadurch näher, daß er die Taufe Zeichen einer unser ganzes Leben betreffenden Reinigung von Sünden, Zeichen des Ersterbens und Lebendigwerdens in Christus sowie Zeichen unserer Einigung mit Christus nennt. Entscheidend ist sodann das Problem, wie sich das solchermaßen Bezeichnete zum Zeichen, die Gabe der Taufe zur Taufhandlung verhält. Dabei hat nach Calvin folgendes zu gelten: Die Gaben der Taufe reicht Gott „unserer Seele inwendig (intus) so wahrhaftig und gewiß dar, so gewiß wir sehen, wie unser Leib äußerlich abgewaschen, untergetaucht und umspült wird. Denn es besteht hier eine Entsprechung (analogia) oder ein Gleichnis (similitudo), und die bilden die sicherste Regel bei den Sakramenten: wir sollen in leiblichen Dingen die geistlichen empfangen, als ob sie uns vor Augen gestellt wären; denn es hat dem Herrn gefallen, sie unter solchen Bildern zur Darstellung zu bringen. Das beruht nun nicht darauf, daß solche Gnadengaben

[21] Manuskript von Peters, A., zur Sakramentenlehre Luthers in den Katechismen, S. 29, zit. n. Kühn, U., a. a. O., 40.

etwa an das Sakrament angebunden oder in es eingeschlossen wären (illegatae inclusaeque), damit sie uns durch die Kraft (virtute) des Sakraments zuteil werden; nein, es geschieht nur darum, weil der Herr uns unter diesen Merkzeichen seinen Willen bezeugt, nämlich eben dies, daß er uns das alles gewähren will. Er gewährt nun aber nicht nur eine Augenweide, indem er uns etwa bloß das äußerliche Schaubild sehen ließe, sondern er führt uns an die Sache selbst heran und bringt das, was er bildlich darstellt, zugleich wirkungskräftig zur Erfüllung (sed in rem praesentem nos adducit, et quod figurat, efficaciter simul implet)" (IV, 15, 14). Calvin bestimmt also das Verhältnis von äußerer und innerer Waschung, von externer kirchlicher Handlung und internem geistlichen Ereignis wohl im Sinne eines Parallelismus, aber nun doch nicht so, daß die Einheitlichkeit der Gesamthandlung aufgelöst und Wasser und Geisttaufe völlig getrennt würden. Die reformierte Bekenntnistradition ist ihm darin in der Regel gefolgt. So will etwa der ›Consensus Bremensis‹ von 1595 den Unterschied von externus et internus baptismus, von dem seine Tauftheologie ausgeht, so aufgefaßt wissen, daß daraus „nicht folget, daß darumb zwo Tauff, und nicht einerley Tauff sein solte". Ausdrücklich wird gelehrt: „. . . mitt und durch die eusserliche abwaschung gibt und vormehret Gott den bekerten und glaubigen auffs aller gewisseste die innerliche" (M 769, 18 ff.). Indes ist die Lehrmeinung in der reformierten Taufe, wie ja schon in der Lehre von den Sakramenten im allgemeinen nicht völlig einheitlich, und es lassen sich auch Tendenzen namhaft machen, die letztlich auf eine Trennung von äußerer Taufhandlung und innerer, im geistgewirkten Glauben statthabender Reinigung hinauslaufen.

Eine im strengen Sinne glaubenskonstituierende Wirkung wurde der Taufe in reformierter Bekenntnistradition im übrigen auch von denen nicht zugedacht, welche sie als sichtbares Zeichen nicht nur der zuteil gewordenen, sondern der zuteil werdenden Gnade bestimmten. Auch das betonte Zusammensein von signum und res der Taufe steht noch unter der Bedingung ihrer Unterscheidung. So gilt die Taufe als Siegel, Gemälde, Abbild der Gnade, welche durch sie versprochen, besiegelt, dargestellt, gezeigt, bezeugt wird, um den Glauben zu stärken und zu fördern. Auch wenn betont wird, daß Wesen und Gültigkeit der Taufe von der Disposition ihres Empfängers (oder ihres Spenders) unabhängig sind, steht doch ihre Wirkung unter der Bedingung bereits gegebenen Glaubens, während sie die Ungläubigen nicht nur nicht wahrnehmen, sondern „durch ihre Verkehrtheit zunichte [machen]“ (J 58). Eine konsequente Folge der Tatsache, daß auch bei betonter Verbindung von Gnade und Taufe noch deren Unterscheidung dominiert und mithin von einer glaubenskonstitutiven Bedeutung der Taufe recht eigentlich nicht die Rede sein kann, ist die Ablehnung ihrer (von den Lutheranern behaupteten [vgl. CA IX]) Heilsnotwendigkeit in reformierter Tradition. Die Praxis der Nottaufe wird entsprechend für unangemessen erklärt. Calvin begründet dies damit, daß er grundsätzlich zwischen dem vom ewigen Gott geschlossenen Bund mit dem zum Heil bestimmten Menschen und der Taufe als dem nachträglichen Siegel dieses Bundes (signum foederis Dei) unterscheidet. Die – für die innerreformatorischen Streitigkeiten allerdings höchst bedeutsamen – prädestinationstheologischen Implikationen dieser Thematik können hier nicht verfolgt werden; festgehalten werden soll nur, was die ›Westminster Confession‹ so sagt: “Grace and Salvation are not so inseparably annexed into it (sc. Baptism), as that no Person can be regenerated or saved without it” (M 603, 24 ff.). Calvin sagt dasselbe mit anderen Worten: Die Wirkung des göttlichen Bundes „ist weder von der Taufe noch von irgendwelchen Zusätzen abhängig. Das Sakrament kommt dann wie ein Siegel hinterher; aber nicht, als ob es Gottes Verheißung, die an und für sich kraftlos wäre, erst Geltung verschaffte, sondern es soll sie uns ausschließlich bekräftigen“ (IV, 15, 22). Hinzuzufügen ist, daß nach reformierter Auffassung die Taufe rechtens nur von einer Amtsperson, dem ordentlichen berufenen Diener der Kirche gespendet wird. Der von den Lutheranern grundsätzlich geteilten Annahme römischer Theologie, im Notfall könne nicht nur ein Priester oder Diakon, sondern auch ein Laie, eine Frau, ja sogar ein Heide und Häretiker taufen (DS 1315), wird eine eindeutige Absage erteilt.

War bisher von der Taufe vorrangig als von einem Zeichen des Gnadenhandelns Gottes den Menschen gegenüber die Rede, so muß nun noch ihre Funktion als eines menschlichen Bekenntniszeichens gewürdigt werden. Nach Calvin dient die Taufe dem Bekenntnis vor den Menschen auf folgende Weise: „Sie ist ... ein Merkzeichen, mit dem wir öffentlich bekennen, daß wir zum Volke Gottes gerechnet werden wollen, mit dem wir bezeugen, daß wir mit allen Christenmenschen zur Verehrung des einen

Gottes und zu einer Religion in Eintracht verbunden sind, und mit dem wir endlich unserem Glauben vor der Öffentlichkeit Ausdruck geben, damit nicht nur unsere Herzen das Lob Gottes atmen, sondern auch unsere Zunge und alle Glieder unseres Leibes mit allen Zeichen, die sie von sich geben können, davon widerhallen. Denn in solcher Weise wird, wie es sich gehört, alles, was wir haben, in den Dienst der Ehre Gottes gestellt, von der alles erfüllt sein muß, und zugleich werden die übrigen Menschen durch unser Beispiel zu gleichem Eifer angespornt" (IV, 15, 13).

Während nun, wie gesagt, in der von Calvin bestimmten Tradition die Funktion der Taufe als eines menschlichen Bekenntniszeichens eingeordnet und umgriffen war von ihrem Sinngehalt als eines göttlichen Gnadenzeichens, verstand Zwingli die Taufe seiner allgemeinen Sakramentsdefinition entsprechend primär als ein gebotenes Zeichen menschlichen Gehorsams, mithin vor allem als Verpflichtungs-, Erkenntnis- und Bekenntniszeichen. „Aus den neutestamentlichen Sakramenten als Mitteln göttlicher Gnadenzuwendung werden unter den Händen Zwinglis Bekenntnishandlungen, die den eigenen persönlichen Glauben versichtbaren, aus der göttlichen Gabe wird ein menschlicher Akt, in dem *ich* mich zum Gehorsam gegen das Gebot Jesu verpflichte. Das ist Zwinglis revolutionäre Umdeutung der Sakramente. Die Sakramente sind bei Zwingli Akte des Gläubigen. Nicht was wir empfangen, sondern was wir tun, ist das, was die Sakramente ausmacht."[22] Wenngleich der späte Zwingli den Sakramenten gelegentlich die Bedeutung einer Darstellung des Heils zubilligen konnte, was seinem Züricher Nachfolger Bullinger den Ausgleich mit Calvin im ›Consensus Tigurinus‹ von 1549 ermöglichte, bleibt für sein Verständnis der Sakramente im allgemeinen und der Taufe im besonderen (vgl. bes. die 1525 erschienene Schrift ›Von der Taufe, von der Wiedertaufe und von der Kindertaufe‹) dennoch die These zentral, sakramentale Handlungsvollzüge der Kirche seien primär menschliche Bekenntnisakte.

[22] Blanke, F., Zwinglis Sakramentsanschauung, in: Theologische Blätter 10 (1931), sp. 283–290, hier: 285.

### 3.1.3 Das Problem der Kindertaufe

Im letzten, ein Jahr vor seinem Tode erschienenen Teilband der monumentalen ›Kirchlichen Dogmatik‹ (KD IV/4) hat Karl Barth im vollen Bewußtsein einer gewissen Nähe seiner Grundannahmen zu denjenigen Huldreich Zwinglis (KD IV/4, 141) die Auffassung vertreten, die kirchliche Taufe sei kein sakramentales Gnadenmittel, sondern ein menschlicher Bekenntnisakt, eine Gehorsamsleistung und ein Ausdruck gläubiger Entschiedenheit. In diesem Sinne wird der Taufe ein wesentlich ethischer Sinn beigelegt, während ihr sakramentaler Charakter vehement bestritten wird. Entsprechendes hatte Barth auch für die Abendmahlslehre in Aussicht genommen, deren Durchführung ihm aber nicht mehr möglich war. Immerhin hat er einen knappen Einblick in die geplante Disposition seiner Überlegungen gegeben: Der fragmentarisch gebliebene Band IV/4, der insgesamt „(parallel zu III/4) ein Kapitel spezieller Ethik unter dem Gesichtspunkt der in Jesus Christus vollzogenen Versöhnung der Welt mit Gott" entfalten sollte (KD IV/4, IX), hätte im Anschluß an die Tauflehre „am Leitfaden des Herrengebets die Artikulation der verschiedenen praktischen Aspekte christlichen Lebens" entwickeln sollen, „endlich abschließend und krönend die Lehre vom Abendmahl (als die auf die Präsenz Jesu Christi in seinem Selbstopfer antwortende und seiner Zukunft entgegenblickende Danksagung). Also", wie Barth ausdrücklich hervorhebt, „auf der ganzen Linie: das christliche (menschliche!) Werk in seinem korrespondierenden und also eigenständigen Charakter gegenüber dem IV/1–3 umrissenen göttlichen Versöhnungswerk" (KD IV/4, IX). Von daher können „kluge Köpfe" (KD IV/4, X) durchaus erraten, in welcher Perspektive Barth die Lehre vom Abendmahl entwickelt hätte. Was die Taufe betrifft, so hatte Barth sie bereits in einem kleinen Vortrag aus dem Jahre 1943, der 1947 erschienen ist, behandelt.[23] Diese Schrift wollte er indes – mit seinen eigenen Worten zu reden – „nicht länger als mein letztes Wort zu dieser Sache betrachtet und zitiert sehen ..., weil sie, von mir aus gesehen, überholt und antiquiert ist. Eben diese meine grundsätzlich (besonders im Blick auf den noch bei Calvin unscharf visierten und darum nicht eskamotierten Begriff des 'Sakramentes') erneuerte Sicht der Taufe habe ich in meinen

[23] Barth, K., Die kirchliche Lehre von der Taufe, Zürich 1947 (ThSt 14).

Vorlesungen 1959–60 zur Sprache gebracht", die der Tauflehre der KD grundgelegt sind. Dabei ging es Barth insbesondere um die konsequente Bestreitung des sakramentalen Verständnisses der Taufe, „sofern es sich in ihr um das Werk der Täuflinge und der sie taufenden Gemeinde handelt" (KD IV / 4, IX f.).

Zur Modifikation seiner Tauflehre wurde Barth veranlaßt nicht zuletzt durch die exegetischen Ergebnisse, die sein Sohn Markus 1951 vorgelegt hatte.[24] Markus Barth war zu dem Ergebnis gelangt, daß es sich bei der Taufe nach biblischem Zeugnis um einen freiwilligen Gehorsamsakt handelt. Die Taufe sei im ganzen NT „ein den Menschen von Gott befohlenes Werk, mit dem sie auf das Heilswerk Gottes und auf die Kundgabe dieses Heilswerks antworten. Im Vollzug der Taufe bekennen Täuflinge und Täufer – und mit ihnen oder durch sie die Gemeinde – vor Gott und der Welt ihr Wissen um die Bedeutung und Wirkung des Todes Christi und um das Wirken des Geistes Gottes. Sie bekennen in der Wassertaufe ihren Wunsch nach der Geisttaufe und ihre gewisse Hoffnung oder ihr Vertrauen auf die Geisttaufe. Gottes Erscheinung, Werk, Gabe und Kundgabe setzt die Wassertaufe als verheißungsvolles Werk der menschlichen Entsprechung zu Gottes Werken ein. Die Wassertaufe kann daher als gutes Werk oder als Anfang des guten Wandels bezeichnet werden ..." (524). Dies findet Markus Barth auch am matthäischen Taufbefehl bestätigt: „Der Vollzug der laut Matth. 28, 19 von Jesus Christus befohlenen Taufe ist ein Gehorsamsakt. Wer einen Befehl erfüllt, tut oder erlebt nicht sofort ein Wunder, sondern er leistet schlichten Gehorsam. Es geschieht weder ein außerordentliches Mirakel noch ein wohlgeordneter Zauber, wenn die Menschen ihren Glauben an Christus in Gehorsamsakten bezeugen. Weder eine Fortsetzung der Fleischwerdung noch ein Versuch zur Selbstrechtfertigung, noch eine mystische Versenkung oder Eintauchung in irgendeinen Abgrund ist dem Begriff des von Gott befohlenen menschlichen Werkes wesensmäßig verwandt oder eigentümlich. Die Taufe ist *kein* Mysterium – sie ist gerade deshalb ein freudiges, nüchternes und verheißungsvolles Ereignis" (553).

Karl Barths Tauflehre schließt direkt an dieses Ergebnis an.

[24] Barth, M., Die Taufe – ein Sakrament? Ein exegetischer Beitrag zum Gespräch über die kirchliche Taufe, Zürich 1951. Die nachfolgenden Seitenverweise im Text beziehen sich hierauf.

Grundlegend für die Gesamtkonzeption ist insbesondere die strikte Trennung zwischen Geist- und Wassertaufe: „Eines Menschen Wendung zur Treue gegen Gott und so zu dessen Anrufung ist des treuen Gottes eigenes Werk, das, in der Geschichte Jesu Christi vollkommen geschehen, vermöge deren erweckender, belebender und erleuchtender Macht als seine Taufe mit dem Heiligen Geist zum Neubeginn seines Lebens wird. – Der erste Schritt seines Gott gegenüber treuen und also seines christlichen Lebens ist seine in eigener Entscheidung von der Gemeinde begehrte und durch sie vollzogene Taufe mit Wasser als das verbindliche Bekenntnis seines Gehorsams, seiner Umkehr, seiner Hoffnung, abgelegt in der Bitte um Gottes Gnade, in der er ihrer Freiheit die Ehre gibt" (KD IV / 4, 1). Was Barths Theorie der Geisttaufe betrifft, so können hier nur einige wesentliche Grundzüge aufgezeigt werden. Prinzipiell gilt, daß die Integration in die durch das Ostergeschehen verewigte Wirklichkeitsfülle der Geschichte Jesu Christi, mit welcher der Anfang des Christenlebens gesetzt ist (ein Anfang, in welchem der Mensch „nicht mehr Derselbe sein kann, sondern ein Anderer geworden ist", „ein bei aller Identität mit sich selbst von sich selbst auch verschiedener Mensch ist" [KD IV / 4, 3]), als Werk des Heiligen Geistes zu gelten hat. „Im Werk des Heiligen Geistes wird die in der Auferstehung Jesu Christi allen Menschen offenbarte Geschichte einem bestimmten Menschen als seine *eigene* Heilsgeschichte offenbar und gegenwärtig" (KD IV / 4, 30). Im und durch den Heiligen Geist gelangt der Mensch zu seiner Bestimmung, Christ zu sein. „Die *Macht* der göttlichen Wendung (aber), in der es zum *Ereignis* der Begründung christlichen Lebens von bestimmten Menschen kommt, ist die Macht der ihnen widerfahrenden *Taufe mit dem Heiligen Geist*" (KD IV / 4, 33). Sie geschieht „in einer unmittelbaren (sic!) Selbstbezeugung und Selbstmitteilung des lebendigen *Jesus Christus*: in seinem im Werk des Heiligen Geistes *hic et nunc* an einen bestimmten Menschen ergehenden Macht- und Tatwort" (KD IV / 4, 35). Pointiert wird diese christologisch-pneumatologische Argumentation gegen ekklesiologische Zusammenhänge abgegrenzt. Die Kirche, so Barth, ist „weder Urheberin, noch Spenderin, noch Vermittlerin der Gnade und ihrer Offenbarung. Sie ist nicht Subjekt des Heilswerkes und auch nicht Subjekt des Heilswortes. Sie kann nicht als solches handeln und sie soll sich auch nicht gebärden, als ob sie dazu den Beruf hätte. Ihr Tun und Wirken steht und fällt in allen seinen Formen und auch in seinen besten Möglichkeiten mit der Selbstbezeugung und Selbstmitteilung Jesu Christi selbst, an der sie gerade nur assistierend und ministrierend teilnehmen kann" (KD IV/4, 35). Handlungsvollzüge der Kirche können und dürfen deshalb nach Barth niemals sakramentalen Charakter beanspruchen. Hingegen hat die Geisttaufe durchaus als ein „*effektives, kausatives*, ja *kreatives* u. zw. *göttlich* wirksames, *göttlich* verursachendes, *göttlich* schöpferisches Handeln am und im Menschen [zu gelten]. Wenn irgendwo, so könnte und dürfte hier von einem 'sakramentalen' Geschehen im gängigen Sinn des Wortes die Rede sein ..." (KD IV/4, 37). Zugleich ist es die Geisttaufe und die Geisttaufe allein, in der sich die Aufnahme des Menschen in die Kirche Jesu Christi vollzieht.

Damit diese durch die Geisttaufe erfolgte Aufnahme in die Kirche aber auch äußerlich erkenntlich und sichtbar werde, bedarf es manifester Zeichen der Dankbarkeit und des Gehorsams, deren erstes nach Barth die Wassertaufe ist. Die Wassertaufe ist sonach ein der in der Geisttaufe statthabenden göttlichen Wendung folgender und ihr entsprechender menschlicher Entscheidungsakt, in welchem sich der Mensch „auf das Ja seines noch so kleinen, aber ehrlichen Glaubens vor Gott, vor den Menschen und vor sich selbst" ein für allemal und damit in einer „keiner Wiederholung bedürftig[en] noch fähig[en] Weise" festlegt (KD IV/4, 47). Die Wassertaufe, wie sie überall und von Anfang an in den christlichen Gemeinden Brauch gewesen ist, ist ein Akt eigenen Entschlusses und Handelns (KD IV/4, 49 ff.). Dies ist das für alles weitere Grundlegende und Wesentliche. Barth fragt sodann im einzelnen nach Grund, Ziel und Sinn der christlichen Wassertaufe. Ihren Grund (KD IV/4, 55 ff.) findet er in ihrer Einsetzung, d. h. im Taufbefehl des österlichen Christus gegeben, der wiederum Jesu Taufe im Jordan voraussetzt. „Wie die Osterberichte überhaupt *nicht* als Erzählungen *neuer*, sondern als Erzählung von der Machtwirkung der *zuvor* Ereignis gewordenen Worte, Taten und Leiden Jesu Christi zu würdigen sind, so auch jener direkte Taufbefehl nicht als ein Novum, sondern als solenne Explikation und Proklamation der in der Geschichte Jesu Christi *zuvor*, nämlich (ein anderes Element seiner Geschichte kommt hier nicht in Frage) in seiner eigenen Taufe am Jordan – damit, daß *er selbst sich von Johannes taufen ließ* – vollzogenen 'Einsetzung' der christlichen Taufe" (KD

IV/4, 57). Der Sinngehalt der Jordantaufe Jesu Christi läßt sich nach Barth in dreifacher Hinsicht fassen: „Es ging (1) um die Handlung, in der sich Jesus der Herrschaft *Gottes* freiwillig, konkret und unzweideutig auf Gnade und Ungnade unterworfen, ausgeliefert und zur Verfügung gestellt hat. Es ging (2) darum, daß er sich eben mit dieser Handlung ebenso freiwillig, konkret und unzweideutig in die Reihe und Gemeinschaft der dem Gericht Gottes verfallenen, nur eben auf sein freies Vergeben ihrer Sünden angewiesenen *Menschen* stellte. Und es ging (3) darum, daß er sich in dieser Handlung (in ihrem doppelten Sinne) anschickte, im *Dienste* Gottes *und* der Menschen das zu tun, was als Werk Gottes für den Menschen und als des Menschen Werk für Gott nur er tun konnte und in seinem Leben und Sterben als Messias Israels und Heiland der Welt wirklich getan hat“ (KD IV/4, 59).

Was das Ziel (KD IV/4, 75 ff.) der christlichen Wassertaufe angeht, so versucht es Barth vor allem anhand eines Vergleiches zwischen der Taufe des Johannes mit der nachpfingstlichen christlichen Taufe (KD IV/4, 83 ff.) zu bestimmen. Dabei ist ihm neben der Feststellung von Gemeinsamkeiten und Unterschieden vor allem eine ‘Fehlanzeige’ wichtig: „Eines haben wir ... bei unserem Vergleich *nicht* feststellen können: *keine* im Übergang von der Johannestaufe zur christlichen Taufe im engeren Sinn stattfindende Veränderung des *Verhältnisses* zwischen dem *Ziel* der Taufe in Gottes Heils- und Offenbarungstat und der diesem Ziel zugewendeten *Aktion* des Taufens und Getauftwerdens ... Wassertaufe und Geisttaufe, Wassertaufe und Gottes Reich, Gericht und Vergebung, Wassertaufe und Zugehörigkeit zu Gottes neuem Volk aus Juden und Heiden stehen im Bereich des Johannes wie in dem der christlichen Gemeinde in strenger *Korrelation*, sind und bleiben aber in diesem zweiten wie in jenem ersten Bereich als freies Gotteswerk und freies Menschenwerk *zweierlei*. Wo wären wir bei unserem Vergleich auch nur einer Andeutung begegnet, daß in, mit und unter der von Menschen vollzogenen und empfangenen Wassertaufe so etwas wie eine Fortsetzung oder Wiederholung oder Doublette von Gottes Heils- und Offenbarungstat Ereignis werde, eine antezipierende Immanenz des Ziels dieses menschlichen Tuns in diesem Tun selbst stattfinde?“ (KD IV/4, 96 f.). Es bleibt also dabei: „Die christliche Taufe ist die erste Gestalt der menschlichen *Antwort* auf die in Ihm, der da war, ist und kommt ... vollzogene *göttliche* Wendung; der erste konkrete Schritt der dieser entsprechenden *menschlichen* Entscheidung des Glaubens und des Gehorsams, indem sie entschlossen und ausschließlich Bewegung zu *Ihm*, auf *Ihn* hin und eben so rechte Taufe der *Umkehr* ist" (KD IV/4, 99).

Am ausführlichsten behandelt Barth schließlich die Frage nach dem *Sinn* der Taufe (KD IV/4, 110 ff.). Noch einmal wird eingangs eingeschärft, die Wassertaufe sei keineswegs Repräsentation, Duplikat usw. der Geschichte Jesu Christi, „nicht Gnadenträger, nicht Gnadenmittel, nicht Instrument der Gnade. Die Taufe antwortet auf das eine 'Mysterium', das eine 'Sakrament' der Geschichte Jesu Christi, seiner Auferstehung, der Ausgießung des Heiligen Geistes: Sie selbst ist aber kein Mysterium, kein Sakrament" (KD IV/4, 112). Barth ist sich im klaren darüber, daß er damit „einer uralten und überwältigend starken kirchlich-theologischen *Tradition* in allen ihren Varianten" (KD IV/4, 112) widerspricht, nicht nur der römisch-katholischen, sondern auch der lutherischen, sogar der reformierten. Ihren Konsens, „der in der Behauptung besteht, daß der Sinn der Taufe in einem in ihrer Administration durch Menschen verhüllten, sich ihrer bedienenden göttlichen Tun zu suchen und zu finden sei", will Barth, wie er sagt, „entmythologisieren" (KD IV/4, 116). „Ihm wird hier der Satz entgegengestellt: die von der Gemeinde zu spendende, von ihren Täuflingen begehrte und zu empfangende Taufe mit Wasser ist das dem Tun Gottes in der Grundlegung des christlichen Lebens entsprechende und begegnende, auf die Taufe mit dem Heiligen Geist antwortende und nach ihr rufende *menschliche* Tun, dessen Sinn ihr *Gehorsam* gegen Jesus Christus und ihre Hoffnung auf ihn ist" (KD IV/4, 116). Damit wendet sich Barth dezidiert gegen jede sakramentale Deutung der Taufe, und er hält diesen Widerspruch für bibeltheologisch wohlbegründet, wie er in ausführlichen Exegesen einschlägiger Stellen detailliert zu erweisen versucht (vgl. KD IV/4, 118 ff.). Das exegetische Ergebnis lautet in Übereinstimmung mit den Untersuchungen von Markus Barth: „Die christliche Taufhandlung ist nach dem, was im Neuen Testament über sie zu lernen ist, mit hoher, um nicht zu sagen höchster Wahrscheinlichkeit *nicht* als ein den Menschen reinigendes und erneuerndes göttliches Gnadenwerk und Gnadenwort, sie ist also *nicht* als 'Mysterium', nicht als 'Sakrament' im Sinne der herrschend gewordenen theologischen Tradition zu verstehen.

Des Menschen Reinigung und Erneuerung geschieht nach dem Neuen Testament in der in seinem Tode sich vollendenden Geschichte Jesu Christi, vermittelt durch das Werk des Heiligen Geistes. Das Neue Testament kennt außer und neben dieser Heilsgeschichte und Heilsvermittlung keine andere, kein Duplikat dieses einen göttlichen Tuns und Redens. Ist die Taufhandlung aber *nicht* Sakrament[25], dann muß ihr Sinn doch wohl, wie anfangs thetisch angedeutet, in ihrem Charakter als auf das Tun und Reden Gottes *antwortende*, echt und recht *menschliche* Handlung gesucht werden" (KD IV/4, 140).

Es versteht sich von selbst, daß Barth von dieser Beschreibung der Taufe als einer in freier Selbstverantwortung vollzogenen Entscheidungstat her zu einer entschiedenen Absage an die volkskirchliche Praxis der Kinder- bzw. Säuglingstaufe gelangen mußte (vgl. KD IV/4, 180 ff.). Zwar sei die Kindern und Säuglingen gespendete Taufe nicht einfachhin ungültig zu nennen und deshalb dem Verlangen einer 'Wiedertaufe' nicht stattzugeben; nichtsdestoweniger könne und dürfe die Kinder- bzw. Säuglingstaufe in keiner Weise theologisch legitimiert werden, sie sei und bleibe eine äußerst bedenkliche und fragwürdige, weil zutiefst unordentliche Praxis (KD IV/4, 208). In den Versuchen ihrer Verteidigung vermag Barth nichts anderes zu sehen als eine unstatthafte theologia ex eventu, die nur auf die Sanktionierung des kirchlichen Status quo bedacht sei. Den entscheidenden Mangel all jener Sanktionierungsversuche entdeckt er in der Fehlbestimmung des „Verhältnisses zwischen dem *Taufgeschehen* auf der einen und dem Glauben der Täuflinge auf der anderen Seite" (KD IV/4, 204). Zu dem Vollzug der Taufe nämlich sei „der *eigene* Glaube des Täuflings *selbst*" (KD IV/4, 205) unentbehrlich, in bezug auf den es eine Stellvertretung unmöglich geben könne. Ebensowenig sei mit einem mitgebrachten Glaubenssamen, einer fides infantilis zu rechnen, die dann gewissermaßen erst in der Konfirmation, die zur Kindertaufe notwendig und ergänzend hinzutreten müsse, ausdrücklich werde. Das 'Nebenargument' schließlich, die Kindertaufe sichere den Glauben am ehesten vor dem Mißverständnis im Sinne eines Werkes, konfrontiert Barth mit der provozierenden Frage: „Wie

[25] Allenfalls „wenn man dem ursprünglichen Sinn des lateinischen Wortes sacramentum (= Schwur) folgen wollte und dürfte, könnte man (die Taufe) unter diesem Gesichtspunkt ein 'Sakrament' nennen" (KD IV/4, 177).

kommt man dazu, zu meinen, daß ein für den Empfang der Taufe erforderliches freies Glaubensbekenntnis selbstverständlich und notwendig ein vom Menschen mitgebrachtes, von ihm geleistetes, vielleicht sogar durch Selbstbeschauung konstatierbares 'Werk' sein müsse? und daß einer Verwechslung von 'Glauben' und 'Werk' am sichersten – nicht etwa mit einer gut evangelischen Verkündigung und Unterweisung, sondern damit gewehrt werde, daß man die Menschen in einem *naturgemäß* passiven, zur Unterscheidung dessen, was hier verwechselt werden kann, gar nicht fähigen Zustand tauft?" (KD IV / 4, 212 f.) Es bleibt dabei: „Der Rat, der (der Kirche) hier – in Sachen der Kindertaufe – ungefragt und nur mit spärlichster Hoffnung, daß auf ihn gehört werden möchte – gegeben wird, kann nicht dahin lauten, sie dürfe und solle auf dem in ihrer Taufpraxis in grauer Vorzeit eingeschlagenen und seither durch alle Wandlungen ihrer Geschichte hindurch obstinat fortgesetzten Weg mit vermeintlich gutem Gewissen weiter und weiter gehen. Die Theologie kann ihr nicht bestätigen, daß sie dabei im Gehorsam handelt und also ein gutes Gewissen haben darf. Sie kann die Verantwortung, die die Kirche mit der Einführung dieser Taufpraxis übernommen hat und mit ihrer Aufrechterhaltung fort und fort übernimmt, nicht mi(t) ihr teilen. Sie ist eine tief unordentliche Taufpraxis" (KD IV / 4, 213).

Bevor in die theologische Auseinandersetzung mit diesem Resümee eingetreten werden kann, das den seit langem schwelenden Streit um die volkskirchliche Praxis der Kindertaufe mächtig entfachte und bis heute entscheidend mitbestimmt, ist es nötig, sich einige Grundlinien der geschichtlichen Entwicklung des christlichen Taufverständnisses zu verdeutlichen. Der erste Befund ist eine historische Fehlanzeige: „Im NT ist weder direkt noch indirekt von der Kindertaufe die Rede. Weder die Redeweisen von der Taufe eines ganzen Hauses (die sog. Oikosformel), noch 1. Kor 7, 14 (die Heiligkeit der Kinder aus Ehen mit wenigstens einem gläubigen Partner), noch die Perikope von der Segnung der Kinder (etwa Mk 10, 15 in Kombination mit Joh 3, 5) lassen eine Aussage für oder gegen die Kindertaufe zu."[26] Man wird sich daher

[26] Schneider, T., a. a. O., 99. Zur kontroversen Diskussion des neutestamentlichen Textbefundes vgl. bes. die Auseinandersetzung zwischen J. Jeremias und K. Aland: Jeremias, J., Hat die älteste Christenheit die Kindertaufe geübt?, Göttingen 1938, ²1949; ders., Die Kindertaufe in den ersten vier Jahrhunderten, Göttingen 1958; ders., Nochmals: Die

mit der Feststellung begnügen müssen, daß „die Taufe von Kleinkindern in der frühesten Kirche auf Grund der neutestamentlichen Schriften weder ausgeschlossen noch bewiesen werden [kann]“[27]. Zuverlässige Bezeugungen des Brauchs der Kindertaufe liegen erst aus der Zeit um das Jahr 200 vor, bei Irenäus, in der Kirchenordnung Hippolyts, bei Origenes und bei Tertullian, der in seiner Schrift ›De baptismo‹ zwar die Taufe von Kleinkindern mit dem Hinweis auf deren Entscheidungsunfähigkeit ablehnt, damit aber das Faktum der Praxis historisch belegt. Als verbindliche kirchliche Ordnung erscheint die Kindertaufe sodann bei Cyprian, der unter Verweis auf einen Beschluß einer Synode von Karthago (um 251) in einem Brief (ep. 64, 2–6) an Bischof Phidus fordert, die Taufe bereits am zweiten oder dritten Tage nach der Geburt zu spenden, wobei anzumerken ist, daß Cyprians Briefpartner die Taufe keineswegs bis zur geistigen Mündigkeit aufschieben, sondern mit ihrem Vollzug analog zur Beschneidung lediglich bis zum achten Lebenstag warten wollte. Zusammenfassend läßt sich sagen, daß Anfang des dritten Jahrhunderts die Kindertaufe unbeschadet regionaler Unterschiede vielerorts mit Selbstverständlichkeit geübt wurde.

Fragt man nach den Motiven, welche die Kindertaufe allgemein und zur Regel kirchlicher Praxis werden ließen, so muß neben dem Nachlassen der Parusieerwartung insbesondere auf einen Wandel in der Anschauung von der Sündlosigkeit der Neugeborenen verwiesen werden. Während das frühe Christentum der noch von Tertullian vertretenen Überzeugung war, daß neugeborene Kinder christlicher Eltern oder zumindest eines christlichen Elternteils ohne Sünde seien (vgl. 1. Kor 7, 14), gelangte man später mehr und mehr zu der Auffassung, daß bereits Neugeborene unter der Herrschaft der Sünde stehen. In dieser Entwicklung dürfte der entscheidende Anlaß für die immer weitere Herabsetzung des Taufalters zu suchen sein, die schließlich zur allgemeinen Einführung der Säuglingstaufe führte. Es ist bezeichnend, daß Augustin in seinem Streit mit Pelagius den ursprünglichen Hauptgrund der allgemeinen Verbreitung der Taufe von Kleinkindern bereits aus der Selbstverständlichkeit

Anfänge der Kindertaufe, München 1962 (ThExNF 101); Aland, K., Die Säuglingstaufe im Neuen Testament und in der alten Kirche, München 1961 (ThExNF 86); ders., Die Stellung der Kinder in den frühen christlichen Gemeinden – und ihre Taufe, München 1967 (ThExNF 138).

[27] Schlink, E., a. a. O., 114.

seiner Wirkung ableiten konnte: Der Proklamation der Sündenfreiheit der Neugeborenen durch die Pelagianer tritt er mit dem Argument entgegen, die allgemeine kirchliche Übung der Kindertaufe beweise die angeborene Sündhaftigkeit der Menschenkinder.

Über Jahrhunderte hinweg blieb die Taufe von Kleinkindern unangefochtene kirchliche Praxis. Zu nennenswerter Kritik gegen sie kam es erst wieder im Zusammenhang der sogenannten Täuferbewegung des 16. Jahrhunderts. Die Reformatoren haben sich diese Kritik nicht nur nicht zu eigen gemacht, sondern die traditionelle Praxis gegen ihre Ablehnung durch die Täufer mehr oder weniger vehement verteidigt. Das gilt für Luther, für Calvin und selbst für Zwingli, trotz der unübersehbaren Nähe seines Sakramentsverständnisses zu demjenigen der Täufer. Obwohl er wie diese die Taufe primär als Bekenntniszeichen bestimmt, erklärt Zwingli mit den ›Marburger Artikeln‹ „daß der Kinder Taufe recht sei und sie dadurch zu Gottes Gnaden und in die Christenheit genommen werden" (BSLK 63, 30 f.). Begründet wird diese Auffassung insbesondere mit dem Hinweis, daß Kinder christlicher Eltern vorab, also vor ihrer Befähigung zu einem expliziten Bekenntnis, unter der Verheißung Gottes stehen, so daß in ihrem Falle die bei erwachsenen Täuflingen verbindliche Reihenfolge von Glaube und Taufe umkehrbar sei. „Denn wenn die, die zur Kirche gehören, ihr Kind darbringen, wird es unter der Voraussetzung getauft, daß es der göttlichen Verheißung zufolge zu den Gliedern der Kirche zählt, insofern es ja von Christen stammt" (M 87, 7 ff.). Man wird indes nicht sagen können, daß Zwingli sein Plädoyer für die Taufe von Kindern mit seinen sonstigen sakramentstheologischen Grundsätzen zu einem wirklich stimmigen Ausgleich gebracht hat; so wurde nicht selten und nicht ohne Grund vermutet, die Verteidigung der Praxis der Kindertaufe sei nicht eigentlich aus dogmatischen Motiven, sondern primär im Interesse kirchlicher Konvention und der Beibehaltung überkommener Ordnung erfolgt, wie denn auch Zwingli in Auseinandersetzung mit der ihm nicht nur räumlich nahestehenden Täuferbewegung die Taufe mehr und mehr als Pflichtzeichen nicht nur des einzelnen, sondern der verfaßten Gemeinde betonen konnte.

Bei Calvin, der dem Problem der Kindertaufe in seiner ›Institutio‹ ein eigenes Kapitel (IV, 16) widmet, stellt sich die Angelegenheit wie folgt dar: Der entscheidende Unterschied zu Zwingli ist der, daß der Genfer Reformator auch in der Frage der Berechtigung der Taufe von Kindern davon ausgeht, daß Taufe stets und primär ein Handeln Gottes und erst sekundär ein Handeln des Menschen darstellt. Unter dieser Voraussetzung kommt dann der Parallelisierung von Beschneidung und Taufe eine wichtige Bedeutung zu: „Denn genau wie einst für die Juden der erste Schritt in die Kirche in der Beschneidung bestand, weil sie ihnen ja gewissermaßen als Merkzeichen diente, vermöge dessen sie Gewißheit davon erlangten, daß sie in Gottes Volk und Hausgenossenschaft aufgenommen wurden, und mit dem sie auch wiederum ihrerseits versprachen, Gott nachzufolgen – genau so werden auch wir durch die Taufe Gott geweiht, um zu seinem Volke hinzugerechnet zu werden und uns wiederum auch selbst eidlich an ihn zu binden" (IV, 16, 4). Da aber die Beschneidung als Zeichen des Alten Bundes auch und gerade den Kindern der Juden gewährt wurde, dürfe die Taufe als Zeichen des Neuen Bundes den Christenkindern nicht vorenthalten werden. Das Kinderevangelium sowie die neutestamentlichen Berichte von der Taufe ganzer Häuser bestätigen Calvin in dieser Auffassung, auch wenn er weiß und dies auch zugibt, daß die Kindertaufe in der Schrift nicht ausdrücklich geboten ist. Betrachtet man schließlich die Früchte, die aus der Praxis der Kindertaufe sowohl den Täuflingen selbst als auch ihren Angehörigen erwachsen, werde man vollends aufhören, sie als unnütz und müßig zu betrachten. Einerseits nämlich bekräftigt nach Calvin das in der Taufe einem Kinde gegebene Zeichen „wie ein aufgedrücktes Siegel die Verheißung, die dem frommen Vater oder der frommen Mutter gegeben ist, und erklärt es für abgemacht, daß der Herr nicht nur der Gott des Vaters oder der Mutter, sondern auch der Gott ihres Samens sein und nicht nur ihnen selbst mit seiner Güte und Gnade begegnen will, sondern auch ihren Nachfahren bis ins tausendste Glied. Da nun hierbei Gottes unermeßliche Freundlichkeit an den Tag tritt, so gibt sie solchen Menschen zunächst den reichsten Anlaß, seinen Ruhm zu preisen, und durchdringt ihr frommes Herz mit ungewöhnlicher Freude, durch welche sie zugleich um so kräftiger dazu angereizt werden, solch frommen Vater wiederzulieben, weil sie ja wahrnehmen, wie er um ihretwillen auch für ihre Nachkommenschaft sorgt . . . Auf der anderen Seite empfangen auch die Kinder aus ihrer Taufe mancherlei Gewinn, weil sie ja dadurch in den Leib der Kirche eingefügt werden und damit bei den anderen Gliedern (an diesem Leibe) noch wesentlich nachdrücklicher anbefohlen sind. Und wenn sie dann herangewachsen sind, so werden sie durch ihre Taufe nicht wenig zum ernsten Trachten nach der Verehrung Gottes angespornt, der sie ja durch das feierliche Merkzeichen ihrer Adoption zu Kindern angenommen hat, ehe sie ihn ihres Alters halben als Vater zu erkennen vermochten" (IV, 16, 9). Dem Einwand der Wiedertäufer, daß Kinder ihres Alters wegen noch nicht imstande seien, das in der Taufe dargestellte Geheimnis zu erfassen, weil sie weder zum Hören des Wortes noch zum bewußten Glauben fähig seien, begegnet Calvin sowohl mit dem Hinweis auf die Verlorenheit aller Menschen einschließlich der Kinder in Adam, welche nur durch die in der Taufe verbürgte Gemeinschaft mit Christus behoben werden könne, als auch mit der These, daß zweifellos auch Kinder zu der Schar der Erwählten zählen, ihre geistliche Wiedergeburt mithin nicht unmöglich sei. Wenngleich Calvin damit nicht behaupten will, „die Kinder seien mit dem nämlichen Glauben begabt, den wir (sc. Erwachsene) in uns erfahren, oder sie hätten überhaupt eine dem Glauben ähnliche Erkenntnis" (IV, 16, 19), so schließt er die Möglichkeit eines göttlichen Lichtfünkleins in den Herzen der Kinder doch auch nicht aus. Im übrigen dürfe man „in der Kindertaufe an gegenwärtiger Wirkung nicht mehr suchen, als daß sie den Bund, den der Herr mit den Kindern geschlossen hat, bekräftigt und als gültig erweist. Die sonstige Bedeutung dieses Sakraments wird dann später folgen, zu der Zeit, die Gott selber vorgesehen hat" (IV, 16, 21).

Was schließlich Luthers Haltung zur Kindertaufe betrifft, so möchte er die strittige Frage am liebsten den Gelehrten überlassen oder in christlicher Einfalt wie folgt beantwortet wissen: „Daß die Kindertaufe Christo gefalle, beweiset sich gnugsam aus seinem eigenen Werk, nämlich daß Gott deren viel heilig machet und den heiligen Geist gegeben hat, die also getauft sind, und heutigs Tags noch viel sind, an denen man spüret, daß sie den heiligen Geist haben, beide der Lehre und Lebens halben, als uns von Gottes Gnaden auch gegeben ist, daß wir ja können die Schrift auslegen und Christum erkennen, welches ohn den heiligen Geist nicht geschehen kann" (BSLK 700, 38 ff.). Neben diesem Traditionsbeweis wird im Großen Katechismus, wie zuvor schon in der Schrift ›Von der Wiedertaufe an zwei Pfarrherrn‹ aus dem Jahr 1528, die kirchliche Praxis der Kindertaufe insbesondere mit dem Argument verteidigt, die von Gott gebotene Taufe sei, obwohl auf Glauben ausgerichtet, doch nicht in ihrer Gültigkeit vom Glauben abhängig. Es sei also nicht das Entscheidende, „ob, der da getauft wird, gläube oder nicht gläube; denn darümb wird die Taufe nicht unrecht, sondern an Gottes Wort und Gepot liegt es alles“ (BSLK 701, 31 ff.). Dabei setzt Luther voraus, daß die Universalität des Taufbefehls auch die Unmündigen umgreife, eine Auffassung, die er, wie Calvin, u. a. durch die Perikope von der Kindersegnung Jesu bestätigt findet, wohingegen er den für die reformierte Tradition gängigen Vergleich zwischen Taufe und Beschneidung angesichts des Unterschieds beider Testamente und ihrer Heilszeichen nur gelegentlich und eher am Rande verwendet.

Konstituiert mithin der Glaube nicht die Taufe, so ist es nach Luther falsch zu sagen, „wo der Glaube nicht recht ist, da müsse auch die Taufe nicht recht sein“ (BSLK 703, 10 ff.): „Wie kämen wir dazu, daß Gottes Wort und Ordnung darümb sollt' unrecht sein und nicht gelten, daß wir's unrecht brauchen? Darümb sage ich: Hast Du nicht geglaubt, so gläube noch und sprich also: ‚Die Taufe ist wohl recht gewesen, ich habe sie aber leider nicht recht empfangen‘“ (BSLK 702, 24 ff.). Für die Frage der Kindertaufe ergibt sich daraus folgendes: „Das Kind tragen wir erzu der Meinung und Hoffnung, daß es gläube, und bitten, daß ihm Gott den Glauben gebe, aber darauf täufen wir's nicht, sondern allein darauf, daß Gott befohlen hat“ (BSLK 702, 44 ff.). Damit ist noch einmal der schlechthinnige Gabencharakter der Taufe, an dem Luther alles gelegen war, mit Nachdruck herausgestellt. Indes wollte Luther, wenngleich er eine konstitutive Bedeutung des Glaubens für die Gültigkeit der Taufe bestritt, gleichwohl am elementaren Zusammenhang von Taufe und Glaube festhalten, um ein gewissermaßen magisches Verständnis der Taufwirkung zu verhindern; damit aber stellte sich auch für ihn unausweichlich die Frage, ob mit der Möglichkeit eines Glaubens von Kleinkindern sinnvollerweise zu rechnen sei. Der Dringlichkeit dieser Frage hatte Luther anfangs mit der traditionellen, seit Augustin gebräuchlichen Antwort zu begegnen gesucht, in der Taufe komme den Kindern der Glaube ihrer Eltern und Paten bzw. der Glaube der Kirche überhaupt stellvertretend zu Hilfe. Indes hat er alsbald zugestanden, daß die stellvertretende fides aliena den Glauben des Täuflings weder ersetzen könne noch ersetzen dürfe. „Tauffe“, so sagt Luther in seiner ›Fastenpostille‹ von 1525 in Auslegung von Mt 8, 1 ff., „hilfft niemand, ist auch niemand zu geben, er gleube denn fur sich selbs, und on eygen glaube niemand zuteuffen ist" (WA 17 / II, 81, 3 ff.). In der Konsequenz dieser Einsicht und unter Voraussetzung der Überzeugung, der am Glauben hängende Nutzen der Taufe könne den Kindern (nicht zuletzt um ihrer Seligkeit im Falle ihres frühzeitigen Ablebens willen) nicht bis zur Mündigkeit und bis zum Zeitpunkt ihres expliziten Glaubensbekenntnisses abgesprochen werden, hat Luther seine Lehre von der fides infantium, vom Kinderglauben entwickelt.[28] In Anlehnung an Lk 1, 41. 44, wonach die Leibesfrucht Elisabeths, der Mutter Johannes des Täufers, bei der Begegnung mit Maria, der die Geburt Jesu verheißen war, vor Freude zu hüpfen begann, schreibt Luther in der Schrift ›Von der Wiedertaufe‹: „Wie? wenn alle Kinder bey der tauffe nicht allein glewben kundten, sondern auch so wol glewbten als Johannes ynn mutter leibe? Denn wir können ia nicht leucken, das eben der selbige Christus bey der tauffe und yn der tauffe ist. Ja, er ist der teuffer selbs, der dort ynn mutter leibe zu Johanne kam. So redet er auch eben so wol bey der tauffe durch des priesters mund, als er dort durch seiner mutter mund redet. Weil er denn da ist gegenwertig, redet und teufft selbs, warum solt nicht auch der glawbe und geist durch sein reden und teuffen so wol ynn das kind komen, als er dort ynn johannem kam? Ists doch einerley redener und thetter dort und hier" (WA 26, 156, 32 ff.). Luther leitet daraus die Folgerung ab: „Darumb las ich schwermen, wer da wil, Ich halte noch, wie ich ynn der Postill auch geschrieben habe, das die allersicherste tauffe sey der kinder tauffe, Denn ein alter mensch mag triegen und als ein Judas zu Christo komen und sich teuffen lassen, Aber ein kind kan nicht triegen und kompt zu Christo ynn der tauffe, wie Johannes zu yhm kam, und wie die kindlin zu yhm bracht worden, das sein wort und werck uber sie gehe, rure und mache sie also heilig, weil sein wort und werck nicht kan umbsonst gehen und gehet doch hie alleine auffs kind, Wo es des feilen solte, so muste es gar feilen und umbsonst sein, welches ist unmüglich" (WA 26, 157, 37–158, 5).

Bevor man diese und ähnliche Äußerungen theologisch bewertet, muß man sich klarmachen, daß Luthers Lehre von der fides infantium keine bloß artifizielle Hilfskonstruktion zur Ver-

[28] Vgl. im einzelnen Brinkel, K., Die Lehre Luthers von der fides infantium bei der Kindertaufe, Berlin 1958.

teidigung der Kindertaufe darstellt, sondern durchaus einen gewissen Anhalt an seinem Glaubensverständnis überhaupt hat. Auch in anderen Zusammenhängen kann er gelegentlich zwischen Glaube und Glaubensbewußtsein unterscheiden. Das Motiv dieser Unterscheidung ist neben dem Willen, den Glauben an der Objektivität seines aller Selbstwahrnehmung vorausliegenden Grundes teilhaben zu lassen, das Interesse, mit der Aufgeschlossenheit des Glaubensgrundes für den einzelnen, kurzum: mit der Präsenz des Heils für einen bestimmten Menschen auch in solchen Zuständen rechnen zu dürfen, in denen ihm ein manifestes Selbstbewußtsein und Reflexionsvermögen abgeht. Luther denkt dabei etwa an den Schlaf oder an arbeitsbedingte Selbstvergessenheit: „Ich schlaffe oder wache, lese im buch und hab meine gedancken, wo ich immer will, so ist der glaube da und kan da sein, und Gott sihet ihnen, ob ihn gleich die widerteuffer nicht sehen . . ." (vgl. WA 47, 330, 1–331, 40; hier: 330, 38–40). Zu verweisen wäre ferner auf durch Krankheit hervorgerufene Bewußtlosigkeit oder Bewußtseinstrübung usw. Das Interesse, das Luther zur Unterscheidung zwischen Glauben und Glaubensbewußtsein veranlaßt, ist also durchaus verständlich, und zwar keineswegs nur aus seelsorgerlichen Gründen. Indes ist zu bezweifeln, ob die vom Evangelium verbürgte trostreiche Tatsache, daß der göttliche Heilswillen für einen bestimmten Menschen dessen jeweils aktuellen Bewußtseinslagen überlegen ist, durch die Annahme der Möglichkeit eines gewissermaßen bewußtlosen Glaubens wirklich angemessen wahrgenommen wird. Denn diese Annahme steht in Gefahr, die personale Bestimmung des Glaubens, auf die nicht zuletzt die reformatorische Betonung der worthaften Verfaßtheit der Sakramente zielte, überhaupt zu verwischen. Unmißverständlicher scheint es deshalb, die alle aktuellen Bewußtseinslagen umgreifende und somit die Identität und Integrität einer Biographie garantierende Macht statt mit einem potentiell bewußtseinstranszendenten Glauben mit dem konstanten Vermögen und Willen des göttlichen Geistes zu begründen. Der Geist steht dafür und verbürgt dem Gläubigen, daß auch dann noch für ihn und seine Individualität gesorgt ist, wenn ihm das Bewußtsein seiner selbst und mithin auch das Wissen um den eigenen Glauben dahinschwindet.

In kritischer Aufnahme der Intentionen Luthers läßt sich von daher bezüglich der Taufe grundsätzlich folgendes sagen: Gottes Geisthandeln, wie es in der Taufe wirksam ist, zielt zwar eindeutig auf ein ausgebildetes Selbstbewußtsein des Menschen und fixiert ihn nicht auf eine vor- bzw. unterbewußte, gewissermaßen kindlich-natürliche Daseinsverfassung; Gott will den erwachsenen Menschen und mithin den bewußten Glauben, wie denn auch das sinnliche Zeichen der Wassertaufe ins Wort gefaßt und so für sprachlich-kommunikative Verständigung als dem Charakteristikum erwachsener Gemeinschaft (wenn auch nicht ebenso der faktischen Gemeinschaft der sog. Erwachsenen!) erschlossen sein muß. Trotzdem macht Gott sein Wirken nicht so vom tatsächlichen Gegebensein eines ausgebildeten menschlichen Selbstbewußtseins abhängig, daß nicht schon der Säugling und das Kind bzw. der vielfach in die präreflexiven Sphären des Menschseins zurückgedrängte kranke oder sterbende Mensch Bezugspunkt und Empfänger göttlicher Wohltat sein könnte. Als ein Hinweis darauf kann die Tatsache genommen werden, daß dem Verheißungswort der Taufe das sinnlich wahrnehmbare Zeichen des Wasserbads beigegeben ist. Das Sakrament hält gewissermaßen Leib und Seele, Vernunft und alle Sinne zusammen und steht gerade so für die gottgegebene und gottgewollte Ganzheit eines leibhaften Lebens in der Abfolge von Kindheit, Erwachsenensein und Greisenalter. Daraus ergibt sich zugleich, daß ein Mensch grundsätzlich zu jedem Zeitpunkt seines Lebens getauft werden kann.

Leuchtet diese Argumentation ein, dann ist die Kindertaufe zumindest als eine mögliche Gestalt der Taufe festzuhalten. Ob darüber hinausgehende Behauptungen im Gefolge reformatorischer Verteidigung der kirchlichen Praxis der Kindertaufe heute möglich und nötig sind, kann hier im einzelnen nicht erörtert werden und könnte entschieden werden nur auf der Basis einer genauen Bestimmung des Verhältnisses von Sündenlehre und Tauftheologie. Die strikte Notwendigkeit der Kindertaufe jedenfalls ließe sich, nachdem neutestamentliche Belege nun einmal nicht zu erbringen sind, nur unter der Annahme dogmatisch erweisen, daß ungetaufte Kinder der Erbsünde wegen zwangsläufig des Heils verlustig gehen. Alle anderen dogmatischen Gründe, wie sie von den Reformatoren beigebracht wurden, tragen wohl zur Verteidigung der Möglichkeit, nicht aber zur Begründung einer strengen Notwendigkeit der Kindertaufe bei.

Aufgrund dieser Sachlage sollte man sich hüten, das Problem der Kindertaufe vorschnell in den Rang einer Bekenntnisfrage zu erheben. In bezug auf die Problematik des Taufalters scheint eine differenzierte Praxis dogmatisch nicht nur möglich, sondern durchaus geboten. Dafür spricht nicht zuletzt die gegenwärtige Diskussionslage zwischen den die Kindertaufe praktizierenden Kirchen und baptistischen Gemeinden, wie sie in der erwähnten Konvergenzerklärung von Lima dokumentiert ist (vgl. bes. LT 8–13), wo es u. a. heißt: „In einigen Kirchen, die die Tradition der Kindertaufe und der Gläubigentaufe miteinander verbinden, haben sich zwei gleichberechtigte Alternativen für den Eintritt in die Kirche als möglich erwiesen: eine Struktur, bei der auf die Kindertaufe später das Glaubensbekenntnis folgt, und eine Struktur, bei der die Gläubigentaufe auf eine Darstellung und Segnung in der Kindheit folgt. Dieses Beispiel lädt andere Kirchen zur Entscheidung darüber ein, ob auch sie nicht in ihren wechselseitigen Beziehungen und in kirchlichen Unionsgesprächen gleichberechtigte Alternativen anerkennen könnten" (LT 12, Komm.). Eine von Fall zu Fall zu verantwortende Praxis, die gewiß auch kirchensoziologische und pastorale Gesichtspunkte zu berücksichtigen hat, wird den anfallenden Problemen indes nur dann gerecht werden, wenn sie in ihren Entscheidungen folgende Grundmaxime befolgt: Die Taufe von Kindern hält dem, welcher als Erwachsener die Taufe begehrt, vor Augen, daß auch er „ohn all sein Verdienst und Würdigkeit" und in diesem Sinne durchaus als ein Kind die Taufe empfängt. Die Taufe von Erwachsenen aber erinnert jenen, der als Kind die Taufe empfangen hat, daran, daß er auf bewußten Glauben hin getauft worden ist, die Gabe der Taufe hingegen verkannt wird, wenn man sie als zuhandene Habe mißversteht.[29]

Ist in der Frage des Taufalters insbesondere pastorales Einfühlungsvermögen gefordert, so handelt es sich bei dem Problem, ob die Taufe primär Werk Gottes oder des Menschen sei, allerdings um eine theologische Entscheidungsfrage von hohem Range. Hier liegt, wie E. Schlink zutreffend festgestellt hat,[30] die tiefste Differenz im Taufverständnis überhaupt begründet. Die entscheidenden kritischen Anfragen an das eingangs entfaltete

[29] Man sollte daher die mißverständliche Alternative von Kinder- und Gläubigentaufe besser vermeiden und nicht sagen, die erwachsenen Täuflinge würden „aufgrund ihres eigenen Glaubensbekenntnisses getauft" (LT 12); denn recht eigentlich ist das Glaubensbekenntnis des erwachsenen Täuflings, auch wenn es zeitlich vor dem Taufakt gesprochen wird, eine Folge der zuvorkommenden Gnade Gottes, welche die Taufe verheißt und vollmächtig zuspricht.

[30] Vgl. Schlink, E., a. a. O., 138 ff.

Taufverständnis Karl Barths haben sich deshalb mit Recht nicht auf das isolierte Problem der Kindertaufe, sondern vornehmlich auf diese Frage konzentriert, wie überhaupt gilt, „daß nicht von dem für die kirchliche Taufpraxis wichtigen theologischen Einzelproblem der Kindertaufe her über das Wesen der Taufe entschieden werden kann, sondern umgekehrt vom Verständnis des Wesens der Taufe her die Kindertaufproblematik entschieden werden muß“[31]. Bestritten wurde insbesondere das exegetische Recht der Barthschen Argumentation: „Die Zerreißung der christlichen Taufe in göttliche Geisttaufe als selbständiger und zeitlich vorlaufender Akt gegenüber der menschlichen Wassertaufe“, so konstatiert etwa E. Dinkler in Zusammenfassung seiner detaillierten und überzeugenden Analyse der Taufaussagen des Neuen Testaments, „ist eine dogmatische Konstruktion und ohne biblische Basis. Die Beurteilung der (Wasser-)Taufe als antwortendes und verantwortliches Handeln verkehrt den neutestamentlichen Tatbestand, wonach der ethische Imperativ im durch die Taufgabe vermittelten neuen menschlichen Sein gründet.“[32] Trifft dies zu – und die überwiegende Mehrzahl der Exegeten bestätigt diesen Befund –, dann ist mit dem ›Votum des Taufausschusses der Evangelischen Kirche der Union zu Karl Barths Lehre von der Taufe‹ zu sagen, daß die Taufe wohl „eine ethische Dimension [hat], aber nur sekundär. Primär gehört die Taufe zum Indikativ und nur sekundär zum Imperativ des christlichen Seins.“[33] Bemerkenswert ist darüber hinaus die Feststellung, daß das Sein Jesu Christi einseitig spiritualisiert zu werden droht, „wenn Jesus Christus nicht als durch das Wort und die Sakramente der Kirche gegenwärtig Handelnder begriffen wird“[34]. In der Tat zeigt sich bei Barth eine solche spiritualisierende Tendenz, die in Gefahr steht, mit der Bindung der göttlichen Gnade an konkrete Zeichen des Gedächtnisses Jesu Christi dessen geschichtliche Gestalt und damit die geschichtliche Gestalt der Offenbarung Gottes überhaupt aufzulösen.

Wahr allerdings ist, daß die Kirche in ihrem Zeugendienst

[31] Votum des Taufausschusses der Evangelischen Kirche der Union zu Karl Barths Lehre von der Taufe, in: Viering, F. (Hrsg.), Zu Karl Barths Lehre von der Taufe, Gütersloh 1971, 167 f., hier: 167 (I,4).

[32] Dinkler, E., Die Taufaussagen des Neuen Testaments. Neu untersucht im Hinblick auf Karl Barths Tauflehre, in: a. a. O., 60–153, hier: 153.

[33] Votum des Taufausschusses der EKU, a. a. O., 168 (II,3 a).

[34] A. a. O., 167 (II,1 a).

„weder Urheberin, noch Spenderin, noch Vermittlerin der Gnade“ ist[35]. Barth ist vorbehaltlos zuzustimmen, wenn er darauf insistiert, daß Jesus Christus in der Kraft des göttlichen Geistes selbst lebendiges Subjekt seiner bleibenden Wirksamkeit ist. Daß diese unbestreitbare dogmatische Voraussetzung in der Sakramentenfrage im allgemeinen und in der Tauffrage im besonderen gleichwohl nicht zu den von Barth gezogenen dogmatischen Konsequenzen führen muß, wird in einem eigenen Abschnitt (4.), der noch einmal auf Barths Kritik traditioneller Sakramentenlehre zurückkommen wird, im einzelnen zu zeigen sein.

### 3.1.4 Konzentrierte Formen kirchlichen Taufgedächtnisses

#### 3.1.4.1 Konfirmation[36]

Der Lebenslauf des Christenmenschen hat sein Richtmaß in der fortschreitenden Aneignung der in Jesus Christus grundsätzlich beschlossenen, im Heiligen Geist individuell erschlossenen und in der Taufe persönlich-wirksam zugeeigneten göttlichen Lebensgabe, in welcher die natürlichen Herkunfts- und Zukunftsbedingungen menschlichen Lebens aufgehoben, nämlich zugleich integriert und transzendiert sind. Aneignung der Taufe ist in diesem Sinne ein lebenslanges Beginnen. Fortschreiten heißt für den Christenmenschen, immer wieder und immer konsequenter auf sein Getauftsein zurückzukommen. Die Devise des Glaubens lautet demnach kurz gesagt: Werde, will heißen: nimm wahr und lebe, was du als Getaufter bist.

Die Konfirmation will solch lebensgeschichtlicher Wahrnehmung des eigenen Getauftseins hilfreich sein. Zu ihrer geschichtlichen Entwicklung ist zunächst folgendes zu bemerken: Was die römisch-katholische Kirche in Übersetzung des lateinischen

[35] Ebd. (II,1 b).

[36] Die Ausführungen zu Konfirmation und Krankensalbung schließen sich eng an die entsprechenden Passagen der Dokumentation des Ökumenischen Arbeitskreises evangelischer und katholischer Theologen zu den Verwerfungssätzen des 16. Jahrhunderts an, an der ich mitgearbeitet habe (Lehmann, K., und W. Pannenberg [Hrsg.], Lehrverurteilungen – kirchentrennend? I. Rechtfertigung, Sakramente und Amt im Zeitalter der Reformation und heute, Freiburg, Göttingen 1986 [Dialog der Kirchen 4]). Auch in den Überlegungen zur Buß- und Abendmahlslehre wird auf dieses Dokument mitunter Bezug genommen.

Begriffs confirmatio Firmung, die Reformationskirchen Konfirmation nennen, war ursprünglich kein eigenständiger kirchlicher Ritus, sondern ein integrierter Bestandteil jenes Ritengefüges sakramentaler Initiation, das ursprünglich neben Wasserbad und Kreuzsignation zugleich Ölsalbung und Handauflegung als Zeichen der Geistmitteilung umfaßte. Noch heute wird in der Orthodoxen Kirche die sog. Myronsalbung im Zusammenhang des Taufgottesdienstes gespendet.[37] Auch wenn in der frühen Geschichte christlicher Liturgie die Frage nach einem spezifischen Ritus der Geistverleihung nicht einheitlich beantwortet und die Gabe des Geistes einerseits mit der Handauflegung während oder nach dem Taufbad, andererseits mit einer postbaptismalen Salbung in besonderer Weise verbunden wurde, beweist doch die Tatsache, daß Handauflegung und Ölsalbung von Anfang an genuine Bestandteile des christlichen Taufgottesdienstes waren, die ursprüngliche Verbindung von Taufe und Geistmitteilung in altkirchlicher Tradition. „Mochte die Taufe, die immer eine mehrgliedrige Handlung gewesen war, in Wasserbad und Geistritus zwei klare Schwerpunkte haben, so ist sie doch als die eine Taufe gesehen und gelehrt worden" (TRE 11, 196).

Dieser Sachverhalt wird durch den neutestamentlichen Befund bestätigt: Wassertaufe und Geistmitteilung gehören in der Regel untrennbar zusammen. Nach Paulus (vgl. 1. Kor 1, 13; 3, 23; 6, 15. 17. 19; 12, 13; Röm 6, 2–11) gewährt die Taufe als Eingliederung in den Christusleib zugleich den Empfang des Heiligen Geistes. Die Evangelisten sehen übereinstimmend in der Geistmitteilung das Charakteristikum christlicher Taufe gegenüber der Bußtaufe des Johannes. Weder Hebr 6, 2 noch Apg 8, 14–17 (vgl. auch Apg 10, 44–48; 19, 1–7) sind für die Annahme eines eigenständigen, von der Wassertaufe getrennten Sakraments geistmitteilender Handauflegung beweiskräftig. Entsprechendes gilt für das Siegelmotiv (2. Kor 1, 22. 55; Eph 1, 13; 4, 30; Off 7, 3) sowie für die im Neuen Testament erwähnten Salbungen (2. Kor 1, 21 f.; 1. Joh 2, 20. 27), die nirgends auf einen besonderen liturgischen Akt hindeuten. Nach dem Zeugnis des Neuen Testaments hat mithin die Taufe als das Sakrament der Geistmitteilung schlechthin zu gelten. Handauflegung und Ölsalbung ist allenfalls die Aufgabe ritueller Inter-

[37] Vgl. im einzelnen Kretschmar, G., Art. Firmung, in: TRE 11, 192–204.

pretamente zugewiesen, die sie im altkirchlichen Taufgottesdienst dann auch erfüllen.

Erst im 3. Jahrhundert bildet sich im Abendland ein postbaptismaler, zeitlich weit von der Taufe getrennter Ritus aus, der erstmals im 6. Jh., allgemein seit dem 12. Jh. confirmatio genannt wird. Bestimmend für diese Entwicklung war zum einen, daß während des Ketzertaufstreits die Handauflegung im Falle der Häretikertaufe die Funktion eines Rekonziliationsritus bzw. einer nachgeholten Geistmitteilung erhielt, zum anderen der durch die Expansion des Christentums nach dem Mailänder Edikt von 313 erforderte Strukturwandel des Amtes des Bischofs, der nunmehr statt einer Ortsgemeinde eine ganze Region zu leiten hatte. Während die Taufe mehr und mehr zur Angelegenheit der Presbyter wurde, blieb dem Bischof zumeist das Zeichen der Handauflegung bzw. Konsignation vorbehalten, welches bei allen Unterschieden im Detail den rituellen Kernbestand der confirmatio darstellt. Befördert wurde deren Verselbständigung nicht zuletzt dadurch, daß im Laufe der Zeit die Kindertaufe zum Regelfall christlicher Taufe geworden war und die elementare Zusammengehörigkeit von Taufe und Glaube nicht mehr hinreichend deutlich zu werden drohte. Für die confirmatio wurde deshalb ein Mindestalter von sieben Jahren vorgesehen, um dem Getauften ein eigenes Bekenntnis seines Glaubens zu ermöglichen.

Spätestens mit dem Konzil von Florenz ist der im einzelnen höchst komplizierte liturgische und theologische Prozeß der Verselbständigung der confirmatio in der Westkirche abgeschlossen. Im Dekret für die Armenier von 1439 wird die mittelalterliche Theorie und Praxis zusammengefaßt und in einer für die römisch-katholische Kirche bis heute gültigen und verbindlichen Weise definiert: „Das zweite Sakrament ist die Firmung. Die Materie ist das Salböl, hergestellt aus Öl, das die Reinheit des Gewissens darstellt, und aus Balsam, das den Duft des guten Namens bezeichnet. Es ist vom Bischof geweiht. Die Form ist: ich zeichne dich mit dem Zeichen des Kreuzes und stärke dich mit dem Salböl des Heils im Namen des Vaters und des Sohnes und des Heiligen Geistes“ (DS 1317; NR 464). Als ordentlicher Spender hat der Bischof zu gelten (ordinarius minister est episcopus [DS 1318]). In schwerwiegenden Ausnahmefällen kann indes auch dem einfachen Priester die Spendung des Firmsakraments erlaubt werden. Das unterstreicht das II. Vatikanische

Konzil, indem es den Bischof nur mehr originarius, nicht mehr ordinarius minister nennt (vgl. LG 26, 3). Die Wirkung (effectus) des Firmsakraments besteht darin, „daß in ihm der Heilige Geist zur Stärkung (robur) gegeben wird, wie er den Aposteln am Pfingstfest gegeben wurde, damit der Christ mit Mut Christi Namen bekenne" (NR 466). Im Konzil von Trient (1547) wurden diese Grundsätze gegen die Angriffe der Reformatoren verteidigt (vgl. DS 1628–1630). Danach wird anathematisiert, wer behauptet, die confirmatio sei eine leere Zeremonie (otiosa caeremonia) und kein wahres und eigentliches Sakrament (verum et proprium sacramentum) oder nichts anderes als eine Art Katechese (catechesis quaedam), in der die Heranwachsenden vor der Kirche von ihrem Glauben Rechenschaft geben. Ausgeschlossen werden ferner diejenigen, die es ein Unrecht wider den Heiligen Geist nennen, dem heiligen Salböl der Firmung eine bestimmte Kraft (virtutem aliquam) zuzuschreiben, oder bestreiten, der ordentliche Firmungspender sei nur der Bischof und nicht jeder einfache Priester.

Zum Gegenstand scharfer Kritik war die Firmung bereits bei den Waldensern, Katharern, bei Wiclif, den Hussiten und bei den Böhmischen Brüdern geworden. Die Reformatoren schlossen sich dieser Kritik weitgehend an und bestritten der confirmatio dezidiert ihren sakramentalen Charakter. Zwar wollte Luther die Praxis der Handauflegung als einer auf Fürbitte basierenden kirchlichen Segnung keineswegs abschaffen, gleichwohl vermochte er in der confirmatio kein eigentliches Heilsmittel zu sehen, weil zum einen die biblische Begründung fehle, zum anderen durch ein behauptetes Sakrament der Firmung die Taufe in ihrer Vollgültigkeit beschränkt und faktisch entwertet werde (vgl. WA 6, 549 f.). Für die CA ist die confirmatio daher kein Thema; begründet wird dies in AC XIII damit, daß confirmatio und extrema unctio (letzte Ölung) Zeremonien seien, „welche von den alten Vätern herkommen, welche auch die Kirche nie als für nötig zur Seligkeit geachtet hat" („Confirmatio et extrema unctio sunt ritus accepti a patribus, quos ne ecclesia quidem tamquam necessarios ad salutem requirit, quia non habent mandatum Dei" [BSLK 293, 9 ff.]). Die reformierte Bekenntnistradition kommt zum nämlichen Ergebnis: „Confirmatio et Extrema unctio inventa sunt hominum . . ." (Confessio helvetia posterior XIX; M 206, 3 ff.). Calvin hat für diese ablehnende Haltung eine eingehende Begründung geliefert (vgl. Inst. IV, 19, 4 ff.). Die

Berufung auf die apostolische Handauflegung hält er für unsachgemäß, die Salbung bzw. die Meinung, dem Salböl wohne eine geistliche Kraft inne, gilt ihm als verwerflicher Aberglaube, den episkopalen Firmvorbehalt führt er auf klerikale Anmaßung zurück, die Behauptung der Heilsnotwendigkeit der Firmung erklärt er zum schlichten Unsinn. Der Haupteinwand indes richtet sich wie bei Luther gegen die Entwertung der Taufe, die er mit der Einrichtung eines eigenen Firmsakraments zwangsläufig verbunden glaubte.

Trotz dieser massiven Vorbehalte gegen die Firmung in reformatorischer Tradition bilden sich schon im ausgehenden 16. Jahrhundert Grundelemente einer evangelischen Konfirmationspraxis aus, wenngleich die öffentliche Konfirmation erst im Zeitalter von Pietismus und Aufklärung zur allgemeinen kirchlichen Regel im Protestantismus wurde. Ansatzpunkte für diese Entwicklung finden sich bereits bei den Reformatoren selbst. So tritt Calvin entschieden für die Erneuerung der altkirchlichen Praxis der Lehrbefragung ein, „in der die Kinder oder vielmehr die angehenden jungen Leute vor der Kirche über ihren Glauben Rechenschaft ablegen". Es „sollte sich das Kind im Alter von zehn Jahren der Kirche vorstellen, um das Bekenntnis des Glaubens abzulegen. Dabei müßte man es über die einzelnen Hauptstücke befragen, und es müßte auf jedes einzelne seine Antwort geben; wenn es dann etwas nicht wüßte oder nicht recht verstünde, so sollte man es unterweisen. So würde das Kind den einigen, wahren und lauteren Glauben, in dem das Volk der Gläubigen einmütig dem einen Gott dient, bekennen, und die Kirche wäre dabei als Zeuge und Zuschauer zugegen" (Inst. IV, 19, 13; vgl. dazu auch die Beschlüsse der Dillenburger Synode von 1578, M 731 f.). Entsprechende Bemühungen um die Wiederbelebung des Katechumenats und der Lehrbefragung, die nicht selten zur Bedingung der Abendmahlszulassung erklärt wurde, finden sich neben Erasmus und Zwingli auch bei Luther: „nachgeholter Taufunterricht und Abendmahlsverhör, abschließend mit Beichte und Absolution. Dieses Interesse dominiert gegenüber der speziellen Frage nach der Reform der Firmung."[38] Erst der Straßburger Martin Bucer hat im reformatorischen Bereich wieder etwas andere Akzente gesetzt. Ein Zug zur

[38] Otto, G., Konfirmation und Konfirmandenunterricht, in: ders. (Hrsg.), Praktisch Theologisches Handbuch, Hamburg 1970, 333–342, hier: 334.

Resakramentalisierung der Konfirmation ist bei ihm unverkennbar, zumal da die Handauflegung als geistvermittelnde Segenshandlung und Besiegelung der Kirchenzugehörigkeit nachdrücklich betont wird. In der gegenwärtigen Praxis der Reformationskirchen gestaltet sich der Konfirmationsgottesdienst etwa wie folgt: 1. Predigt, 2. Taufgedächtnis, 3. Glaubensbekenntnis der Konfirmanden, 4. Fragen, die sich auf das Leben aus dem Glauben und die Kirchengliedschaft beziehen, oder Ermahnung, 5. Fürbittakt, 6. Einsegnung mit einem Denkspruch zumeist unter Handauflegung durch den zuständigen Ortspfarrer mit einem biblischen Votum, 7. Bestätigung als Glieder der Kirche und Einladung zu den Segnungen und Diensten der Kirche (Abendmahl, Patenamt usw.). Hinzuzufügen ist, daß der gottesdienstlichen Konfirmationsfeier eine längere Zeit der Unterrichtung in den Grundbeständen christlichen Glaubens vorangeht.

Eine ausgeführte Theologie der Konfirmation, die hier nicht zu leisten ist und in der Geschichte evangelischer Theologie nur selten geleistet wurde, wird auszugehen haben von deren untrennbarer Beziehung zur Taufe als dem Grund des gesamten Christenlebens. Dabei wird man zu würdigen haben, daß die enge Zusammengehörigkeit von Taufe und confirmatio auch von gegenwärtiger römisch-katholischer Firmtheologie mit Nachdruck betont wird. „... das II. Vatikanum spricht von der ‚innigsten Verbindung' in der ganzen christlichen Initiation und schlägt deshalb vor, ihr die Erneuerung des Taufgelöbnisses voranzustellen; die Sendung des Christen, der Laienapostolat, werden auf Taufe und Firmung gemeinsam zurückgeführt. Der neue Firmordo von 1971 verwirklicht diese Forderung; die Ordnung der Erwachsenentaufe von 1972 stellt die alte Einheit von Taufbad, Konfirmation und Eucharistie wieder her" (TRE 11, 201 mit Verweis auf entsprechende Belegstellen). Auf der damit erreichten Grundlage dürfte eine Überwindung der kontroverstheologischen Alternativen des 16. Jahrhunderts im Bereich des Möglichen liegen. Denn unter der Voraussetzung, daß jede prinzipielle Trennung von Taufe und confirmatio vermieden wird, muß die römisch-katholische These, die Firmung diene der Bekräftigung, Vermehrung und dem Wachstum des in der Taufe Grundgelegten sowie der Sendung in den kirchlichen Zeugendienst, in keinem grundsätzlichen Gegensatz stehen zur reformatorischen Überzeugung von der lebensumgreifenden Fülle der Taufgnade, die in der Konfirmation nicht vervollständigt, sondern konzentriert vergegenwärtigt werden soll, um in bewußtem Glauben angenommen zu werden. Dies gilt um so mehr, als die reformatorische Theologie unbeschadet ihrer eindeutigen Bestreitung jeder Ergänzungsbedürftigkeit der Taufe deren dynamischen Charakter niemals in Abrede stellte. Die betonte Hinordnung der Taufe auf ein bewußtes Glaubensleben in reformatorischer Tradition bestätigt und unterstreicht deren Ausrichtung „auf ein Wachsen in das Maß der Fülle Christi (Eph 4, 13)" (LT 8; vgl. weiter 11 f.). Es darf in diesem Zusammenhang auch auf den zweiten Lehrsatz der Tauflehre Schleiermachers hingewiesen werden, wonach „die Kindertaufe . . . nur [dann] eine vollständige Taufe [ist], wenn man das nach vollendetem Unterricht hinzukommende Glaubensbekenntnis als den letzten dazu noch gehörigen Akt ansieht"[39]. Jedenfalls stimmt es mit reformatorischer Theologie überein, wenn im ›Lima-Dokument‹ gesagt wird, die Taufe sei „nicht nur auf eine augenblickliche Erfahrung bezogen, sondern auf ein lebenslängliches Hineinwachsen in Christus. Die Getauften sind berufen, die Herrlichkeit des Herrn widerzuspiegeln, wenn sie durch die Kraft des Heiligen Geistes mit zunehmendem Glanz in sein Bild verwandelt werden (2 Kor 3, 18). Das Leben der Christen ist unausweichlich ein Leben ständigen Ringens wie jedoch auch ständiger Erfahrung der Gnade. In dieser neuen Beziehung leben die Getauften um Christi willen, um seiner Kirche und um der Welt willen, die er liebt, während sie in Hoffnung warten auf die Offenbarung der neuen Schöpfung Gottes und auf die Zeit, wenn Gott alles in allem sein wird (Röm 8, 18–24; 1 Kor 15, 22–28. 49–57)" (LT 9). Das Taufgedächtnis der Konfirmation ist, so gesehen, ein lebenslanger Prozeß und nichts anderes als die Bestimmung des gesamten Erdenweges der Christen. Nichtsdestoweniger sprechen gute Gründe dafür, diesen Sachverhalt in einem besonderen, mit vorhergehender Glaubensunterweisung verbundenen kirchlichen Akt in konzentrierter Form zum Ausdruck zu bringen, wobei um des elementaren Zusammenhangs von Taufe und Glauben willen dem Bekenntnis des mündig gewordenen Christen besondere Bedeutung zukommt. Indes wird sich das Bekenntnis des Glaubens, soll es der Taufgnade entsprechen und

[39] Schleiermacher, F. D. E., Der christliche Glaube nach den Grundsätzen der evangelischen Kirche im Zusammenhange dargestellt. Auf Grund der zweiten Auflage (1830/31) hrsg. v. M. Redeker, Zweiter Band, Berlin 1960, 335/§ 138.

nicht den Charakter gleichsam einer Selbsttaufe annehmen, nicht anders denn als Antwort auf die zuvorkommende Zusage Gottes verstehen können. Von einer Vervollständigung und Ergänzung der Taufe kann also auch unter diesem Gesichtspunkt nicht die Rede sein. Wesentlicher Inhalt sowohl des Konfirmandenunterrichts als auch des Konfirmationsgottesdienstes muß es deshalb sein, den mündig gewordenen Christen dessen gewiß zu machen, was in der Taufe in einer ein für allemal gültigen Weise an ihm geschehen ist, und ihm zu versichern und zu Bewußtsein zu bringen, daß „sein Name im Himmel geschrieben" ist und er zum Volke Gottes hinzugehört. Weil entschiedenes Christentum nichts anderes heißen kann, als anzunehmen, daß man angenommen ist, kann es auch in der Konfirmation nicht um einen isolierten, sondern nur um einen solchen Entscheidungsakt gehen, der sich getragen weiß von der göttlichen Taufverheißung, welche der zum öffentlichen Amt der Kirche Bestellte unter Zeichenhandlungen und Fürbitte der versammelten Gemeinde dem ehemaligen Täufling erneut in Vollmacht zu verkündigen hat. Von daher wird auch zu prüfen sein, ob es sinnvoll ist, kirchliche Rechtsverleihungen bzw. -verpflichtungen allzu eng mit der Konfirmation zu verbinden. Was etwa die Zulassung zum Abendmahl betrifft, so hat theologisch grundsätzlich zu gelten, daß jedem Getauften die Teilnahme zu gewähren ist, sofern er zur 'Unterscheidung der Speisen' (vgl. 1. Kor 11, 29) in der Lage ist und keine Gründe der Kirchenzucht dagegen sprechen.

### 3.1.4.2 Buße

Wie die Konfirmation, so ist auch die Buße im Verständnis reformatorischer Theologie ihrem Wesen nach Taufgedächtnis. Insofern kann Luther im Großen Katechismus sagen, die Buße sei „eigentlich nicht(s) anders ... denn die Taufe. Denn was heißet Buße anders, denn den alten Menschen mit Ernst angreifen und in ein neues Leben treten? Darümb wenn Du in der Buße lebst, so gehest Du in der Taufe, welche solch neues Leben nicht allein deutet, sondern auch wirkt, anhebt und treibt; denn darin wird geben Gnade, Geist und Kraft, den alten Menschen zu unterdrücken, daß der neue erfurkomme und stark werde. Darümb bleibt die Taufe immerdar stehen, und obgleich jemand davon fället und sundigt, haben wir doch immer ein Zugang dazu, daß man den alten Menschen wieder unter sich werfe. Aber mit dem Wasser darf man uns nicht mehr begießen. Denn ob man sich gleich hundertmal ließe ins Wasser senken, so ist's doch nicht mehr denn eine Taufe, das Werk aber und Deutung gehet und bleibt. Also ist die Buße nicht(s) anderes denn ein Wiedergang und Zutreten zur Taufe, daß man das wiederholet und treibt, so man zuvor angefangen und doch davon gelassen hat" (BSLK 706, 2 ff.). Damit ist gesagt, daß das 'Denkmal' der Taufe auch dann noch als geprägtes und prägendes Zeichen beständiger göttlicher Treue bestehen bleibt, wenn der Getaufte seines Getauftseins nicht mehr gedenkt und, statt sich auf Gottes Gnadenangebot zu verlassen, der selbstbezogenen Verkehrtheit von Unglaube und Sünde verfällt. Zwar begibt er sich damit faktisch des Genusses der Lebensströme, deren Quelle die Taufe ist; dennoch gilt, daß die vollzogene Taufe dem erneut in Sünde Gefallenen die Möglichkeit der Rückkehr zu ihr, mithin die Möglichkeit der Buße nicht entzieht, sondern offenhält. Hierauf und damit auf die Beständigkeit der Treue Gottes zu verweisen, der zum einmal geschlossenen und zugesagten Bund zuverlässig steht, ist ein wesentlicher Sinn der Lehre von der Unwiederholbarkeit der Taufe. Um ihn zu sichern, wendet sich Luther ausdrücklich gegen die Auffassung, „die Taufe wäre nu hin, daß man ihr nicht mehr brauchen künnde, nachdem wir wieder in Sunde gefallen sind" (BSLK 706, 34 ff.). Insofern sei es nicht recht, mit Hieronymus zu sagen, die Buße sei die zweite Rettungsplanke nach dem durch die erneute Sünde bedingten Schiffbruch (BSLK 706, 39 ff.; vgl. DS 1542); „denn das Schiff (sc. der Taufe) zubricht nicht, weil es . . . Gottes Ordnung und nicht unser Ding ist. Aber das geschicht wohl, daß wir gleiten und erausfallen, fället aber imand eraus, der sehe, daß er wieder hinzuschwimme und sich dran halte, bis er wieder hineinkomme und darin gehe, wie vorhin angefangen" (BSLK 707, 3 ff.).

Um Luthers Verständnis der Buße als eines erneuten 'Hineinkriechens' in die Taufe recht würdigen zu können, muß man sich zunächst auf dem Hintergrund der geschichtlichen Entwicklung vergegenwärtigen, daß seine ursprüngliche reformatorische Einsicht, die Lehre von der Rechtfertigung des Sünders aus Gnade um Christi willen durch Glauben, im Zusammenhang einer Neubesinnung auf das Wesen der Buße entwickelt wurde. Gegenüber rigoristischen Tendenzen, die Möglichkeit der Buße für bestimmte schwerwiegende Sünden, die nach der in der Taufe erfolgten Bekehrung und Sündenvergebung begangen wurden, überhaupt zu verwehren (vgl. Hebr 6, 4–6; 10, 26–31; 12, 16 f.; 1. Joh 5, 16), setzte sich in der Alten Kirche die Auffassung durch, einem rückfällig gewordenen Getauften sei nach öffentlichem Sündenbekenntnis noch einmal Buße als Zeichen der Aussöhnung mit Christus und der Kirche zu gewähren. Kennzeichnend für diese im Verhältnis zur Taufe sog. zweite Buße war über Jahrhunderte hinweg neben ihrer Öffentlichkeit die Einmaligkeit. Seit dem 6. Jahrhundert verbreitete sich dann im Zuge der iroschottischen Mission ein neues Bußverständnis, das die gesamte Praxis der mittelalterlichen Kirche prägen sollte und die römisch-katholische Bußfrömmigkeit bis heute entscheidend bestimmt. Charakteristisch hierfür ist zum einen die weitgehende Individualisierung der Buße in Form der Privatbeichte vor dem geweihten Priester, verbunden mit der Auferlegung diverser Satisfikationsleistungen, zum anderen ihre grundsätzliche Wiederholbarkeit. Das Konzil von Trient (vgl. DS 1667–1693. 1701–1715; weiterhin DS 1542 f.) hat unter Aufnahme scholastischer Differenzierungen im wesentlichen diese Gestalt der Buße gegen die Angriffe der Reformation verteidigt, nachdem bereits das IV. Laterankonzil von 1215 (vgl. DS 812–814) jeden Christen darauf verpflichtet hatte, mindestens einmal im Jahr sich der Privatbeichte zu unterziehen, die auferlegten Bußleistungen zu erbringen sowie an der Eucharistie teilzunehmen, und nachdem im florentinischen ›Lehrdekret für die Armenier‹ von 1439 (vgl. DS 1323) die grundlegende sakramentale Wesensbestimmung der Buße (paenitentia) vorgenommen worden war, der zufolge als Spender der Buße der bevollmächtigte Priester, als ihre Form die Absolutionsworte (ego te absolvo), als ihre Wirkung die Lossprechung von den Sünden zu gelten haben, während die Funktion der Bußmaterie (quasi materia) erfüllt wird durch Reue des Herzens (cordis contritio) in der Form von Sündenschmerz und Besserungsvorsatz, mündliches Bekenntnis (oris confessio) in Form einer vollständigen Offenlegung aller bewußten Sünden sowie durch Genugtuung (satisfactio), welche nach Maßgabe priesterlicher Entscheidung vor allem in Form von Gebet, Fasten und Almosen zu geschehen hat. Im Anschluß an diese Elementardefinition besteht das Tridentinum auf der wahren und notwendigen Sakramentalität der Buße, deren Einsetzung mit dem in Joh 20, 22 f. überlieferten Worte des Auferstandenen an die Apostel begründet wird: „Empfanget den Heiligen Geist. Denen ihr die Sünden nachlaßt, denen sind sie nachgelassen, und denen ihr sie behaltet, denen sind sie behalten." Des weiteren wird der wesentliche Unterschied zwischen dem Sakrament der Taufe und dem der Buße eingeschärft und betont, die Buße trage im Unterschied zur ersten Rechtfertigung und Sündenvergebung, wie sie in der Taufe statthabe, den Charakter eines kirchlichen Gerichts mit Anklage, Urteil und Genugtuung an sich. Der Gehalt der Buße dürfe deshalb nicht auf innere Gewissenspein oder den bloßen Glauben an die in der Verkündigung zugesprochene Sündenvergebung reduziert werden, sie sei vielmehr ein förmliches Rechtsverfahren mit den notwendigen Wesensbestandteilen von Reue, Bekenntnis und Genugtuung auf seiten des büßenden Sünders. Was die Reue betrifft, so sei zu differenzieren zwischen vollkommener Reue (contritio perfecta), die von sich aus die Vergebung der Sünden bewirken kann, sofern sie mit der Absicht verbunden ist, das Bußsakrament zu empfangen, und unvollkommener Reue (contritio imperfecta, quae attritio dicitur), die zum gültigen Empfang des Bußsakraments genügt, wenngleich sie von sich aus nicht zur Rechtfertigung führt. In bezug auf Bekenntnis und Genugtuung wird bestätigt und differenziert, was im Florentinum gesagt wurde: Das vollständige Bekenntnis insbesondere von Todsünden hat als heilsnotwendig und göttlich verordnet, die Erstattung von auferlegten Satisfaktionsleistungen für läßliche Sünden und zeitliche Strafen als verbindlich zu gelten. Die Vollmacht der Absolution schließlich wird, unabhängig von deren sittlicher Verfassung, den geweihten Priestern und in bestimmten Fällen den Bischöfen bzw. dem Papst vorbehalten, die Lossprechung selbst zu einem richterlichen, vom Dienst der Verkündigung klar zu unterscheidenden Akt erklärt.

Gerade diese Bestimmung der Absolution als eines mit der Auferlegung von Genugtuungsleistungen verbundenen richterlichen Aktes, die das Tridentinum von der mittelalterlichen Theologie übernahm, war es, die Luthers heftigste Polemik auf sich gezogen hatte. In kritischer Auseinandersetzung mit der Bußtheologie seiner Zeit, insbesondere derjenigen Gabriel Biels, war Luther zu der Auffassung gelangt, das eigentliche Wesen der Buße bestehe nicht in der menschlichen Aktivität der Reue, des Bekenntnisses und der schließlichen Genugtuungsleistungen, auf die er den an seiner Schuld verzweifelten Sünder durch die römischen Bußdisziplin fixiert glaubte (vgl. etwa BSLK 438 f.), sondern in dem Wort der Absolution, in der Lossprechung, die nach seiner Überzeugung freilich nicht im Sinne eines richterlichen Aktes aufgrund vorgängiger Reue und Beichte sowie nachfolgender Genugtuung, also nicht in analytischer Weise auf der Basis erbrachter oder erbringender Werke zu erfolgen hatte, sondern in synthetischer Weise, will heißen: in vollmächtiger Verkündigung der göttlichen Gnadenverheißung. „Mit dieser Neuentdeckung des Absolutionswortes ist Luthers reformatorisches Anliegen erst voll zum Durchbruch gekommen: die Lehre von der Rechtfertigung aus dem Glauben, in der Wort und Sakrament sowie (vom Wort und Sakrament her) der rechtfertigende Glaube unlösbar sind. Dieser Zusammenhang ist Luther erstmals am Bußsakrament aufgegangen. Dieses wird so zum Kristallisationspunkt der Rechtfertigungslehre.“[40]

Unbeschadet seiner kompromißlosen Absage an jedes meritorische Verständnis wollte Luther das kirchliche Bußinstitut keineswegs abschaffen, sondern lediglich reformieren. Zwar gilt ihm Umkehr als ein stetiges und lebenslanges Beginnen, sofern „der alte Adam in uns durch tägliche Reu und Buße soll ersäuft werden und sterben mit allen Sunden und bösen Lüsten, und wiederumb täglich erauskommen und auferstehen ein neuer Mensch, der in Gerechtigkeit und Reinigkeit für Gott ewiglich lebe“ (BSLK 516, 32 ff.). Gleichwohl wollte Luther an der besonderen Gestalt kirchlicher Buße, und zwar auch in Form der Privatbeichte, durchaus festhalten. Dies bestätigt CA XI, wo es heißt: „De confessione docent, quod absolutio privata in ecclesiis retinenda sit, quamquam in confessione non sit necessaria omnium delictorum enumeratio.“ (BSLK 66, 1 f.: „Von der Beicht wird also gelehrt, daß man in der Kirchen privatam absolutionem erhalten und nicht fallen lassen soll, wiewohl in der Beicht nicht not ist, alle Missetat und Sunden zu erzählen ...“) Auch die Sakramentalität der kirchlichen Buße wurde keineswegs grundsätzlich bestritten. In der CA wird sie bereits durch die Stellung des Beicht- und Bußartikels (CA XI; XII) zwischen den Artikeln, die von Taufe und Abendmahl (IX; X) bzw. vom Gebrauch der Sakramente (XIII) handeln, zum Ausdruck gebracht (vgl. weiterhin BSLK 259, 17–20; 272, 36–51; 292, 24–33). Auch wenn Luthers eigene Haltung demgegenüber schwankend ist, so

[40] Jorissen, H., Die Sakramente – Taufe und Buße, in: Iserloh, E. (Hrsg.), a. a. O. (vgl. Anm. 13), 524–544, hier: 526.

konnte doch auch er die Buße gelegentlich als „das dritte Sakrament" (vgl. etwa BSLK 706, 1) bezeichnen. Worauf es ihm indes im wesentlichen ankam, ist nicht, ob die Buße nun ein Sakrament zu nennen sei oder nicht, sondern daß sie ihre entscheidende Mitte habe in der Absolution als präsentisch-wirksamer Vergebungszusage, welche die nach der Taufe begangenen Sünden untrüglich tilge, dessen der Glaube gewiß sein soll. Das Absolutionswort deklariert also nicht nur, daß Gott die Sünde nach erfolgter und ausgesprochener Reue bzw. Satisfaktionsleistung vergebe, sondern es konstituiert einen neuen, durch menschliche Werke niemals erreichbaren Sachverhalt und schafft so allererst die Bedingung, ohne welche aufrichtige Reue und tätige Besserung gar nicht möglich sind.

Im einzelnen stellt sich die Wirkung der Verheißung, welche der Buße gegeben ist, wie folgt dar: „Die Reue ist Gottes Werk im Menschen und Ausdruck dafür, daß Gott durch das Gesetz den alten Menschen tötet, um den neuen zum Leben zu erwekken. Während Gott aber in der Reue zunichte macht und erschrickt, macht er im Glauben das erschrockene Gewissen lebendig. Damit hängt die Unterscheidung von *opus alienum* und *opus proprium*, von Gottes fremdem und Gottes eigenem Werk, zusammen. Das fremde Werk Gottes besteht im Werk des Gesetzes: das ist die Reue. Gottes eigenes Werk ist der Glaube. Diese beiden Werke liegen nicht unverbunden hinter- oder nebeneinander, sondern Gott wirkt sein eigenes Werk in seinem fremden Werk. Gottes Wirken durch Gesetz und Evangelium entspricht so den beiden (innerlich verbundenen) unerläßlichen 'Teilen' des Bußaktes: der Reue und dem Glauben."[41] Dabei ist es der Glaube, der die im Absolutionswort ausgesprochene Vergebungszusage Gottes ergreift, welcher die Reue nicht in der Verzweiflung versinken läßt, sondern heilshaft bestimmt; und es ist wiederum und eben darin der Glaube, welcher die Voraussetzung bußfertiger Werke der Besserung darstellt, wie sie aus der Reue über begangene Sündenschuld hervorgehen sollen. Hinzuzufügen ist, daß es nach Luther, obwohl er die Forderung, alle Sünden einzeln aufzuzählen, als unrealistisch und zu Skrupulanz führend ablehnt, durchaus zu echter Reue gehört, nicht den Rückzug in die Innerlichkeit anzutreten, sondern sich zu äußern und sich zu seinen Verfehlungen zu bekennen, wie es anderer-

[41] A. a. O., 532 f.

seits nötig ist, dem erfolgten Gesinnungswandel durch sichtbare Zeichen der Besserung Gestalt zu verleihen. Hinzuzufügen ist weiterhin, daß der Glaube selbst nicht im Sinne einer menschlichen Disposition oder Fähigkeit zu verstehen ist, sondern nichts anderes als reines Empfangen bedeuten will, welches sich die Vergebung der Sünde gesagt und geschenkt sein läßt.

Damit sind die entscheidenden Grundzüge lutherischer Bußtheologie skizziert, wie sie der Reformator selbst in mehreren Schriften entwickelt hat (vgl. etwa ASm III; BSLK 436 ff.) und wie sie ebenso in dem einschlägigen Lehrartikel der CA und ihrer Apologie vertreten wird. Unter Verwerfung der Anabaptisten, der Novatianer und derjenigen, die nicht den Glauben, sondern Satisfaktionsleistungen zum Grund des Gnadenerhalts erklären, lehrt CA XII von der Buße, „daß diejenigen, so nach der Tauf gesundigt haben, zu aller Zeit, so sie zur Buße kommen, Vergebung der Sunden erlangen, und ihnen die Absolution von der Kirche nicht soll geweigert werden. Nun ist wahre rechte Buß eigentlich nichts anderes dann Reue und Leid oder Schrecken haben über die Sünde und doch daneben glauben an das Evangelium und Absolution, daß die Sünde vergeben und durch Christum Gnad erworben sei, welcher Glaub wiederum das Herz tröstet und zufrieden machet. Darnach soll auch Besserung folgen, und daß man von Sünden lasse; dann dies sollen die Fruchte der Buß sein." (BSLK 66 f.: „Constat autem poenitentia proprie his duabus partibus: altera est contritio seu terrores incussi conscientiae agnito peccato, altera est fides, quae concipitur ex evangelio seu absolutione et credit propter Christum remitti peccata et consolatur conscientiam et ex terroribus liberat. Deinde sequi debent bona opera, quae sunt fructus poenitentiae.")

In AC XII werden diese Grundannahmen differenziert und gegen die Angriffe der Confutatoren verteidigt. Besondere Beachtung verdient dabei neben den Ausführungen zur lange umstrittenen Verhältnisbestimmung von Reue und Glaube bzw. Gesetzes- und Evangeliumspredigt sowie zum rechten Verständnis von Beichte und Genugtuung die Irrtumsliste, mit der Melanchthon die reformatorische Einsicht gegen ihre Bestreiter abgrenzt; aus ihr nämlich lassen sich am ehesten die praktischen Motive der reformatorischen Kritik des überkommenen Bußinstituts entnehmen. Als „öffentlich falsch, unrecht, wider die klaren Worte Christi, wider alle Schrift der Aposteln, wider die ganze heilige Schrift und Väter" haben danach folgende Behauptungen zu gelten: „I. Daß uns Gott muß die Sunde vergeben, so wir gute Werke tun, auch außerhalben der Gnaden. II. Daß wir durch die Attrition oder Reu Gnade verdienen. III. Daß unser Sunde auszulöschen gnug sei, wenn ich die Sunde an mir selbst hasse und schelte. IV. Daß wir durch unser Reue, nicht um des Glaubens willen, an Christum Vergebung der Sunde erlangen. V. Daß die Gewalt der Schlüssel verleihe Vergebung der Sunde nicht für Gott, sondern für der Kirchen oder den Leuten. VI. Daß durch die Gewalt der Schlüssel nicht allein die Sunde vergeben werden, sondern dieselbige Gewalt sei daran eingesetzt, daß sie die ewigen Pein verwandelt in zeitliche, und daß sie den Gewissen etliche Gnugtuung auflege, und Gottesdienst und satisfactiones aufrichte, dazu die Gewissen für Gott verpflichte und verbinde. VII. Daß das Erzählen und eigentlich Rechnen aller Sunde von Gott geboten sei. VIII. Daß satisfactiones, welche doch von Menschen aufgesetzt, not sein zu bezahlen die Pein oder auch die Schuld. Denn wiewohl man in der Schule die satisfactiones allein für die Pein abrechnet, so verstehet doch männiglich, daß man dadurch Vergebung der Schuld verdiene. IX. Daß wir aus Empfahung des Sakraments der Buß, ex opere operato, wenn das Herz gleich nicht dabei ist, ohne den Glauben an Christus Gnade erlangen. X. Daß aus dem Gewalt der Schlüssel durch den Ablaß die Seelen aus dem Fegfeuer erlöset werden. XI. Daß in Reservatfällen nicht die Strafe der canonum, sondern die Schuld der Sunden fur Gott durch den Pabst möge reserviert werden in denen, die sich wahrlich zu Gott bekehren" (BSLK 256).

Vergleichbare Absagen finden sich auch in der reformierten Tradition, deren Kritik am herkömmlichen Bußinstitut in ihren praktischen Konsequenzen eher noch radikaler ausfällt, als das im Luthertum der Fall war. Während in den lutherischen Kirchen die Praxis der Buße in Form der Einzelbeichte ursprünglich erhalten blieb und erst seit Ende des 18. Jahrhunderts verlorenging, wurde in der reformierten Kirche die Einzelbeichte von Anfang an nur noch selten geübt. Zwar erhob Calvin, ähnlich wie Zwingli, „keinerlei Widerspruch dagegen, daß die Schafe jedesmal, wenn sie am Heiligen Abendmahl teilnehmen wollen, sich ihrem Hirten stellen" (Inst. III/4, 13). Die Pflicht zur Ohrenbeichte indes hielt er ebenso für abgetan, wie er die Sakramentalität der Buße generell und ohne Vorbehalte bestritt (IV, 19, 14 ff.). Das wahre Wesen der Buße bestimmt er als dem Glauben an das Evangelium folgende „Hinkehr unseres Lebens zu Gott" („veram ad Deum vitae nostrae conversionem") im Sinne einer Umgestaltung nicht nur äußerer Werke, sondern der Seele selbst; „denn diese kann erst dann mit dem Werk solche Früchte bringen, die ihrer Erneuerung entsprechen, wenn sie ihr altes Wesen abgelegt hat" (III, 3, 6). Daß Calvin im übrigen größten Wert auf die aus wahrer Bußgesinnung hervorgehenden Werke der Heiligung legt, zeigt seine Hochschätzung und strenge Handhabung der Kirchenzucht, die er neben Wortverkündigung und Sakrament zum dritten Kennzeichen der Kirche erklären konnte. In diesem Sinne antwortet der ›Heidelberger Katechismus‹ auf die (83.) Frage, was das „ampt der Schlüssel" sei: „Die Predig des heiligen Evangelions, und die Christliche Bußzucht, durch welche beyde stück, das Himmelreich den glaubigen auffgeschlossen, und den unglaubigen zugeschlossen wird" (M 705).

Was schließlich das Recht der Wahrnehmung des Amtes der Schlüssel, also die Vollmacht zum Binden und zum Lösen betrifft, die nach tridentinischer Lehre trotz der im Mittelalter anerkannten Praxis der Laienbeichte in besonderen Fällen unter Berufung auf Mt 18, 18 und Joh 20, 23 allein den Bischöfen und Priestern vorbehalten ist, so lassen sich in reformatorischer Lehre unterschiedliche Tendenzen namhaft machen, die wiederum unterschiedliche Formen der Beichtpraxis widerspiegeln. Verordnete Zwingli die Beichte vor allem im stillen Kämmerlein, wo der Christ tägliche Zwiesprache mit seinem Gott hält, ihm seine Sünde bekennt und ohne Zwischenschaltung kirchlicher Instanzen die Vergebung der Schuld erbittet, so betonen die anderen Reformatoren, selbstverständlich ohne Wert und Nutzen des individuellen Gebets und die Gottunmittelbarkeit des Christen in Abrede zu stellen, stärker den gewissermaßen gemeinschaftlich-öffentlichen Charakter der Schuld, mithin die Notwendigkeit des Bekenntnisses vor Gott *und* den Menschen sowie die Bedeutung kirchlicher Vermittlung bei der Vergebung der Sünde. Übereinstimmend gilt die Schlüsselgewalt als ein Mandat Christi an die Gesamtkirche. Unterschiede hingegen zeigen sich, wie gesagt, bezüglich der Wahrnehmung dieses Mandats. Erschwerend kommt hinzu, daß sich diese Unterschiede nicht einfach auf Konfessionsdifferenzen abbilden lassen, weil sie innerhalb ein und derselben Bekenntnistradition, ja bei ein und demselben Autor auftreten. So können Luther und

Melanchthon einerseits ohne weitere Differenzierung von einer Beichte vor Amtsträgern und vor Christen ohne öffentliches kirchliches Amt sprechen (vgl. GK, Beichte 13; Tractatus 24) und jedem Getauften die Absolutionsvollmacht zuerkennen, während sie andererseits die Abnahme der Beichte und die Erteilung der Absolution zu elementaren Aufgaben des Pfarramtes erklären (vgl. CA XI, XXV; AC XI,5; KK, Beichte), dem die Kirchenzucht ohnehin exklusiv zugewiesen wird (CA XXVIII, 21 f.). Dagegen sieht die calvinistische Tradition unbeschadet der engen Verbindung von Schlüsselgewalt und ordinationsgebundenem Predigtamt in der Kirchenzucht vor allem eine Aufgabe des Presbyteriums bzw. der Synode.

Da eine angemessene Würdigung dieses komplexen Befundes eine detaillierte Untersuchung der reformatorischen Lehren vom kirchlichen Amt erfordern würde, die im gegebenen Rahmen nicht geleistet werden kann, muß es mit der Feststellung der äußeren Daten sein Bewenden haben, so wichtig sicherlich gerade die amtstheologisch-ekklesiologischen Fragen für eine ökumenische Verständigung über Sinn und Wesen der Buße sind. Im übrigen wird sich der ökumenische Dialog zwischen den Reformationskirchen und der römisch-katholischen Kirche vor allem auf das Problem zu konzentrieren haben, ob das Amt des Beichtvaters wirklich adäquat als das eines Richters bestimmt werden kann. Dabei verdient die Tatsache Beachtung, daß im Sinne des Trienter Bußdekrets zwischen kirchlicher und weltlicher Gerichtsbarkeit keine Identität, sondern nur eine Analogie statthat, der kirchliche 'actus iudicialis' also stets – und man wird wohl hinzufügen dürfen: vor allem – ein 'actus pastoralis' zu sein hat. Bemerkenswert ist weiterhin, daß das Trienter Konzil die in der mittelalterlichen Bußtheologie strittige Frage, wie sich die Akte des Poenitenten zur priesterlichen Absolution verhalten, unentschieden ließ und nicht einseitig für die von den Reformatoren in erster Linie bekämpfte Auffassung optierte, wonach die Absolution an sich selbst keine konstitutive Funktion habe, sondern lediglich aufgrund geleisteter oder zu leistender Werke von Reue, Bekenntnis und Genugtuung auszusprechen sei. Was schließlich die gemeinreformatorische These betrifft, das Sakrament der Buße sei recht eigentlich die Taufe („aptissime itaque dixeris si Baptismum vocaveris poenitentiae Sacramentum" [Inst. IV, 19, 17]), welche nachgerade „dem Sünder ins Gedächtnis zurückgerufen werden [müsse], sooft er an die Vergebung der

Sünden denkt" (ebd.), so dürfte die dadurch begründete traditionelle Differenz zur römischen Lehre, welche von einer neuen Mitteilung der rechtfertigenden Gnade nach Verlust der Taufgnade spricht, in Anbetracht der unterschiedlichen Bestimmungen über die Wirkung der Taufgnade bezüglich des menschlichen Sündenstandes wenn nicht behebbar, so doch relativierbar sein. Besteht die bleibende Bedeutung der Taufgnade für den Getauften nach Luther doch gerade darin, ihn zu lebenslanger Buße zu bewegen, so daß der Vollzug der Buße für ihn in der Tat „mit der allgemeinen Gestaltwerdung des Christseins zusammenfällt"[42]. Solche Entschränkung der Buße überwindet ihre Partikularisierung im Christenleben. Daß in diesem Zusammenhang von Gericht zu reden ist, wird zwischen den christlichen Konfessionen nicht strittig sein; wenn anders aber Jesus Christus, der auferstandene Gekreuzigte, das menschgewordene Versöhnungsangebot eines in der Liebe mächtigen Gottes ist, dann wird man unter kirchlicher Buße primär nicht ein juridisches Strafgericht, sondern ein brüderliches Gericht im Sinne lösenden Gesprächs zu verstehen haben, in welchem die Befreiung des Sünders von einem verkehrten, der Absolutheit des Endlichen verhafteten Lebensentwurf statthat.[43]

### 3.1.4.3 Die Frage der Krankensalbung

Der von der Reformation nachdrücklich betonte lebensumgreifende Charakter des in der Taufe Grundgelegten kann möglicherweise auch einen Ansatzpunkt dafür bieten, sich ökumenisch über die Bedeutung jenes in der römisch-katholischen und orthodoxen Kirche traditionell geübten Ritus zu verständigen, den das Tridentinum in unmittelbarem Anschluß an die Lehre von der Buße als deren „consummativum" (DS 1694) behandelt und von dem abschließend noch kurz die Rede sein soll: über den Sinn der letzten Ölung (extrema unctio). Das Trienter Konzil (vgl. DS 1694–1700; NR 613–616) geht davon aus, daß die letzte Ölung ein wirkliches und eigentliches Sakrament sei, das Jesus Christus eingesetzt habe, wie das in Mk 6, 13 angedeutet und durch den Herrenbruder Jakobus (Jak 5, 14 f.) den Gläu-

[42] Wagner, F., Art. Buße VI, in: TRE 7, 473–487, hier: 474.
[43] Vgl. Werbick, J., Schulderfahrung und Bußsakrament, Mainz 1985.

bigen empfohlen und verkündet worden sei. Als Materie des Sakraments gilt im Anschluß an entsprechende Bestimmungen im ›Lehrdekret für die Armenier‹ (DS 1324 f.; NR 612) vom Bischof gesegnetes Öl, als seine Form die Spendeformel. Bewirkt wird durch die extrema unctio die Gnade des Heiligen Geistes, dessen Salbung Sünden vergibt, seelische Stärkung verleiht und manchmal auch körperliche Genesung verschafft. Spender des Sakraments sind der Bischof und die Priester, Empfänger gefährlich Erkrankte, die auf den Tod darniederliegen. Gegenteilige Auffassungen werden durch vier anschließende Canones (DS 1716–1719; NR 617–620) anathematisiert. Daß das Tridentinum dabei auf die Reformatoren zielte, kann nicht zweifelhaft sein.

Schon in seiner Kampfschrift von 1520 ›De Captivitate Babylonica ecclesiae praeludium‹ (vgl. WA 6, 567 ff.) hatte Luther die Sakramentalität der letzten Ölung mit dem Hinweis bestritten, es gebühre nur Christus selbst, ein Sakrament einzusetzen, keineswegs aber einem Apostel, also auch nicht dem Apostel Jakobus, gegen dessen Brief Luther überdies massive inhaltliche Bedenken geltend machte. Entsprechend rechnet AC XIII die extrema unctio wie die confirmatio nicht zu den eigentlichen Sakramenten, sondern zu den kirchlichen Zeremonien, die zur Seligkeit nicht nötig seien, da ihnen Gottes Befehl und Gebot fehle. Ein weiterer Einwand gegen die Praxis der letzten Ölung bestand darin, daß in Jak 5, 14 f. nicht von einem Sterbesakrament, sondern wie auch in Mk 6, 13 von einer unter Gebet zu vollziehenden Ölung von Kranken die Rede sei, welche auf deren Gesundung ziele. Dabei geht Luther davon aus, daß dieser altkirchliche Brauch schon längst abgekommen sei, wenngleich er seine gegenwärtige Fortführung unter bestimmten Bedingungen freistellt, wobei er weniger an die Ölung selbst, als an das von den Ältesten über den Kranken gesprochene Gebet denkt: „Wenn heutigen Tages von älteren, ehrwürdigen und heiligen Männern (a senioribus, gravioribus et sanctis viris) ein solches Gebet voll Glauben über einem Kranken gesprochen würde, würden so viele geheilt, wie wir wollten. Denn was vermag der Glaube nicht?" (WA 6, 570, 22 ff.)

Auch die reformierte Tradition bestreitet energisch die Sakramentalität einer letzten Ölung und rechnet sie zu den „menschliche[n] Erfindungen (inventa hominum), auf die die Kirche ohne irgendwelchen Schaden verzichten kann" (J 227). Nach Calvin (vgl. Inst. IV, 19, 18–21) sollte der in Mk 16, 13 und Jak 5, 14 f.

beschriebene altkirchliche Brauch der Salbung von Anbeginn „nicht ein Werkzeug (curationis organum), sondern bloß ein Merkzeichen (symbolum) der Heilung sein, durch welches der grobe Sinn der Unerfahrenen darauf aufmerksam gemacht werden sollte, woher denn solch große Kraft stammte, damit sie nämlich das Lob dafür nicht den Aposteln zollten" (IV, 19, 18). Am Salböl als solchem liege gar nichts, was durch die Freiheit des Herrn und seiner Apostel bei der Wahl der äußeren Zeichen im Zusammenhang von Heilungswundern (vgl. Joh 9, 6; Mt 9, 29; Lk 18, 42; Apg. 3, 6; 5, 16; 19, 12) hinlänglich bewiesen werde. Am wenigsten wohne dem Salböl die Kraft des Heiligen Geistes inne. Im übrigen geht Calvin davon aus, daß „jene Gnadengabe der Heilung aufgehört [habe], genau wie auch die anderen Wunder, die der Herr für eine Zeitlang geschehen lassen wollte, um die Predigt des Evangeliums, die doch etwas Neues war, für alle Ewigkeit wunderbar zu machen. Wenn wir also auch noch so nachdrücklich zugeben, daß die letzte Ölung ein Sakrament (d. h. ein Zeichen) jener Kraftwirkungen war, die damals durch die Apostel ausgeteilt wurden, so hat das heute mit uns nichts zu tun, da uns die Austeilung solcher Kraftwirkungen nicht anvertraut ist!" (IV 19, 18). Zwar steht „der Herr zu allen Zeiten den Seinen zur Seite und heilt ihre Schwachheiten, sooft es vonnöten ist, nicht weniger als in alten Zeiten. Jedoch jene offenkundigen Kraftwirkungen läßt er nicht in der gleichen Weise zutage treten, auch teilt er keine Wunder mehr durch die Hand der Apostel aus; denn diese Gabe war zeitlich . . ." (IV, 19, 19). Aber selbst unter der fiktiven Voraussetzung, daß die von Jakobus gebotene Salbung auch für die gegenwärtige Zeit in Geltung stehe, hält Calvin die sakramentale Praxis der letzten Ölung mitnichten für legitimiert. Denn in Jak 5, 14 werde – abgesehen davon, daß die primäre Aufmerksamkeit ohnehin nicht dem Salböl, sondern der Wirkung des Gebets der Gläubigen gelte – von einer von den Ältesten (a senioribus ecclesiae) zu vollziehenden Salbung aller Kranken gesprochen, nicht etwa nur von einer Salbung halbtoter Leichname (semimortua cadavera), welche den Priestern vorzubehalten sei.

Inzwischen ist Bewegung in die traditionellen kontroverstheologischen Fronten geraten. Das zeigt sich am offensichtlichsten daran, daß die gegenwärtige römisch-katholische Theologie statt von 'letzter Ölung' lieber von 'Krankensalbung' spricht. Nach der Lehre des II. Vatikanischen Konzils ist die Salbung

„nicht nur das Sakrament derer, die sich in äußerster Lebensgefahr befinden" (SC 73). Damit ist einem zentralen Einwand des Protestantismus Rechnung getragen. Auch ansonsten erfolgte im Anschluß an das II. Vaticanum eine Rückbesinnung auf den ursprünglichen Sinn der frühchristlichen Krankensalbung. So legt etwa die nach dem gegenwärtig gültigen Rituale zu verwendende Spendenformel großen Nachdruck auf den innigen Zusammenhang von Geistmitteilung, Sündenvergebung und Heilung, wie er bei Jakobus gegeben ist: „Durch diese heilige Salbung", so heißt es, „helfe dir der Herr in seinem reichen Erbarmen, er stehe dir bei mit der Kraft des Heiligen Geistes: Der Herr, der dich von Sünden befreit, rette dich, in seiner Gnade richte er dich auf." Insgesamt lassen sich folgende Leitmotive der Neuordnung identifizieren: „(1) *Der Gemeinschafts- und Feiercharakter wird betont*... Weder der Kranke noch der Priester sind hier nur und ausschließlich als Einzelpersonen im Blick. Beide sind vielmehr als Glieder und Diener der Gemeinde tätig... (2) *Das zeichenhafte Handeln bei der Krankensalbung hat sich an dem biblischen Grundriß regeneriert*... Das äußere Zeichen besteht ... aus Handauflegung – Salbung und Gebet des Glaubens ... (3) *Es geht um das 'Bestehen' der Krankheit*, um Hilfe und Beistand in der Unheilsituation dessen, der in seinen Lebensmöglichkeiten und in seinem Selbstvollzug entscheidend behindert und beeinträchtigt ist und weiß, was um ihn vorgeht, damit er sich selber auch entsprechend einbringen kann."[44] Angemerkt sei, daß im römisch-katholischen Bereich die Frage, ob Diakonen und Nichtordinierten die Spendung der Krankensalbung in Ausnahmefällen gestattet sei, zumindest diskutiert wird.

Auch wenn durch die im Anschluß an das II. Vatikanische Konzil erfolgte Neuorientierung sicherlich nicht alle traditionellen Kontroversen behoben sind, so wird man doch sagen können, daß wichtige Voraussetzungen einer Annäherung geschaffen sind. Das gilt um so mehr, als selbstverständlich auch den Reformationskirchen das Heil ihrer Kranken und Sterbenden am Herzen liegt und am Herzen liegen muß. Die evangelischen Gemeinden singen nicht nur im Gottesdienst: „Ein Arzt ist uns gegeben,/ der selber ist das Leben;/ Christus, für uns gestorben,/ der hat das Heil erworben" (EKG 227, 4); sie sind auch angehalten, der im auferstandenen Gekreuzigten begründeten Heilsver-

[44] Schneider, T., a. a. O., 231 f.

heißung am Krankenlager Ausdruck zu verleihen. Es ist hier nicht der Ort, alle in Gebrauch stehenden und möglichen Formen einer solchen grundsätzlich gebotenen evangelischen Leib- und Seelsorge zu erörtern. Gewiß wird man an das agendarisch vorgesehene Krankenabendmahl zu denken haben; nicht minder aber an die vielfältigen Weisen geistlichen Zuspruchs, wie sie unter Gebet und in Anwendung sichtbarer Segenszeichen wie Handauflegung und Kreuzessignation vollzogen werden können und tatsächlich vollzogen werden. Zwar ist es evangelische Überzeugung, daß grundsätzlich jeder Christ die Aufgabe und Vollmacht hat, dem Kranken die Gewißheit zu vermitteln, daß Gott Herr über Krankheit und Tod ist. Dennoch kommt der Anwesenheit des ordinierten Amtsträgers am Krankenlager eine besondere Bedeutung zu, insofern der Pfarrer über die individuelle Zuwendung hinaus die Teilnahme der Gesamtgemeinde, zu deren Öffentlichkeitsdienst er geordnet ist, repräsentiert. Die Formen, welche die pastorale Hilfe des Pfarrers und der Gemeinde für den Kranken annehmen kann, sind wie gesagt vielfältig und nach Möglichkeit einer verantwortlich geübten evangelischen Freiheit anheimzustellen. Unter dieser Voraussetzung wäre schließlich auch eine Diskussion um eine evangelische Krankensalbung zu führen, zu der es in einigen, insbesondere nordamerikanischen lutherischen Kirchen nicht nur Ansätze, sondern bereits konkrete Praxisvorschläge gibt, wobei der Ritus weniger als individueller seelsorgerlicher Dienst, sondern als Handeln der Gesamtgemeinde verstanden wird. Einen theologischen Grund, jene von der frühkirchlichen Praxis immerhin nahegelegte Gestalt kirchlicher Zuwendung zum Kranken generell aus dem Bereich des Protestantismus zu verbannen, gibt es jedenfalls nicht.

Welche Gestalt kirchliche Zuwendung zum Kranken und zum Sterbenden auch annehmen mag, auszugehen ist stets davon, daß die Verheißung Gottes für den einzelnen Menschen, wie sie in der Taufe wirksam zum Ausdruck kommt, dessen ganzes Leben bis zum Tode umgreift und in sich birgt. „Semel es baptisatus sacramentaliter", sagt Luther, „sed semper baptisandus fide, semper moriendum semperque vivendum" (WA 6, 535, 10 f.). In diesem Sinne steht das ganze Leben des Christen im Zeichen des Taufgedächtnisses. Die evangelischen Kirchen tun gut daran, dies ihren Gliedern immer wieder auch faktisch in Erinnerung zu bringen. So sollte, wie das ja auch bei der Konfirmation üblich ist, die Taufe in der Regel in einem öffentlichen

Gemeindegottesdienst vollzogen und zugleich zum Gegenstand der sonntäglichen Predigt werden. Auch in der Liturgie, insbesondere im Zusammenhang von Beichte und Sündenvergebung, ist deutlicher, als das faktisch der Fall ist, der Bezug zur Taufe herzustellen. Zugleich dürfen einmal Getaufte, auch wenn sie sich nicht zur bestehenden Gemeinde halten, nicht länger als Heiden betrachtet werden; recht eigentlich nicht Mission, sondern Erinnerung an ihre Taufe, deren sie faktisch uneingedenk sind, ist die Aufgabe der Kirche, die sie an ihnen zu erfüllen hat, will sie nicht selbst die Gültigkeit der Taufverheißung in Frage stellen und die Taufe zu einem leeren Ritus herabwürdigen.

Wo das Taufgedächtnis lebendig ist, da wird freilich immer auch dies bewußt werden, daß wir aus unserer Taufe zu leben vermögen nur in der Gemeinschaft der Getauften, wie denn auch die Taufe stets als Eingliederung in den Leib Christi verstanden wurde und verstanden wird und mit einer elementaren ekklesialen Bedeutung verbunden ist. Zwar zeigt die Einmaligkeit der Taufe und die Tatsache, daß sie an einzelnen vollzogen wird, daß Gott den Menschen als Individuum, als ein weder teil- noch verdoppelbares singulare tantum liebt und zugleich Sorge dafür tragen will, daß des Menschen Individualität weder in der mitunter diffusen Vielfalt seines konkreten Lebens noch in der Allgemeinheit einer amorphen Masse untergeht, sondern zu identischer Ganzheit und Fülle gelangt. Nichtsdestoweniger weist uns die Taufe ein in die Gemeinschaft des Glaubens, in der Allgemeinheit und Besonderheit nicht Gegensätze darstellen müssen, sondern sich als wechselseitig aufgeschlossen erweisen, so daß die Verschiedenen als Verschiedene eins sein können. Eröffnet die Taufe mithin jenen kommunikativen Lebenszusammenhang, welcher die Kirche zu sein hat, so wird zugleich deutlich, in welch inniger Verbindung sie steht zum Sakrament des Altars, zur communio des Leibes und Blutes Jesu Christi, welche alle, die am Mahl des Herrn teilhaben, untereinander zur Gemeinschaft des Glaubens und der Kirche verbindet.

## 3.2 Das Herrenmahl[45]

### 3.2.1 Der Streit um das Meßopfer

Reformatorische Abendmahlslehre hebt an mit dem Streit um den Opfercharakter der Messe. Vehement und mit allen Mitteln der Polemik bekämpfte Luther die ihm begegnende Theorie und Praxis des römischen Meßopfers als einen gottlosen Mißbrauch des Altarsakraments, welcher das Innerste der Glaubenswahrheit verkehrt, indem er, statt sich den verheißungsvollen Zuspruch der Versöhnung durch Christi Tod gefallen zu lassen, einen unseligen Anspruch auf menschliche Selbstrechtfertigung erhebt. Darin sah er einen fundamentalen und unaufhebbaren Widerspruch zu seiner reformatorischen Grundeinsicht, dergemäß der Mensch allein aus Gnade durch Glauben und nicht durch verdienstliche Werke gerechtfertigt wird. Alle lutherischen Verdikte gegen die römische Messe lassen sich auf diesen elementaren Vorwurf zurückführen, der in der These seine Bestätigung fand, das Meßopfer widerspreche der Einzigkeit und Vollgenügsamkeit des Kreuzesopfers Jesu Christi, welches einer multiplizierenden Wiederholung ebensowenig bedürfe wie einer additiven Ergänzung.

In den ›Schmalkaldischen Artikeln‹ hat Luther seine Absage an das römische Meßopfer in schärfster Form zum Ausdruck gebracht. Wie alles, „das wir wider den Bapst, Teufel und Welt lehren und leben“, so folge auch die Kritik an der Messe als „großeste(n) und schrecklichste(n) Greuel“ des Papsttums konsequent aus dem Artikel von der Rechtfertigung durch Christus aus Glauben und nicht aus des Gesetzes Werken, von welchem Artikel „man nichts weichen oder nachgeben (kann), es falle Himmel und Erden oder was nicht bleiben will“ (BSLK 415 f.). Da die römische Meßopfertheorie und -praxis mitsamt den von ihr hervorgebrachten „Unziefers und Geschmeiß mancherlei Abgotterei“ (BSLK 419, 19), welches da sind: Fegfeuer, Wallfahrten, Bruderschaften, Ablaß etc. (vgl BSLK 420 ff.), „stracks und gewaltiglich wider die Häuptartikel strebt“ (BSLK 416, 9 f.),

[45] Die wichtigsten Aspekte lutherischer Abendmahlslehre habe ich detailliert entfaltet in meinem Beitrag: Für uns gegeben. Grundzüge lutherischer Abendmahlslehre im Zusammenhang des gegenwärtigen ökumenischen Dialogs, in: Garijo-Guembe, M., J. Rohls u. G. Wenz, Mahl des Herrn. Ökumenische Studien, Frankfurt a. Main / Paderborn 1988, dem einige Passagen des nachfolgenden Textes entnommen sind.

müsse sie kompromißlos verdammt und verworfen werden: denn „wenn sie aufs beste wird gehalten“, sei sie nichts anderes und könne sie nichts anderes sein als Menschenwerk, „damit einer sich selbs und andere mit sich gegen Gott versuhnen, Vergebung der Sunden und Gnade erwerben und verdienen kann“ (BSLK 418, 6 ff.).

Die ›Augsburger Konfession‹ und ihre Apologie bestätigen diesen Befund, wenngleich in moderateren Tönen. Auch hier lassen sich alle Einzeleinwände gegen die Messe in dem Stichwort ‘Werkerei’ zusammenfassen. In dem gesetzlichen Anspruch eigenmächtiger Sühneleistung sind sämtliche Mißbräuche begründet. CA XXIV, 21 weist in diesem Zusammenhang u. a. die ‘opinio’ ab, die in AC XXIV, 62 f. dann fälschlicherweise Thomas zugeschrieben wird, „unser Herr Christus hab durch seinen Tod allein fur die Erbsund gnuggetan und die Messe eingesetzt zu einem Opfer fur die anderen Sunde, und also die Messe zu einem Opfer gemacht für die Lebendigen und die Toten, dardurch Sund wegzunehmen und Gott zu versuhnen“ (BSLK 93, 6 ff.; vgl BSLK 367, 20 ff.). Die Unterscheidung von Erbsünde und Aktualsünden ermögliche keineswegs die Annahme einer eigenständigen satisfaktorischen Leistung des Meßopfers: „Nam passio Christi fuit oblatio et satisfactio non solum pro culpa originis, sed etiam pro omnibus reliquis peccatis ...“ „Item: Una oblatione consummavit in perpetuum sanctificatos“ (CA XXIV, 25 ff.; BSLK 93 f.).

Auch die Näherbestimmungen zum Opferbegriff in AC XXIV wollen nur noch einmal bestätigen, „daß man nicht durch unser Werk, sondern durch Glauben an Christum Vergebung der Sunden erlanget“ (BSLK 353 9 ff.). Obwohl der Begriff sacrificium / Opfer von der CA „propter ambiguitatem“ („um ungewisses Verstandes willen“; BSLK 253, 13. 18 f.) bewußt gemieden wurde, sieht sich Melanchthon in der ›Apologie‹ zu einer Klärung veranlaßt, nicht zuletzt weil die Gegner eine klare Definition bisher schuldig geblieben seien, so häufig sie den Opferbegriff ansonsten auch im Munde führen würden. Melanchthon geht von der Unterscheidung zwischen sacramentum und sacrificium aus. Beide, Sakrament und Opfer, werden dem Genus „ceremonia vel opus sacrum“ (BSLK 354, 12 f.) zugeordnet. Als Sakrament hat dabei jene ceremonia oder jenes opus zu gelten, „dadurch uns Gott gibt dasjenige, so die göttliche Verheißung, welche derselbigen Ceremonien angeheft ist, anbeutet“ (BSLK

354, 5 ff.). Opfer hingegen „ist ein ceremonia oder ein Werk, das wir Gott geben, damit wir ihn ehren" (BSLK 354, 17 ff.). Die spezifische Differenz der jeweiligen 'Zeremonie' ist also dadurch bestimmt, entweder Werk Gottes an uns oder Werk des Menschen Gott gegenüber zu sein.

Nach dieser grundlegenden Unterscheidung wird der Opferbegriff selbst in zwei Spezies differenziert: „Es ist aber fürnehmlich zweierlei Opfer und nicht mehr, darunter alle andere Opfer begriffen seien. Für eins ist ein Versühnopfer, dadurch gnug getan wird für Pein und Schuld, Gottes Zorn gestillet und versühnet, und Vergebung der Sunde für andere erlanget. Zum andern ist ein Dankopfer, dadurch nicht Vergebung der Sunde oder Versühnung erlangt wird, sondern geschiehet von denjenigen, welche schon versühnet sein, daß sie für die erlangte Vergebung der Sunde und andere Gnaden und Gaben Dank sagen" (BSLK 354, 25 ff.). Der Begriff des sacrificium propitiatorium, des Versühn- bzw. Sühnopfers, wird sodann ausschließlich auf den Tod Jesu Christi beschränkt, durch welchen die vom mosaischen Gesetz vorgeschriebenen und mit ihnen alle sonstigen sacrificia propitiatoria hinfällig geworden seien. Wenn darüber hinaus von Opfer die Rede ist, wird damit allein das Lob- bzw. Dankopfer bezeichnet, wie es durch „sacrificia laudis, praedicatio evangelii, fides, invocatio, gratiarum actio, confessio, afflicitiones sanctorum, immo omnia bona opera sanctorum" (BSLK 356, 15 ff.) Gott dargebracht werde. In diesem Sinne werde die Messe von den Alten sachgemäß als εὐχαριστία (Eucharistie) bezeichnet (BSLK 368, 15 ff.).

Die Absicht, die Melanchthon mit seinen Begriffsdifferenzierungen im Rahmen der Meßtheorie verfolgt, ist eindeutig; erneut soll klargestellt werden, daß wir nicht um unserer Werke, sondern um Christi willen Vergebung der Sünde und einen gnädigen Gott haben. Indes bleiben einige gedankliche Schwierigkeiten: Zu fragen ist zunächst, ob das Kreuzesopfer Jesu Christi einem allgemeinen Begriff des Opfers im Sinne eines Werkes, das die Menschen Gott um seiner Ehre willen geben, subsumiert werden kann. Melanchthon selbst kommt ja zu dem Schluß, „quod sola mors Christi est vere propitiatorium sacrificium" (BSLK 356, 7); den levitischen sacrificia propitiatoria wird demgegenüber ausdrücklich bestritten, wahres Sühneopfer zu sein, da sie nur äußerliche Sühne, nicht aber Versöhnung vor Gott zu leisten vermögen (vgl. BSLK 355, 6 ff.). Ihnen bleibt deshalb nur eine Hinweisfunktion und sie müssen enden, nachdem das eine wahre Sühnopfer am Kreuz vollzogen ist. Das Kreuzesopfer hebt mithin alle menschlichen Sühneleistungen auf, so daß menschliches Opfer von nun an nichts anderes sein kann als Dankopfer. Damit wird aber fraglich, ob christliche Theologie das Opfer Christi sinnvollerweise noch einem allgemeinen, Sühnopfer und Dankopfer umgreifenden Begriff von Opfer im Sinne eines menschlichen Werkes unterordnen kann. Das Ergebnis der Argumentation Melanchthons, die Einsicht in die unvergleichliche Singularität des Sühnopfers Christi, problematisiert ihren Ausgangspunkt, da sich die Einzigartigkeit des Kreuzesopfers in allgemeinen Begriffszusammenhängen entgegen der ursprünglich nahegelegten Vermutung offenbar nicht fassen und im Definitionsschema von genus proximum und differentia specifica nicht angemessen bestimmen läßt. Die ›Konkordienformel‹ wird schließlich bestätigen, daß lutherische Theologie nicht die menschliche Natur Jesu Christi als solche zum 'Subjekt' und 'Aktionsprinzip' der Versöhnung erklärt, sondern die Person des Gottmenschen, in welcher göttliches und menschliches Wesen untrennbar vereint sind, um in unauflöslicher Einigkeit zusammenzuwirken. Vorausgesetzt ist dabei, daß das menschliche Sein und Wirken Jesu sich nicht aus einem Allgemeinbegriff menschlicher Natur, sondern nur aus dem Zusammensein von Gott und Mensch erschließt, wie es durch die einzigartige unio personalis begründet ist. Auch und gerade das Kreuzesopfer wäre deshalb mißverstanden, wenn allein von der Tat der menschlichen Natur bzw. des menschlichen Willens Jesu Christi ausgegangen würde. Die Untersuchung des christologischen Kontextes reformatorischer Abendmahlslehre wird uns Gelegenheit geben, diesen Problemzusammenhang näher zu erörtern (vgl. 4.3). Hier mag vorerst der Hinweis auf eine offene Frage und die thetische Feststellung genügen: Erst wo erkannt wird, daß Gott das Opfer der Liebe, das er vom Menschen erwartet, in seiner Versöhnungstat in Jesus Christus zuvorkommend selbst erbracht hat, ist der Opferbegriff auf eine christliche Basis gestellt, die Möglichkeit gegeben, die „schier unausrottbaren Mißverständnisse, die sich mit dem Ausdruck assoziieren"[46], zu vermeiden und den befreienden Sinn der paulinischen Wendung,

[46] Jüngel, E., Gott als Geheimnis der Welt. Zur Begründung der

daß Gott sich selbst mit der Welt versöhnt hat, in seiner Tiefe dogmatisch einzuholen.

Offene Fragen bleiben ferner im Hinblick auf Melanchthons Unterscheidung von sacrificium und sacramentum. In Erinnerung zu rufen ist zunächst, daß bereits CA XIII den Sakramentsbegriff dezidiert von dem eines bloß äußerlichen Erinnerungszeichens abgesetzt hat. Nicht um „notae professionis inter homines" handelt es sich bei den Sakramenten, sondern um „signa et testimonia voluntatis Dei erga nos, ad excitandam et confirmandam fidem in his, qui utuntur" (BSLK 68; vgl. BSLK 291 ff.). Diese Bestimmungen werden in AC XXIV im Zusammenhang mit der Meßopferfrage wiederholt aufgegriffen. Entsprechend wird das sakramentale Gedächtnis, die commemoratio Christi im Abendmahl klar von einer bloßen Rückerinnerung an ein beispielgebendes Vorbild unterschieden: „Denn solchs zu Christi Gedächtnis tun, ist nicht ein solch Ding, das allein mit Geberden und Werken zugehet, allein zu einer Erinnerung und zu einem Exempel, wie man in Historien Alexandri und dergleichen gedenkt etc., sondern heißt da Christum recht erkennen, Christi Wohltat suchen und begehren" (BSLK 370, 19 ff.). Fügt man hinzu, daß das Gedächtnis der Wohltaten Christi primär das Gedächtnis seines Kreuzestodes darstellt, in dem sich das Heilswirken des Erlösers vollendet, so daß die Abendmahlsfeier ein „memoriale mortis Christi" (BSLK 361, 27 f.) zu nennen ist, dann stellt sich folgerichtig die Frage, warum eigentlich das Abendmahl nicht als die sakramentale Gegenwart des als Sühnopfer bestimmten Kreuzesopfers Jesu Christi aufgefaßt werden soll, womit ein offensichtlicher Bezugspunkt zu den römischen Meßopfertheorien gegeben wäre. Jedenfalls ist unter der Voraussetzung, daß im Sakrament des Altars Christus real präsent ist, nicht ohne weiteres einzusehen, warum diese Präsenz nicht zugleich die wirkliche Vergegenwärtigung des Kreuzesgeschehens als eines Sühnopfers bedeuten soll. Diese Konsequenz läßt sich nur unter der Bedingung umgehen, daß man entweder „die Gegenwart des Erhöhten nicht in ihrer Vermittlung durch die Teilhabe am geschichtlichen Jesus und an seinem Kreuz [denkt], sondern als unvermitteltes Gegenwärtigwerden vom Himmel her in den Elementen" oder „in der Abendmahlsgabe nur noch die

Theologie des Gekreuzigten im Streit zwischen Theismus und Atheismus, Tübingen [2]1977, 481, Anm. 21.

*Frucht* des Kreuzesopfers, die Austeilung (applicatio) des dort Erworbenen [sieht], aber nicht mehr eine Gegenwart des Gekreuzigten selbst und als solchen".[47] Die erste Annahme paßt von vornherein schlecht zu den Grundmotiven lutherischer Abendmahlslehre, wenn anders ihr Insistieren auf den Einsetzungsworten einen Sinn ergeben soll, welches doch gerade die Bindung an den geschichtlichen Ursprung der Offenbarung und die Identität des im Abendmahl Gegenwärtigen mit dem gekreuzigten Jesus von Nazaret bezeugen will. Die zweite Annahme wiederum läßt sich angemessen erörtern nur im Zusammenhang der innerhalb der Reformationskirchen selbst strittigen Frage, was unter Realpräsenz Christi im Herrenmahl genau zu verstehen ist.

Bevor hierauf näher einzugehen ist, sollen zunächst Grundzüge reformierter Meßopferkritik zur Darstellung gebracht werden, zumal da sich solcher Darstellung, unbeschadet der offenkundigen Gemeinsamkeiten in der Negation, bereits Hinweise auf Motivunterschiede zwischen lutherischer und reformierter Theologie in der positiven Gestaltung der Abendmahlslehre entnehmen lassen. Die reformierte Meßopferkritik teilt mit der lutherischen die Schärfe der Ablehnung. Die Antwort des ›Heidelberger Katechismus‹ auf die (80.) Frage, welcher Unterschied zwischen dem Abendmahl des Herrn und der päpstlichen Messe sei, läßt in dieser Hinsicht nichts zu wünschen übrig: „Das Abendmal bezeuget uns, daß wir volkommene vergebung aller unser sünden haben, durch das einige opffer Jesu Christi, so er selbst ein mal am Creutz vollbracht hat, Unnd daß wir durch den heiligen Geist Christo werden eingeleibt, der jetzund mit seinem waren leib im Himmel zur Rechten des Vatters ist, und daselbst wil angebettet werden. Die Meß aber lehret, daß die lebendigen und die todten nicht durch das leiden Christi vergebung der sünden haben, es sey denn daß Christus noch täglich für sie von den Meßpriestern geopffert werde. Und das Christus leiblich under der gestalt brots unnd weins sey, und derhalben darinn soll angebettet werden: Unnd ist also die Meß im grund nichts anderst, denn ein verleugnung des einigen opffers und leidens Jesu Christi, und ein vermaledeyte Abgötterey" (M 704, 21 ff.). Die Meß-

[47] Pannenberg, W., Die Problematik der Abendmahlslehre aus evangelischer Sicht. Ein Beitrag zum ökumenischen Gespräch über das Abendmahl, in: ders., Ethik und Ekklesiologie. Gesammelte Aufsätze, Göttingen 1977, 293–317, hier: 303.

opferkritik des ›Heidelberger Katechismus‹ stimmt mit der der lutherischen Bekenntnisschriften also darin überein, daß das angebliche Vervielfältigen des Kreuzesopfers in den unzähligen Opfern römischer Messe kompromißlos zu verwerfen sei. Allerdings wird daraus nicht die Konsequenz gezogen, „dieses das Kreuz ergänzende Meßgeschehen als einen Raub der Verdienste Christi und damit als eigenmächtiges und selbstherrliches Werk des Menschen anzuprangern". Vielmehr konzentriert sich die ganze Polemik des ›Heidelberger Katechismus‹ auf „das eph hapax des Hebräerbriefs, die Einmaligkeit und Unwiederholbarkeit von Golgatha und die . . . Auswirkungen seiner Mißachtung". Das wesentliche theologische Interesse besteht darin, „die definitive Abgeschlossenheit des Heilswerkes gegen jede illegitime *Prolongation* zu sichern"[48]. Die kompromißlose Absage gegen jede Form der Hostienverehrung, welche die zweite wesentliche Antithese im Abendmahlsverständnis des ›Heidelberger Katechismus‹ darstellt, korrespondiert diesem Interesse insofern, als durch sie die Aufmerksamkeit des Glaubens von dem gegenwärtig Gegebenen strikt weggewiesen wird auf das in perfekter Einmaligkeit definitiv Vorgegebene.

Diese einheitliche Zielrichtung der Kritik läßt sich ebenso bei Zwingli und Calvin identifizieren. Weil das Kreuz Jesu Christi an sich selbst ein Opfer und als solches Versöhnungsopfer einmalig ist, kann es neben ihm keine weiteren Opfer geben. „Sin (sc. Jesu Christi) sterben", sagt Zwingli in seiner kurzen christlichen Einleitung von 1523, „ist sin uffopfren für uns, und sin uffopfren ist sin sterben . . . Darumb, wie er nun einist ist gestorben . . ., also hat er ouch nun einest den tod erlitten, und ist nun einest uffgeopfret."[49] Der Sühne teilhaftig wird der Sünder mithin nur durch den gläubigen Rekurs auf das Kreuz von Golgatha in seinem definitiven, perfektischen historischen Damals, durch das 'widergedächtnus' des einmaligen Versöhnungstodes Jesu Christi. Auch wenn Calvin einen anderen Begriff von 'Wiedergedächtnis' vertritt als Zwingli, bleibt doch auch bei ihm die Wahrung der Einmaligkeit des am Kreuz Jesu Christi erbrachten Versöhnungsopfers das entscheidende Motiv seiner Meßopferkritik. Er faßt sie in fünf Punkten zusammen (vgl. Inst. IV, 18):

[48] Beyer, U., Abendmahl und Messe. Sinn und Recht der 80. Frage des Heidelberger Katechismus, Neukirchen 1965, 47 f.

[49] Zwingli, H., Sämtliche Werke, hrsg. v. E. Egli und G. Finsler, Bd. II (= CR LXXXIX), Leipzig 1908, 659.

Erstens verleugne die römische Einsetzung von Meßpriestern die apostolische Lehre, „daß das Recht und die Würde des Priestertums unter den Menschen aufhört, weil Christus, der unsterblich ist, der einige und immerwährende Priester ist“ (IV, 18, 2). Zweitens werde durch das tägliche Sühnopfer der Messe die Vollgenügsamkeit des Versöhnungsopfers Jesu Christi bestritten, ein Verdikt, an dem Calvin auch unter Voraussetzung der Annahme festhält, das Meßopfer sei keine Vervielfältigung des Kreuzesopfers, nicht einmal dessen Wiederholung, sondern lediglich ein applikatorisches Opfer; „denn als Christus sich einmal zum Opfer darbrachte, da geschah das nicht mit der Bestimmung, daß dies sein Opfer Tag für Tag durch neue Opfer Gültigkeit erlangte, nein, er hat es getan, damit uns die Frucht dieses Opfers durch die Predigt des Evangeliums und die Verwaltung des Heiligen Abendmahls zuteil werde“ (IV, 18, 3). Man wird in diesem Zusammenhang allerdings zu fragen haben, ob die Frucht des Versöhnungsopfers wirklich in der von Calvin nahegelegten Weise vom Kreuzestod abgelöst werden kann oder nicht gerade in der lebendigen Präsenz des Gekreuzigten und seiner Geschichte besteht, wie sie sich in Wort und Sakrament vermittelt. Wie dem auch sei: festgehalten werden soll zunächst nur, daß Calvins Meßopferkritik motiviert ist von dem Interesse an der suffizienten Einmaligkeit des Kreuzesopfers, welches Interesse ihm jede plurale Rede von Sühnopfern grundsätzlich verbietet. Das wird durch den dritten Einwand gegen den Opfercharakter der Messe bestätigt, demzufolge das Testament Jesu Christi, welches die Sündenvergebung verheißt, durch seinen einmaligen Tod endgültig vollstreckt und keiner weiteren Ratifizierung bedürftig sei (IV 18, 5). Entsprechend hat zum vierten zu gelten: „Als Christus im Abendmahl die Zuversicht auf Vergebung besiegelt, da gibt er seinen Jüngern nicht das Gebot, an jener Handlung hängenzubleiben, sondern verweist sie auf das Opfer seines Todes und gibt damit zu verstehen, daß das Abendmahl ein Denkzeichen oder, wie man allgemein sagt, ein Erinnerungsmal (memoriale) war, an dem sie lernen sollten, daß das Sühnopfer, mit dem Gott versöhnt werden sollte, nur einmal hat dargebracht werden müssen. Denn es ist nicht genug, wenn man daran festhält, daß Christus das einige Opfer ist, nein, man muß zugleich auch wissen, daß es nur eine Opferung gibt: unser Glaube soll sich also an sein Kreuz festheften“ (IV, 18, 6). Unter dieser Voraussetzung kann Calvin dann schließlich zum fünften auch dies betonen, woran der lutherischen Meßopferkritik von Anfang an alles gelegen war, daß nämlich das Abendmahl seiner Einsetzung gemäß primär eine zu empfangende göttliche Gabe und nicht ein durch Menschen Gott zu entrichtender Preis sei. „Das Opfer in der Messe ist also von dem Sakrament des Abendmahls so verschieden wie es Geben und Empfangen sind" (IV, 18, 7).

Aus den genannten fünf Punkten seiner Kritik zieht Calvin den eindeutigen Schluß, der von der reformierten Bekenntnistradition durchweg geteilt wird: die römische Messe geschieht ohne und gegen Gottes Gebot; ihr Anspruch, Sühnopfer zu sein, ist ohne jeden biblischen Grund. Das Sühnopfer, welches den levitischen Priestern in lediglich bildlicher Gestalt darzustellen geboten war, ist durch Christus in vollendeter, keiner Fortsetzung und Ergänzung bedürftigen Weise ein für allemal dargebracht. „Nachdem dieses Opfer aber nun vollbracht ist, hat uns der Herr eine andere Art und Weise gelehrt, um nämlich die Frucht des Opfers, das ihm der Sohn dargebracht hat, auf das gläubige Volk kommen zu lassen. Daher hat er uns einen Tisch gegeben, an dem wir das Mahl halten sollen, nicht aber einen Altar, auf dem ein Opfer dargebracht werden soll. Er hat nicht Priester geweiht, die da opfern, sondern Diener, die das heilige Mahl austeilen sollen" (IV, 18, 12). Während das Sühn- oder Versöhnungsopfer, das Gottes Zorn beschwichtigt, am Kreuze Jesu endgültig erbracht und erfüllt wurde, ist es an der Gemeinde, Gott fernerhin mit Dankopfern der Frömmigkeit und der brüderlichen Liebe für sein Gnadenwerk zu preisen. „Diese Art von Opfer aber sind für die Kirche so sehr vonnöten, daß sie ohne sie nicht sein kann. Daher werden sie in Ewigkeit bleiben, solange Gottes Volk bestehen wird" (IV, 18, 16). Indes haben die Dankopfer der Gemeinde das Perfekt des Sühnopfers Jesu Christi zur Voraussetzung und Bedingung ihrer Möglichkeit.

Damit sind die Grundzüge reformatorischer Meßkritik im wesentlichen dargestellt. Bleibt zu fragen, wie die römische Theologie Theorie und Praxis des Meßopfers gegen die Angriffe der Reformatoren zu verteidigen suchte. Die erste lehramtliche Stellungnahme liegt mit dem 1562 auf dem Konzil von Trient verabschiedeten ›Meßopferdekret‹ vor (vgl. DS 1738–1759). Indes hatten römische Kontroverstheologen schon in vortridentinischer Zeit gegenüber der scharfen Ablehnung des Opfercharakters der Messe seitens der Reformatoren deutlich zu machen versucht, „daß die Messe nicht ein neues Opfer neben dem Kreuze, sondern dessen sakramentale Gegenwärtigsetzung ist, daß sie deshalb auch in erster Linie das Werk Christi ist, Werk der Kirche nur, insofern diese durch, mit und in Christus, ihrem Haupt, tätig ist“[50]. So betont etwa Johannes Eck, daß es in der Meßfeier „nicht um die Wiederholung des Kreuzesopfers in seinem blutigen, geschichtlichen Verlauf, sondern um eine *oblatio Christi sacramentalis in mysterio* geht. Die Messe ist das Gedächtnis oder die *repraesentatio* der *passio* Christi.“ Allerdings fügt er hinzu, die Messe sei nicht schon aufgrund ihres memorialen Charakters ein Opfer; „sie werde es erst durch die hinzukommende Darbringung des realgegenwärtigen Christus“[51]. Entsprechend hebt Eck zwar die Identität der Opfergabe hervor, differenziert aber die Weise der Darbringung; das Meßopfer wird demgemäß als alia oblatio bzw. alterum sacrificium vom Kreuzesopfer unterschieden, wobei der Wert des Meßopfers anders als der des Kreuzesopfers für in sich begrenzt zu gelten hat. Während demnach Eck den Zusammenhang von sakramentaler Repräsentation des Kreuzesgeschehens und Meßopfer wohl wahrnimmt, aber nicht entschieden durchhält, findet Erwin Iserloh bei Schatzgeyer und Cajetan eine konsequentere Durchführung des Gedankens einer sakramentalen Gegenwart des Opfers Christi in der Messe. Kaspar Schatzgeyer kommt zu folgendem Ergebnis: Die Messe ist ein Opfer, „aber sie ist kein anderes Opfer als das Opfer Christi am Kreuze. Folgt zum anderen, das Opfer der Messe ist wahrlicher das Opfer Christi als der Kirche oder ihrer Diener. Folgt zum dritten, daß es nicht unser Werk ist, das von uns ausgeht. Folgt zum vierten, daß es nicht unser Opfer ist von dem Unsrigen in der Gestalt, wie wir sonst von dem Unsrigen opfern. Folgt zum fünften, daß der Diener der christlichen Kirche das Werk nicht tut, als wollt er etwas Gott geben von dem Seinen oder als ein eigen Verdienst für sich oder die anderen dadurch erlangen.“[52] In noch größerer Klarheit hat nach Iserloh schließlich Cajetan die innige Einheit von Kreuzes- und Meßopfer herausgearbeitet. „Die andere Weise des Opfers bei der Messe dürfe nicht als eine in sich stehende, getrennte Darbringung verstanden werden, sondern müsse so sehr auf das

[50] Iserloh, E., Art. Abendmahl III/3,2, in: TRE 1, 122–131, hier: 125.
[51] Ders., Johannes Eck (1486–1543). Scholastiker, Humanist, Kontroverstheologie, Münster 1981, 61 ff.
[52] Omnia opera 191 v, Ingolstadt 1543; zit. n. TRE 1, 126.

blutige Opfer am Kreuz bezogen werden, daß eigentlich von *einem* Opfer und *einer* Darbringung zu sprechen sei. Christus wird nach Cajetan nicht gegenwärtig, um dann von uns geopfert zu werden, sondern er ist in der Weise des Opfers ... gegenwärtig" (TRE 1, 126).

Im Konzil von Trient ist dieser Ansatz allerdings nicht zu durchschlagender Geltung gekommen. Das Tridentinum erklärte Meßopfer und Kreuzesopfer identisch hinsichtlich der Opfergabe und des eigentlichen Opferpriesters, verschieden aber hinsichtlich der Art und Weise, wie dieser das Opfer darbringt: „Una enim eademque est hostia, idem nunc offerens sacerdotum ministerio, qui se ipsum tunc in cruce obtulit, sola offerendi ratione diversa" (DS 1743). Was die Opfergabe betrifft, so hat als ihr Inbegriff der sich am Kreuz dem Vater darbringende ganze Jesus Christus zu gelten, dessen totale Gegenwart in seinem unter den Gestalten von Brot und Wein präsenten Leib und Blut durch die Lehre von der Konkomitanz (vgl. DS 1640 f.) gesichert ist. Die sakramentalen Gestalten werden in der nachtridentinischen Theologie gelegentlich der Opfergabe zugerechnet, nicht hingegen die Substanzen von Brot und Wein, die gemäß der Transsubstantiationslehre in der sakramentalen Handlung vielmehr zu sein aufhören, deren Darbringung mithin das eigentliche eucharistische Opfer nur vorbereitet. Jesus Christus als der Inbegriff der Opfergabe ist zugleich der eigentliche Opferpriester der Messe. Der Priester am Altar vollzieht das Opfer mithin nicht in Eigenständigkeit, sondern in persona Christi. Theologisch ist demnach von der Identität von Subjekt und Objekt des Opfers auszugehen, welche schon das IV. Laterankonzil definiert hatte: „Idem ipse sacerdos est sacrificium Jesus Christus" (DS 802).

Das Meßopfer ist in diesem Sinne als Selbstdarbringung des am Kreuz dem Vater für uns Hingegebenen zu verstehen und damit als sakramentales Wirkzeichen des Fortbestands dieser Hingabe gemäß der Stiftung Christi. Das Kreuzesopfer soll also nicht wiederholt, sondern in der wiederholten Meßfeier als fortbestehend sakramental vergegenwärtigt werden. Allerdings erklärt das Tridentinum die Art und Weise, wie Christus das Kreuzesopfer und das Meßopfer darbringt, für verschieden. Diese Differenzierung ist gewiß nicht unverständlich: Denn die Betonung der Einheit von Meßopfer und Kreuzesopfer, die mit der Behauptung einer Identität von Opfergabe und Opferpriester gegeben ist, steht ja offensichtlich in Gefahr, jede Möglichkeit der Unterscheidung zu verlieren. Durch den Hinweis auf die verschiedene ratio offerendi soll diese Unterscheidbarkeit von Kreuzesopfer und Meßopfer gesichert werden. Die Verschiedenheit der ratio offerendi von Kreuzesopfer und Meßopfer findet das Tridentinum in der äußeren Opferhandlung angezeigt. Während am Kreuz eine blutige Opferung stattfand, verläuft das Meßopfer unblutig: „In missa ... incruente immolatur, qui in ara cruci ‚semel seipsum cruente obtulit' (Hebr 9, 14. 27)" (DS 1743).

Durch die Unterscheidung des blutigen vom unblutigen Opfer sah man zugleich die Möglichkeit gegeben, die Einmaligkeit und geschichtliche Tatsächlichkeit des Kreuzesopfers von den wiederholten Meßfeiern abzuheben und so in ihrer Vorgängigkeit auszusagen. Man wird diesen Differenzierungsversuch deshalb nicht von vornherein als abwegig beurteilen können; zu prüfen ist allerdings, auf welchen theologischen Voraussetzungen die vorgenommene Unterscheidung beruht und welche Folgen sie nach sich zieht. Was die nachtridentinische Theologie betrifft, so war ihr daran gelegen, die durch die These diverser rationes offerendi angezeigte Unterschiedenheit von Kreuzesopfer und Meßopfer mit der Annahme eines eigenständigen, diskreten Oblationsaktes der Kirche zu verbinden. Nur so glaubte man der tridentinischen Lehre von der Messe als eines wahren und eigentlichen Opfers („verum et proprium sacrificium" [DS 1751]) angemessen entsprechen zu können. Zwar wurde nie die absolute Eigenständigkeit des Meßopfers gelehrt, denn absolutes Opfer sei nur das einmal vollbrachte Opfer am Kreuz, das sich im Meßopfer zur Darstellung bringt; gleichwohl hielt man an einer relativen Eigenständigkeit des Meßopfers fest. Abgewiesen wurde deshalb üblicherweise die Annahme, „daß es außer dem Kreuzesopfer an sich kein wahres und eigentliches Opfer gebe, daß alle anderen Opfer des Alten und Neuen Bundes nur Zeichen und Symbole dieses einen wahren Opfers seien und daß deswegen auch die hl. Messe an und für sich kein wahres und eigentliches Opfer sei, sondern *nur wegen der realen Gegenwart* des am Kreuze geopferten Christus so *genannt* werden könne ..."[53]. Diese Konsequenz mag angesichts des bisher zum Tridentinum

[53] Diekamp, F., Katholische Dogmatik nach den Grundsätzen des heiligen Thomas. Zum Gebrauche bei Vorlesungen und zum Selbstunterricht, III. Bd., München ³⁻⁵1922, 192.

Gesagten überraschen. Indes muß man sehen, daß unter den Konzilsvätern der Zusammenhang von sakramentaler repraesentatio resp. memoria passionis und Meßopfer nicht hinreichend geklärt war, wie es dann ja auch zu einer getrennten Darstellung der Eucharistie als Sakrament und als Opfer kam. Diese äußere Form der Darstellung, die für die Theologie der folgenden Jahrhunderte dann freilich klassisch werden sollte, ist im Grunde nur ein Indiz für die internen Schwierigkeiten bei der Klärung des Verhältnisses von sacramentum, repraesentatio passionis und Meßopfer. Das Urteil ist demnach begründet: „Eine abschließende Antwort konnte und wollte das Konzil nicht geben. Es hat das Feld abgesteckt; dieses aufzuarbeiten, mußte es den theologischen Bemühungen der folgenden Zeit überlassen" (TRE 1, 129). Daß diese Bemühungen sich vor allem auf die Befestigung der These eines relativ eigenständigen Oblationsaktes der Kirche in der Messe richteten, wurde bereits gesagt. Das Wesen der Meßhandlung fand man dabei in der Wandlung begründet, und zwar in der Doppelkonsekration. Deren Funktion wurde dann allerdings durchaus unterschiedlich bestimmt, je nachdem, ob man die Wandlung „als Versetzung Christi in den status victimae, als seine Versetzung in den status cibi et potus, als verklärende Umgestaltung der materiellen Gaben von Brot und Wein, als Zerstörung dieser Gaben usw." betrachtete[54]. Im einzelnen braucht auf diese Vorstellungsweisen hier nicht eingegangen zu werden. Während die sog. Destruktions- oder Maktationstheorie zu massiver Realistik neigt und das Kreuzesopfer durch eine sinnenfällige Veränderung der Opfergabe dargestellt wissen will, zeigt sich in der sog. Oblations- oder Immolationstheorie, die vor allem auf den Vollzug der Selbsthingabe Christi konzentriert ist, eher eine spiritualisierende Tendenz.

Zu einem grundlegenden Neuansatz in der römisch-katholischen Meßopfertheorie kam es erst in unserem Jahrhundert durch das Symboldenken der sog. Mysterientheologie. In kritischem Anschluß an Odo Casels These vom eucharistischen Kultmysterium bemüht man sich, die Einheit von sacrificium und sacramentum unmißverständlich herauszuarbeiten. Nach Casel ist die Messe die symbolisch-reale repraesentatio bzw. memoriale demonstratio des einen Opfertodes Christi. Indem Christus sa-

[54] A. a. O., 197.

kramental seine Gegenwart gewährt, vergegenwärtigt er zugleich sein Selbstopfer, und zwar nicht nur 'intentional', sondern 'objektiv-real'. Der Opfercharakter der Messe wird demgemäß zusammengedacht mit dem Wesen der Eucharistie als Sakrament. Die Messe fügt dem Opfer Christi kein neues hinzu, denn in ihr vollzieht sich nichts anderes als die sakramentale Repräsentation der einen Passion. Casel sah seine Auffassung durch das Abendmahlsverständnis der Alten Kirche ebenso bestätigt wie durch Thomas von Aquin, bei dem in bezug auf die Eucharistie zu lesen ist: „Hoc sacramentum dicitur *sacrificium*, inquantum repraesentat ipsam passionem Christi“ (STh III, q 73, a 4, ad 3). Sakrament und Opfer sind in dieser Definition als ein einziger Zusammenhang gedacht; wo dies der Fall ist, müssen 'die vielen Messen und das eine Opfer' keinen Gegensatz darstellen und die Einzigkeit des Versöhnungswerkes kann als Einzigkeit gewahrt werden. Dem braucht die Betonung des propitiatorischen Charakters des eucharistischen Opfers nicht notwendig zu widersprechen: von einer Versöhnung Gottes kann in der Weise, freilich auch nur in der Weise gesprochen werden, „daß der auf der Versöhnung am Kreuz allein beruhende gnädige Wille Gottes durch das Meßopfer sichtbar zur Erscheinung kommt und sich auf den Menschen in seiner konkreten Situation hinbewegt und der Mensch diesen gnädigen Willen in und durch seine sichtbare Erscheinung sich zu eigen macht“[55]. Verstehe ich recht, dann ist damit definitiv die Vorstellung ausgeschlossen, daß Gott „eine neue Sühne fordere, oder daß die Gemeinde für die in ihr geschehenen Sünden die Versöhnung Gottes durch einen neuen Opferakt herbeiführen müßte“[56].

Die von Casel u. a. eröffnete Perspektive gab der katholischen Theologie die Möglichkeit einer Reinterpretation der tridentinischen Texte sowie eine Revision der bisherigen nachtridentinischen Meßopfertheorien. Man gesteht dabei zu, daß trotz des durchgängigen Bemühens um eine tragfähige biblische Basis exegetische Mängel der tridentinischen Lehraussagen, insbesondere bezüglich der Typologie des Hebräerbriefs, unbestreitbar

[55] Rahner, K., und A. Häussling, Die vielen Messen und das eine Opfer. Eine Untersuchung über die rechte Norm der Messhäufigkeit, Freiburg, Basel, Wien 1966, 77.

[56] Meinhold, P., Abendmahl und Opfer nach Luther, in: ders. u. E. Iserloh, Abendmahl und Opfer, Stuttgart 1960, 35–73, hier: 72.

seien.[57] Kritisch vermerkt wird insbesondere der schillernde Opferbegriff, der in unklarer Weise bald kultisch-rituell, bald biblisch-personal verwendet werde (235 f.). Offen verweist man zudem auf die internen theologischen Differenzen der Konzilsväter, etwa auf die Tatsache, daß sich „eine einflußreiche Minderheit energisch, aber schließlich erfolglos gegen den Opfercharakter der Coena (des Letzten Abendmahls) und gegen die Koppelung von Coena und Priesterweihe“ (227) gewehrt habe, wie er in Kap. 1 der Lehrbestimmungen ausgesprochen wird. Ohnehin müsse eine rechte Hermeneutik der Konzilsaussagen davon ausgehen, daß die Doctrina den Canones im dogmatischen Rang nicht gleichgestellt sei. Positiv hervorgehoben wird sodann die im Vergleich zur vortridentinischen Theologie „verstärkte Betonung der Einheit von Kreuz und Eucharistie im verabschiedeten Lehrtext“, auch wenn die dortige Unterscheidung der blutigen und unblutigen oblatio „immer noch zu sehr die Differenz betonen“ mag (230). Ein bemerkenswerter Fortschritt zeige sich auch in der tridentinischen Rede von memoria: „Wenn auch bei verschiedenen Konzilstheologen memoria und repraesentatio als Bildmoment oder als eine Bewußtseinsgegebenheit gesehen sind, Gedächtnis der Passion, zu der das Realmoment des sacrificium . . . noch hinzukommen müsse, dann erhält die Ablehnung einer ‚nuda commemoratio sacrificii in cruce peracti‘ . . . in Can. 3 ein erhebliches Gewicht für die Beziehung von Kreuz und Messe, und die Rede von der memoria des transitus Jesu zum Vater, die in der Eucharistiefeier für immer fortdauern soll, darf zumindest gelesen werden in Richtung jenes intensiven biblischen Sinnes von zikkaron / anamnesis . . ., den die neuere Exegese wieder so stark ins Bewußtsein gehoben hat“ (230). Von großer Wichtigkeit sei schließlich die Trienter These von der Selbigkeit des Opferpriesters: „Nicht die Priester opfern die Opfergabe, die derselbe Leib ist wie am Kreuz, sondern er *selbst* gibt sich leibhaftig hin durch den Dienst der menschlichen Hände“ (231). Der Dienst von Amt und Kirche sei deshalb einzig und bleibend von Jesus Christus her begründet.

In den Dokumenten des II. Vatikanischen Konzils findet man

[57] Vgl. Schneider, T., Das Opfer Jesu Christi und der Kirche. Zum Verständnis der Aussagen des Konzils von Trient, in: ders., Deinen Tod verkünden wir. Gesammelte Studien zum erneuerten Eucharistieverständnis, Düsseldorf 1980, 223–238. Die nachfolgenden Seitenverweise im Text beziehen sich hierauf.

diese Auffassung bestätigt. Das Amt des Priesters steht im eucharistischen Opfer im alleinigen Dienste des „einzigen Mittlers Christus" („unici Mediatoris"), wie es im ›Dekret über Dienst und Leben der Priester‹ (Art. 2) wörtlich heißt. Entsprechend erklärt der 7. Artikel der ›Konstitution über die heilige Liturgie‹ ausdrücklich Christus zum Subjekt seiner sakramentalen Gegenwärtigsetzung. Ebenso eindeutig wird die Suffizienz und Einzigkeit des Kreuzesopfers gelehrt, etwa im Prooemium (Art. 47) des zweiten Kapitels der ›Liturgiekonstitution‹, das ausdrücklich ›De sacrosancto Eucharistiae mysterio‹ handelt. Der Erlöser habe das eucharistische Opfer seines Leibes und Blutes eingesetzt, „quo Sacrificium Crucis in saecula, donec veniret, perpetuaret", „um dadurch das Opfer des Kreuzes durch die Zeiten hindurch bis zu seiner Wiederkunft fortdauern zu lassen". Es ist interessant, daß der Wunsch eines Konzilsvaters, „es solle statt perpetuaret ... heißen: vere et incruente renovaret", mit dem Hinweis abgelehnt wurde, „daß der Begriff der Erneuerung, bezogen auf das Kreuzesopfer, ... Mißverständnissen ausgesetzt ist, da genau gesprochen wohl das sakramentale Opfer, aber nicht das Kreuz erneuert werden kann" (vgl. LThK Erg.-Bd. I, 51, Sp. 1 – Kommentar J. A. Jungmann).

Die offizielle katholische Lehre läßt also offenkundig an der Einmaligkeit des Kreuzesopfers ebensowenig Zweifel aufkommen wie an der Tatsache, daß Christus selbst Subjekt seines Versöhnungswerkes ist und bleibt. Gewiß gibt es für protestantische Theologie in diesem Zusammenhang noch eine Reihe offener Fragen vor allem amtstheologisch-ekklesiologischer Art. Wie verträgt sich etwa der Gedanke sakramentaler Repräsentation des einen Kreuzesopfers mit der betonten Rede vom Opfer der Kirche, die „ja nicht nur zum Ausdruck bringen will, daß ein Opfer für die Kirche geschehen sei oder geschehe, sondern de(n) Sinn des Genetivus objectivus (Kirche als Opfergabe) und des Genetivus subjectivus (Kirche als Opferpriester) bewußt (einschließt)"[58]? Kann man wirklich sagen, daß die dauernde Aktualisierung der Versöhnungstat Jesu Christi in der Geschichte „durch das Tun der Kirche, durch das gläubige Handeln der Christen, geschehen soll"[59]? Entsteht damit nicht die Gefahr,

[58] Ders., Das Opfer der Kirche nach der Dogmatischen Konstitution ›Lumen Gentium‹ des Zweiten Vatikanums, in: a. a. O., 239–253, hier: 251.
[59] A. a. O., 250.

daß anstelle Jesu Christi zuletzt doch die Kirche zum Agenten bzw. Vollstrecker des Heils avanciert?

Die Dringlichkeit solcher und ähnlicher Fragen wird durch die Opferterminologie der neuen eucharistischen Hochgebete der römischen Kirche eher bestärkt als behoben. Zwar haben die Formulierungen der neuen ›Preces‹ den Vorzug, den Zusammenhang der Meßfeier mit der Versöhnungstat Christi am Kreuz nachdrücklicher und direkter auszusagen, als das vormals der Fall war. Offensichtlich bestimmte die Liturgiereform die Absicht, der Gemeinde zu verdeutlichen, daß die im Meßopfer dargebrachte Gabe nichts anderes als das von Christus selbst erbrachte Opfer darstellt, das Opfer der Kirche mithin vom Gehalt her mit dem Kreuzesopfer identisch ist. Als problematisch erweisen sich die Formulierungen der neuen eucharistischen Hochgebete erst insofern, als sie den Akt der Vergegenwärtigung des Kreuzesopfers in der Opfergabe vom Vollzug der Darbringung eben dieser Gabe getrennt erscheinen lassen, indem sie die Vorstellung einer dem Opfervollzug zeitlich vorgängigen Konsekration nahelegen. Die Anamnesetexte verbinden nämlich „die *präsentische* Aussage über den *Opfervollzug* mit einer Gabenbezeichnung im Sinne eines *im Perfekt vollendeten Konsekrationsvollzuges*“[60]. Nimmt man diese Aussagen beim Wort, dann kann der Vollzug des Meßopfers nicht mehr als sakramentale Vergegenwärtigung des einmaligen Kreuzesopfers begriffen werden. Von einer Ergänzung des Kreuzesopfers durch das Meßopfer darf man strenggenommen freilich auch dann nicht sprechen: denn die Opfergabe ist ja als das Kreuzesopfer Christi selbst identifiziert und hat insofern keinen eigenen spezifischen Gehalt. Diese Einschränkung bietet indes keine Entlastung, sondern zieht den noch schwerwiegenderen Vorwurf nach sich, das Meßopfer sei eine reale Wiederholung des Kreuzesopfers Christi. Diese Folgerung ist zwingend, sofern sakramentale Präsenz des Kreuzesopfers und kirchlicher Opfervollzug auseinanderdividiert werden. Dann nämlich erscheint die Darbringung der Opfergabe, auch und gerade wenn diese als Christi Opfer bestimmt wird, als Akt der Neusetzung und Multiplikation der

[60] Schulz, H.-J., Christusverkündigung und kirchlicher Opfervollzug nach den Anamnesetexten der eucharistischen Hochgebete, in: Scheele, P.-W., und G. Schneider (Hrsg.), Christuszeugnis der Kirche. Theologische Studien (Festschrift für Bischof Hengsbach), Essen 1970, 91–128, hier: 125.

Einmaligkeit des Kreuzes, als ein Akt, in dem nun nicht mehr Christus, sondern die Kirche als Aktionsträger der Versöhnung fungieren würde. Nun wird man sich freilich auf reformatorischer Seite vor kritischer Konsequenzmacherei hüten und davon ausgehen müssen, daß es nicht in der Absicht der Meßliturgiereform gelegen hat, die Dignität des Kreuzesopfers in irgendeiner Weise abzuschwächen. Daß dennoch dieser Eindruck entstehen konnte, hängt vor allem mit dem tendenziellen Auseinanderfallen von Konsekrations- und Opfervollzug zusammen. Würde diese Trennung, die ihrerseits in der theologischen Trennung von sacramentum und sacrificium begründet ist, aufgehoben, wären wesentliche Einwände überholt.

Damit soll nicht bestritten werden, daß die These einer grundsätzlichen Einheit von sacramentum und sacrificium bzw. die Behauptung einer sakramentalen Repräsentanz des einen Kreuzesopfers Jesu Christi bleibende gedankliche Schwierigkeiten enthält. Vergleicht man die tridentinische und die Caselsche Auffassung, so ergibt sich folgender Befund: das Tridentinum meinte die Identität von Kreuzesopfer und Meßopfer dadurch gesichert zu haben, daß es die Selbigkeit von Opfergabe und Opferpriester aussagte. Da diese Einheit indes keine numerische Identität bedeuten durfte, wenn anders die Eigenständigkeit des Kreuzesopfers bewahrt bleiben sollte, insistierte das Konzil zugleich auf der Unterschiedlichkeit der Opferhandlung, womit allerdings die Annahme eines eigenen diskreten Oblationsaktes der Kirche nahegelegt und die behauptete Einheit von Kreuzesopfer und Meßopfer erneut problematisiert war. Erklärt man hingegen mit O. Casel, daß der differente modus offerendi gar keinen neuen Opferakt konstituiert, gelangt man folgerichtig zur Behauptung der Einheit und Selbigkeit von Opfergabe, Opferpriester *und* Opferakt und damit zu der These einer streng numerischen Identität von Kreuzesopfer und Meßopfer. Damit aber entsteht die Gefahr, daß der Unterschied beider zu einer vermittlungslosen Indifferenz zusammenfällt, womit sich schließlich auch die Einmaligkeit der Heilstat am Kreuz in planer Gleichzeitigkeit verflüchtigen würde.

In beiden Fällen bleibt also das Problem bestehen, wie das Christusereignis und das sakramentale Geschehen so zusammenzudenken sind, daß ihre Einheit und Unterschiedenheit zugleich aussagbar sind. Indes handelt es sich dabei nicht um ein spezifisch römisch-katholisches Problem, sondern um ein

Problem, das ebenso die reformatorische Tradition betrifft. An einer Auseinandersetzung zwischen P. Brunner und E. Bizer ließe sich das exemplarisch aufzeigen. In seiner ›Lehre vom Gottesdienst‹[61] vertrat Brunner die These, durch die gottesdienstliche Christusanamnese, wie sie im Herrenmahl besonders konzentriert zur Geltung komme, vergegenwärtige „sich der Herr in seiner Gemeinde selbst mit allem, was damals dort bei ihm und durch ihn geschah" (210). Im Abendmahlsgeschehen mache der ewige Sohn mithin „erneut wahr, daß er das *fleischgewordene* Wort ist. In diesem Geschehen 'erscheint' der Herr erneut, indem er Brot und Wein im Abendmahl zur epiphanen Gestalt seines Leidens und Sterbens und Kommens macht, bis er erscheinen wird in der Epiphanie seiner Glorie" (249). Gegen diese Annahme wandte sich E. Bizer mit der kritischen Anfrage: „Kann man wirklich sagen, daß mit der Gegenwart Christi als Person auch alles gegenwärtig ist, was in seiner Leiblichkeit durch ihn und für uns geschehen sei?"[62] Bizer verneint diese Frage eindeutig und wirft Brunner vor, seine mangelnde Unterscheidung zwischen der Vergangenheit des Kreuzestodes Christi und der gegenwärtigen Zuteilung seiner Frucht durch Wort und Sakrament führe dazu, daß die Abendmahlslehre die Form einer Reinkarnationslehre annehme und die Einmaligkeit und geschichtliche Gestalt des Heilshandelns Gottes in Jesus Christus verkannt werde. Für Bizers eigene Konzeption, für die die dezidierte Unterscheidung zwischen Person und Werk Jesu Christi, Werk und Wirkung, Frucht und Austeilung charakteristisch ist, ergibt sich dann allerdings die Schwierigkeit, nicht mehr überzeugend zeigen zu können, wie das im Wort- und Sakramentsgeschehen Zugesagte die volle Gegenwart des in der Offenbarungsgeschichte einmalig Manifesten sein kann. Während Brunner also eher dazu tendiert, die Differenz der Zeitmodi unterzubestimmen, steht Bizer in Gefahr, den Zusammenhang der Zeiten theologisch aus dem Blick zu verlieren. Es ist deshalb mit Recht gefragt worden, „ob Bizers Anliegen durch seine scharfe Trennung

[61] Brunner, P., Zur Lehre vom Gottesdienst der im Namen Jesu versammelten Gemeinde, in: Leiturgia. Handbuch des evangelischen Gottesdienstes, hrsg. v. K. F. Müller und W. Blankenburg, Bd. I., Kassel 1954, 83–361. Die nachfolgenden Seitenverweise im Text beziehen sich hierauf.

[62] Bizer, E., Lutherische Abendmahlslehre?, in: EvTh 1 (1956), 1–18, hier: 3.

zwischen dem Kreuzesereignis und dem Geschehen im Abendmahl wirklich gewahrt wird, ob das 'Ephapax', von dem das Abendmahl zehrt, wirklich festgehalten wird, wenn das Abendmahl seinerseits im wesentlichen auf den Empfang der Sündenvergebung durch das Zusagewort reduziert und das, was in dem Kreuzesgeschehen *leibhaft* wirkt, in bezug auf das Abendmahl zu bloßem 'Zeichen' herabgemindert wird, – oder ob dadurch nicht doch faktisch das Heilsgeschehen selbst als in ferner Vergangenheit fixiert angesehen wird, während im Abendmahl die zeitlose Aktualität des 'Wortes' am Werke ist"[63].

Die Kontroverse zwischen Brunner und Bizer, die in einem offenkundigen Zusammenhang mit traditionellen innerreformatorischen Differenzen in der Sakramentenlehre steht, zeigt an, daß das Problem, zu dessen Lösung in der römischen Theologie der Repräsentationsgedanke aufgeboten wird, auch und nicht minder einer der Reformation verpflichteten Theologie gestellt ist. Denn auch sie steht unausweichlich vor der „Frage, wie ein zeitlich Gewesenes, Einmaliges, jeder Zeit gleichzeitig sein kann, ohne mit der Pluralität die Singularität zu verlieren"[64]. Gesteht man dies zu, wird man schließlich auch den römischen Repräsentationsgedanken nicht von vornherein mit Ablehnung bedenken. Worauf es ankommt, ist, die Bedingungen zu formulieren, unter denen er protestantischerseits gegebenenfalls rezipiert werden kann. Die erste und unabdingbare Voraussetzung, aus der sich alle weiteren ergeben, ist sicherlich, daß der Repräsentationsgedanke im Sinne der Selbstrepräsentation Jesu Christi gefaßt wird. Jesus Christus ist in der Kraft des göttlichen Geistes selbst lebendig-wirksames Subjekt seiner Gegenwärtigsetzung, seine sakramentale Gegenwart mithin konsequent als Selbstvergegenwärtigung zu denken. Nur wo dies geschieht, kann der elementare Gaben- bzw. Empfangscharakter des Herrenmahls unmißverständlich zum Ausdruck gebracht werden. Darauf im ökumenischen Dialog mit Genauigkeit zu achten, hat ein unaufgebbares reformatorisches Anliegen zu sein. So kann man, um wenigstens ein Beispiel zu geben (vgl. 3.2.3.2), durchaus fragen, ob es sich nur um „eine evangelischer Tradition ungewohnte"

[63] Kinder, E., 'Realpräsenz' und 'Repräsentation'. Feststellungen zu Luthers Abendmahlslehre, in: ThLZ 84 (1959), Sp. 881–894, hier: 888.

[64] Koch, O., Gegenwart oder Vergegenwärtigung Christi im Abendmahl? Zum Problem der Repraesentatio in der Theologie der Gegenwart, München 1965, 9.

oder nicht doch auch um eine insgesamt mißverständliche sprachliche Formulierung handelt, wenn in einem der jüngsten Dokumente des evangelisch-lutherischen / römisch-katholischen Dialogs, dem Ergebnis einer bilateralen Arbeitsgruppe der Deutschen Bischofskonferenz und der Kirchenleitung der VELKD von 1984 zum Thema ›Kirchengemeinschaft in Wort und Sakrament‹ lutherischerseits gesagt wird: „Dankend und lobend dürfen wir Gott dem Vater in der Kraft des Heiligen Geistes das Selbstopfer seines Sohnes im Gebet vorhalten" (Art. 38). Kriterium der Sachgemäßheit dieser Formulierung jedenfalls wird sein müssen, daß „sie nicht die eigentliche Mitte des sakramentalen Geschehens im Gottesdienst des Herrenmahls verdrängt, nämlich daß der Herr sich uns schenkt, in seine Gemeinschaft und damit in Gemeinschaft mit dem dreieinigen Gott zieht. Dies schließt wohl ein, daß Christus, der Herr des Mahles, uns an der bleibenden, unüberbietbaren Kraft seines Sterbens, der Versöhnung mit dem Vater, auch darin Anteil gibt, daß er uns kraft des Heiligen Geistes in sein Opfer in der Nachfolge hineinzieht; aber auch als Haupt seines Leibes, der Kirche, bleibt er ihr Herr . . ." (ebd.).

Wo dies festgehalten wird, muß zugleich gelten, daß die Rede vom Opfer der Kirche gegenüber der Rede vom Opfer Jesu Christi im strengen Sinne keinen Subjektwechsel bedeuten darf. Zu klären bleibt dann freilich immer noch als ein durchaus entscheidendes Problem, wie unter der genannten Voraussetzung Einheit und Unterschiedenheit von Christus und Kirche resp. Amtsträger im Opfergeschehen stimmig zusammenzudenken sind – ein Thema, das in einem eigenen Abschnitt noch gesondert behandelt werden soll (3.2.4). Denn – soviel sei vorhergeschickt – wichtig ist ja nicht nur die christologische Begründung des kirchlichen Dienstes als solche, sondern daß diese Begründung zugleich die Möglichkeit einer konkreten Unterscheidbarkeit von Jesus Christus und Kirche erschließt und nicht am Ende gar verschließt. Vorweg abzulehnen ist es beispielsweise, wenn mit der These, der kirchliche Amtsträger sei nichts anderes als Medium und dienstbares Werkzeug Jesu Christi, die Absicht verbunden wird, die Ununterscheidbarkeit beider zu bekräftigen und jeder Möglichkeit einer Differenzierung zu entziehen. Zugleich muß unmißverständlich ausgeschlossen sein, daß sich der eucharistische Dienst der Kirche und ihrer Amtsträger als eine Ergänzung oder gar als Ersatz des Werkes Christi versteht.

Christi Dienst an uns und unser Dienst an Christus stehen in einem unumkehrbaren, eindeutig gerichteten Verhältnis, sofern unser Tun in der Tat Christi die Bedingung ihrer Möglichkeit hat und sich als Aufgabe allein von der zuvorkommenden Gabe her begreifen kann. Es bleibt also dabei: reformatorisch vertretbar ist der Repräsentationsbegriff nur, wenn er konsequent im Sinne der Selbstvergegenwärtigung des auferstandenen Gekreuzigten ausgelegt wird.

Daß diese Selbstvergegenwärtigung im Geiste geschieht, schränkt die gegenwärtige Wirkkraft Jesu Christi nicht ein, bestätigt sie vielmehr. Denn Geistesgegenwart hängt an dem ein für allemal wirksamen Gekommensein Jesu Christi, weshalb denn auch der perfektische Charakter der Versöhnung am Kreuz im Zusammenhang mit der Pneumatologie nicht einseitig präsentisch oder futurisch aufgelöst werden darf: Auch in den Abendmahlsfeiern der Kirche geschieht Versöhnung mithin nur und wird sie nur geschehen, sofern wahrgenommen wird, daß sie in Jesus Christus schon geschehen ist. Indes ist dem pneumatologischen Bezug ein später noch zu entfaltender Hinweis zu entnehmen, wie das Problem des Zusammenhangs von einmaliger Heilstat Gottes und der Vielfalt ihrer lebendig-wirksamen Präsenz zu lösen sei. Denn der Geist, der von der Gottesoffenbarung im auferstandenen Gekreuzigten ausgeht, vermag die bloß chronologische Fassung der Zeit in ihrem äußeren Nacheinander aufzuheben. Er tut das, indem er Mensch und Welt im Glauben die Gewißheit einer Nähe zur Geschichte Gottes in Jesus verschafft, in der zwar die Differenziertheit der Zeiten, wie sie mit dem leiblichen Dasein unmittelbar gegeben ist, nicht untergegangen, wohl aber jene Ausschließlichkeit der Zeiten überwunden ist, wie sie den vergehenden Äon kennzeichnet, in welchem der Anfang des einen zwangsläufig durch das Ende des anderen bedingt ist.

### 3.2.2 Die Gegenwart Jesu Christi im Herrenmahl

Auf die Frage, was das Sakrament des Altars sei, antwortet Luther im Kleinen Katechismus: „Es ist der wahre Leib und Blut unsers Herrn Jesu Christi, unter dem Brot und Wein uns Christen zu essen und zu trinken von Christo selbst eingesetzt" (BSLK 519, 39 ff.). Soll die Eigenart der Gegenwart Christi im Abendmahl im Sinne reformatorischer Theologie ergründet werden, wird man demnach vor allem drei konstitutive Momente des sakramentalen Geschehens zu berücksichtigen haben: „a) [die] Gegenwart Christi in seinem *Leib und* seinem *Blut*; b) diese Gegenwart in Verbindung mit dargereichtem *Brot und Wein*; c) in Verbindung mit dem *Essen* dieses Brotes und dem *Trinken* dieses Weines." Entsprechend soll das Problem der Gegenwart Christi im Abendmahl anhand dreier Leitfragen entwickelt werden, nämlich anhand der Fragen, „was Gegenwart von 'Leib und Blut' Christi bedeutet (1.); was Gegenwart (von) Leib und Blut in bezug auf dargereichtes Brot und Wein bedeutet (2.); und was Gegenwart von Leib und Blut Christi im Blick auf das Essen dieses Brotes und das Trinken dieses Weines bedeutet (3.)"[65]. Dabei soll jeweils so vorgegangen werden, daß zunächst die lutherische Lehrmeinung skizziert, sodann auf unterschiedliche Akzentsetzungen reformierter Tradition geachtet wird. Zuvor sind einige knappe Bemerkungen zur Einsetzungsproblematik erforderlich, ohne daß dabei auf die höchst komplizierte Diskussionslage und teilweise sehr divergierenden Urteilsbildungen näher eingegangen werden kann.[66]

Fest steht, daß die Praxis der Mahlfeier in den urchristlichen Gemeinden von Anfang an geübt wurde (vgl. Apg 2, 46). Während das Abendmahl zunächst eingebettet war in eine gemeinsame Sättigungsmahlzeit, bahnt sich bereits bei Paulus (vgl. 1. Kor 11) die Trennung beider Handlungen an, wobei das vom Abendmahl gelöste Sättigungsmahl als Agapemahl weiterlebt. Grundgelegt ist die urchristliche Abendmahlspraxis nach dem Zeugnis des Neuen Testaments im letzten Mahl Jesu am Abend vor seinem Tode; vorbereitet fand man sie in den Mahlgemeinschaften des irdischen Jesu, bekräftigt schließlich durch die österlichen Erscheinungen des auferstandenen Christus im Zusammenhang mit Mählern seiner Jünger. Die neutestamentlichen Texte vom letzten Abendmahl (vgl. Mk 14, 22–25 par Mt 26, 26–29; Lk 22, 15–20 sowie 1. Kor 11, 23–26; vgl. auch Joh 6), das Jesus „in der Nacht, in der er ausgeliefert wurde"

[65] Kinder, E., Die Gegenwart Christi im Abendmahl nach lutherischem Verständnis, in: Jacobs, P., E. Kinder und F. Viering, Gegenwart Christi. Beitrag zum Abendmahlsgespräch in der Evangelischen Kirche in Deutschland, Göttingen 1959, 33–65, hier: 35.

[66] Vgl. dazu u. a. Feld, H., Das Verständnis des Abendmahls, Darmstadt 1976 (Erträge der Forschung Bd. 50).

(1. Kor 11, 23) mit seinen Jüngern hielt, weichen im Wortlaut voneinander ab, zeigen bereits Spuren späterer liturgischer und theologischer Bearbeitung und stellen daher vor schwierige historische Fragen, die hier nicht erörtert werden können. Immerhin lassen sich die Grundbestände der Mahlhandlung relativ zuverlässig rekonstruieren: Jesus nimmt das Brot, spricht das Dankgebet darüber, bricht es und gibt es seinen Jüngern verbunden mit einem Spendewort zu essen (Mt; Mk; Lk); direkt danach (Mt; Mk) oder nach Abschluß der eigentlichen Mahlzeit (Lk; 1. Kor) nimmt er den Kelch, spricht ein Dankgebet darüber (Mt; Mk), gibt ihn seinen Jüngern zum Trinken, abermals verbunden mit einer Spendeformel. Schließlich ist das eschatologische Logion (Mk 14, 25; Lk 22, 16. 18), der Ausblick auf das endgültige Kommen des Reiches Gottes, mit hoher Wahrscheinlichkeit von Jesus im Rahmen seines letzten Mahls mit den Jüngern gesprochen worden.

Im übrigen sind der historische Ursprungssinn und besondere theologische Charakter jenes Mahls in der letzten Nacht Jesu umstritten und werden verschieden gedeutet, je nachdem, ob man den traditionellen Bezugsrahmen im normalen jüdischen Festmahl, im Passahmahl oder in kultischen Gemeinschaftsmahlzeiten jüdischer Sondergruppen gegeben findet. Die uneinheitlichen Befunde erklären sich u. a. daraus, daß in den einschlägigen neutestamentlichen Texten sowohl der Ablauf des letzten Mahls als auch die Spendeworte unterschiedlich überliefert werden. Sind bei Lukas und Paulus Brot- und Kelchwort jüdischem Brauch entsprechend durch die Mahlzeit voneinander getrennt, folgen sie bei Markus und Matthäus während der Mahlzeit unmittelbar aufeinander. Unterschiede zeigen sich auch in der Überlieferung der Spendeworte: Die größte Überlieferungsdichte ist beim Brotwort gegeben, dessen Grundbestand („das ist mein Leib") von allen Zeugen übereinstimmend tradiert wird, wobei es Paulus durch das ergänzende „für euch", Lukas durch den Zusatz „der für euch hingegeben wird" soteriologisch interpretiert. Wesentlich schwieriger ist die Quellenlage beim Kelchwort: Paulus und Lukas identifizieren den Kelch mit dem Neuen Bund („dieser Kelch ist der Neue Bund in meinem Blut" [1. Kor 11, 25]), wobei Lukas hinzufügt: „das für euch vergossen wird" (Lk 22, 20). Bei Markus und Matthäus heißt es mit Bezug auf den Kelch: „Das ist mein Blut, das Blut des Bundes, das für viele vergossen wird" (Mk 14, 24; Mt 26, 28), wobei Matthäus ergänzt: „zur Vergebung der Sünde". Welches die älteste Abendmahlsüberlieferung ist, konnte bislang nicht definitiv geklärt werden. Kontrovers beantwortet wird schließlich auch die Frage, ob der Wiederholungsbefehl, den nur Paulus (1. Kor 11, 24 ff.) und Lukas (Lk 22, 19) bezeugen, auf den irdischen Jesus selbst zurückgeht. Unumstrittene Tatsache hingegen ist, daß die urchristliche Gemeinde das Mahl des Herrn „zu seinem Gedächtnis" regelmäßig feierte. Sie wußte sich in dieser Übung durch Mahlerscheinungen des auferstandenen Gekreuzigten, von denen die Begegnung des österlichen Christus mit den beiden Emmausjüngern ein besonders eindrucksvolles Beispiel gibt (vgl. Lk 24, 13–35; ferner 36–43 sowie Joh 21, 1–14), bestätigt und konnte sich zur Begründung ihrer Praxis neben dem letzten Mahl Jesu auch auf die häufigen Mahlfeiern berufen, die der Irdische sowohl mit seinen Jüngern als auch mit 'Zöllnern und Sündern' hielt. Unter dieser Voraussetzung wird die Dogmatik „gut daran tun, den Gedanken der Einsetzung des Abendmahls durch Jesus so weit zu fassen, daß die ungelösten historischen Fragen nach dem Hergang des letzten Mahles Jesu dadurch nicht präjudiziert werden, sondern offen bleiben. Doch auf eine Kontinuität der urchristlichen Mahlfeiern mit Jesus selbst so, daß jene als geschichtliche Ausbildung eines von Jesus selbst inaugurierten Kernbestands verstehbar werden, wird man nicht verzichten können, so lange man sich nicht bereit findet, die Behauptung einer Einsetzung des Abendmahls durch Jesus aufzugeben."[67]

1. In der Frage, was in reformatorischer Theologie mit den Begriffen Leib und Blut Christi gemeint ist, geht der Auslegungsstreit vor allem darum, ob Gegenwart von 'Leib und Blut' Christi im Abendmahl Gegenwärtigkeit der Person des ganzen Christus einschließt oder nicht. Um hier nicht vorschnellen Alternativen zu verfallen, muß zunächst folgendes festgehalten werden: lutherische Theologie besteht zum einen mit Nachdruck auf der leiblichen Anwesenheit Christi im Altarsakrament. Daß im Abendmahl Christus nur qua spiritus, nicht aber qua corpus gegenwärtig sei, wird entschieden abgelehnt (vgl. AC X; BSLK 247 ff.). „Daß wir aber nach dem Fleisch gar keine Vereinigung mit ihm haben sollten, da sagen wir nein zu, und das ist auch wider die Schrift" (BSLK 248, 10 ff.). Auf der anderen Seite wird kein Zweifel daran gelassen, daß die sakramentale Gegen-

[67] Pannenberg, W., a. a. O. (vgl. Anm. 47), 297.

wart Christi im Abendmahl „praesentia vivi Christi" (BSLK 248, 44) ist. Eine angemessene, systematische Interpretation lutherischer Abendmahlslehre wird diese beiden Aspekte, die in allen einschlägigen Lehraussagen zu identifizieren sind, niemals trennen dürfen, sie vielmehr zusammenzudenken und in einer theologischen Gesamtperspektive gemeinsam zu würdigen haben. Die dezidierte Betonung der sakramentalen Gegenwart Christi in Leib und Blut will zunächst vor allem dies deutlich machen, daß der Mahlherr als der Fleischgewordene, nämlich als der gegenwärtig ist, der sich bis in die letzte Tiefe der Endlichkeit an den Ort des Menschen begeben hat. Sonach ist jede christologische Scheidung eines logos asarkos vom Menschensohn Jesus von Nazaret im Sinne lutherischer Theologie untersagt, die theologische Unhintergehbarkeit des durch die Inkarnation gesetzten Datums sowie der in der Einheit des Namens Jesus Christus angesagten gottmenschlichen Einigkeit eingeschärft. Zu beachten ist dabei, daß die Termini Leib und Blut, „gerade auch in ihrer getrennten Aufführung"[68], auf den Opfercharakter der Hingabe Jesu Christi, also darauf verweisen, daß sich die Sendung des Menschgewordenen am Kreuz vollendete. Das Kreuz wiederum ist das wirksame Zeichen und die vollendete Gestalt der Sünderliebe Jesu Christi, die die faktische Allgemeinheit der Sünde des Menschen und ihre anthropologische Unaufhebbarkeit ebenso offenbart wie die Vorbehaltlosigkeit des göttlichen Willens, den Sünder von seiner Sünde zu trennen und in die in Jesus Christus manifeste gottmenschliche Gemeinschaft aufzunehmen. Der abendmahlstheologische Bezug auf Leib und Blut Christi will demnach als Verweis auf den für das Heil des Sünders Hingegebenen verstanden werden. „Die Gegenwart Christi im Abendmahl ist . . . spezifisch die im Zustande seines Geopfertwerdens. Er ist hier als für uns Hingeopferter gegenwärtig (vgl. WA 26, 281)."[69] Sein Leib ist der für uns gegebene, sein Blut das für uns vergossene.

Festzuhalten ist überdies, daß die Worte 'für Euch gegeben und vergossen' im Sinne lutherischer Theologie „nicht nur auf Christi Sterben am Kreuz, sondern auch auf den Akt der Darreichung von Christi Leib und Blut im Abendmahl bezogen"[70]

[68] Kinder, E., a. a. O., 37.
[69] A. a. O., 38.
[70] Schlink, E., Theologie der lutherischen Bekenntnisschriften, 223.

werden. E. Schlink findet darin die Überzeugung ausgedrückt, daß „in dem Akt der Darreichung des Abendmahls ... das Kreuzesereignis gegenwärtige Wirklichkeit [ist]. Derselbe Christus, der einst auf Golgatha seinen Leib dahingab, gibt jetzt seinen Leib dahin im Abendmahl und macht uns seinem Kreuzestod gleichzeitig."[71] Indes sei diese Identität der einstigen Hingabe des Leibes am Kreuz und seiner jetzigen Hingabe im Abendmahl nicht kultmythologisch, sondern durch die Einsetzungsworte und die Einheit des Gekreuzigten und Auferstandenen begründet, von welcher Einheit alle theologische Argumentation auszugehen habe. Zu vermeiden ist deshalb, so läßt sich folgern, eine isolierte Loslösung des Kreuzes bzw. des Gekreuzigten und seines dahingegebenen Leibes und Blutes aus dem Gesamtzusammenhang des Offenbarungsgeschehens. Wie der leibhaftig Auferstandene kein anderer ist als Jesus von Nazaret, der Tischgemeinschaft hielt mit den Sündern und am Kreuz sein Leben für sie gab, so ist der Gekreuzigte als der Auferstandene zu verkünden, wenn anders das Kreuz als Liebeszeichen des lebendigen Gottes gelten soll. Leib und Blut des Gekreuzigten und Leib und Blut des Erhöhten dürfen deshalb im Sinne lutherischer Theologie auch abendmahlstheologisch nicht getrennt werden. „Die Frage, ob im Abendmahl der gekreuzigte oder der auferstandene Leib empfangen wird, ist in jeder Hinsicht falsch gestellt. Denn der verklärte Leib ist derselbe Leib, der zuvor am Kreuze hing. In der Abendmahlslehre ist zu betonen: Der erhöhte Christus ist leiblich gegenwärtig *als* der Gekreuzigte, und der Leib und das Blut des erhöhten Christus sind gegenwärtig *als* der am Kreuz dahingegebene Leib und als das am Kreuz vergossene Blut."[72]

Aus dieser Perspektive ergibt sich die Forderung, in der Problematik der genauen Bestimmung der abendmahlstheologischen Termini 'Leib und Blut Christi' vorschnelle Gegensätze zu vermeiden. So wird etwa durch die beliebte Kontrastierung von Substantialismus und Personalismus, res-Präsenz und Personalpräsenz die entscheidende abendmahlstheologische Aufgabe eher verstellt als gelöst. Die vermeintlichen Selbstverständlichkeiten, von denen solche Gegenüberstellungen auszugehen pflegen, sind gedanklich meist zu vage, als daß sie zu einer angemes-

[71] Ebd.
[72] A. a. O., 224 f.

senen Klärung der Probleme beitragen könnten. Sachlich ist folgendes festzustellen: auf der einen Seite muß jeder Reduktion auf ein solches Verständnis von Personalgegenwart gewehrt werden, welches Person nicht in der Einheit von Person und Wirken denkt, Personalität mithin 'spiritualistisch' loslöst von der konkreten Bestimmtheit eines leibhaften Lebens. Der Personbegriff darf entsprechend nicht abstrahiert werden von der Tatsächlichkeit des persönlich Gewirkten oder Erlittenen, soll er die sakramentale Gegenwart Jesu Christi im Abendmahl angemessen zum Ausdruck bringen. Die abendmahlstheologische Betonung von Leib und Blut Christi hält fest, daß der Herr im Sakrament des Altars persönlich-wirksam gegenwärtig ist in der Fülle seiner Geschichte, in welcher er ist, was er ist. Das wird jeder Spiritualismus, Personalismus usw. zu bedenken haben. Erklärt man hingegen 'Leib und Blut' zu Substanzen, wird man sich fragen lassen müssen, inwiefern unter dieser Voraussetzung der Zusammenhang mit der lebendigen Gesamtwirklichkeit Jesu Christi gewahrt werden kann. Wird diese Frage keiner angemessenen Antwort zugeführt, gerät man in die Gefahr, die lebendige Abendmahlsgabe auf den Status einer toten, apersonalen Reliquie herabzusetzen sowie die Einheit Jesu Christi gewissermaßen zu zerstückeln. Demgegenüber ist zu sagen, daß Leib und Blut Jesu Christi im Abendmahl nicht in stofflicher Selbständigkeit, sondern in unlösbarer Einheit mit dem menschgewordenen und erhöhten Gottessohn gegenwärtig sind. „So muß nach lutherischer Auffassung *beides* gesagt werden: Gegenwart von Leib und Blut Christi und von Christus selbst, also: Gegenwart Christi selbst in Leib und Blut.“[73] In dieser Auffassung stimmen nach E. Schlink Luther und Melanchthon völlig überein, auch wenn unleugbar sei, „daß im Gesamtzusammenhang der Melanchthonischen Theologie ein unmittelbares Interesse an der Person Jesu Christi vorliegt, in deren Anwesenheit auch Christi Leib und Blut anwesend sind, während Luthers Abendmahlslehre gerade in der Anwesenheit von Leib und Blut den anwesenden Christus bekennt“[74].

Lassen sich unter der Voraussetzung des bisher Gesagten die Tendenzunterschiede zwischen Luther und Melanchthon sachlich vermitteln, so wird man auch die reformierte Auffassung von

[73] Kinder, E., a. a. O., 42.
[74] Schlink, E., a. a. O., 226.

der Gabe des Abendmahls nicht notwendig in einen Gegensatz zur lutherischen bringen müssen. Wie Melanchthon so richtet auch die reformierte Bekenntnistradition ihre ganze Aufmerksamkeit auf das personale „An-Wesen" Christi im Gesamtzusammenhang des Abendmahls. Das Verständnis des Leibes und Blutes Christi als eines übernatürlichen Stoffes ist ihr hingegen fremd; Leib und Blut Christi gelten nicht als diverse stoffliche Substanzen, sondern als Bezeichnungen für die ganze Person Christi. In der Tat wird man sagen müssen, daß die in der altlutherischen Orthodoxie detailliert entfaltete und im Neuluthertum wiederaufgegriffene Vorstellung einer im Abendmahl elementar vermittelten materia coelestis im Sinne eines verklärten, himmlischen Stoffes massiven Mißverständnissen ausgesetzt ist, die den reformierten Widerspruch verständlich machen. Das gilt um so mehr, als unter den Exegeten mittlerweile weitgehender Konsens darüber besteht, den Begriff σῶμα, von welchem das Brotwort des Einsetzungsberichtes spricht, als ein Äquivalent des aramäischen Wortes guph zu verstehen, welches Ich-Ganzheit und Personalität bezeichnet. Es liegt nahe, daß dementsprechend das parallele αἷμα nicht Blut im Sinne einer separaten Materie, sondern gleichsam „Sitz des Lebens und Symbol des Lebensverlustes"[75] bedeutet, so daß Jesus im Becherwort sein dem Sterben ausgeliefertes Leben meinte. Die Deuteworte bezeichnen demnach gemäß ihrem ursprünglichen Sinn nicht getrennte Stoffe, sondern die im Herrenmahl als Gabe dargereichte eine Person des für uns gestorbenen Christus. Dieser Befund bestätigt die Bedenken gegen die Vorstellung einer im Abendmahl dargereichten, von der Ganzheit der Person Jesu Christi losgelösten materia coelestis.

Andererseits läßt sich feststellen, daß die reformierte Bekenntnistradition in der Regel bemüht war, einer spiritualistischen Reduktion der Abendmahlsgabe auf den Geist Christi zu wehren. Mit der im Herrenmahl präsenten Person des Erlösers wird dessen leibhaft vollbrachtes Heilswerk zumeist sehr eng verbunden. Ja, reformierte Theologie scheute sich nicht, zur Bestimmung der res sacramenti den belasteten Substanzbegriff zu verwenden. So lehrt Calvin, „daß uns im Geheimnis (Sakrament) des Abendmahls durch die Merkzeichen Brot und Wein Christus in Wahrheit dargeboten wird und damit auch sein Leib und Blut,

[75] Roloff, J., Neues Testament, Neukirchen 1977, 219.

in welchen er allen Gehorsam erfüllt hat, um uns die Gerechtigkeit zu erwerben. Und das geschieht, damit wir erstens mit ihm zu einem Leibe zusammenwachsen und zweitens, seiner Substanz teilhaftig geworden, auch seine Kraft erfahren, indem wir an allen seinen Gütern teilhaben" (Inst. IV, 17, 11).

Man wird also, jedenfalls was das Verständnis der Gabe des Abendmahls betrifft, die Lehrunterschiede zwischen lutherischer und reformierter Tradition nicht vorschnell übergewichten dürfen. Wenn Differenzen verbleiben, was nicht zu leugnen ist, dann sind sie vor allem durch das bereits im Zusammenhang mit der Opferthematik angesprochene, später noch eingehend zu erörternde Problem bedingt, wie die vollendete Einmaligkeit des Offenbarungsereignisses mit der sakramentalen Präsenz Jesu Christi im Herrenmahl zusammenzudenken ist; die reformierte Skepsis gegenüber der von den Lutheranern behaupteten Identität des am Kreuz dahingegebenen Leibes und vergossenen Blutes Jesu Christi mit der im Abendmahl dargereichten Gabe jedenfalls erklärt sich im wesentlichen aus dem Interesse, den perfektischen Charakter des Heilsgeschehens zu wahren, welches Interesse schließlich auch Calvin veranlaßte, trotz seines Insistierens auf einer substantiellen Präsenz Jesu Christi im Abendmahl und in einer gewissen unausgeglichenen Spannung hierzu den entscheidenden Akzent auf die sakramentale Gegenwart der Energie des Gottmenschen und der Frucht seines Kreuzesleidens zu legen. Im folgenden wird sich erweisen, daß auch die den verbleibenden Unterschieden im Verständnis der Abendmahlsgabe korrespondierenden Differenzen hinsichtlich der Bestimmung der Verbindung von Leib und Blut Christi mit Brot und Wein in den Zusammenhang dieser Problemkonstellation gehören.

2. Die Frage nach der Verbindung von Leib und Blut Christi mit Brot und Wein, die im Zentrum der innerreformatorischen Abendmahlsdebatte stand, läßt sich, wie bereits die Ausführungen zum Verhältnis von Wort und Zeichen deutlich gemacht haben, nach dem Selbstverständnis lutherischer Theologie nur durch strenge Konzentration auf den Wortlaut und Gehalt der Einsetzungsworte beantworten. Der gesamte innerreformatorische Abendmahlsstreit, der sich vornehmlich an dieser Frage entzündet hat, „ist für Luther ein Streit um die *Gewißheit* des *Textes* der Einsetzungsworte. Am rechten Verständnis dieses Textes hängt der rechte Gebrauch des Abendmahls selbst, sie sind Richtschnur dessen, was das Abendmahl ist und was im Abend-

mahl geschieht."[76] Entsprechend haben die Lutheraner die Frage nach dem Modus der Verbindung des Leibes und Blutes Christi mit Brot und Wein vielfach als ungehörig zurückgewiesen und sich mit dem Hinweis auf die Klarheit des Schriftwortes begnügt, welches die Wahrheit und Wirklichkeit dieser Verbindung eindeutig bezeuge. Wo das Gegebensein der Gabe, das sich im 'est' der Einsetzungsworte zur Geltung bringt, festgehalten, die Gabe mithin als Gabe gedacht wird, ist das Entscheidende gewahrt. Die Bestimmung der Art und Weise der Gegenwart Christi in den Elementen ist demgegenüber sekundär.

Dies ist grundlegend auch für die Beurteilung der Transsubstantiationslehre, von der zunächst kurz die Rede sein soll. Seit der IV. Lateransynode von 1215 wird das Verhältnis des Leibes und Blutes Christi zu den Elementen in der katholischen Theologie im Rahmen der Transsubstantiationslehre beschrieben. Leib und Blut Christi, so das Konzil, sind im Sakrament des Altars unter den Gestalten von Brot und Wein wahrhaft (veraciter) enthalten, nachdem durch Gottes Macht das Brot in den Leib und der Wein in das Blut wesensverwandelt sind (DS 802). Damit schien dem theologischen Streit um die Frage, ob in der Eucharistie die Brot-(resp. Wein-)Substanz bestehen bleibt oder nicht, ein lehramtliches Ende gesetzt. Denn der Transsubstantiationsgedanke, wie er dann u. a. von Thomas im einzelnen entfaltet wurde, besagt, daß sich das Gegenwärtigwerden des Leibes in der Eucharistie in der Weise einer conversio substantialis vollzieht, dergemäß die ganze Brotsubstanz in die Leibsubstanz verwandelt wird, wobei allerdings die Brotakzidentien im Sakrament ohne eigentlichen Träger fortbestehen sollen. Schon Ockham hat dann allerdings den strengen Sinn von transsubstantiatio als conversio aufgelöst und durch den Gedanken einer Aufeinanderfolge zweier verschiedener Substanzen ersetzt, womit die Annahme einer Koexistenz von Brot- und Leibsubstanz nicht mehr grundsätzlich ausgeschlossen und zugleich der notwendige Zusammenhang von Transsubstantiation und Realpräsenz aufgelöst war. U. a. daraus erklärt es sich, warum Luther die reale Gegenwart des Leibes und Blutes Christi im Sakrament auch ohne die Transsubstantiationslehre meinte festhalten zu können. Die Transsubstantiationslehre könne allenfalls als eine Theorie-

[76] Hilgenfeld, H., Mittelalterlich-traditionelle Elemente in Luthers Abendmahlsschriften, 174.

variante unter anderen gelten, aber keineswegs als für den Glauben verbindlich erklärt werden. Geschehe dies dennoch, so sei dies Ausdruck angemaßter klerikaler Autorität. Im übrigen hat die Frage für Luther und die Seinen aus besagten Gründen nicht dieses dogmatische Gewicht, das man ihr vielfach beimißt.

Auch das Interesse an einer sog. Konsubstantiationslehre bleibt zuletzt marginal. Was den Begriff betrifft, so sind zunächst einige Mißverständnisse auszuräumen. Schon Kattenbusch [77] hat bemerkt, daß Luther den Ausdruck 'consubstantiatio' nirgends bietet. Man wird deshalb zu fragen haben, ob die von ihm favorisierte, wenngleich nicht im einzelnen präzisierte Auffassung einer koexistenten Gegenwart der Brotsubstanz mit der Substanz des Leibes Christi überhaupt zutreffend als Konsubstantiationslehre zu bezeichnen ist, zumal der Begriff der Konsubstantiation gegen das Mißverständnis der unio sacramentalis als einer die Menschwerdung wiederholenden Impanation nicht hinreichend gesichert scheint. Hilgenfeld hat nicht unbegründet vermutet, der Begriff könnte in kritischer Absicht von der „antignesiolutherischen Streittheologie“[78] geprägt worden sein. Wie dem auch sei: daß Luther mit der Möglichkeit oder Wirklichkeit einer postkonsekratorischen Weiterexistenz der Brot- und Weinsubstanz und sonach mit einer simultanen Koexistenz von Brot und Leib, Wein und Blut Christi gerechnet hat, ist richtig. Daß er das Verhältnis der beiden Substanzen zueinander im Sinne einer die Inkarnation multiplizierenden Impanation bestimmt, die Unterscheidung von Leib Christi und Brot aufgehoben und eine Vermischung beider gelehrt habe, wird man hingegen nicht sagen dürfen.

Im Blick auf die ›Bekenntnisschriften der lutherischen Kirche‹ stellt sich der Sachverhalt entsprechend dar. Mit Luther hält man die Vorstellung für unangemessen, „daß Brot und Wein verlassen oder verlieren ihr natürlich Wesen und bleibe allein Gestalt und Farbe des Brots und nicht recht Brot; denn es reimet sich mit der Schrift aufs best, daß Brot da sei und bleibe . . .“ (BSLK 452, 2 ff.). Die ›Konkordienformel‹ fällte schließlich sogar ein Verwerfungs- und Verdammungsurteil über die Transsubstantiationslehre, sofern sie eine Wandlung von Brot und Wein in Leib

[77] Vgl. Kattenbusch, F., Luthers Idee der Konsubstantiation im Abendmahl, in: Forschung zur Kirchengeschichte und zur christlichen Kunst. Festgabe für J. Ficker, Leipzig 1931, 62–86.

[78] Hilgenfeld, H., a. a. O., 468.

und Blut im Sinne einer „annihilatio" der Brot- und Weinsubstanz (so daß nur „accidentia sine subiecto überig bleiben") behauptet (BSLK 1010, 23 f.). Die Verwerfung der Transsubstantiationslehre bzw. die Annahme eines Zusammenbestehens von Brot und Leib Christi resp. Wein und Blut Christi in der unio sacramentalis, von der die Lutheraner ausgingen, konnte dabei gelegentlich und unter Verweis auf das Beispiel Luthers und der Alten in Beziehung gebracht werden mit dem Zusammensein von göttlicher und menschlicher Natur in der Person des Gottmenschen Jesus Christus: „Gleichwie in Christo zwo unterschiedliche, unvorwandelte Naturen unzertrennlich voreiniget sein, also im heiligen Abendmahl die zwei Wesen, das natürliche Brot und der wahre natürliche Leib Christi in der geordneten Handlung des Sakraments allhier auf Erden zusammen gegenwärtig sein" (BSLK 983, 37 ff.). Zu beachten ist indes, daß es sich dabei um einen Vergleich, nicht um eine unmittelbare Gleichung handelt. Der bleibende Unterschied zwischen der persönlichen Vereinigung beider Naturen in der Person Jesu Christi und der sakramentalen Vereinigung von Brot und Leib Christi wird keineswegs aufgehoben, sondern ausdrücklich festgehalten. Der Verdacht, die besagte strukturelle Parallelisierung von Christologie und Abendmahlslehre führe zwangsläufig zur Vorstellung einer Impanation bzw. eucharistischen Re-Inkarnation bzw. einer vervielfältigten hypostatischen unio, ist deshalb unbegründet. Sinn und Zweck des Vergleiches von unio personalis und unio sacramentalis ist vielmehr zunächst die erneute Bekräftigung, daß die verba testamenti wörtlich zu nehmen seien, daß also die gesegnete Speise wirklich wahrer Leib und wahres Blut Christi sei. Dabei soll die in den Einsetzungsworten zugesagte und im Mahlgeschehen elementar präsente Wirklichkeit auf den christologischen Gesamtzusammenhang bezogen und so verhindert werden, daß die lutherische Abendmahlslehre einem starren Biblizismus verfällt. Zwar darf dies nicht zu einer einlinigen christologischen Deduktion der Abendmahlslehre führen; die Besonderheit des Abendmahls im Unterschied zur Inkarnation und umgekehrt ist eindeutig zu wahren. Dennoch kann das Abendmahl unbeschadet der Kontingenz seiner Einsetzung ebensowenig aus dem Gesamtzusammenhang der Offenbarungsgeschichte des auferstandenen Gekreuzigten gelöst werden, soll es als Mahl des Herrn identifizierbar sein.

Ansonsten zeigt sich lutherische Theologie, wie gesagt, bezüglich der Frage nach dem Modus des sakramentalen Zusammenseins von Leib und Brot bzw. Blut und Wein sehr zurückhaltend und läßt es zumeist damit genug sein, auf den ihrer Überzeugung nach einfachen und offenkundigen Sinn der Einsetzungsworte zu verweisen (vgl. BSLK 753, 1 ff.), die buchstäblich zu nehmen und nicht in vermeintlicher Vernünftigkeit „figurate, metaphorice, tropice" zu deuten seien (BSLK 986, 27). In Abwehr der Sakramentierer ist die Feststellung hinreichend, daß „in dem heiligen Abendmahl der wahrhaftig Leib und Blut unsers Herrn Jesu Christi wahrhaftig und wesentlich (vere et substantialiter) gegenwärtig sei" (BSLK 796, 18 ff.). „Wie aber das zu gehe odder wie er ym brod sey, wissen wir nicht, sollens auch nicht wissen. Gotts wort sollen wir gleuben und yhm nicht (mit unseren Gedanken) weise noch mas setzen" (WA 23, 87, 32 ff.). Dennoch lassen sich einige Vorstellungsweisen identifizieren, die die Verbindung des Leibes und Blutes Christi mit Brot und Wein näher bestimmen. So spricht der Kleine Katechismus davon, daß der wahre Leib und Blut unseres Herrn Jesu Christi 'unter' dem Brot und Wein („sub pane et vino") uns gegeben sei (BSLK 520, 1). Der Große Katechismus verwendet an entsprechender Stelle die Formel 'in und unter' („in et sub pane et vino"; BSLK 709, 24 f.). In der ›Wittenberger Konkordie‹ von 1536 wird dann gelehrt, „das mit dem Brot und Wein wahrhaftig und wesentlich zugegen sei, gereicht und entpfangen werde der Leib und das Blut Christi" (BSLK 977, 20 ff.). Die ›Konkordienformel‹ beeilt sich hinzuzufügen, „daß, ob sie (sc. Luther und die Seinen) schon die formas in pane, sub pane, cum pane, das ist, diese unterschiedene Weise zu reden: *im Brot, unter dem Brot, mit dem Brot,* auch brauchen, dennoch die Wort Christi eigentlich und wie sie lauten angenommen und in der Proposition, das ist, in den Worten des Testaments Christi: ‚*Hoc est corpus meum,* das ist mein Leib,' nicht eine figuratam praedicationem, sondern inusitatam, das ist, nicht für eine figürlich verblümbte Rede oder Deutelei verstanden haben" (BSLK 984, 8 ff.). Dieser Zusatz war nötig geworden, um die gewünschte Eindeutigkeit der genannten Formeln sicherzustellen, die ihnen für sich genommen nicht zukam.

Tatsächlich hat man denn auch in durchaus unterschiedlicher Weise von ihnen Gebrauch gemacht. Daß verbindliche Texte lutherischer Abendmahlslehre lange Zeit verschieden interpretiert werden konnten, zeigt sich in exemplarischer Weise am

X. Artikel der ›Confessio Augustana‹. Auffällig ist zunächst schon die Verschiedenheit des lateinischen und des deutschen Textes. „Der deutsche Text zeigt bekanntlich dem lateinischen gegenüber an nicht weniger als drei Stellen der dogmatischen Aussage gewichtige Erweiterungen: 1. Leib und Blut Christi werden als wahrer Leib und Blut bezeichnet; 2. es wird nicht nur gesagt, daß sie ‚wahrhaftiglich' gegenwärtig seien, sondern die Gegenwart wird näher bestimmt durch die Worte: ‚unter der Gestalt des Brots und Weins'; 3. es wird nicht bloß gesagt, daß sie ausgeteilt, sondern hinzugefügt, daß sie auch ‚genommen' werden. Dafür hat der deutsche Text kein Äquivalent für das ‚(distribuantur) vescentibus' des lateinischen."[79] Man wird wohl davon auszugehen haben, daß es sich bei den Erweiterungen des deutschen Textes um Zusätze handelt, die vor allem in der Absicht vorgenommen wurden, die Identität des Leibes und Blutes Christi mit den Elementen herauszustellen und so jede spiritualistische Deutung auszuschließen.

Allerdings darf nicht verschwiegen werden, daß in der Forschung umstritten ist, wie das Verhältnis des lateinischen und deutschen Textes im einzelnen historisch zu bestimmen und theologisch zu werten sei. Nach W. H. Neuser[80] etwa hat Melanchthon bei der Abfassung des Abendmahlsartikels der CA nicht wie bei den ersten Artikeln des Bekenntnisses die Schwabacher bzw. Marburger Vorlage benutzt, sondern eine eigene Formel zugrunde gelegt, „wie er sie im Kampf gegen Zwingli aus den Kirchenvätern zusammengestellt, seit dem Jahre 1526 vertreten und zuletzt in der ältesten Form der ›Apologie‹ für den Augsburger Reichstag niedergelegt hatte. Dieses Ergebnis besagt, daß Melanchthon alle fremden Abendmahlsdefinitionen – auch die Luthers – unbeachtet gelassen hat. Der lateinische Abendmahlsartikel entstammt seiner eigenen Theologie und ist von ihr her zu verstehen" (434 f.). Neuser geht also von der Selbständigkeit des lateinischen Abendmahlsartikels gegenüber der deutschen Fassung aus, wobei er die Auffassung vertritt, „daß die weitere lateinische [Fassung] die engere deutsche nicht ein-,

[79] Bizer, E., Die Abendmahlslehre in den lutherischen Bekenntnisschriften, in: ders. und W. Kreck, Die Abendmahlslehre in den reformatorischen Bekenntnisschriften, München 1955 (ThExNF 47), 3–42, hier: 16 f.

[80] Neuser, W. H., Die Abendmahlslehre Melanchthons in ihrer geschichtlichen Entwicklung (1519–1530), Neukirchen 1968. Die nachfolgenden Seitenverweise im Text beziehen sich hierauf.

sondern ausschließt“ (471). Der lateinische Abendmahlsartikel sei typisch melanchthonisch in dem Sinne, daß er sich zum einen scharf gegen die zwinglische Lehre abgrenze, zugleich aber bestimmte Merkmale der lutherischen Auffassung ausschließe. „Das Kennzeichen des selbständigen melanchthonischen Lehrtypus ist die Bindung der Realpräsenz an die ganze Abendmahlshandlung statt an die Elemente Brot und Wein“ (473). Damit nehme Melanchthon einen Platz zwischen den Fronten ein: „Mit *Luther* stimmt er in den Hauptpunkten überein: in der Lehre von der leiblichen Gegenwart des Leibes Christi und von der Austeilung desselben im Abendmahl. Von Luther trennt ihn die Annahme eines räumlichen Himmels, die Ablehnung des Konsekrationswortes, die lockere Bindung der Abendmahlsgabe an die Elemente und die Annahme allein einer manducatio spiritualis. Mit *Zwingli* stimmt er umgekehrt in der Ansicht über den Himmel überein und in der Spiritualisierung der Abendmahlsgabe. Ihn trennt von Zwingli die Lehre von der Gegenwart des Leibes Christi und die Austeilung der Abendmahlsgabe zusammen mit den Elementen“ (470). Damit ist, wie gesagt, ein theologischer Gegensatz zwischen den beiden Fassungen von CA X behauptet. Die lateinische Fassung habe einen genuin melanchthonischen (vgl. 450 ff.), aber antilutherischen Charakter (vgl. 452 ff.).

Betrachtet man indes den Abendmahlsartikel der ›Apologie‹ der CA, so wird zweifelhaft, ob der Gegensatz, wie er später zwischen den sog. Philippisten und den Gnesiolutheranern tatsächlich aufbricht, im Jahre 1530 schon in dieser Deutlichkeit zu identifizieren ist. Die zentrale Formel lautet nun, „quod in coena Domini vere et substantialiter adsint corpus et sanguis Christi et vere exhibeantur cum illis rebus, quae videntur, pane et vino, his qui sacramentum accipiunt“ (BSLK 247, 46 ff.). Die Unterschiede gegenüber dem lateinischen Text der CA sind folgende: „1. statt ‚vere‘ heißt es nun ‚vere et substantialiter‘, womit der Ausdruck: ‚der wahre Leib‘ aus der deutschen CA aufgenommen wird; 2. statt ‚et distribuantur‘ sagt er (sc. Melanchthon) jetzt: ‚vere exhibeantur‘; dazu wird 3. das Verhältnis zwischen Zeichen und Sache ausgedrückt durch die Formel: ‚cum illis rebus, quae videntur, pane et vino‘; statt dem einfachen ‚vescentibus‘ heißt es jetzt: ‚his qui sacramentum accipiunt‘.“[81] Vor allem die Hinzufügung des „et substantialiter“ zeigt den deutlichen Willen

[81] Bizer, E., a. a. O., 30.

zur Abgrenzung gegenüber den Zwinglianern und den Straßburgern. „Gegenüber der Gegenwart contemplatione fidei, die für Melanchthon keine richtige Gegenwart, sondern nur eine Scheingegenwart ist, muß die Körperlichkeit dieser Gegenwart hervorgehoben werden."[82] Daß er das Verhältnis zwischen Zeichen und Sache schließlich durch die Präposition 'cum' näher bestimmt, darf keineswegs als eine Bestreitung der elementaren Gegenwart des Leibes und Blutes Christi interpretiert werden, will vielmehr nur das Mißverständnis fernhalten, als sei die Gegenwart Christi in den Elementen als räumliche Einschließung zu denken.

Damit ist zugleich der zentrale Vorwurf reformierter Tradition gegenüber dem lutherischen Verständnis der sakramentalen Vereinigung von Leib und Blut Jesu Christi mit Brot und Wein angesprochen. Nach übereinstimmender Auffassung Zwinglis und Calvins nämlich führt Luthers These, die Deuteworte seien als Identitätsaussagen zu lesen, sprachlogisch zwangsläufig zur Annahme einer localis inclusio Jesu Christi in den Elementen, dergemäß die Substanz des Leibes (bzw. des Blutes) Christi der Substanz des Brotes (bzw. des Weines) räumlich inhäriere. Um dies zu vermeiden, wollte man reformierterseits die Deuteworte figürlich oder tropisch, also nicht im Sinne einer Identitätsaussage, sondern im Sinne einer sakramentalen Metonymie verstanden wissen. Metonymisch gefaßt ist das Brotwort also nicht mit 'Das ist (est) mein Leib', sondern mit 'das bedeutet, das bezeichnet (significat) meinen Leib' zu übersetzen.

Unbeschadet dieser formalen Übereinstimmung werden die Termini 'bedeutet' bzw. 'bezeichnet' innerhalb der reformierten Tradition nun allerdings keineswegs einheitlich verstanden. Was Zwingli betrifft, so lehrte er zwar die eucharistische Gegenwart Christi in der Schau des Glaubens (fidei contemplatione), wandte sich aber entschieden gegen jede Art essentieller und realer Präsenz des Leibes und Blutes Christi im Herrenmahl (vgl. M 87, 43–88, 3). Daraus erhellt, warum auf dem Marburger Religionsgespräch von 1529 trotz redlichen Bemühens beider Seiten zwischen Luther und Zwingli keine Einigung zu erzielen war. Schon Jahre zuvor hatte sich der Bruch abgezeichnet: obwohl die persönlichen Verhandlungen in Marburg manche Mißverständnisse vermeiden halfen, sind doch alle sachlichen Argu-

[82] A. a. O., 30 f.

mente schon aus vorhergegangenen Schriften bekannt. Dabei ist die Auseinandersetzung stets, wie auch in Marburg, auf das Problem des rechten Verständnisses der Einsetzungsworte konzentriert. Nichtsdestoweniger ist zu erkennen, „daß sich der theologische Gegensatz nicht nur auf die Abendmahlslehre bezog. Wort- und allgemeines Sakramentsverständnis, Gottesbegriff und Christologie, der grundlegende theologische Ansatz sind bei Luther und den Schweizern verschieden.“[83] Dieser Gegensatz, der dann im Abendmahlsstreit zur Austragung kam, läßt sich zurückverfolgen schon in die Anfangszeit der Reformation und in die Jahre der gemeinsamen Kritik an der römischen Messe. Zwingli und Luther kritisierten beide das römische Verständnis des Sakraments – „Zwingli, indem er es konsequent als ein *menschliches* Zeichen faßte und ihm jegliche geistliche Wirkung absprach, Luther, indem er es als ein *göttliches* Zeichen begriff, das nur im Zusammenhang mit jenem Wort verstanden werden kann, durch das Gott selbst am Menschen wirkt. So kam es, daß Zwingli eben das bestritt, woran für Luther der ‘Schatz’ des Sakraments hing. Der Gegensatz *mußte* aufbrechen.“[84]

In Marburg ist er, wie gesagt, offenkundig geworden. Über die Frage, „ob der war leib und plut Christi leiblich in brot und wein sey“ (Art. 15), kam es zu keinem Ausgleich. Indes war man in Marburg auf lutherischer Seite keineswegs generell gegen Vermittlungsbemühungen abgeneigt. Darf man dem Bericht Osianders an den Nürnberger Rat glauben, so war man vielmehr der einhelligen Meinung, „wann sy, der ander tayl, bekennen wolten, das der leyb Christi im abentmal were, nicht allain in der menschen gedechtnus, so wolten wir sy aller ander frag erlassen und nichts dringen, ob er leyblich oder gaystlich, natürlich oder übernatürlich, in stat oder one stat da were, und also für brüder wider annemen und alles thun, was in lieb were. Aber – das ist wunderlich zu hören – sy wolten nicht.“[85] Auch in der sog. Unionsformel des 3. Oktober zeigte man auf seiten der Lutheraner durchaus Entgegenkommen; zur Einigkeit im Glauben sollte das Bekenntnis genügen, „dz ausz vermög diser

[83] May, G. (Hrsg.), Das Marburger Religionsgespräch 1529, Gütersloh 1970, 6.
[84] Grötzinger, E., Luther und Zwingli. Die Kritik an der mittelalterlichen Lehre von der Messe – als Wurzel des Abendmahlsstreites, Gütersloh 1980, 121.
[85] May, G. (Hrsg.), a. a. O., 57.

wort: ‚Das ist min lib, dz ist min blůt' der leib und dz blůt Christi wahrhaftiklich, hoc est: substantive et essentialiter, non autem quantitative vel qualitative vel localiter, im nachtmal gegenwertig sey und gegeben werd"[86]. Damit glaubte man den Bedenken Zwinglis Rechnung getragen, dessen bestes Argument nach dem brieflichen Bescheid Luthers an seinen „freundlichen lieben herrn Katharina" dies gewesen war, „daß corpus non potest esse sine loco, ergo Christo corpus non est in pane ..."[87]. Zwingli indes lehnte die angebotene Einigungsformel als nach wie vor mißverständlich ab.

Der Verdacht, die lutherische Abendmahlstheorie lehre nolens volens eine localis inclusio Christi in den Elementen, blieb im übrigen auch bei jenen reformierten Theologen erhalten, die Zwinglis Sakramentsauffassung ansonsten durchaus nicht vorbehaltlos zu folgen bereit waren. Hatte schon Oekolampad gegenüber Luther eingeräumt, Brot und Wein seien keineswegs als bloße Zeichen zu begreifen, so verwirft der ›Consensus Bremensis‹ von 1595 ausdrücklich die These, wonach zu gelten habe: „Brod und wein sind nuhr ledige zeichen, oder blosse bedeutungen, die gemeinschafft des leibs Christi sey nuhr zu ziehen uff das vordienst und opffer am leib Christi geschehen. Es sey gantz und gar keine gegenwart deß leibs und bluts Christi zuzulassen, auch keine Sacramentliche voreinigung des leibs und bluts Christi mitt dem geheiligten brod und wein, das ist, das eusserliche Sacrament, brod und wein, sey nicht vorordnet als ein gewisses pfandt, zeugnis und sigel der gemeinschafft des leibs und bluts Christi. Die geistliche Nissung des fleischs und bluts Christi, sey mehr nicht, als glauben, das Christus für uns gelidden, und sein blut für uns vorgossen habe, Nicht aber das wir mitt dem fleische und blut Christi selbst gemeinschafft haben, und dem gantzen Christo wahrhaftig eingereiset oder eingeleibet werden, welches ihnen ein menschen geticht sein" (M 774, 18–30).

Mit diesen Verwerfungsaussagen kann sich der ›Consensus Bremensis‹ zweifellos auf Calvin berufen, der gegen die Zwinglische Unterschätzung des sakramentalen Zeichens mit Nachdruck auf der wahren Gegenwart des Leibes Christi im Herrenmahl bestand und bestritt, wir hätten sakramentale Gemeinschaft mit Christus nur im Geist und im Glauben (Inst.

86 A. a. O., 66.
87 A. a. O., 72.

IV, 17, 5 ff.). Indes wandte sich Calvin nicht weniger entschieden gegen die Vorstellung, „als ob Christus an das Element des Brotes gebunden" (IV, 17, 12), gleichsam impaniert sei, eine Vorstellung, von der er nicht nur die römische Transsubstantiationslehre beherrscht (IV, 17, 14 ff.), sondern auch die lutherische Lehrweise beeinträchtigt sah (IV, 17, 16 ff.). Infolgedessen lehnte er die lutherische Formel 'in, mit und unter' als unangemessen ab, während er die Rede von einer Darreichung des Leibes und Blutes Christi mit (cum) Brot und Wein teilte und insofern neben dem Abendmahlsartikel der CA variata (BSLK 65, 45 f.) auch die lateinische Fassung von CA invariata X durchaus annehmen konnte. Dabei verstand Calvin die Präposition 'mit' nicht nur in temporaler, sondern auch in modaler und kausaler Weise. Der Zusammenhang von Zeichen und Bezeichnetem ist also bei ihm durchaus eng gefaßt. Leib und Blut werden nicht nur aus Anlaß und gleichzeitig mit der Darreichung von Brot und Wein gegeben, sondern zusammen mit diesen und mittels dieser. „Die Handlung des Darreichens von Brot und Wein *impliziert* somit die Handlung der Darreichung von Leib und Blut Christi" (J. Rohls). Der reformierte Begriff der sakramentalen Vereinigung versteht demnach, jedenfalls sofern er von Calvin geprägt ist, das durch Brot und Wein elementar geprägte Abendmahlsgeschehen zweifellos als ein exhibitives Gnadenmittel. Demgemäß lehrt das Hugenottische Glaubensbekenntnis von 1559, „daß Gott . . . im Abendmahl . . . uns tatsächlich und wirksam gibt, was er darin abbildet. Und darum verbinden wir mit den Zeichen den wahren Besitz und Genuß dessen, was uns dort angeboten wird" (J 120).

Trotz dieser engen Verbindung zwischen der Darreichung des gesegneten Brotes und Weines und dem Empfang des Leibes und Blutes Christi, die mehr ist als ein bloßer Parallelismus zweier simultaner Vorgänge, kann die unio sacramentalis nach reformierter Auffassung nicht im Sinne eines Inseins Christi in den Elementen, das Deutewort mithin nicht als Identitätsaussage verstanden werden. Sosehr die von Calvin geprägte reformierte Tradition sich ansonsten von Zwingli abwandte, dessen Ablehnung der Annahme einer Präsenz Christi in resp. unter den Elementen teilte man auch weiterhin, weil man mit ihr die unausweichliche Vorstellung einer localis inclusio bzw. einer Impanation, die Vorstellung eines lokalen „An-Wesens" Christi an der bestimmten Raumstelle des Brotes (bzw. Weines) verband. Diese

Vorstellung aber hielt man aus einer Reihe von Gründen für verwerflich: zum einen, weil man durch sie die Gefahr der Idolatrie verdächtig nahegelegt und den Unterschied zwischen Endlichem und Unendlichem, Gott und der Welt verwischt sah; zum anderen, weil man durch die Annahme einer multilokalen Präsenz in den vielerorts zelebrierten Abendmahlsfeiern die wahre Leiblichkeit Jesu doketisch zersetzt glaubte. Nun hatte freilich auch Luther den Gedanken einer räumlichen Einschließung Christi in den Elementen stets als irrig abgewiesen. Sosehr für ihn die Beziehung zu einem 'Da' zur Lehre von der Realpräsenz notwendig hinzugehört, wenn anders die sakramentale Gegenwart Christi im Abendmahl wirkliches Da-Sein bedeuten soll, sowenig kann das sakramentale Dasein Christi mit der allgemeinen Art und Weise des Daseins von Gegenständen unmittelbar identifiziert und mit dem Gegebensein von Brot und Wein, wie es sich der allgemeinen Welterfahrung darstellt, direkt gleichgesetzt werden. Auch das Da des sakramentalen Daseins Christi ist ein singulare tantum, will heißen: aus allgemeinen Erfahrungsdaten nicht ableitbar, sondern durch Jesus Christus in seiner Unvergleichlichkeit selbst gesetzt. Um dies klarzustellen hatte Luther in seinem großen Bekenntnis vom hl. Abendmahl, welches die ›Konkordienformel‹ später ausführlich zitiert (BSLK 1006 ff.), drei feststellbare Weisen unterschieden, in denen Jesus Christus gemäß seiner Menschheit an einem Orte sein kann: Erstens die „begreifliche, leibliche Weise" (BSLK 1006, 22 ff.), wie der Herr sie während seiner Erdenzeit, aber auch noch nach seiner Auferstehung gebraucht habe und am Ende der Tage wieder gebrauchen werde; zweitens die „unbegreifliche, geistliche Weise, da er keinen Raum nimpt noch gibt, sondern durch alle Kreatur fähret, wo er will ... Solcher Weise hat er gebraucht, da er aus verschlossenem Grabe fuhr und durch verschlossene Tür kam und im Brot und Wein im Abendmahl und wie man gläubet, do er von seiner Mutter geboren ward etc." (BSLK 1007, 1 ff.); schließlich drittens die „göttliche, himblische Weise, da er mit Gott eine Person ist, nach welcher freilich alle Kreaturen ihn gar viel durchläuftiger und gegenwärtiger sein müssen, dann sie sind nach der andern Weise" (BSLK 1007, 26 ff.; vgl. insgesamt WA 26, 335 ff.). Mit den letzten Bestimmungen ist erreicht, was man – übrigens im Anschluß an die reformierte Polemik – Luthers Lehre von der Ubiquität der menschlichen Natur Jesu Christi zu nennen pflegt.

Auf die christologischen Hintergründe dieser Lehre wird noch einzugehen sein; historisch ist festzuhalten, daß Luther zu seinen Aussagen über die räumlichen Gegenwartsmöglichkeiten des Leibes Jesu Christi „erst durch das Auftreten Zwinglis und Oekolampads gegen die Realpräsenz des Leibes im Abendmahl gedrängt"[88] wurde; am detailliertesten entwickelt hat er sie in dem ›Sermon vom Sakrament des Leibes und Blutes Christi‹ von 1526, in der Schrift ›Daß diese Worte 'Das ist mein Leib' noch feststehen‹ von 1527 und in dem großen Abendmahlsbekenntnis von 1528. Das Problem als solches war freilich keineswegs neu: schon die scholastische Tradition hatte die Verwendung von Raumbegriffen in der Lehre von der Realpräsenz eingehend reflektiert und hinsichtlich der Weise des Gegenwärtigseins zwischen einem esse circumscriptive, einem esse definitive (resp. diffinitive), schließlich einem esse repletive unterschieden. Was Luthers Rezeption dieser Bestimmungen angeht, so muß man vorausschicken, daß er „die von der Tradition herausgestellten Weisen des Am-Ort-Seins überhaupt nur als Hilfen zur Explikation der *Möglichkeit* der Realpräsenz betrachtet, die sich gegenüber der unumstößlichen Wirklichkeit der Einsetzungsworte nicht verselbständigen dürfen"[89]. Nicht um eine Begründung der Realpräsenz handelt es sich, sondern um eine flankierende Maßnahme ihrer Verteidigung. In diesem begrenzten Rahmen hat Luther dann allerdings von den traditionellen Bestimmungen zur Räumlichkeit Jesu Christi durchaus argumentativen Gebrauch machen können. Das zeigt sich beispielhaft an der Auseinandersetzung mit Zwingli: Während sich für diesen Körperlichkeit und Ortsgebundenheit wechselseitig bedingen, ist für Luther dies keineswegs der Fall, weil er, wie die nominalistische Tradition, verschiedene Weisen und eben nicht nur eine circumscriptive Weise des Am-Ort-Seins voraussetzt. Die für die menschliche Natur Jesu Christi behauptete Multilokalität bzw. Omnipräsenz darf deshalb nach ihm auch nicht als infinitive Ausdehnung einer Raumgröße vorgestellt werden, was zwangsläufig in den von den Zwinglianern unterstellten Doketismus führen müßte. Aus der richtigen Feststellung, daß alles räumlich Begrenzte ein Körper sei, könne keineswegs der Umkehrschluß gefolgert werde, jeder Körper sei per definitionem räumlich umschlossen.

[88] Hunzinger, A. W., Art. Ubiquität, in: RE 20, 182–196, hier: 185.
[89] Hilgenfeld, H., a. a. O., 232.

„Deswegen kann Luther im Marburger Gespräch Zwingli auch einräumen, daß Christus endlich ist, wie wir endlich sind, ohne daß damit auch im geringsten an der Möglichkeit der Multilokalität des Leibes Christi gerüttelt wäre.“[90]

Nicht nur Zwingli, die gesamte reformierte Tradition ist Luther in dieser Auffassung nicht gefolgt. Die These, daß sich der Leib Christi im Abendmahl nicht localiter und circumscriptive, sondern illocaliter und diffinitive am Ort der Brot- und Weingestalt befinde, gilt ihr als Widersinn, die Annahme einer illokalen Präsenz des Leibes Christi an einem bestimmten Ort als innere Unmöglichkeit, mit deren Behauptung die wahre Leiblichkeit Jesu Christi und mithin die Gemeinschaft des Erlösers mit seinen irdischen Menschenbrüdern zersetzt werde. Von welcher Art nämlich, fragt Calvin, ist unsere irdische Verfassung, unser Fleisch? „Ist es nicht so, daß es seine bestimmte Abmessung hat, räumlich umschlossen ist, berührt und gesehen wird? Sie fragen aber: Und warum sollte es Gott nicht fertigbringen, daß das nämliche Fleisch zahlreich verschiedene Örter zugleich erfüllt, daß es von keinem Raum umschlossen wird und weder Maß noch Gestalt besitzt? Du törichter Mensch, wozu verlangst du von Gottes Macht, sie solle dahin wirken, daß dies Fleisch zugleich Fleisch und doch auch nicht Fleisch sei? Das ist ebenso, wie wenn du darauf bestündest, sie solle es zustande bringen, daß das Licht zugleich Licht und Finsternis sei! Nein, sie will, daß das Licht Licht ist, die Finsternis Finsternis und das Fleisch Fleisch! Sie wird freilich, wenn sie will, Finsternis in Licht und Licht in Finsternis verwandeln; aber wenn du verlangst, daß Licht und Finsternis ohne Unterschied sein sollen – was tust du dann anders, als daß du die Ordnung der Weisheit Gottes verkehrst?“ (Inst. IV, 17, 24.) Am Satz vom zu vermeidenden Widerspruch hält reformierte Theologie als an einem Schöpfungsdekret fest.

Wie lutherische Theologie ihre Auffassung demgegenüber in logisch-kategorialer Hinsicht zu verteidigen suchte, wird noch zu erörtern sein. An dieser Stelle mag der Hinweis genügen, daß die ›Konkordienformel‹ im Anschluß an Brenz und in Bestätigung der genuinen Lehre Luthers festhält, daß Jesus Christus auch als Mensch „allen Kreaturen gegenwärtig ist“ und seine Gewalt „allenthalben gegenwärtig üben kann“ (BSLK 808, 10 f.

[90] A. a. O., 231.

18), dabei aber mit Chemnitz hinzufügt, der Herr könne und tue dies, „wo er will" (BSLK 1043, 31 f.; 1048, 13), eine Ergänzung, der die betonte Bindung der Realpräsenz an die Einsetzungsworte und eine mehr oder minder offene Absage an christologische Spekulation korrespondiert. Im übrigen verdient es bemerkt zu werden, daß Luther in der Frage der unio sacramentalis durchaus zu Kompromissen bereit war, wenn nur das von subjektiven Voraussetzungen unabhängige Gegebensein der sakramentalen Gabe und der vom Abendmahl zu erwartende Trost für die verzagten Gewissen bewahrt blieb. Das beweist die ›Wittenberger Konkordie‹ von 1536[91] als das Ergebnis langwieriger Auseinandersetzungen mit den Oberdeutschen, insbesondere mit dem unermüdlich um Vermittlung bemühten Bucer, derzufolge Luther sich mit der Formel zufriedengeben konnte: „cum pane et vino vere et substantialiter adesse, exhiberi et sumi corpus et sanguinem Christi" (vgl. BSLK 977 f., hier: 977, 20 ff.).

3. Der Durchgang durch den innersten Themenkreis reformatorischer Abendmahlslehre ist abzuschließen mit der Frage, was die Gegenwart von Leib und Blut Christi im Hinblick auf das Essen des gesegneten Brotes und das Trinken des gesegneten Weines bedeutet. Über den Status dieser Frage ist zunächst zu sagen, daß sie nicht marginal und anhangsweise, sondern ebenso zentral wie grundlegend zur Abendmahlstheologie hinzugehört. Denn die elementare Gegenwart Christi im Altarsakrament ist, was sie ist, als Gegenwart für uns. Nur wo dies konsequent wahrgenommen wird, kann der Begriff sakramentaler Gegenwart angemessen gedacht werden, deren Wesen eben nichts anderes ist als vorbehaltlos zum Empfang bestimmtes „An-Wesen". „In den lutherischen [sc. und in den reformierten] Bekenntnisschriften wird die Realpräsenz niemals isoliert und absolut bekannt, niemals statisch als Eigenwert, vielmehr immer unmittelbar auf Essen und Trinken hin, und aller sonstiger Umgang mit der Realpräsenz wird abgelehnt ... Immer erscheint das Bekenntnis zur Realpräsenz in unmittelbarer Abzielung auf realen Empfang, und es will nur gelten daraufhin."[92] Die ›Konkordienformel‹ beruft sich hierzu auf die „nützliche Regel und Richtschnur aus den Worten der Einsetzung genommen: Nihil habet rationem

[91] Vgl. im einzelnen Bizer, E., Studien zur Geschichte des Abendmahlsstreits im 16. Jahrhundert (1940), Darmstadt 1962.

[92] Kinder, E., a. a. O., 58.

sacramenti extra usum a Christo institutum . . ." (BSLK 1001, 5 ff.). Zwar wird der 'usus' nicht auf die 'mündliche Nießung' beschränkt, sondern bezeichnet „die ganze äußerliche, sichtbare, von Christo geordnete Handlung des Abendmahls, die Consecration oder Wort der Einsetzung, die Austeilung und Empfahung oder mündliche Nießung des gesegneten Brots und Weins, Leibs und Bluts Christi". Außer diesem Gebrauch indes, „wenn das Brot in der papistischen Meß nicht ausgeteilet, sondern aufgeopfert oder eingeschlossen, umbgetragen und anzubeten fürgestellet, ist es für kein Sakrament zu halten" (BSLK 1001, 18 ff.). Damit ist deutlich gemacht: Die Gegenwart Jesu Christi im Abendmahl ist als vorgegebene schlechthin und vorbehaltlos für uns gegeben. Das An-sich der Realpräsenz läßt sich von ihrem Für-uns nicht trennen. Der Für-Bezug ist ihr in keiner Weise äußerlich, vielmehr ist sie an sich selbst durch den Für-Bezug bestimmt.

Die Regelung der anstehenden praktischen Probleme, die vor allem an der Frage der Dauer der sakramentalen Gegenwart entstehen, hat diese Einsicht konsequent zu befolgen. Innerhalb des von der Leitmaxime vorgegebenen Rahmens ist Flexibilität durchaus möglich und auch nötig. Bezeichnenderweise hat es Luther, sosehr für ihn zu Begriff und Sache der Realpräsenz eine bestimmte Zeitdauer unlösbar hinzugehörte, tunlichst vermieden, deren Anfang und Ende minutiös festzulegen. Was ihren Anfang betrifft, so reichte ihm die Feststellung, daß die Gegenwart spätestens mit der Rezitation der Einsetzungsworte gegeben sei. Die Konzentration auf die verba testamenti darf dabei freilich nicht vom Gesamtzusammenhang des Abendmahls wegführen; die Einsetzungsworte sind in ihrer Wirksamkeit an den stiftungsgemäßen Rahmen gebunden. Der Versuch, das Einsetzen der Gegenwart Christi in den Elementen bis auf die Silbe genau zu terminieren, gilt als Ablenkung und Irreleitung des Glaubensinteresses. Entsprechend restriktiv behandelte Luther die Frage, ob bzw. wann die Realpräsenz ende. Interessant ist hier der Fall des Pfarrers Wolferinus: Im Verlauf eines Streits innerhalb der Pfarrschaft Eislebens hatte dieser behauptet, daß das nach der Abendmahlsfeier übrig gebliebene gesegnete Brot bzw. der Rest des konsekrierten Weines bloße Elemente, also nichts als Brot und Wein seien, da das Sakrament außerhalb der actio nicht existiere. Luther stellte Wolferinus daraufhin „die Wittenberger Praxis der Sakramentsverwaltung als nachzuahmendes

Beispiel vor Augen . . ., wo das übrig (G)ebliebene des Sakraments verzehrt werde, so daß derartige anstößige und gefährliche Fragen, in denen Wolferinus ersticken werde, wenn er nicht wieder zum rechten Verstand komme, gar nicht erst aufbrechen könnten . . ."[93]. Man darf diese Mahnung, die restlichen Abendmahlsgaben zu verzehren, nicht in der Weise eines gesetzlichen Zwanges verstehen, um dann indirekt aus ihr positive Behauptungen herauszulesen zu können, die so gerade nicht gemacht werden. Die Konsequenz, den usus und mit ihm die Realpräsenz ad infinitum auszudehnen, liegt nicht nur nicht in der Absicht Luthers, sondern steht im Widerspruch zu ihr. Luthers Mahnung an Wolferinus will vielmehr als evangelische Regel seelsorgerlicher Klugheit verstanden sein, die leichtsinnigen Vorwitz ebenso in Schranken weist, wie sie mögliche Skrupulanz schon im Ansatz verhindert. Man soll demgemäß nicht mit dogmatischen Gewichten beschweren, was vor allem eine Frage des seelsorgerlichen Einfühlungsvermögens ist. Für die Kommunikanten ist die Gewißheit nötig, aber auch hinreichend, daß Jesus Christus im Abendmahl, dessen stiftungsgemäßer Mahlcharakter gewahrt sein muß, während einer bestimmten Zeit, die durch eben diesen stiftungsgemäßen Charakter als bestimmte gewußt und von anderen Zeiten unterschieden werden kann, wahrhaft präsent ist.

Was schließlich den Eucharistieempfang selbst betrifft, so hatte die scholastische Theologie eine Reihe von Weisen der manducatio detailliert unterschieden (vgl. auch DS 1648): dabei fällt die Annahme einer manducatio carnalis, die Christi Leib kapernaitisch als pures Fleisch verkennt, vorweg aus dem dogmatischen Rahmen. Von den sonstigen Unterscheidungen ist Luther vor allem die zwischen dem modus spiritualis und dem modus corporalis wichtig geworden. Dabei zeigt sich in seiner frühen, durch den Testamentsgedanken geprägten Abendmahlstheorie eine Tendenz, die manducatio spiritualis weitgehend aus dem Zusammenhang des Sakraments zu lösen und fast ausschließlich auf das Wort zu beziehen. Da Luther damals alles auf den inneren, geistlichen Empfang ankam und er die manducatio spiritualis mit der fides überhaupt gleichsetzte, bleibt offen, warum er „überhaupt noch Wert auf die manducatio externa et corporalis legt[e]"[94]. Erst die engere Zuordnung von Wort und Sakra-

[93] Diestelmann, J., a. a. O., 32.
[94] Hilgenfeld, H., a. a. O., 448.

ment während des Abendmahlsstreits ermöglichte Luther eine neue Verhältnisbestimmung von manducatio spiritualis und corporalis. Zunächst werden alle Aussagen vermieden, „die einen leiblichen, äußeren Empfang *gegenüber* einem geistlichen, innerlichen in seiner Bedeutung *herabmindern* oder gar für überflüssig erklären“[95]; sodann wird die Einigkeit von leiblicher und geistlicher Nießung konsequent behauptet und gegen jede Auflösung verteidigt. Entsprechend verwirft die ›Konkordienformel‹ die Leugnung der mündlichen Nießung des Leibes und Blutes Christi bzw. die Lehre, „daß der Leib Christi im Abendmahl alleine geistlich durch den Glauben genossen werde, also, daß unser Mund im Abendmahl nur allein Brot und Wein entpfahe“ (BSLK 1012, 11 ff.; vgl. 1013, 11 ff.). Begründet wird dies u. a. mit einem Verweis auf 1. Kor 10, 16 (BSLK 989, 49 ff.) sowie mit den Einsetzungsworten (vgl. BSLK 987, 39 ff.), die unmißverständlich lauten: „*Das ist, ist, ist mein Leib*“ (BSLK 808, 33 f.). Wenngleich Leib und Blut Christi also mündlich empfangen werden, so doch mitnichten „auf kapernaitisch, sunder übernatürliche, himmlische Weise“ (BSLK 799, 20 f.; vgl. 994, 15 ff.; 1009, 10 ff.). Alle „fürwitzige, spöttische, lästerlichen Fragen (so Zucht halben nicht zu erzählen) und Reden, so auf grobe, fleischliche, capernaitische ‘und abscheuliche’ Weise von den übernatürlichen, himmlischen Geheimbnussen dieses Sakraments ganz lästerliche und mit großem Ärgernus durch die Sakramentierer vorgebracht werden“ (BSLK 803, 10 ff.; vgl. 1016, 16 ff.), sind dem gerechten Gericht Gottes zu befehlen.

Theologisch entscheidend für die lutherische Position in diesem Fragenkomplex ist, daß sie „auch hier ein Tertium [suchte], das außerhalb d[es] Gegensatzes von körperlichem und glaubendem Empfang lag“[96]. „Auch für den Empfang wurde von den Lutheranern die coniunctio beider Empfangsarten als unio interpretiert und ein Abweichen von dieser Interpretation durch Betonung der Eigenständigkeit der beiden verbundenen Teile als separatio verworfen; hat Gott die beiden res vereinigt, so würde doppelter Empfang eine Trennung bedeuten“ (202). Eine solche Trennung von nach göttlicher Fügung Zusammengehörigem sah man sowohl in der Annahme eines äußerlichen Parallelismus von

[95] A. a. O., 450.

[96] Gollwitzer, H., a. a. O. (vgl. Anm. 2. 7), 201. Die nachfolgenden Seitenverweise im Text beziehen sich auf diese Schrift.

leiblichem und geistlichem Empfang gegeben als auch in der abstrakten Behauptung entweder einer manducatio physica (vgl. 203–209), die im Kapernaitismus enden, oder einer bloßen manducatio spiritualis (209–220), die konsequent verfolgt zu einer schwärmerischen Negation des Sakraments überhaupt, ja darüber hinaus zur Leugnung der Kondeszendenz Gottes in der wahren Menschheit Jesu Christi führen mußte. „Non gaff ghen caelum . . . hie unden hastus“ (WA 41, 546, 10 f.), kann auch in diesem Zusammenhang als Wahlspruch der Lutheraner gelten.

Daß die reformierte Tradition hier andere Akzente setzte, ist nicht zu leugnen. Dabei muß man vorherschicken, daß sich Luther in der Frage der manducatio oralis – provoziert durch einseitig spiritualisierende Tendenzen, denen er anfangs selbst zu folgen drohte – zu teilweise überspitzten und mißverständlichen Formulierungen hinreißen ließ, etwa wenn er das Berengar von Tours abgenötigte (von der Transsubstantiationslehre und ihrer Unterscheidung von Leibsubstanz und Brotakzidenz im übrigen nicht gedeckte) Bekenntnis, demzufolge Christi Leib im Abendmahl mit den Zähnen zerkaut werde (DS 690), mit Beifall bedachte und schrieb: „Wolt Gott, alle Bepste hetten so Christlich ynn allen stücken gehandelt, als dieser Bapst mit dem Berenger ynn solcher bekendnis gehandelt hat, Denn es ist ia die meinung, das, wer dis brod isset und beisset, der isset und beisset das, so der rechte warhaftige leib Christi ist und nicht schlecht eitel brod“ (WA 26, 443, 1 ff.). Demgegenüber verwehrt die ›Konkordienformel‹ eindeutig das Verständnis der manducatio oralis als eines physisch-empirischen Vorgangs, und sie konnte und mußte das unter Luthers eigenen, differenziert gefaßten Voraussetzungen tun, wonach der Leib Jesu Christi in, mit und unter dem Brot nicht localiter, sondern illocaliter anwesend sei und demnach nicht auf leiblich-natürliche, sondern allein auf übernatürlich-sakramentale Weise mündlich verzehrt werde.

Daß die reformierte Tradition sich mit diesem Differenzierungsangebot gleichwohl nicht zufriedengab, hängt damit zusammen, daß sie die Möglichkeit eines illokalen Daseins eines Leibes an einer bestimmten Raumstelle generell ausschloß und sonach die Unterscheidung eines physischen von einem hyperphysischen mündlichen Essen des Leibes Christi als Scheindifferenz erachtete, die sich gedanklich nicht aufrechterhalten läßt. Die Ablehnung der von den Lutheranern hartnäckig gelehrten manducatio oralis folgt konsequent aus der prinzipiellen Bestreitung der Möglichkeit eines illokalen leiblichen Daseins, in der sich alle Reformierten einig waren. Entsprechend kommt für sie übereinstimmend nur eine geistliche Weise des Essens und Trinkens des Leibes und Blutes Christi in Betracht. Unbeschadet dieser Gemeinsamkeit zeigen sich im übrigen innerhalb der reformierten Tradition erneut jene Unterschiede, die sich in anderer Hinsicht bereits mehrfach in analoger Weise feststellen ließen. Während für Zwingli der Genuß der Abendmahlsgaben recht eigentlich identisch ist mit dem Glauben an Christus, wobei er den Glauben nach Art der Humanisten einer rein geistigen, spirituellen, vom Körperlich-Materiellen streng getrennten Sphäre zuweist, widerspricht Calvin ausdrücklich der Auffassung, „Christi Fleisch zu essen und sein Blut zu trinken, das sei nichts anderes, als an Christus selbst zu glauben" (Inst. IV, 17, 5). Entsprechend verwirft der ›Consensus Bremensis‹ die These, die „geistliche Nissung des fleischs und bluts Christi, sey mehr nicht, als glauben, das Christus für uns gelidden, und sein blut für uns vorgossen habe, Nicht aber das wir mitt dem fleische und blut Christi selbst gemeinschafft haben, und dem gantzen Christo wahrhaftig eingereiset oder eingeleibet werden" (M 774, 26 ff.). Hatte Zwingli das Verhältnis von geistlich-geistigem Genuß des Leibes und Blutes Christi im Glauben und leiblichem Essen und Trinken im Abendmahl im Sinne eines mehr oder minder äußerlichen Nebeneinanders zweier weitgehend unverbundener Vorgänge bestimmt, besteht die von Calvin geprägte reformierte Lehrauffassung nachdrücklich auf dem Zusammenhang beider Vollzüge, ohne freilich ihre getrennte Betrachtung überhaupt aufzugeben. Manducatio oralis, leibliches Essen von Brot und Wein, und manducatio spiritualis, geistlicher Genuß des Leibes und Blutes Christi, werden durchaus als zwei, in ihrer Zweiheit aber eng verbundene Ereignisse bestimmt. Die Vorstellungen über die Art und Weise dieser Verbindung sind dabei nicht völlig einheitlich. Hervorgehoben wird zunächst die Gleichzeitigkeit der Vollzüge: In diesem Sinne besteht für den ›Heidelberger Katechismus‹ (Antwort auf die 75. Frage) der Wert des Herrenmahls in der Verheißung Christi, „Erstlich, daß sein leib so gewiß für mich am Creutz geopffert und gebrochen, unnd sein blůt für mich vergossen sey, so gewiß ich mit augen sehe, daß das brod des HERRN mir gebrochen, und der Kelch mir mitgetheilet wird: Und zum andern, daß er selbst meine seel mit seinem gecreutzigten Leib und vergossnen Blůt, so gewiß zum ewigen leben speise und trencke, als ich auß der hand des Dieners empfange, unnd leiblich niesse das brod unnd den Kelch des HERRN, welche mir als gewisse warzeichen des leibs und bluts Christi gegeben werden“ (M 702, 21–29). Äußeres Essen von Brot und Wein und innerer Genuß des Leibes und Blutes Christi vollziehen sich also simultan; gleichzeitig mit Brot und Wein werden Leib und Blut Christi zum Empfang dargeboten. Calvin selbst hatte die Verbindung des äußeren und inneren Abendmahlsgenusses sogar noch enger zu fassen versucht, sofern er, wie bereits gesagt, die Aussage, Christi Leib und Blut werde mit Brot und Wein dargereicht, nicht nur temporal, sondern instrumental verstanden wissen wollte. Leib und Blut Jesu Christi werden demnach nicht nur gleichzeitig mit, sondern mittels des äußeren Mahlvorgangs empfangen. Das Abendmahl fungiert in diesem Sinne als ein Gleichnis Jesu Christi, in dem zwar Bild- und Sachhälfte nach wie vor unterschieden werden sollen, dessen tertium comparationis aber nur – wenn man so sagen will – mittels der konkreten Bildbetrachtung, will heißen: mittels des leibhaften Essens und Trinkens recht wahrgenommen wird. Damit ist zweifellos eine große Nähe zur lutherischen Position erreicht. Daß dennoch eine Differenz verbleibt, hängt damit zusammen, daß auch Calvins Argumentation – um das gegebene Beispiel fortzuführen – trotz der betonten innigen Verbindung von Bild- und Sachhälfte des Abendmahls bei deren grundsätzlicher Unterscheidung ihren Ausgang nimmt. Das bestätigt sich daran, daß er die These, mittels des Essens von gesegnetem Brot und Wein werde wahrer Leib und wahres Blut Christi empfangen, nicht generell gelten läßt, sondern auf die Gläubigen einschränkt. Diese Einschränkung ist zugleich die Bedingung dafür, unter Calvins Voraussetzung, das Altarsakrament sei ein wirkliches Gnadenmittel, das gänzliche Zusammenfallen von manducatio oralis und manducatio spiritualis und die These eines leiblichen In-Seins Christi in den Mahlgestalten, die unter den Reformierten übereinstimmend abgelehnt wurde, zu verhindern.

Von daher verwundert es nicht, daß sich der innerreformatorische Abendmahlsstreit im Laufe der Zeit von der Frage der Realpräsenz auf das Problem der manducatio oralis, näherhin auf das Problem der manducatio impiorum bzw. infidelium bzw. indignorum verlagerte. Um recht zu verstehen, worum es hierbei geht, muß zunächst die Frage des würdigen Sakramentsempfangs im allgemeinen behandelt werden. Würdig, zum Mahle des Herrn hinzuzutreten, teilzunehmen an der Wirklichkeit, die hier Gestalt annimmt, um selbst eine Gestalt dieser Wirklichkeit zu werden, damit Christi Name im Namen der Christen erkennbar sei, würdig ist hierzu nach Auffassung lutherischer Theologie jeder, der glaubt (vgl. BSLK 521, 1 ff.; 714, 17 ff.), will heißen: jeder, der darauf vertraut, „daß alle Wirdigkeit der Tischgäste dieser himmlischen Mahlzeit sei und stehe allein in dem allerheiligsten Gehorsamb und vollkommenen Verdienst Christi ... und gar nicht in unseren Tugenden, innerlichen und äußerlichen Bereitungen“ (BSLK 800, 29 ff.). Zwar soll das Altarsakrament neben denen, die des Katechismuswissens entbehren (BSLK 503, 33 ff.; 554, 17 ff.; 708, 7 ff.), auch denen vorenthalten werden, die nicht zur Beichte gehen (BSLK 732, 11 ff.; vgl. 720, 15 ff.), die Reue verweigern (BSLK 996, 15 ff.) oder in öffentlichen Lastern leben (BSLK 250, 34 ff.; 719, 31 ff.). Aber diese Weisungen wenden sich allein gegen selbstsichere Überheblichkeit und wollen nicht einschränken, daß das Altarsakrament für die „erschrockene Gewissen“ eingesetzt ist, „welche ihre Sunde fühlen, für Gottes Zorn und Urteil erschrecken und sich nach Trost sehnen“ (BSLK 370, 31 ff.; vgl. 996, 25 ff.). Der Gegensatz von Würdigkeit und Unwürdigkeit ist also recht eigentlich der zwischen Glaube und Unglaube. So gibt es im Grunde „nur einerlei unwirdige Gäste . . ., nämblich die nicht gläuben“ (BSLK 800, 11 f.). Die Würdigkeit des Glaubens aber ist keine andere als die reinen Empfangens, es ist die Würdigkeit der fides apprehensiva (vgl. BSLK 718, 36 ff.). In diesem Sinne wird in der ›Konkordienformel‹ die Lehre verworfen und verdammt, „daß die Wirdigkeit nicht allein in wahren Glauben, sondern auf der Menschen eigener Bereitung stehe“ (BSLK 1015, 29 ff.). Um die Unbedingtheit der im Abendmahl wirksamen Gnade und ihre Unabhängigkeit von allen menschlichen Voraussetzungen zu verdeutlichen, kann Luther zugespitzt formulieren, die beste Disposition sei die schlechteste und die schlechteste die beste.

In der Konsequenz ihrer Betonung des unbedingten, von Voraussetzungen des Sakramentsempfängers unabhängigen Zuvorkommens der sakramentalen Gabe sahen sich die Lutheraner schließlich zu der Behauptung veranlaßt, daß auch Unwürdige das Sakrament empfangen, freilich zum Gericht: „Wir glauben, lehren und bekennen“, heißt es entsprechend in der ›Konkordienformel‹, „daß nicht allein die Rechtgläubigen und Wirdigen, sondern auch die Unwirdigen und Ungläubigen (indigni et infideles) empfahen den wahrhaftigen Leib und Blut Christi, doch nicht zum Leben und Trost, sondern zum Gericht und Verdammnus, wann sie sich nicht bekehren und Buße tun" (BSLK 799, 36 ff.; vgl. 721, 36 ff.; 990, 16 ff.; 991, 23 ff.). „Wir vorwerfen auch, so gelehrt wird, daß die ungläubigen und unbußfertigen böse Christen, die allein den Namen Christi tragen, aber den rechten, wahrhaftigen, lebendigen und seligmachenden Glauben nicht haben, im Abendmahl nicht den Leib und Blut Christi, sondern allein Brot und Wein empfangen . . ." (BSLK 1015, 11 ff.). Aus der Damnation läßt sich entnehmen, daß die Verfasser der ›Konkordienformel‹ mit den indigni und infideles, von denen der Lehrsatz spricht, nicht solche Personen meinen, die überhaupt nicht zur verfaßten Kirche hinzugehören. Daß die Beschränkung der Abendmahlsfeier auf Getaufte stiftungsgemäß vorgeschrieben ist, lehren in der Regel auch die Lutheraner. Als indigni, infideles oder impii werden demnach solche Getaufte bezeichnet, die ihres Getauftseins faktisch uneingedenk sind. Von ihnen hat nun allerdings nach lutherischer Lehrauffassung zu gelten, daß sie im Abendmahl den wahren Leib und das wahre Blut Christi zu sich nehmen, wenngleich nicht zum Heil, sondern zum Gericht, eine Auffassung, die nicht selten am Beispiel des zum Jüngerkreis gehörigen Verräters Judas Ischarioth exemplifiziert wird. Unter Berufung auf 1. Kor 11, 27 wird gelehrt, „daß nicht allein die gottseligen, frommen und gläubigen Christen, sondern auch die unwirdigen, gottlosen Heuchler, als Judas und seine Gesellen, so keine geistliche Gemeinschaft mit Christo haben und ohne wahre Buß und Bekehrung zu Gott zum Tisch des Herrn gehen, auch den wahren Leib und Blut Christi mündlich im Sakrament empfangen und sich mit ihrem unwirdigen Essen und Trinken am Leib und Blut Christi schwerlich versündigen . . ." (BSLK 991, 23 ff.).

Reformierte Theologie hat diese These entschieden abgelehnt. Nach ihr hat zu gelten, daß der wahre Leib und das wahre Blut im Abendmahl nur von Gläubigen empfangen wird, während von einer ungläubigen Teilhabe an der sakramentalen Gabe nicht die Rede sein kann. Ausdrücklich bestreitet Calvin, „daß der Mensch aus dem Sakrament mehr bekommt, als er mit dem Gefäß des Glaubens aufnimmt" (Inst. IV, 17, 33). Indes soll das nicht so verstanden werden, daß der Glaube das Gegebensein der sakramentalen Gabe konstituiert. Vielmehr behauptet Calvin,

„daß die Kraft des Geheimnisses (Sakraments) unverkürzt erhalten bleibt, so sehr auch die Gottlosen, soviel an ihnen ist, bemüht sind, sie zunichte zu machen. Aber es ist etwas anderes, ob etwas angeboten oder ob es angenommen wird! Christus reicht diese geistliche Speise allen dar, allen bietet er diesen geistlichen Trank. Die einen nehmen sie mit heißem Verlangen in sich auf, die andern weisen sie hoffärtig von sich. Soll nun die Zurückweisung, die solche Leute üben, etwa die Wirkung haben, daß Speis und Trank ihre Natur verlieren?" (IV, 17, 33.) Calvin hält also fest, „daß Christi Fleisch und Blut den Unwürdigen nicht weniger wahrhaftig gegeben wird, als den auserwählten Gläubigen Gottes". Zugleich aber sei „doch auch dies wahr: wie der Regen, der auf einen harten Felsen niederströmt, sich verläuft, weil ihm kein Weg offensteht, um in das Gestein einzudringen, so stoßen die Gottlosen in ihrer Hartnäckigkeit die Gnade Gottes von sich, so daß sie nicht zu ihnen dringt" (IV, 17, 33). Entsprechend argumentiert die gesamte reformierte Bekenntnistradition.

Der stärkste theologische Einwand gegenüber der lutherischen Position ist dabei nicht so sehr der eines äußerlichen Sakramentsobjektivismus als vielmehr der Vorwurf, die Verteidiger der manducatio indignorum würden die caro vivificax Jesu Christi gegebenenfalls zu einer tödlich-todbringenden Sache (res mortua et mortifera) erklären (vgl. Inst. IV,17, 8 f. 33 ff.). Die Lutheraner versuchten sich dagegen mit Argumenten zu verteidigen, die unbeschadet ihrer unterschiedlichen Ausprägung alle ähnlich strukturiert sind und die immer ein Doppeltes zugleich festhalten und zugleich zur Geltung bringen wollen: Heil und Unheil sind christologisch und abendmahlstheologisch nicht gleichwertig, sondern verhalten sich wie opus alienum und opus proprium; Christus ist Heiland – und zwar eindeutig; die sakramentale Speise ist caro vivificax – und zwar eindeutig. Nichtsdestoweniger läßt Christ Heilandswirken die Sünde nicht gut sein, sondern begegnet ihr als Richter. Die Fremdheit dieses richterlichen Wirkens ist dabei recht eigentlich nicht dem Wesen Christi zuzurechnen, der durch seine sakramentale Präsenz allen seine Nähe schenken will, sondern dem befremdlichen Unwesen der Sünde, die ihrem eigenen Banne verfallen sich selbst verwirkt und dem Abgrund verfällt, der sie selbst ist.

Im übrigen setzte man alles daran, den Trost des Abendmahls für die verzagten Gewissen, die ihres eigenen Glaubens nicht gewiß sind, zu erhalten. Dieses Interesse wiederum hat auf ihre Weise durchaus auch die reformierte Bekenntnistradition verfolgt. Unbeschadet der betonten Notwendigkeit strenger Selbstprüfung und entsprechender Kirchenzucht bindet auch Calvin die Würdigkeit des Sakramentsempfangs keineswegs an positive Qualifikationen der Kommunikanten. Würden doch durch die Forderung, daß nur den Sündenreinen Zugang zum Abendmahl zu gewähren sei, „alle Menschen, soviel ihrer je auf Erden gewesen sind oder noch sind, von dem Gebrauch dieses Sakraments ausgeschlossen. Denn wenn es darum geht, daß wir unsere Würdigkeit von uns selbst her nehmen sollen, dann ist es um uns geschehen – nur Verzweiflung und tödliches Zusammenbrechen warten unser! Wir mögen uns mit allen Kräften anstrengen, so werden wir doch nichts anderes erreichen, als daß wir gerade dann, wenn wir uns am meisten darum gemüht haben, solche Würdigkeit zu suchen, am allerunwürdigsten sein werden" (Inst. IV, 17, 41). Ist demnach das heilige Mahl „eine Arznei für die Kranken, ein Trost für die Sünder und ein reiches Geschenk für die Armen" und besteht die Würdigkeit des Empfangs recht eigentlich darin, „daß wir unsere Niedrigkeit und sozusagen unsere Unwürdigkeit vor [Gott] tragen" (IV, 17, 42), dann sind nicht die an sich selbst und ihrem eigenen Glauben Verzagten, sondern allein diejenigen vom Mahl des Herrn auszuschließen, die „ohne jedes Fünklein Glauben, ohne allen Eifer der Liebe gleich Säuen herbeilaufen, um das Abendmahl des Herrn zu nehmen" (IV, 17, 40). Mit dem Verweis auf die vom Sakrament wesensmäßig geforderte Liebesbereitschaft, die mit der Absicht, Zwietracht zu befestigen, unvereinbar ist, gibt Calvin zu erkennen, daß das Abendmahl seiner Stiftung gemäß keine Versammlung von Privatleuten, sondern ein Gemeinschaftsmahl ist und zu sein hat, das auf bestimmte sozialethische Maximen verpflichtet. Aufgabe der Kirchenzucht hat es demnach zu sein, mutwilliger Zerstörung der Einheit und Einigkeit am Tisch des Herrn Einhalt zu gebieten. Indes werden die Maßnahmen der Kirchenzucht ebenso wie die Anleitungen zur Selbstprüfung nur dann dem Charakter des Herrenmahls gerecht werden, wenn sie sich davor hüten, das Verhältnis von Indikativ und Imperativ zu verkehren. Wie der Gnadenindikativ Gottes recht eigentlich die Bedingung der Möglichkeit des moralischen Imperativs ist, so kann sich echte Gemeinschaft der Christen nur in der Gemeinschaft des Herrn erbauen und beständig erhalten. Indem wir durch die sakramentale Speise, welche wir empfangen, in umfassender Weise mit Christus vereinigt, ihm einverleibt werden, werden wir durch die Gemeinschaft mit dem Leibe Christi auch untereinander vereint und zu Gliedern eines Leibes zusammengeschlossen. Das Abendmahl ist demgemäß „stetes Band und Vereinigung der Christen mit ihrem Häupt Christo und unter sich selbst" (BSLK 986, 7 ff.) und das „Mittel, dardurch wir mit Christo geistlich vereiniget und dem Leib Christi, welcher ist die Kirch, einverleibt werden" (BSLK 991, 19 ff.).

### 3.2.3 Zum Stand des ökumenischen Dialogs in der Abendmahlsfrage

#### 3.2.3.1 Lutherisch-reformierte Gespräche

Das Abendmahlsgespräch innerhalb des deutschen Protestantismus mit dem Ziel Altargemeinschaft reicht zwar schon bis ins 19. Jahrhundert zurück, gelangte aber erst in der Zeit nach dem 2. Weltkrieg in seine entscheidende Phase. Als Ergebnis der durch eine Entschließung der Zweiten Kirchenversammlung von Treysa (1947) initiierten Abendmahlsverhandlungen der EKD konnten nach zehnjähriger Kommissionsarbeit 1957 die sog. ›Arnoldshainer Thesen‹ vorgelegt werden. Die nachfolgende Diskussion konzentrierte sich erwartungsgemäß auf die Entschließungen zum Problem der Gegenwart Christi im Abendmahl, das im Zentrum der innerreformatorischen Streitigkeiten des 16. Jahrhunderts gestanden hatte. These 4 legt fest, was der Herr seinen Stiftungsworten gemäß im sakramentalen Mahl allen Hinzutretenden gibt: „Er, der gekreuzigte und auferstandene Herr, läßt sich in seinem für alle in den Tod gegebenen Leib und seinem für alle vergossenen Blut durch sein verheißendes Wort mit Brot und Wein von uns nehmen und nimmt uns damit kraft des Heiligen Geistes in den Sieg seiner Herrschaft, auf daß wir im Glauben an seine Verheißung Vergebung der Sünden, Leben und Seligkeit haben." These 5 grenzt diese Bestimmung sodann in fünffacher Hinsicht gegen unangemessene Beschreibung des Abendmahlsgeschehens ab: Abgelehnt wird erstens die Lehre, „Brot und Wein würden durch die Stiftungsworte des Herrn in eine übernatürliche Substanz verwandelt, so daß Brot und Wein aufhören, Brot und Wein zu sein". Es besteht kein Zweifel, daß damit auf die Transsubstantiationslehre abgezielt ist. Offen bleibt allerdings, ob sie insgesamt oder nur insofern kritisiert wird, als sie mit der Vorstellung einer annihilatio der Brot- bzw. Weinsubstanz verbunden ist. Bedenken gegen diese erste Abgrenzung äußerte allein Sommerlath, sofern er durch sie die Bezeichnung der Abendmahlsgabe als übernatürlicher Substanz und damit das substantiale Verständnis der Gegenwart von Leib und Blut Christi ausgeschlossen sah. Durch die dritte Abgrenzung, nämlich durch die Negation der Lehre, „im Abendmahl würde ein naturhafter oder übernatürlicher Stoff dargereicht“, fand er sich in dieser Auffassung bestätigt. Indes ist auch diese Antithese nicht präzise genug gefaßt, um eine eindeutige Auslegung garantieren zu können. Klarheit besteht lediglich darüber, daß die Vorstellung abzulehnen sei, der Gehalt der Abendmahlsgabe könne als von dem lebendigen Herrn losgelöster, toter Stoff aufgefaßt werden. Was genauer unter naturhaftem oder übernatürlichem Stoff zu verstehen ist, blieb hingegen unter den Kommentatoren strittig. Zu unterschiedlichen Interpretationen gab schließlich auch die vorhergehende Abweisung der Lehre Anlaß, „im Abendmahl würde eine Wiederholung des Heilsgeschehens vollzogen“. Ob sich römisch-katholische Theologie in dieser Formulierung wiederfindet, wird man füglich bezweifeln dürfen, denn nicht eine Wiederholung, sondern eine den Wiederholungsgedanken abweisende sakramentale Repräsentation des Heilsgeschehens hat das Tridentinum gelehrt. Daß These 5, 2 schon den Repräsentations- bzw. Memoria- oder Anamnesegedanken als solchen ausscheiden wollte, ist schwerlich anzunehmen, da sonst auch eine Konzeption ‘effektiver repraesentatio’ wie die Peter Brunners betroffen wäre, der selbst zu den Unterzeichnern von Arnoldshain gehört. Eindeutiger ist die Absicht der vierten und fünften Antithese zu ermitteln, die sich gegen die Vorstellung wenden, es handle sich im Abendmahl um „einen Parallelismus von leiblichem und seelischem Essen als zwei voneinander getrennten Vorgängen“ bzw. „das leibliche Essen als solches mache selig, oder das Anteilbekommen am Leib und Blut Christi sei ein rein geistiger Vorgang“. Einig ist man sich offenkundig darin, daß leibliches und seelisches Essen unter keinen Umständen als zwei Vorgänge getrennt werden dürfen.

Vor schwierige Interpretationsaufgaben stellt auch die positive Entfaltung der Lehre in These 4. Es ist ratsam, sich zunächst die

Gliederung der These zu verdeutlichen: Unter Verweis auf die Einsetzungsworte wird zunächst die gegebene Gabe, sodann der Zweck des Abendmahls bestimmt, wobei zu beachten ist, daß alles von einem Satzzusammenhang umschlossen ist. Was die grundsätzlich für alle zum Mahle Hinzutretenden bereitete Gabe betrifft, so hat als ihr Geber kein anderer als Jesus Christus selbst zu gelten. Jesus Christus ist aber nicht nur der Geber der Gabe, sondern als Geber in bestimmter Weise zugleich die gegebene Gabe selbst. Der sich gebende Geber Jesus Christus wird dabei als der gekreuzigte und auferstandene Herr identifiziert. Als solcher läßt er sich im Abendmahl *in* seinem für alle in den Tod gegebenen Leib und seinem für alle vergossenen Blut von uns nehmen, und zwar *durch* sein verheißendes Wort *mit* Brot und Wein. Dem Sich-nehmen-Lassen Jesu Christi durch uns entspricht unsere Hineinnahme in den Sieg der Herrschaft Jesu Christi *kraft* des Heiligen Geistes. Die Explikation des Mahlzwecks schließt daran an: er besteht darin, daß wir im Glauben Vergebung der Sünden, Leben und Seligkeit haben. Dabei bevorzugte die Kommission statt einer konsekutiven (so daß) eine finale (auf daß) Fassung, um klarzustellen, daß Christus den gesamten Geschehenszusammenhang des Abendmahls bestimmt und umfaßt.

Damit ist der Interpretationsrahmen abgesteckt, soweit er sich aus dem bloßen Wortlaut von These 4 erschließen läßt. Innerhalb dieses sehr weiten Rahmens sind dann durchaus unterschiedliche Auslegungen nicht nur möglich, sondern tatsächlich vorgenommen worden. Das hat seinen wesentlichen Grund darin, daß zum einen Sinn und Bedeutung der verwendeten Präpositionen (in, durch, mit, kraft) mehrdeutig sind und zum anderen die Beziehungszusammenhänge der einzelnen Satzglieder durchaus unterschiedlich wahrgenommen werden können, was abweichende Gewichtungen sowie divergente Einzelexegesen zur Folge hat. Offen bleibt z. B., wie das abendmahlstheologische Verhältnis von Christologie und Pneumatologie genau zu bestimmen ist (vgl. dazu auch These 2, 1). Der Gedanke einer Personalgegenwart liegt wie der einer Spiritualpräsenz gleichermaßen im Bereich des Möglichen; aber auch die Behauptung einer Aktual-, ja selbst einer, freilich nicht stofflich aufzufassenden res-Präsenz widerspricht nicht unmittelbar dem Wortlaut des Textes. Dabei muß man allerdings hinzufügen, daß die genannten Stichwörter ihrerseits eher eine vage Tendenz denn klare Vorstellungsweisen bezeichnen. Unentschieden bleibt weiterhin, ob den Einsetzungsworten nur eine promissorische oder zugleich eine konsekratorische, auf die Elemente bezogene Funktion zuerkannt wird oder nicht (vgl. dazu auch These 3, 2, 3). Zweifelhaft ist ferner, ob man mit einem proprium der Abendmahlsgabe zu rechnen hat. Während Gollwitzer davon ausgeht, daß die Eigenart des Abendmahls nicht die Gabe selbst, sondern allein die Weise des Gebens betrifft, hält sich Brunner an den Plural 'Gaben' und spricht demgemäß von einer bestimmten Gabe des Abendmahls. Fraglich ist schließlich, wie man es mit der lutherischen These einer manducatio indignorum halten soll (vgl. dazu auch These 8, 2). Weitere Beispiele ließen sich anfügen. Die Synopse der offiziellen (H. Gollwitzer, H. Meyer, W. Kreck) und offiziösen (vgl. bes. P. Brunner) Kommentare der Unterzeichner bestätigt diesen Befund und veranlaßte A. Kimme zu dem Urteil: „Man kann ... nach rein formalen Gesichtspunkten urteilen, daß zwar unter den *beauftragten Sprechern* der Kommission *ein hinreichender*, aber innerhalb der *Kommission selbst*, wie der Kommentar des mitformulierenden und mitunterzeichnenden Mitglieders Brunner zeigt, *kein hinreichender Konsens* über den Sinn der Sätze des Dokuments besteht."[97]

Für die sonstigen Diskussionsbeiträge gilt dies, sofern sie nicht von vornherein ablehnend votierten, selbstverständlich in verstärktem Maße. Die Bedenken von lutherischer Seite konzentrierten sich besonders auf folgende Problemfelder: „1. Einsetzung und Wiederholungsbefehl (1 und 2); 2. Sakramentsbegriff (4); 3. Proprium (3, 5, 6, 8); 4. Konsekration und unio sacramentalis (7); 5. manducatio oralis und manducatio impiorum (7, 8, 9, 12); 6. Personalismus und Substantialismus (3, 7, 8, 9, 10)."[98] Einhellig positive Aufnahme fand dagegen der Verweis auf die eschatologische sowie ekklesiologische Bedeutung des Abend-

[97] Kimme, A., Der Inhalt der Arnoldshainer Abendmahlsthesen. Kritisch analysiert hauptsächlich an Hand der offiziellen Erläuterungen der Abendmahlskommission der EKD, Berlin 1960, 173. Einen repräsentativen Überblick über die sonstigen Stellungnahmen zu den ›Arnoldshainer Thesen‹ gibt die von G. Niemeier herausgegebene Textsammlung: Lehrgespräch über das heilige Abendmahl. Stimmen und Studien zu den Arnoldshainer Thesen der Kommission für das Abendmahlsgespräch der EKD, München 1961.

[98] Kandler, K.-H., Luther, Arnoldshain und das Abendmahl. Die Herausforderung der lutherischen Abendmahlslehre durch die Arnoldshainer Abendmahlsthesen, Berlin 1970, 39.

mahls. Aber auch hier zeigen sich bei genauerem Zusehen unterschwellige Differenzen. „Nach B[runner] ist die Kirche, freilich in Verhüllung, bereits da als das von dem sakramentlichen Empfang des Opferleibes Jesu bewirkte endzeitliche Neue, das auf die futurische Eschatologie nur insoweit bezogen ist, als es noch nicht die *vollendete* Menschheit der Agape darstellt. Nach [Gollwitzer] jedoch ist die Kirche nur der *Zeuge* dessen, der in Person die neue Welt Gottes ist. G. sagt nicht, daß dieser Zeuge *selbst* bereits der Anfang der endzeitlich neuen Menschheit *ist*."[99] Überblickt man den gesamten Verlauf der Diskussion um die ›Arnoldshainer Thesen‹, so lassen sich grob zwei Tendenzen unterscheiden: „Die eine Gruppe versteht die Eigenart des Abendmahls als eine besondere Weise, in der Christus sich uns gibt (nämlich in einer Mahlzeit), und sieht daher im Akte des leiblichen Essens und Trinkens das Spezifische der uns im Abendmahl ebenso wie im verkündigten Wort geschenkten Gemeinschaft mit dem gekreuzigten und auferstandenen Herrn. Brot und Wein haben also im Abendmahl nur eine besondere *Funktion*! Die andere Gruppe beharrt darauf, daß Christus mit Brot und Wein uns seinen Leib und sein Blut darreicht; Brot und Wein haben also neues *Sein* in sich. Brot ist Leib Christi, Wein ist Blut Christi. Deutet die erste Gruppe diese praesentia Christi in sensu stricto (ontologische Kategorien ablehnend) vorzugsweise als Ereignis, wobei sie das ganze Abendsmahlsgeschehen im Lichte der Wirkung des Heiligen Geistes sieht, finden wir bei der zweiten Gruppe (welche die ontologischen Kategorien beibehält) eine gewisse Variationsbreite von dinghafter bis personhafter Deutung, wobei sie meinten, die Wirkung des Heiligen Geistes beschränke sich auf den heilbringenden Empfang."[100]

Damit sind zugleich die allgemeinen Tendenzen bezeichnet, die das Abendmahlsgespräch der evangelischen Theologie des 20. Jahrhunderts in der Frage der Realpräsenz insgesamt bestimmen. Während das repristinative Luthertum, vertreten etwa durch Hopf, Sasse und Sommerlath, die Realpräsenz dezidiert als res-Präsenz interpretiert und dabei die Substantialität der Abendmahlsgabe klar von der personalen Art des Wortglaubens unterschieden wissen will, was für den gesamten Lehrkomplex

[99] Kimme, A., a. a. O., 140.

[100] Gottschalk, J., Die Gegenwart Christi im Abendmahl. Eine dogmatische Abhandlung über die 4. und 5. Arnoldshainer Abendmahlsthese von 1957, Essen 1966, 149.

folgenreich ist, setzt die neuere lutherische Abendmahlstheologie üblicherweise „an die Stelle der substantiellen Realpräsenz die *personelle Präsenz Christi* in ihrer geistlichen Bestimmtheit. Der erhöhte lebendige Herr erschließt sich seiner Gemeinde im Abendmahl nicht mittelbar in 'sachlicher' Übermittlung, sondern unmittelbar in der vollen mensch-gottheitlichen Einheit seines Personseins."[101] Entsprechend wird der Aktcharakter des Abendmahls stärker akzentuiert. Darin konvergieren die neueren lutherischen Ansätze mit Konzeptionen innerhalb der Unionstheologie, deren Interesse stets an der Abendmahlshandlung als ganzer orientiert war mit der Folge, daß jede auf die Elemente fixierte Substanztheorie abgelehnt wurde. Für die reformierte Theologie gilt dies selbstverständlich ebenso. Bemerkenswert an den neueren Beiträgen von ihrer Seite ist das offensichtliche Bemühen, den Unterschied zwischen Calvin und Luther möglichst gering zu halten bzw. Calvin, soweit es geht, von Luther her zu interpretieren.

Nun ist diese Charakteristik der Tendenzen in der jüngeren evangelischen Abendmahlstheologie zugestandenermaßen sehr allgemein gehalten. Gerade dieser allgemeine Eindruck gegenseitiger Annäherung, der seinen Grund gewiß nicht im Theoretischen allein, sondern mindestens ebensosehr in praktischen Erfahrungen während der Zeit gemeinsamer Bedrängnis gehabt hat, dürfte die atmosphärische Voraussetzung des intensiven Bemühens um ausdrückliche Konsensformulierung gebildet haben. Sobald man sich in die Sphäre ausdifferenzierter Lehrsysteme begibt, werden die Unterschiede alsbald wieder sichtbar, wie sich an den Kommentaren zur Arnoldshainer Thesenreihe gezeigt hat. Freilich beanspruchten die in Arnoldshain formulierten Sätze, wie es in der Präambel heißt, ohnehin nicht, „eine volle Entfaltung der theologischen Lehre vom Abendmahl zu bieten. Daher konnten die einzelnen Mitarbeiter auf bestimmte, ihnen wichtige Einzelaussagen verzichten; sie sind aber der Überzeugung, damit nichts zugunsten eines Kompromisses ausgelassen zu haben, was zum Verständnis von Wesen, Gabe und Empfang des Heiligen Abendmahls unerläßlich ist."

Vergleichbares gilt auch noch für das Selbstverständnis der ›Konkordie reformatorischer Kirchen in Europa‹, die nach

[101] Koch, R., Erbe und Auftrag. Das Abendmahlsgespräch in der Theologie des 20. Jahrhunderts, München 1957, 96.

langjährigen Vorgesprächen in Bad Schauenburg (1963–1967) und daran anschließenden kirchenoffiziellen Verhandlungen in Leuenberg im Jahre 1973 endgültig verabschiedet werden konnte.[102] Die „zustimmenden lutherischen, reformierten und aus ihnen hervorgegangenen unierten Kirchen sowie die ihnen verwandten vorreformatorischen Kirchen der Waldenser und der Böhmischen Brüder" stellen darin unter sich ein „gemeinsame[s] Verständnis des Evangeliums" fest, das es ihnen ermöglicht, „Kirchengemeinschaft zu erklären und zu verwirklichen" (LK 1). Vorausgesetzt ist dabei die reformatorische Einsicht, daß „zur wahren Einheit der Kirche die Übereinstimmung in der rechten Lehre des Evangeliums und in der rechten Verwaltung der Sakramente notwendig und ausreichend" sei (LK 2). Diese Übereinstimmung wird sodann im Blick auf die Rechtfertigungsbotschaft als die Botschaft von der freien Gnade Gottes (LK 7–12) sowie im Blick auf Verkündigung, Taufe und Abendmahl (LK 13–16) entfaltet, nachdem zuvor die Wege zur Gemeinschaft (LK 3–5) unter Berücksichtigung der gemeinsamen Aspekte im Aufbruch der Reformation und der veränderten Voraussetzungen heutiger kirchlicher Situation nachgezeichnet wurden. Was das Abendmahl betrifft, so wird es zunächst neben Wortverkündigung und Taufe als Medium des der Kirche zur Weitergabe befohlenen Evangeliums bestimmt, in welchem Jesus Christus durch den Heiligen Geist gegenwärtig ist. Im einzelnen gilt sodann folgendes: „Im Abendmahl schenkt sich der

[102] Über den Werdegang der lutherisch-reformierten Lehrgespräche bis zu dem Konkordienentwurf, der 1971 den Kirchen sowie einigen kirchlichen Gruppen und einzelnen Persönlichkeiten zur gutachtlichen Stellungnahme vorgelegt wurde, informieren: Lienhard, M., Lutherisch-reformierte Kirchengemeinschaft heute. Der Leuenberger Konkordienentwurf im Kontext der bisherigen lutherisch-reformierten Dialoge, Frankfurt a. M. 1972; Schieffer, E., Von Schauenburg nach Leuenberg. Entstehung und Bedeutung der Konkordie reformatorischer Kirchen in Europa, Paderborn 1983. Die methodische Konzeption der Konkordie untersucht: Mannermaa, T., Von Preußen nach Leuenberg. Hintergrund und Entwicklung der theologischen Methode in der Leuenberger Konkordie, Hamburg 1981. Über den Rezeptionsprozeß unterrichtet die Schrift: Zeugnis und Dienst reformatorischer Kirchen im Europa der Gegenwart, Frankfurt a. M. 1977. Überwiegend kritische Stimmen sind gesammelt bei: Asendorf, U., und F. W. Künneth (Hrsg.), Von der wahren Einheit der Kirche. Lutherische Stimmen zum Leuenberger Konkordienentwurf, Berlin, Schleswig-Holstein 1973; dies. (Hrsg.), Leuenberg – Konkordie oder Diskordie? Ökumenische Kritik zur Konkordie reformatorischer Kirchen in Europa, Berlin, Schleswig-Holstein 1974.

auferstandene Jesus Christus in seinem für alle dahingegebenen Leib und Blut durch sein verheißendes Wort mit Brot und Wein. Er gewährt uns dadurch Vergebung der Sünden und befreit uns zu einem neuen Leben aus Glauben. Er läßt uns neu erfahren, daß wir Glieder an seinem Leibe sind. Er stärkt uns zum Dienst an den Menschen. – Wenn wir das Abendmahl feiern, verkündigen wir den Tod Christi, durch den Gott die Welt mit sich selbst versöhnt hat. Wir bekennen die Gegenwart des auferstandenen Herrn unter uns. In der Freude darüber, daß der Herr zu uns gekommen ist, warten wir auf seine Zukunft in Herrlichkeit" (LK 15/16).

Bezüglich der Verurteilung der Reformationszeit in der Abendmahlslehre wird der damit ausgesprochene Konsens im Anschluß an den vorangestellten Grundsatz, der noch einmal wiederholt wird, wie folgt ergänzt: „So gibt er (sc. Jesus Christus) sich vorbehaltlos allen, die Brot und Wein empfangen; der Glaube empfängt das Mahl zum Heil, der Unglaube zum Gericht. Die Gemeinschaft mit Jesus Christus in seinem Leib und Blut können wir nicht vom Akt des Essens und Trinkens trennen. Ein Interesse an der Art der Gegenwart Christi im Abendmahl, das von dieser Handlung absieht, ist in Gefahr, den Sinn der Abendmahlshandlung zu verdunkeln" (LK 18/19). Wo solche Übereinstimmung, die ebenso für die Christologie und die Prädestinationslehre formuliert wird, zwischen den Kirchen besteht, betreffen die Verwerfung der reformatorischen Bekenntnisse, ohne daß sie als unsachgemäß bezeichnet werden (LK 27) und unbeschadet auch der bestehenden „beträchtliche[n] Unterschiede in der Gestaltung des Gottesdienstes, in den Ausprägungen der Frömmigkeit und in den kirchlichen Ordnungen" (LK 28), nicht den Stand der Lehre dieser Kirchen und sind deshalb nicht weiter als kirchentrennend zu betrachten. Die der ›Leuenberger Konkordie‹ zustimmenden Kirchen können „in der Bindung an die sie verpflichtenden Bekenntnisse oder unter Berücksichtigung ihrer Traditionen" (LK 30; vgl. LK 37) die Kirchengemeinschaft und die Aufhebung der dieser Gemeinschaft seit dem 16. Jahrhundert entgegenstehenden Trennungen erklären (LK 34). Ihre Verwirklichung findet die Einigkeit in der Gewährung von Kanzel- und Abendmahlsgemeinschaft, in der gegenseitigen Anerkennung der Ordination und in der Ermöglichung der Interzelebration. Die Herstellung einer Union oder unionsähnlicher Zusammenschlüsse ist hingegen nicht beabsichtigt.

### 3.2.3.2 Der Dialog zwischen protestantischer und römisch-katholischer Theologie

Während das Abendmahlsgespräch des deutschen Protestantismus, wie gesagt, bis ins 19. Jahrhundert zurückreicht, fanden bilaterale Gespräche zwischen offiziellen Vertretern der römisch-katholischen und einer reformatorischen Kirche (erstmals nach den Regensburger Religionsgesprächen) seit 1965 statt. Als Ergebnis einer im Auftrag des Lutherischen Weltbundes und des Päpstlichen Einheitssekretariates vorgenommenen Kommissionsarbeit konnte 1972 das Dokument ›Das Evangelium und die Kirche‹, der sog. ›Maltabericht‹[103], vorgelegt werden. Die Probleme der Abendmahlstheologie werden dabei allerdings nur am Rande behandelt, nämlich nur im Zusammenhang der Interkommunionsfrage (Ma 68–75), zu der zudem eine Reihe von einschränkenden Sondervoten vorliegt. Bemerkenswert ist immerhin, daß von beiden Seiten bekannt wurde, die Trennung am Tisch des Herrn verletze die Integrität des eucharistischen Zeichens. „Eine Abendmahlsfeier", so betonen die Lutheraner, „an der glaubende Getaufte nicht teilnehmen dürfen, leidet an einem inneren Widerspruch und erfüllt deshalb schon in ihrem Ansatz die ihr vom Herrn gestellte Aufgabe nicht" (Ma 72). Aber auch katholischerseits wird eingeräumt, daß die Eucharistiefeier der römisch-katholischen Kirche an einer Unvollkommenheit leidet und zum vollkommenen Zeichen der Einheit der Kirche erst dann wird, „wenn alle, die durch die Taufe grundsätzlich zum Abendmahl des Herrn geladen sind, wirklich daran teilnehmen können" (Ma 71). Vorausgesetzt wird dabei, „daß keine exklusive Identität besteht zwischen der einen Kirche Christi und der römisch-katholischen Kirche" (Ma 71).

Die vom ›Maltabericht‹ nur gestreiften kontroverstheologischen Probleme der Abendmahlslehre hat dann das im Jahre 1978 von der gemeinsamen römisch-katholischen / evangelisch-lutherischen Kommission vorgelegte Dokument über das ›Herrenmahl‹ im Anschluß an bereits vorhandene einschlägige öku-

[103] Siehe Verzeichnis der Abkürzungen. Ma, H, GChr und A sind wiederabgedruckt in: Meyer, H., H. J. Urban und L. Vischer (Hrsg.), Dokumente wachsender Übereinstimmung. Sämtliche Berichte und Konsenstexte interkonfessioneller Gespräche auf Weltebene 1931–1982, Paderborn, Frankfurt a. M. 1983.

menische Papiere (vgl. H 3 Anm. 3) detailliert behandelt. Ein erster Teil (6–45) gibt dem unstrittigen gemeinsamen Zeugnis Ausdruck, wobei die Betonung der abendmahlstheologischen und liturgischen Bedeutung von Anamnese (H 17, vgl. H 36) und Epiklese (H 21) besondere Erwähnung verdient; im Zusammenhang dieser allgemeinen Rahmenrichtlinien werden sodann in einem zweiten Teil (H 46–77) die gemeinsamen Aufgaben bestimmt und neben Fragen der Rezeption (H 77) und der liturgischen Gestaltung (74–76; vgl. Anhang: ›Die liturgische Feier des Abendmahls›) vor allem die Probleme der Überwindung traditionell gegensätzlicher Positionen (47–73) behandelt. Dabei ist die vorangestellte These bemerkenswert, daß sich „noch verbleibende Differenzen . . . innerhalb eines Bereiches der Gemeinsamkeit" (H 47) befinden. Entsprechend werden der Verhandlung der kontroversen Positionen „jeweils in Kurzfassung gemeinsame Bekenntnissätze [vorangestellt] (z. B. Nr. 48. 52. 56. 62. 63. 64. 65. 69), so daß hier eine Art 'ökumenischer eucharistischer Katechismus' erstellt ist"[104]. Im einzelnen thematisiert sind folgende Problembereiche: zunächst die ›eucharistische Gegenwart‹ (H 48–55), dann das ›eucharistische Opfer‹ (H 56–61), die ›eucharistische Kommunion‹ (H 62–64), in knapper Form das ›eucharistische Dienstamt‹ (H 65–68), schließlich die ›eucharistische Gemeinschaft‹ (H 69–73).

Was die eucharistische Gegenwart betrifft, so bekennen katholische und lutherische Christen gemeinsam „die wahre und wirkliche Gegenwart des Herrn in der Eucharistie. Unterschiede bestehen in den theologischen Aussagen über die Weise der Realpräsenz und hinsichtlich ihrer Dauer" (H 48). Im einzelnen gilt folgendes: die katholische Kirche lehrt eine Wesensverwandlung (Transsubstantiation) im Sinne einer Umwandlung des ganzen Wesensbestands des Brotes und Weines in den Wesensbestand von Leib und Blut Christi bei unverändertem Weiterbestand der äußerlichen Erscheinungsformen von Brot und Wein, um die wirkliche Gegenwart des ganzen Christus zur Geltung zu bringen. Sie will, so wird ausdrücklich betont, dabei weder das sakramentale Geheimnis rationalistisch auflösen noch

[104] Schürmann, H., Die Eucharistiefeier als summa et compendium Evangelii. Die ökumenischen Zielvorstellungen des lutherisch-katholischen Dokuments ›Das Herrenmahl‹, in: Theologie und Glaube 71 (1981), 406–437, hier: 411.

ein naturalistisch-apersonales Mißverständnis der eucharistischen Gegenwart fördern. Auch die lutherische Tradition konnte gelegentlich von einer 'Wandlung' sprechen, ohne deshalb die Transsubstantiationstheorie zu übernehmen, der gegenüber die sakramentale Präsenz Christi vielmehr als eine Gegenwart in, mit und unter Brot und Wein bestimmt wurde, wobei man die sakramentale Einheit in Beziehung setzte zur personalen unio von Gottheit und Menschheit Jesu Christi, wie sie in der Menschwerdung manifest ist. Unbeschadet dieser Unterschiede geht das ›Herrenmahlpapier‹ davon aus, die bisherige ökumenische Diskussion habe gezeigt, „daß diese beiden Positionen nicht mehr als trennende Gegensätze betrachtet werden müssen" (H 51; vgl. insges. H 49–51). Das jüngste Dokument des evangelisch-lutherischen / römisch-katholischen Dialogs, das Ergebnis einer bilateralen Arbeitsgruppe der deutschen Bischofskonferenz und der Kirchenleitung der VELKD zum Thema ›Kirchengemeinschaft in Wort und Sakrament‹ (Paderborn, Hannover 1984 [= K]) bestätigt diese Feststellung und entfaltet sie näher: So wird auf die Intention der Transsubstantiationslehre verwiesen, die sakramentale Präsenz Christi sowohl vor Verflüchtigung in einen bloß zeichenhaften Symbolismus zu bewahren als auch einem extremen Realismus zu wehren, der vom gläubigen Empfang abstrahiert und in einem kapernaitischen Materialismus enden müßte (K 34). Die lutherische Kritik am Transsubstantiationsgedanken sei nicht zuletzt durch die Anfrage veranlaßt, „ob Brot und Wein nur in ihren 'Gestalten' oder in ihrer ganzen geschöpflichen Wirklichkeit im Herrenmahl ausgeteilt und empfangen werden" (K 34). Nach Auffassung der Kommission kann dieses Problem für sich genommen „kaum noch als kirchentrennende Differenz verstanden werden, zumal die in beiden Lehrtraditionen vorausgesetzte aristotelische Unterscheidung von Substanz und Akzidentien heute in jedem Fall einer neuen Interpretation bedürftig ist" (K 34). Die traditionelle Differenz wird daher der Prüfung durch neue Verstehenskategorien zum Zwecke ihrer Aufhebung freigegeben. Abermals wird in diesem Zusammenhang auf die Bedeutung von Anamnese und Epiklese für das rechte Verständnis des eucharistischen Geschehens verwiesen. „Daß es im Herrenmahl um die Gott rühmende Anamnese des Todes und der Auferstehung Jesu Christi als der Mitte des ganzen Heilswerkes geht, die neue Betonung des Wirkens des Heiligen Geistes im eucharistischen Gottesdienst und seiner eschatologischen Dimension, sind *gemeinsame Einsichten*, die die traditionelle Abendmahlstheologie vertiefen und überlieferte Kontroversen überholen können" (K 32). „Gemeinsam sind wir auch dabei, zu lernen, daß es kein Gegensatz ist, auf die Kraft der Einsetzungsworte Christi selbst zu vertrauen und doch in der Epiklese darum zu beten, daß Gott seine Verheißung wahrmachen möge, die er diesem Wort gegeben hat. Beides gehört zusammen: daß Christus selbst seine Gegenwart wie das Heil der Gläubigen wirkt und daß dies doch ein Geschehen in der Kraft des Heiligen Geistes ist . . ." (K 33). Diese Hinweise sind für den gesamtökumenischen Dialog von zentraler Wichtigkeit, etwa im Blick auf die ostkirchliche Tradition, aber auch hinsichtlich der traditionellen innerreformatorischen Differenzen zum Problem der rechten abendmahlstheologischen Verhältnisbestimmung von Christologie und Pneumatologie. Die neu gewonnene, in bezug auf das ›Lima-Dokument‹ noch näher zu entfaltende Einsicht in den differenzierten Zusammenhang von Anamnese und Epiklese im eucharistischen Geschehen kann auch hier nur förderlich sein, wie sie überhaupt einen verheißungsvollen gesamtökumenischen Begriffsrahmen abgibt, der Bewegung in festgefahrene Vorstellungsweisen zu bringen verspricht. Höchst lehrreich sind hierbei – auch für den innerreformatorischen Dialog – fernerhin die Ergebnisse des reformiert/römisch-katholischen Lehrgesprächs, die in dem Dokument ›Die Gegenwart Christi in Kirche und Welt‹ niedergelegt sind. Daß das Wort 'Gedächtnis' mehr aussagt als lediglich ein mentales 'Erinnern' (GChr 70), daß der Begriff 'Leib' die ganze Person Jesu meint (GChr 70), daß der lebendige Christus geistbestimmter Leib und zugleich leibhaftiges Leben schaffender Geist ist (GChr 72), daß sein Verheißungswort Gestalt annimmt in der Feier des Abendmahls (GChr 75), daß in ihm selbst der Herr in seinem Geiste zu uns kommt (GChr 76), daß dabei zwischen Person und Werk nicht abstrakt geschieden werden darf (GChr 80), daß die eucharistische Gegenwart Christi im Geiste die Gegenwart des Sohnes Gottes ist, „der für uns Menschen und um unseres Heiles willen Mensch geworden ist und Fleisch angenommen hat" (GChr 82) usw., all diese von römisch-katholischen und reformierten Theologen gemeinsam formulierten Sätze sind durchaus von gesamtökumenischer Bedeutung und lassen sich in dem gemeinsamen, durch Anamnese und Epiklese bestimmten abendmahlstheologischen Begriffsrahmen stimmig und überzeugend aussagen, weil durch ihn falsche Dualismen und Antinomien korrigiert sind.

Kann somit in der Frage der Realpräsenz schon weithin eine gemeinsame Sprache gesprochen werden, welche unterschiedliche Vorstellungsweisen zu integrieren vermag, so bedarf in diesem Zusammenhang ein Problem noch besonderer Aufmerksamkeit, nicht zuletzt wegen seiner Auswirkungen auf die liturgische Praxis: die Frage der Dauer der eucharistischen Gegenwart. Auch hier hat, wie das ›Herrenmahlpapier‹ deutlich macht, das gemeinsame Zeugnis den Differenzen gegenüber den Vorrang: „Gemeinsam bekennen katholische und lutherische Christen, daß die eucharistische Gegenwart des Herrn Jesus Christus auf den gläubigen Empfang ausgerichtet ist, daß sie gleichwohl nicht nur auf den Augenblick des Empfanges beschränkt ist und daß sie ebenso nicht vom Glauben des Empfangenden abhängt, so sehr sie auf diesen hingeordnet ist" (H 52). Unbeschadet dieser Gemeinsamkeiten können die unterschiedlichen liturgiepraktischen Gestaltungen in den Kirchen nicht übersehen werden, die zweifellos in engster Beziehung stehen zu den verschiedenen Beschreibungen der sakramentalen Gegenwart von Leib und Blut Christi im Verhältnis zu Brot und Wein. „Die Überzeugung von der bleibenden Gegenwart Christi ermöglicht nach katholischer Auffassung die Reservation und Formen der Sakramentsverehrung außerhalb der Eucharistiefeier im eigentlichen Sinn. Die evangelisch-lutherische Lehre von der Realpräsenz ist nicht an der Frage nach ihrer zeitlichen Erstrekkung orientiert, sondern auf den stiftungsgemäßen Gebrauch bezogen, das ist nach Überzeugung der evangelischen Kirche allein die Kommunion, gemäß der Weisung des Herrn, das gesegnete Brot und den gesegneten Kelch zu nehmen, zu essen, von ihm zu trinken" (K 39). Obwohl diese differenten Auffassungen, wie gesagt, aufs engste verbunden sind mit den jeweiligen Deutekategorien der Gegenwart Christi, sollten als Ansatz ihrer Vermittlung nach Auffassung des Dokuments über ›Kirchengemeinschaft in Wort und Sakrament‹ doch nicht diese, sondern die gemeinsamen Einsichten in das Mahl des Herrn dienen. So sollte katholischerseits beachtet werden, daß die Betonung der Ständigkeit der Gegenwart Christi in den Gestalten, die die Vorgegebenheit der sakramentalen Gabe unmißverständlich verdeutlichen will, nicht Frömmigkeitsformen hervorruft oder legitimiert, welche die Elemente unzulässig vom Mahlgeschehen trennen und ihre stiftungsgemäße Hinordnung auf den Akt leibhaften Zusichnehmens unterminieren. Die Praxis der Aufbewahrung der eucharistischen Gaben darf dieser durch die Einsetzungsintention vorgeschriebenen Zielbestimmung des Altarsakraments nicht widersprechen. Lutherischerseits wiederum sollte man sich m. E. an die vom Reformator selbst empfohlene Praxis halten, die Restelemente nach Möglichkeit zu verzehren, weil diese Praxis unangemessenen Leichtsinn ebenso in Schranken weist, wie sie jedwede Skrupulanz schon im Ansatz verhindert (vgl. H 53–55, wo allerdings andere Akzente gesetzt werden).

Auch in bezug auf das Problem des Opfers Jesu Christi im Herrenmahl, das ehedem zu den massivsten kontroverstheologischen Alternativen geführt hatte, ist es mittlerweile zu entscheidenden Annäherungen gekommen. Daß die Präsenz von Leib und Blut Christi im Abendmahl die wirksame Gegenwart des auferstandenen Gekreuzigten und in diesem Sinne in bestimmter Weise auch seines Kreuzesopfers darstellt, ist zwischen gegenwärtiger lutherischer und römisch-katholischer Theologie ebensowenig umstritten wie die Tatsache, daß dieses Opfer „weder fortgesetzt noch wiederholt, noch ersetzt, noch ergänzt werden“ kann (H 56). Auch reformierte Lehre stimmt vorbehaltlos zu, daß „Gültigkeit, Kraft und Wirkung des Abendmahls ... im Kreuz des Herrn und in seiner lebendigen Gegenwart im Heiligen Geist“ (GChr 81) liegen. Nicht im einzelnen abgeklärt ist hingegen die Frage nach Art und Maß der Wirkung (H 56) sowie vor allem die Frage, „wie sich die Gegenwart des Selbstopfers Christi zu dem Tun der Kirche verhält und ob die Eucharistie auch als Opfer der Kirche bezeichnet werden kann“ (K 36). Die katholische Lehre geht im Anschluß an das Tridentinum davon aus, daß in jeder Eucharistie ein wirkliches und eigentliches Opfer dargebracht wird. Indes wird katholischerseits zugestanden, „daß sich das Trienter Konzil schwer tat, die unterschiedliche Art der Darbringung theologisch zu bestimmen“, was zu unzureichenden Meßopfertheorien geführt habe (K 37). Um dem zu entgehen, besinnt man sich heute, wie im ›Herrenmahlspapier‹ bereits angezeigt, auf die neu entdeckte biblische Idee der ‘memoria’ (zikkaron, anamnesis), um von daher den Trienter Repräsentationsgedanken im Zusammenhang der gesamten Meßtheorie zu reformulieren. Die Eucharistiefeier hat demgemäß als „die Wirklichkeit des Kreuzesopfers Jesu Christi in der Gestalt der sakramentalen memoria [zu gelten]. Sie schenkt und ermöglicht uns im Heiligen Geist die Teilhabe an Christi Pascha" (K 37). Nur aus diesem Kontext heraus sei schließlich auch die Rede von einem Opfer der Kirche angemessen zu begreifen. „In der eucharistischen Vergegenwärtigung des geopferten und sich opfernden Herrn können die von ihm Erlösten im besten Sinne opfern . . . Aus uns heraus können wir Gott nicht Lob, Preis und Ehre darbringen, wir bringen Christus dar; er ist Lob, Preis und Ehre. Dieses die eigene Ohnmacht bekundende, sich ganz auf Christus verlassende und ihn dem Vater vorstellende und darbringende Handeln ist gemeint, wenn die katholische Kirche zu sagen wagt, daß nicht nur Christus sich für die Menschen opfert, sondern daß auch sie ihn 'opfert'" (H 58). Durch diese Formulierung soll im strengen Sinne kein zweites Subjekt des Opfers eingeführt werden. „Theologisch versteht sich die Kirche nicht als selbständiges Subjekt der Darbringung neben Jesus Christus, sondern als Leib Jesu Christi, in dem und durch den Jesus Christus als Haupt seines Leibes das eigentliche Subjekt ist . . . Wir können Gott für das heilbringende Opfer seines Sohnes nicht anders danken, als daß wir uns in seine Hingabe an den Vater hineinziehen lassen und so in Christi Opfer eingehen, uns durch ihn, mit ihm und in ihm dem Vater hingeben" (K 37).

Auch wenn man in diesen Formulierungen eine letzte Klarheit hinsichtlich der Frage vermißt, wie Einheit und Unterschiedenheit von Christus und Kirche im Opfergeschehen stimmig zusammenzudenken sind, wird doch anerkannt werden können, daß dies nicht die Lehre ist, welche die Reformatoren „verworfen haben und die in der Polemik der vergangenen Jahrhunderte gegen das Meßopfer vor Augen stand" (K 38). Inwieweit dadurch der Meßopfergedanke in die reformatorische Abendmahlstheorie und -praxis aufgenommen werden kann, ist infolgedessen zu einer Frage geworden, auf welche sich neuerdings verstärkt die theologische Aufmerksamkeit richtet. Üblicherweise vermeidet die lutherische wie die reformierte Tradition ja „bis heute jede Rede vom 'Meßopfer'" (H 59), jedenfalls im Sinne eines Sühneopfers. „Man meinte, damit würde einer Vorstellung Raum gegeben, die vom gläubigen Empfang der eucharistischen Gnade dispensiere und dem Priester eine selbstmächtige Opferkraft zuspreche" (H 59). Entsprechend behielt man den Sühnopferbegriff ausschließlich dem Kreuzesopfer Christi vor, während vom Opfer der Kirche resp. der Gemeinde allein im Sinne eines Lob- und Dankopfers gesprochen werden konnte

(H 60). Neuerdings mehren sich indes Anzeichen der Bereitschaft, über diese Alternative hinauszugreifen. Hinzuzufügen ist, daß eine neue Aufgeschlossenheit dem Opfergedanken gegenüber nicht nur in lutherischer, sondern auch in reformierter Theologie zu verzeichnen ist. So findet sich etwa in dem reformiert/römisch-katholischen Konsensdokument ›Die Gegenwart Christi in Kirche und Welt‹ die gemeinsam verantwortete These: „Geheiligt durch seinen Geist, bringt sich die Kirche dem Vater dar, durch, mit und in seinem Sohn Jesus Christus“ (GChr 81). Daß im Zusammenhang mit dem Problem des Opfers Christi und der Kirche noch offene Fragen bestehen, wird indes von allen Seiten eingeräumt, ohne daß man meint, darin unüberwindliche Grenzen erkennen zu müssen (K 38). Ihre bleibende Aufgabe im Fortgang des Dialogs sieht die evangelische Theologie dabei besonders darin, vor einer Fehlbestimmung des Verhältnisses von Christologie und Ekklesiologie zu warnen, „in der nicht mehr Christus, sondern die Kirche Subjekt des Opfers wäre“ (K 38).

Zwei Themenfelder sind noch zu erwähnen, die in den unmittelbaren Umkreis der Opferfrage gehören: zum einen das Problem der Wirksamkeit der Sakramente ex opere operato, zum anderen das der Messe als Sühnopfer für Lebende und Verstorbene. Die Formel 'ex opere operato' wird der Sache nach von beiden Seiten akzeptiert, sofern sie besagt, daß die sakramentale Gnade durch das gültig gesetzte Zeichen und nicht durch die subjektive Tätigkeit oder Verfassung des Empfängers oder Spenders bewirkt wird und in diesem Sinne auf das wirksame Zuvorkommen göttlicher Gnade und auf die Priorität des Handelns Gottes abhebt (H 61b). Eine Dispensation von der Notwendigkeit gläubigen Empfangs der Sakramentsgnade soll damit keineswegs ausgesagt sein. Das rechte Verständnis des opus operatum „schließt die gläubige Anteilnahme des einzelnen wie der ganzen feiernden Gemeinde nicht aus: das Handelns Gottes ermöglicht und fordert sie“ (H 61c). Die Bedeutung des Glaubens soll nach Auffassung des ›Herrenmahlpapiers‹ auch durch die Überzeugung nicht beeinträchtigt werden, „daß die Früchte der Eucharistie über den Kreis der Feiernden hinausreichen“ (H 61d). Von daher ergibt sich möglicherweise ein Zugang zur katholischen Praxis der Fürbitten und Meßintentionen für bestimmte Personen nach ihrem Ableben. Diese Praxis basiert auf der Überzeugung, daß die eucharistische Gemeinschaft auch diejenigen umgreift, „die im Frieden des Herrn entschlafen sind. Daher gehört zur katholischen Eucharistiefeier das fürbittende Gedenken der Verstorbenen" (H 70). Die reformatorische Tradition begegnet dieser Praxis aus mancherlei Gründen kritisch oder doch zurückhaltend (H 71). Dennoch ist das gemeinsame Bekenntnis katholischer und lutherischer Christen gegeben, „daß Jesus Christus alle, die mit ihm verbunden sind, auch untereinander verbindet" (H 69).

Mit der Opferfrage und dem Problem der eucharistischen Gegenwart sind die entscheidenden abendmahlstheologischen Themenbestände des ökumenischen Dialogs zwischen den Reformationskirchen und der römisch-katholischen Kirche benannt. Dem dritten Streitpunkt, den Luther in seiner Kampfschrift von 1520 ›De captivitate Babylonica ecclesiae‹ anführt, der Frage des Laienkelchs, kommt nicht dieses Gewicht zu, sosehr er in praktischer Hinsicht im Zentrum des kontroverstheologischen Bewußtseins stand und noch stehen mag. Das gilt um so mehr, als Katholiken und Lutheraner gemeinsam der Überzeugung sind, „daß zur Vollgestalt der Eucharistie Brot und Wein gehören" (H 64). Durch das II. Vatikanische Konzil wurde denn auch die Möglichkeit der communio sub utraque erheblich erweitert. Wenn trotzdem in der katholischen Eucharistiefeier zumeist lediglich die Brotgestalt gereicht wird, geschieht dies „vornehmlich aus praktischen Gründen und beruht auf der Überzeugung von der vollen Gegenwart Christi in jeder der beiden Gestalten, so daß der Empfang nur einer Gestalt keine Minderung der Wirkung bedeutet" (H 64). Letzteres wurde von lutherischer Theologie dogmatisch nie in Abrede gestellt, auch wenn die Reformationskirchen „die stiftungsgemäße Vollkommenheit und Ganzheit des sakramentalen Zeichens gemäß den Einsetzungsworten Christi nur dort gewahrt [sehen], wo alle auch den Kelch empfangen" (H 64).

Was die sakramentale Kommunion weiterhin betrifft, so sind katholische und lutherische Christen der gemeinsamen Überzeugung, „daß in der Eucharistie Leib und Blut des Herrn real empfangen werden, sei es zum Heil, sei es zum Verderben" (H 62 mit Verweis auf 1. Kor 11, 27–29). Unstrittig ist auch, „daß die Eucharistie wesenhaft Gemeinschaftsmahl ist" (H 63). Noch nicht abschließend geklärt ist hingegen die Frage des Verhältnisses von Eucharistie- und Kirchengemeinschaft (H 72 f.), was u. a. unterschiedliche Akzentsetzungen hinsichtlich der gegenwärtigen Legitimität der sog. Interkommunion zur Folge hat (vgl. auch K 41). Darin zeigt sich der enge Zusammenhang abendmahlstheologischer und allgemein ekklesiologischer Lehrauffassungen. Besonders offenkundig wird dies in der Amtsfrage, die mit gutem Grund im Mittelpunkt des ökumenischen Interesses steht, weil sie alle kontroverstheologischen Themen, nicht zuletzt die Sakramentsheologie, entscheidend mitbestimmt.

Beschlossen werden soll dieser kurze Überblick mit einigen Ausführungen zur 1982 in Lima verabschiedeten ›Konvergenzerklärung der Kommission für Glauben und Kirchenverfassung des ökumenischen Rates der Kirchen‹, an deren Ausarbeitung neben lutherischen und reformierten orthodoxe und römisch-katholische Theologen entscheidend beteiligt waren. Der Eucharistietext des ›Lima-Dokuments‹ setzt ein mit knappen Bemerkungen zur Einsetzungsproblematik (LE 1) und schließt mit einer Aufzählung und Entfaltung der grundlegenden liturgischen Bestandteile der eucharistischen Feier (LE 27–33). Dabei wird wiederholt hervorgehoben, daß die Kirche die Eucharistie als eine Gabe des Herrn empfangen hat und empfängt (LE 1, 29). Allerdings hält man es für weiterer Untersuchung bedürftig, „welche Teile des Herrenmahls unveränderbar von Jesus eingesetzt worden sind und welche in die Entscheidungskompetenz der Kirchen fallen“ (LE 28). Bemerkenswert im Zusammenhang der Einsetzungsfrage ist, daß die neutestamentlichen Berichte über das letzte Mahl bezogen werden auf die vielen Mahlgemeinschaften, die Jesus mit seinen Jüngern, aber auch mit ‘Zöllnern und Sündern’ hielt und in denen sich, wie in seinem Lehren und Handeln überhaupt, nach Jesu eigenem Verständnis die verheißene Gottesherrschaft in besonderer, zeichenhaft sinnenfälliger und potentiell für alle Menschen zugänglicher Weise antizipativ vergegenwärtigte. Dieser Bezug bietet nicht nur eine dogmatische Entlastung, insofern er es erlaubt, das Interesse an geschichtlicher Kontinuität des Glaubens zu Jesus, wie es in dem traditionellen Insistieren auf der Einsetzung des Abendmahls durch den Irdischen wirksam ist, in einer gewissen Unabhängigkeit von den historisch-exegetischen Unsicherheiten hinsichtlich des letzten Mahls wahrzunehmen; er ermöglicht es zugleich der Exegese, die neutestamentlichen Sinndeutungen des letzten Mahls aus jenem eschatologischen Kontext zu begreifen, der die gesamte Wirklichkeit Jesu prägt. Ohnehin legen es die neutestamentlichen Berichte von sich aus nahe, das letzte Mahl Jesu unter Bezug auf die alltägliche Mahlgemeinschaften zu betrachten, insofern auch für sie die Teilnahme an der zukünftigen Gemeinschaft im Reiche Gottes im Zentrum steht. Wie aber die Mahlgemeinschaften des Irdischen vornehmlich dessen Gemeinschaft mit Sündern darstellt, so ist und bleibt die im Abendmahl erschlossene eschatologische Gemeinschaft mit dem Auferstandenen durch dessen Kreuzestod für unsere Sünden und infolgedessen durch die Zusage der Sündenvergebung vermittelt. Dies zu betonen, ist ein besonderes Anliegen reformatorischer Kirchen.

Im einzelnen wird die Bedeutung der Eucharistie (LE 2–26) im ›Lima-Dokument‹ sodann aus einem umfassenden trinitarisch-heilsgeschichtlich-eschatologischen Zusammenhang entwickelt. Als Inbegriff ihres Gehalts hat nichts weniger als die Selbstmitteilung des trinitarischen Gottes zu gelten: „Die Eucharistie ist vor allem das Sakrament der Gabe, die Gott uns in Christus durch die Kraft des Heiligen Geistes schenkt“ (LE 2). Die Formulierung zeigt bereits an, daß die sakramentale Selbstmitteilung Gottes nicht unmittelbar vorgestellt werden darf. Denn die Wirklichkeit des dreieinigen Gottes ist eben nur dann entsprechend gedacht, wenn das Wesen Gottes nicht abgelöst wird vom Vollzug seiner Erscheinung. Insofern stellt neben der Danksagung an den Vater (LE 3 f.) die Anamnese (LE 5–13) ein notwendiges Moment der Eucharistiefeier dar, weil sie verdeutlicht, daß die göttliche Wirklichkeit einzig und bleibend durch die geschichtliche Einmaligkeit des auferstandenen Gekreuzigten vermittelt ist. Erinnerung ist in diesem Sinne ein wesentlicher Modus eucharistischer Geistesgegenwart. Aber damit ist bereits angedeutet, daß sich die Anamnese nicht auf einen äußerlichen Akt mentaler Rückerinnerung reduzieren läßt, welcher die Wirklichkeit Gottes in einem vergangenen Gewesensein stillegt. Denn die Vergangenheit Jesu Christi verweist von sich aus auf die eschatologische Zukunft des Reiches Gottes und ist als solche deren antizipierte Gegenwart. In der eucharistischen Epiklese (LE 14–18) wird dieser eschatologische Bezug ausdrücklich. Die Epiklese bewahrt die Erinnerung davor, sich in sich selbst zu verschließen; sie eröffnet dem Andenken Jesu Christi den Blick auf dessen eschatologische Geistherrlichkeit und läßt so die Erinnerung aussein auf die Zukunft des Gekommenen. Eben jenes ‘erwartungsvolle Andenken’ (bzw. jene ‘erinnernde Zuversicht’), welches den christlichen Glauben ausmacht und gewissermaßen die christliche 'Zeitspanne' bestimmt, wird in der Eucharistiefeier begründet und vollzogen in der Weise des Sakraments, in welchem die Wirklichkeit des in Jesus Christus offenbaren Gottes dem Menschen in der Verborgenheit des Zeichens gegenwärtig wird und im Jetzt schon zum Vorschein kommt. In Anamnese und Epiklese, die in einem Verhältnis wechselseitiger Verweisung stehen und einen einzigen Zusammenhang namhaft machen, wird wahrgenommen, daß der in Jesus Christus, dem auferstandenen Gekreuzigten, als Vater offenbare Gott im Geiste für seine Kirche und mit ihr für seine Welt und jeden einzelnen Menschen bleibend gegenwärtig sein und sie in den Vollzug der Liebe hineinnehmen will, welcher das göttliche Leben ausmacht. So erschließt sich in Anamnese und Epiklese, die den Sinnzusammenhang der eucharistischen Liturgie wesentlich bestimmen, nicht weniger als die Wirklichkeit des dreieinigen Gottes in der Einheit von immanenter und ökonomischer Trinität. Indes ist diese Wirklichkeit der Welt- und Selbsterfahrung des Menschen nicht unmittelbar zugänglich. Zwar bietet sie sich dar im sichtbaren Zeichen eines Mahlgeschehens, das durch Brot und Wein elementar geprägt ist. Aber dieses Mahlgeschehen will verstanden sein als auf Glauben hin angelegtes Sakrament. In der Gemeinschaft der Gläubigen (LE 19–21), die von ihm genährt wird, verschafft es gleichwohl heute schon einen Vorgeschmack auf das Mahl des Gottesreiches (LE 22–26), in welchem sich der Glaubensgehorsam in Sehen und Schmecken vollenden wird.

Verstehe ich recht, dann wollen alle Einzelaussagen des ›Lima-Dokuments‹ zur Eucharistie aus diesem eindrucksvollen, hier auf seine systematische Grundstruktur reduzierten Gesamtzusammenhang verstanden werden. Auch die reformatorische Tradition der Abendmahlslehre dürfte in diesem Kontext in ihren wesentlichen Bestandteilen stimmig und konsistent reformulierbar sein.

### 3.2.4 Herrenmahl und ordinationsgebundenes Amt

Schon das ›Herrenmahldokument‹ hatte die gemeinsame Überzeugung katholischer und lutherischer Christen bekundet, „daß zur Eucharistie die Leitung des kirchlicherseits dazu bestellten Dieners gehört" (H 65). In diesem Zusammenhang wurde die Frage aufgeworfen, „wie von lutherischen Kirchen eine ohne ordinierten Amtsträger vollzogene Eucharistie betrachtet wird" (H 68). Das Amtsdokument hat daraufhin Rahmenrichtlinien benannt, innerhalb deren eine Antwort auf diese Frage zu erfolgen hat. „Zwar wird bei der Lehre vom Abendmahl", so ist im 30. Artikel zu lesen, „für die Gültigkeit und als Voraussetzung der realen Gegenwart Christi nur der Vollzug der Handlung im Sinne der Einsetzung durch den Herrn genannt. Das Amt wird hierbei nicht erwähnt. Nach ›Confessio Augustana V‹ wird jedoch für die Verwaltung der Sakramente das Amt vorausgesetzt. Nach ›Confessio Augustana XIV‹ wird dieses Amt der öffentlichen Verkündigung und Sakramentsverwaltung nur durch ordentlich dazu Berufene ausgeübt, das heißt nach heutigem Verständnis durch ordinierte Amtsträger: 'Überall, wo das Amt der Kirche ausgeübt werden soll, ist Ordination erforderlich'. In dieser Feststellung liegt nicht lediglich eine disziplinäre Überlegung, sie hat vielmehr . . . wesentliche Bedeutung für die öffentlich sich darstellende Einheit der Kirche" (A 30).[105] Im Dienst der Einheit der Kirche liegt sonach die Bedeutung des Amtes für die Feier des Abendmahls begründet, und um dieses Einheitsdienstes willen, zu dem es bestimmt ist, gehört das Amt der öffentlichen Evangeliumsverkündigung in Wort und Sakrament zu den „grundlegenden Kennzeichen" (A 29) der Kirche selbst. Darin stimmen lutherische und reformierte Lehrauffassung prinzipiell überein.

Im Sinne reformatorischer Bekenntnistradition wird man deshalb der Forderung des ›Limapapiers‹ nur zustimmen können, daß es angemessen ist, dem ordinierten Amtsträger den Vorsitz der Feier des Herrenmahls zuzuerkennen (LA 14 Komm), wie das in den meisten Kirchen der Christenheit auch tatsächlich der Fall ist, weil dadurch „die Verbindung der Ortsgemeinde zu den anderen lokalen Gemeinschaften in der universalen Kirche" (LE 29) zum Ausdruck kommt. Die vorläufige Stellungnahme der VELKD zum ›Limapapier‹[106] betont denn auch, daß das ordina-

[105] Das Zitat im Text findet sich in der Stellungnahme des Theol. Ausschusses der VELKD zur Frage des kirchlichen Amtes und der Ordination vom 13.10.1970, in: Burgsmüller, A., und R. Frieling (Hrsg.), Amt und Ordination im Verständnis evangelischer Kirchen und ökumenischer Gespräche. Eine Dokumentation im Auftrage der Arnoldshainer Konferenz, Gütersloh 1974, 73 (B 3 b).

[106] Zu den Konvergenzerklärungen über Taufe, Eucharistie und Amt. Eine vorläufige Stellungnahme des Lima-Ausschusses der VELKD, in: Texte aus der VELKD 25 (1984), 1–7 (= VELKD).

tionsgebundene Amt die Abendmahlsfeier vor einem 'Winkeldasein' schützt, indem es ihre Einheit und Öffentlichkeit dokumentiert und anzeigt, „daß hier nicht die abgesonderte Einheit einer besonderen Gruppe, sondern die Einheit des Leibes Christi mit all seinen Gliedern vollzogen wird" (VELKD 11 f.). Demgemäß wird ausdrücklich betont, daß nach rechtmäßiger Ordnung dem ordinierten Amtsträger die Leitung der Abendmahlsfeier zukommt. Im Grunde sollte diese Regel für alle Vollzüge öffentlicher Evangeliumsverkündigung, also für Sakrament und Wort gelten, wenn ihr auch in bezug auf das Herrenmahl als dem wirksamen Zeichen der elementaren Gegenwart des einen Leibes Jesu Christi, durch dessen Empfang wir selbst zu einigen Gliedern dieses Leibes werden, eine besondere Bedeutung zukommen mag.

Wenn evangelische Stellungnahmen zum ›Limapapier‹ gleichwohl hinzufügen, die Ordination sei „nicht im strengen, dogmatischen Sinne ... Bedingung für die stiftungsgemäße Verwaltung der Sakramente und damit für den Empfang des Heils" (VELKD 11), die Gültigkeit der Eucharistie hänge also „nicht vom ordinierten Pfarramt ab" (ebd.), so sollte man dies – und zwar sowohl auf evangelischer als auch auf katholischer Seite – nach Möglichkeit nicht im Sinne eines Abrückens von der ursprünglich formulierten Regel und einer nachträglichen Sanktionierung einer unordentlichen Praxis verstehen. Die Regel, daß der ordinierte Amtsträger die Abendmahlsfeier zu leiten hat, soll und darf nicht aufgehoben werden, weil der gottgewollte, von der Universalität des Evangeliums Jesu Christi erforderte Dienst an der Einheit unentbehrlich ist. Indes konstituiert der Amtsträger nicht die elementare Gegenwart Jesu Christi im Abendmahl, sowenig er die Einheit, der er zu dienen hat, unmittelbar und an sich selbst ist. Wie Christus im Geiste hinreichender und vollgenügsamer Garant der Einheit seiner Kirche ist und bleibt, so darf auch seine sakramentale Gegenwart nicht als eine Setzung, deren Subjekt die Kirche bzw. das kirchliche Amt ist, sie muß vielmehr als Selbstvergegenwärtigung gedacht werden. Dies aber ist nur dann möglich, wenn die sakramentale Präsenz Christi nicht so an die – zweifellos der Ordnung entsprechende – Gegenwart der Person des Amtsträgers in der Abendmahlsfeier gebunden wird, daß eine Ausnahme von dieser Ordnung schlechterdings undenkbar erscheint. Wäre dies der Fall, dann allerdings hätte die dogmatische Unterscheidung von Christus und Ordiniertem im Sakrament des Altars als bloße Behauptung zu gelten, und es müßte von ihrer faktischen Ununterscheidbarkeit ausgegangen werden, was der Gewißheit des Glaubens, Christus sei und bleibe alleiniger Herr seines sakramentalen Mahls, nicht gemäß ist; daran vermag die These, der Amtsträger sei nichts anderes als Medium und dienstbares Werkzeug Christi, nichts zu ändern, solange sie die Ununterscheidbarkeit beider bekräftigt und jede Möglichkeit einer Differenzierung entzieht. Recht betrachtet hebt sonach die Denkbarkeit der besagten Ausnahme, wohlgemerkt: als einer Ausnahme, die begründete Regel, daß dem Ordinierten der Vorsitz der Abendmahlsfeier gebührt, nicht auf, bestätigt sie vielmehr. Denn der Einheit, um deretwillen er das eucharistische Leitungsamt auszuüben hat, vermag der ordinierte Amtsträger nur dann recht zu dienen, wenn er sich in seinem Amtsverständnis von dem einzigen Grund dieser Einheit, Jesus Christus, unterschieden weiß. Entsprechend gilt: Der Auftrag, im Namen Jesu Christi zu sprechen und in persona Jesu Christi zu handeln, will den Unterschied zwischen Christus und dem kirchlichen Amtsträger bzw. der Kirche selbst nicht aufheben, geht vielmehr von ihm aus und kann nur im Bewußtsein dieses Unterschieds sinnvoll wahrgenommen werden.

Die entwickelte Gedankenfolge scheint mir durchaus übereinzustimmen mit den dogmatischen Prämissen von Luthers eigener Praxis. Auszugehen ist davon, daß es Luther stets abgelehnt hat, einem Nichtordinierten die Leitung der Abendmahlsfeier zuzuerkennen; die Administration des Altarsakraments bleibt selbst für sog. Notfälle dem ordinierten Amt vorbehalten. Zwar ist die Textbasis für diesen Befund vergleichsweise schmal; aber die gegebenen Fälle bestätigen das Gesagte eindeutig. So hat sich Luther etwa stets der an ihn herangetragenen Bitte verweigert, angesichts der desolaten kirchlichen Situation seiner Zeit evangelisch Gesinnten die Erlaubnis zu einer von einem Laien administrierten sog. Hauskommunion zu erteilen: „Bei Leib laßt Euch nicht bereden, daß ein iglicher Hauswirt möge das Sacrament in seinem Hause geben! Denn lehren mag ich daheimen, aber öffentlicher Prediger bin ich damit nicht, ich wäre denn öffentlich berufen. So spricht auch St. Paulus vom Sacrament 1. Kor 11: wir sollen zusammenkommen, und nicht ein iglicher sein eigen Abendmahl machen. Darumb ist's nichts geredt: Das Sacrament wird durchs Wort gemacht, darumb mag ich's im Hause machen. Denn es ist Gottes Ordnung und Befehl nicht; sondern er will, daß das Sacrament durch öffentlich Ampt gereicht werde“ (WA Br 7, 366, 36–45).

Um aus dieser Stellungnahme und ähnlich lautenden keine voreiligen dogmatischen Schlüsse zu ziehen, wird man die Zielrichtung der Argumentation genau beachten müssen. Festzuhalten ist zunächst, daß Luther nicht von einer ausschließlich dem Ordinierten vorbehaltenen potestas consecrandi oder gar einer priesterlichen potestas offerendi her argumentiert. Zwar weiß auch er von einer Konsekrationsvollmacht des Ordinierten zu sprechen; aber es zeigt sich, daß bei ihm die Frage, wer konsekrieren kann und darf, im Rahmen und aus dem Zusammenhang der Öffentlichkeitsbestimmung des ordinationsgebundenen Amtes entwickelt wird. Dagegen hat Luther eine unmittelbare, nicht durch den Öffentlichkeitsgedanken (resp. durch den unauflösbaren Zusammenhang von Amt und Gemeinde, wie er im Geiste Jesu Christi begründet ist) vermittelte Verknüpfung von Amt und potestas consecrandi stets bekämpft. Der Winkelpriester, der nur sich selbst ministriert, hat, trotz aller möglichen Weihen, gerade keine Konsekrationsvollmacht, weil er kein öffentliches Dienstamt versieht. Um es pointiert zu formulieren: Zwar kann vermöge des allgemeinen Priestertums aller Gläubigen grundsätzlich jeder Christ konsekrieren, es soll und darf dies aber nicht jeder. Beides, das allgemeine Können und das auf eine besondere Person eingeschränkte Dürfen, ist gleichermaßen im sakramentalen Zeichen begründet. Denn was aller Bestimmung ist, nämlich Heil verkündende und gestaltende ‘Sprachrohre’ Christi zu sein, bedarf unter den Bedingungen personeller und gemeindlicher Vielfalt, gerade um der Universalität dieser Bestimmung willen, notwendig der Wahrnehmung durch ein besonderes Amt, das freilich seine einheitsstiftende Aufgabe nur dann angemessen erfüllt, wenn es hingeordnet ist auf konkrete Pluriformität.

Um dieses seines Öffentlichkeitscharakters willen, so die Argumentation Luthers, bedarf der Sakramentsgottesdienst nun aber der Leitung durch den ordinierten Amtsträger, dessen Besonderheit gegenüber dem allgemeinen Priestertum gerade darin besteht, ordentlich dazu bestellt zu sein, den in der Sendung Jesu Christi begründeten Öffentlichkeitsauftrag der Kirche wahrzunehmen und damit ihrer universalen Einheit zu dienen. Daß dieser Auftrag, sosehr er für alle Heilsmittel in Geltung steht, durch die Stiftung des Altarsakraments eine eigentümliche Konzentration erfährt, insofern im Abendmahl die Öffentlichkeitsbestimmung der Kirche gewissermaßen an sich selbst dargestellt und zeichenhaft-wirksam vollzogen wird, hat Luther nicht bestritten. Vielmehr dürfte es in dem spezifischen Öffentlichkeitscharakter der Kommunion begründet sein, daß er in der Frage eines Notrechts hinsichtlich der Abendmahlsspendung durch Nichtordinierte offenbar zu keinem Zugeständnis bereit war, während er das Recht, nicht nur im privaten Kreis – das versteht sich von selbst –, sondern öffentlich zu predigen, zu taufen und die Absolution zu erteilen, gegebenenfalls jedem Christen zuerkennen konnte. Daraus die Annahme einer gesteigerten Heiligkeit des Altarsakraments den anderen 'sancta' gegenüber zu folgern, wäre gewiß ebenso verfehlt, wie es umgekehrt falsch wäre, aus Luthers These, eine Spendung des Abendmahls sei nicht heilsnotwendig, weil die Heilsgabe Gottes auch durch Predigt und sonstigen Zuspruch empfangen werden könne (mit welcher These er seinen Aufruf zum Verzicht auf Abendmahlsfeiern ohne ordentlich berufene Amtsträger wiederholt begründet hat), eine Geringschätzung des Altarsakraments herauszulesen. Richtig dürfte vielmehr sein, daß die Rücksicht auf die jeweils eigentümliche Gestalt der einzelnen Heilsmittel, die unbeschadet ihrer – im einen Stifter selbst begründeten – Gemeinsamkeit gegeben ist, Luther bewogen hat, eine differenzierte Praxis zu empfehlen und im Falle des Abendmahls um seines spezifischen Öffentlichkeitscharakters willen die Leitung der Feier den zur Wahrnehmung des öffentlichen Auftrages der Kirche geordneten und bestellten Dienern vorzubehalten.

Daß Luther eine Ausnahme von dieser Regelung in Betracht gezogen hätte, ist nicht bekannt. Tatsache hingegen ist, daß er die Gemeinden für die Zeit, in der sie eines ordentlich berufenen Amtsträgers entbehren, zum Verzicht auf das Abendmahl aufruft. „Diesen Mangel hält Luther zwar für einen untragbaren Zustand in einer Gemeinde, nicht aber für eine Situation, die das Notrecht rechtfertige."[107] Nun mag man diesen Sachverhalt so interpretieren, daß man sagt, das ordinationsgebundene Amt gehöre zur Integrität des sakramentalen Zeichens dergestalt hinzu, daß der Zeichencharakter des Altarsakraments selbst tangiert wäre, wenn die Herrenmahlsfeier „amtlicher" Leitung ermangeln würde. Dieser Satz ist nicht falsch und braucht von evangelischer Theologie keineswegs abgewiesen zu werden. Um aber

[107] Brunotte, W., Das geistliche Amt bei Luther, Berlin 1959, 167.

über seine Richtigkeit angemessen befinden zu können, muß man genau wissen, in welcher Weise das ordinationsgebundene Amt zum sakramentalen Zeichen hinzugehören soll.

Zunächst ist zu sagen, daß das Amt zum Sakrament des Herrenmahls nicht mehr und nicht weniger hinzugehört als etwa die kommunizierende Gemeinde. Es ist also sogleich der Gesamtzusammenhang der Feier in all seinen Momenten ins Auge zu fassen und der Blick nicht zu verengen auf ein isoliertes Geschehen an den Elementen, von dem her dann die Notwendigkeit des Amtes für den sakramentalen Vollzug im Sinne einer einseitig herausgestellten potestas consecrandi zu begründen wäre. Innerhalb des sakramentalen Vollzugs aber steht das ordinationsgebundene Amt zeichenhaft für die Öffentlichkeit dieses Vollzugs, mithin für seinen gesamtkirchlichen Bezug. In diesem Sinne kommt dem Amtsträger die Funktion einer zeichenhaften Repräsentation der Einheit der Kirche zu; sofern aber die Einheit der Kirche in der Einheit des Herrn gründet, kann auf vermittelte Weise auch von einer sakramental-zeichenhaften Repräsentation Christi durch den ordinierten Amtsträger in der Abendmahlsfeier gesprochen werden. Aber diese repräsentative Funktion ist gewiß anderer Art als die mit Brot und Wein gegebene Präsenz Christi. Denn diese Präsenz ist der Repräsentationsaufgabe des Amtes prinzipiell vorgeordnet. In bezug auf die sakramentale Anwesenheit Christi im Herrenmahl stehen Amt und Gemeinde grundsätzlich auf gleicher Ebene, wie denn auch beide auf den Genuß der gesegneten Speise gleichermaßen angewiesen sind. Diese gemeinsame Angewiesenheit auf die sakramentale Gabe spiegelt sich in dem Verhältnis wechselseitiger Angewiesenheit wider, in dem Amt und Gemeinde zueinander stehen; wie die Gemeinde des Dienstes der Einheit bedarf, um nicht in sektiererische Konfusion zu geraten, so bedarf das Amt der Einheit jener Vielheit, wie sie in der Gemeinde manifest ist, um nicht seinerseits dem Geist der Beschränktheit zu verfallen. So gehört denn auch die konkrete Gemeinde in gleich ursprünglicher und gleich wesentlicher Weise wie das Amt zum Zeichenschatz des Altarsakraments, indem sie in ihrer Konkretheit die Aufgeschlossenheit des Geistes Christi für die Besonderheit jedes leibhaften Menschen und seiner Welt repräsentiert, welche Aufgeschlossenheit zum Wesen des Herrn nicht weniger hinzugehört als sein Wille, daß die Vielen in ihm eins sein sollen.

Ist der argumentative Gesamtzusammenhang soweit entwikkelt, so ist nun erneut auf die vormals geäußerte These zurückzukommen, die Ausnahme von der begründeten Regel, daß dem Ordinierten die Leitung der Abendmahlsfeier gebühre, müsse immerhin denkbar sein. Diese These scheint ja zunächst im Widerspruch zu stehen zu der eben dargestellten Praxis Luthers. Indes ist zu berücksichtigen, daß dem Verweis auf die Ausnahme die Funktion zugedacht wurde, die Regel nicht aufzuheben, sondern zu bestätigen. Allerdings wurde zugleich betont, das Insistieren auf der Regel dürfe die Ausnahme nicht schlechterdings undenkbar erscheinen lassen. Ob diese Denkbarkeit auch die Möglichkeit einer praktischen Realisierung eröffnet, ist eine andere Frage und nur kasuistisch, also von Fall zu Fall, zu entscheiden. Was die von Luther behandelten Fälle betrifft, so läßt sich eine solche Realisierungsmöglichkeit jedenfalls positiv nicht begründen und verifizieren, wenngleich sie sich auch nicht definitiv ausschließen läßt. Indes kann und soll es nicht darum gehen, durch mehr oder minder gezwungene Konstruktion außerordentlicher Fälle eine begründete Ordnung und Regel in Zweifel zu ziehen. Worum es geht und worauf die Formel von der Denkbarkeit der Ausnahme zielt, läßt sich vielmehr an einem Fallbeispiel aufzeigen, das für die Geschichte der Reformationskirchen von durchaus grundlegender Bedeutung ist: Zwar hat Luther sich geweigert, in bezug auf die Abendmahlsverwaltung ein Notrecht in Anwendung zu bringen, zugleich aber hat er die Praxis sogenannter Notordinationen nicht nur gebilligt, sondern für unentbehrlich erachtet, als seit etwa 1530 „einerseits der Zustrom bereits ordinierter Pfarrer und Mönche zur Reformation versiegte und . . . andererseits die katholischen Bischöfe sich weigerten, die Amtsträger der sich zur ›Confessio Augustana‹ bekennenden Kirchen zu ordinieren“[108]. Dies setzt die Überzeugung voraus, daß die Gültigkeit der von Christus gestifteten Heilsmittel und nun eben auch die Gültigkeit des Altarsakraments nicht so an den nach Maß der Regel eingesetzten Amtsträgern hängt, daß ein Abweichen von dieser Regel die Gültigkeit der Amtsvollzüge der in außerordentlicher Weise zum Akt der öffentlichen Evangeliumsverkündigung und Sakramentsverwaltung Bestellten vorweg in Zweifel ziehen müßte. Daß ein solches Abweichen von der in der Kirche der Zeit gebräuchlichen Regel tatsächlich

[108] Manns, P., Amt und Eucharistie in der Theologie Martin Luthers, in: Bläser, P., u. a., Amt und Eucharistie, Paderborn 1973, 68–173, hier: 99.

vorgelegen hat, wird man schwerlich völlig in Abrede stellen können, selbst dadurch nicht, daß man auf die, wenngleich nicht allgemein, so doch von Luther auch in der Notsituation favorisierte Praxis, Pfarrer nur durch Ordinierte ins Amt einsetzen zu lassen, verweist, um sich zugleich auf die lutherische These einer ursprünglichen Einheit von Bischofs- und Presbyteramt zu berufen. Denn auch in dieser Perspektive bleibt es bei einer Abweichung von der bestehenden Regel, insofern die Unterscheidung von Presbyter und Episcopus, wenngleich von der römischen Kirchenlehre weder damals noch heute definitiv und vollständig geklärt, doch praktisch verbindlich in Geltung stand.

Es kommt daher nicht von ungefähr, daß das Problem der Formen bzw. der Dreigliederung des ordinationsgebundenen Amtes eines der Zentren und zugleich problematischsten Punkte des gegenwärtigen ökumenischen Dialogs darstellt. Selbst wenn von seiten der lutherischen Kirchen die Bereitschaft gegeben sein sollte, ein vom Pfarramt unterschiedenes Bischofsamt sowie gegebenenfalls die bischöfliche Sukzession und einen episkopalen Ordinationsvorbehalt im Sinne eines Zeichens der Kontinuität und Einheit der Kirche zu schätzen, wird man doch – um es im Anschluß an das ›Lima-Dokument‹ zu sagen – keinem Vorschlag zustimmen können und dürfen, „der darauf hinausläuft, daß das Amt, das in [der] eigenen Tradition ausgeübt wird, nicht gültig sein sollte bis zu dem Augenblick, wo es in eine bestehende Linie der bischöflichen Sukzession eintritt“ (LA 38). Eine solche Zustimmung verbietet sich übrigens nicht nur und nicht primär aus Respekt vor der Tradition der reformatorischen Väter und ihrer Nachfahren, sondern auch und vor allem aus einem zukunftsorientierten und damit eben nicht nur historischen, sondern bleibend sachlichen Grund, der sich erneut auf die Kurzformel bringen läßt, daß die Ausnahme von der kirchlichen und amtstheologischen Regel auch fernerhin denkbar sein muß, wenn die Kirche reformierbar sein und bleiben soll, was die Voraussetzung dafür ist, daß die ‘Sache der Reformation’ weitergeht, ihre Geschichte eine Zukunft hat.

Dabei gehört es zum geschichtlichen Wesensgesetz der Reformation, welches sie von Restauration und Revolution gleich weit entfernt sein läßt, daß sie die außerordentliche Möglichkeit anerkennt, gerade um das Außerordentliche im Falle seiner Tatsächlichkeit in einem bleibenden Zusammenhang mit der Ordnung zu halten. An der von Luther und den Seinen geübten Praxis der

Notordination läßt sich dies unschwer historisch erweisen. Nicht zuletzt an ihr zeigt sich der Wille, das in einer außerordentlichen Situation in einer außerordentlichen Weise zu tun Gebotene nicht im Status des Außerordentlichen zu belassen, um so die Unordnung auf Dauer zu stellen, sondern es in eine durchsichtige Regel und Ordnung zu überführen. Sonach beruht die Praxis der Notordination weder auf einer Geringschätzung oder gar Leugnung des kirchlichen Amtes, noch zielt sie auf eine charismatische Kirchenordnung oder ein bloßes Amtsprovisorium. Im Gegenteil, das ordinationsgebundene Amt gehört zu den Reformationskirchen unentbehrlich hinzu. Dennoch ist dieses Amt keine absolute Größe. Die Heilsgabe muß deshalb vom Gegebensein des Amtes unterscheidbar sein, wie das Amt selbst nur im Bewußtsein dieses Unterschieds seine für die Kirche unentbehrliche Aufgabe erfüllen kann.

Damit sind bereits die wesentlichen Grundsätze reformatorischen Amts- und Ordinationsverständnisses entwickelt. Entscheidend für alle Einzelfragen ist das Problem der rechten Verhältnisbestimmung von allgemeinem Priestertum und besonderem, ordinationsgebundenem Amt. Dabei wird reformatorische Theologie vor allem eine doppelte Gefahr zu meiden haben: Sie darf weder das besondere Amt der Kirche zu einer bloßen Funktion des jeweiligen Gemeindewillens erklären, weil damit die Eigenständigkeit und göttliche Stiftung des Amtes geleugnet und nicht mehr deutlich wäre, daß der Dienst des Amtsträgers an der Gemeinde etwas anderes ist als Repräsentanz einer gerade in Geltung stehenden Partei- oder Durchschnittsmeinung. Noch darf sie einen solchen Amtsbegriff vertreten, der die Allgemeinheit des in der Taufe begründeten Priestertums aller Gläubigen einschränkt und somit faktisch widerruft. Eine solche Einschränkung bzw. Bestreitung des Priestertums aller Getauften sahen die Reformatoren in der römischen Amtslehre als gegeben an. Dabei konzentriert sich die Kritik vor allem auf Theorie und Praxis des Opferpriestertums, mithin auf die sazerdotale Begründung des ordinationsgebundenen kirchlichen Amtes. Die Kontroverse in der Amtsfrage hängt daher mit dem Streit um den Opfercharakter der Messe aufs engste zusammen. Weil nach reformatorischer Auffassung im Abendmahl kein Sühnopfer dargebracht wird, kann es in der Kirche Jesu Christi auch kein besonderes Priestertum geben, dem die Darbringung eines propitiatorischen Opfers zukäme und vorzubehalten sei. Das Sühnopferpriestertum endet mit Christus, da er am Kreuz die Versöhnung mit Gott in vollendeter Weise vollbracht hat; das Opferpriestertum der Christen hingegen besteht allein in der Darbringung von Opfern des Dankes, welche allen Gläubigen aufgetragen ist und mithin kein besonderes Priesteramt in der Kirche des Neuen Bundes begründet.

Demgegenüber bestand das Trienter Dekret über das Weihesakrament auf der göttlichen Verordnung eines vom Priestertum aller Gläubigen wesensmäßig unterschiedenen Opferpriestertums: „Opfer und Priestertum sind nach göttlicher Anordnung so verknüpft, daß sich beides in jeder Heilsordnung findet. Da also im Neuen Bund die katholische Kirche nach der Einsetzung des Herrn die heilige Eucharistie als sichtbares Opfer empfangen hat, so muß man auch bekennen, daß es in ihr ein neues, sichtbares, äußeres Priestertum gibt . . ." (DS 1764; NR 626). Einsetzung des Meßopfers und Einsetzung eines besonderen Priestertums fallen insofern nach tridentinischer Lehre zusammen. In der ›Doctrina de ss. Missae sacrificio‹ ist dies klar ausgesprochen, wenn es in bezug auf das letzte Mahl Jesu heißt: „Er brachte Gott dem Vater seinen Leib und sein Blut unter den Gestalten von Brot und Wein dar, reichte ihn den Aposteln, die er damals zu Priestern des Neuen Bundes bestellte, unter denselben Zeichen zum Genuß und befahl ihnen und ihren Nachfolgern im Priestertum dieses Opfer darzubringen mit den Worten: Tut dies zu meinem Andenken usw. (Lk 22, 19; 1. Kor 11, 24)" (DS 1740; NR 512; vgl. DS 1752). Durch die Spendung des Weihesakraments, welche den Bischöfen in der Nachfolge der Apostel übertragen und vorbehalten ist (DS 1768; 1777), wird nach Trienter Lehre diese von Jesus Christus selbst verliehene apostolische Vollmacht, den wahren Leib und das Blut des Herrn zu verwandeln, darzubringen und auszuteilen („potestas consecrandi, offerendi et ministrandi verum corpus et sanguinem Domini" [DS 1764; 1771]), auch fernerhin erteilt, womit ein besonderes Priesteramt der Kirche dauerhaft konstituiert und die Behauptung abgewiesen ist, „alle Christen seien in gleicher Weise Priester des Neuen Bundes, oder alle seien ohne Unterschiede mit derselben geistlichen Vollmacht ausgestattet" (DS 1767; NR 630). Was den Sinngehalt der Priesterweihe, die den Geweihten mit einem besonderen Prägemal (character indelebilis) versieht und ihn Christus gleichförmig macht, näherhin betrifft, so hatte das florentinische ›Lehrdekret für die Armenier‹ als Weihe-Materie die

Übergabe des Kelches mit dem Wein und der Patene mit dem Brot und als Weihe-Form die Worte bestimmt: „Empfanget die Gewalt, das Opfer in der Kirche darzubringen für Lebende und Tote, im Namen des Vaters und des Sohnes und des Heiligen Geistes" (DS 1326; Nr 625). Indes wird diese Lehre von römisch-katholischer Theologie heute in der Regel nicht mehr geteilt: Als Materie der Priesterweihe hat vielmehr die Handauflegung, als ihre Form die im unmittelbaren Anschluß daran vom Bischof gebetete feierliche Präfation zu gelten.

Auch in anderer Hinsicht zeigen sich in der gegenwärtigen römisch-katholischen Theologie Akzentunterschiede gegenüber der traditionellen Amtslehre. So betont das II. Vatikanische Konzil in seiner Lehre vom kirchlichen Dienst mit Nachdruck die fundamentale Bedeutung der Aufgabe der Wortverkündigung und bemüht sich, die durch die tridentinische Gleichung von Opfer und Priester bzw. den sacerdos-Begriff bedingte Einengung der Amtsvollmacht auf die Darbringung des eucharistischen Opfers zu überwinden (vgl. LG 11, 2; 28, 1; PO 4, 1 usw.). Bedenkt man ferner, daß in der Meßopferfrage wichtige ökumenische Fortschritte erzielt wurden, insbesondere durch die Aufhebung der auch für die tridentinische Begründung des besonderen kirchlichen Amtes entscheidenden Trennung von sacrificium und sacramentum, so dürften nicht zuletzt in der Amtsthematik weitere Annäherungen der überkommenen konfessionellen Standpunkte zu erwarten sein.

Das gilt um so mehr, als die Reformationskirchen an der Unterscheidung eines besonderen kirchlichen Amtes der öffentlichen Wortverkündigung und Sakramentsverwaltung vom Priestertum aller Gläubigen prinzipiell ebenso festgehalten haben, wie an der Ordination, deren Notwendigkeit durch eben diese Unterscheidung begründet ist. So lehrt CA XIV ›De ordine ecclesiastico‹, „daß niemand in der Kirchen offentlich lehren oder predigen oder Sakrament reichen soll ohn ordentlichen Beruf (nisi rite vocatus)" (BSLK 69, 1 ff.). CA V hatte die Notwendigkeit des 'ministerium ecclesiasticum' bereits mit der Angewiesenheit des Rechtfertigungsglaubens auf Wort und Sakrament begründet: „Solchen Glauben zu erlangen, hat Gott das Predigtamt eingesetzt, Evangelium und Sakrament geben, dadurch er als durch Mittel den Heiligen Geist gibt, welcher den Glauben, wo und wenn er will, in denen so das Evangelium hören, wirket, welches da lehret, daß wir durch Christus Verdienst, nicht unser

Verdienst, ein gnädigen Gott haben, so wir solchs glauben" (BSLK 58, 1 ff.). Thematisch einschlägig sind ferner CA XXVIII, wo es um das Verhältnis geistlicher und weltlicher Gewalt und die Vollmacht der Bischöfe geht, sowie AC XIV und AC XXVIII. Auch reformierte Tradition lehrt trotz der Bestreitung eines besonderen Amtspriestertums ein vom Priestertum aller Gläubigen wesentlich unterschiedenes ordinationsgebundenes Amt der Kirche. So bezeugt das zweite ›Helvetische Bekenntnis‹ von 1566: „Die Apostel Christi nennen zwar Priester alle, die an Christus glauben; freilich nicht, weil sie ein Amt verwalten, sondern weil durch Christus alle Gläubigen zu Königen und Priestern gemacht sind und wir alle Gott geistliche Opfer darbringen können (2. Mos 19, 6; 1. Petr 2, 9; Offb 1, 6). Sehr verschieden voneinander sind also das Priestertum und das kirchliche Amt. Jenes nämlich ist allen Christen eigen, wie wir soeben sagten, dieses aber nicht. Wir haben aber das kirchliche Amt nicht aufgehoben, wenn wir das päpstliche Priestertum aus der Kirche Christi verbannt haben" (J 221). In dieser Auffassung stimmen Zwingli, Calvin und die gesamte reformierte Bekenntnistradition überein. Das Amt der öffentlichen Evangeliumsverkündigung in Wort und Sakrament besteht iure divino.

Während das Luthertum, wenngleich Möglichkeit und Notwendigkeit einer funktionalen Ausdifferenzierung nicht in Abrede gestellt wurden, von der Einheit des göttlich verordneten kirchlichen Amtes und insbesondere von der ursprünglichen Einheit von Presbyter- und Bischofsamt ausging, hat die reformierte Tradition stärker die Pluralität kirchlicher Ämter hervorgehoben, ohne deshalb bestimmte Formen der Kirchenleitung biblizistisch und definitiv vorzuschreiben. Spricht Calvin in der ersten Fassung seiner ›Institutio‹ lediglich vom Amt des Presbyters und des Diakons, wobei er das Presbyteramt als Dienst an Wort und Sakrament bestimmt und mit dem Bischofsamt gleichsetzt, vertritt er in der Ausgabe von 1559 unter Berufung auf Eph 4, 11 in Verbindung mit Röm 12, 7 f. und 1. Kor 12, 28 eine Vierämterlehre, der gemäß die Ämter der Hirten (pastores), Lehrer (doctores), Diakone (diaconi) und Ältesten bzw. Presbyter (seniores) elementar zur Verfassung der Kirche Jesu Christi auf Erden hinzugehören (vgl. Inst. IV, 3 und 4). Dabei werden die Ämter des Hirten und Lehrers sehr eng verbunden; besteht beider Aufgabe vornehmlich im Dienst am Wort, so hat an der Kirchenleitung das Laienamt der Ältesten wesentlichen Anteil, die gemeinsam mit den Pastoren das Konsistorium bilden, welches für die Kirchenzucht verantwortlich ist. Den Diakonen schließlich ist die Fürsorge für die Armen in besonderer Weise aufgetragen. Hierarchische Stufengrade innerhalb dieser Ämter bzw. im Verhältnis dieser Ämter zueinander werden abgelehnt. Auch lutherische Theologie hat die Vorstellung geistlicher Rangfolgen, nach denen das kirchliche Amt zu ordnen und zu gliedern sei, stets bestritten.

Läßt sich somit die durchaus notwendige personelle und funktionale Vielfalt des ordinationsgebundenen Amtes im Sinne reformatorischer Theologie nicht dadurch vereinen, daß man innerhalb dieses Amtes geistliche Stufengrade einführt, so ist entsprechend bei der Zuordnung von allgemeinem Priestertum und ordinationsgebundenem Amt auf die Annahme geistlicher, den persönlichen Gnadenstand betreffender Gradunterschiede konsequent zu verzichten. Zugleich ist peinlich auf die Unterschiedenheit und Unterscheidbarkeit kirchenamtlicher Autorität von derjenigen Jesu Christi zu achten. Das Gegenüber von Jesus Christus und Kirche darf niemals gleichgesetzt oder auch nur in ein analoges Verhältnis gebracht werden zu dem Gegenüber von Amt und Gemeinde. Denn das Evangelium Jesu Christi an seine Kirche ist Amt und Gemeinde gleichermaßen vorgeordnet. Die amtstheologische Berufung auf die Autorität Jesu Christi hat somit das kritische Korrektiv der Gemeinde nicht aus-, sondern einzuschließen. Ist dem so, dann darf freilich die Funktion der Repräsentation Jesu Christi nicht exklusiv dem ordinationsgebundenen Amt vorbehalten werden. Daraus ergibt sich ferner, daß der Repräsentationsbegriff[109] die Besonderheit des ordinationsgebundenen Amtes im Unterschied zum Priestertum aller Gläubigen nicht hinreichend zu begründen vermag. Denn Repräsentanten Christi zu sein, dazu sind alle Christen bestimmt, wenn anders sie durch die Taufe am allgemeinen Priestertum teilhaben. Verfügt aber das ordinationsgebundene Amt über kein Monopol der Evangeliumsauslegung und der Kirchenleitung, dann stellt sich die entscheidende amtstheologische Frage unumgänglich, ob sich Unterschied und Zusammenhang von Amt und Gemeinde überhaupt zugleich behaupten lassen oder ob nicht am Ende die Alternative unvermeidbar ist, entweder geistliche

[109] Vgl. Persson, P. E., Repraesentatio Christi. Der Amtsbegriff der neueren römisch-katholischen Theologie, Göttingen 1966.

Stufengrade einzuführen, was auf die Leugnung des allgemeinen Priestertums hinausläuft, oder das Amt zu einem Funktionsmoment der Selbstbestimmung und Autarkie einer vorfindlichen Gemeinde zu erklären, womit die göttliche Stiftung des besonderen Amtes in Abrede gestellt ist. Ausdrücklich muß daher das Problem erörtert werden, was eigentlich die Besonderheit des besonderen, will heißen: ordinationsgebundenen Amtes im Sinne reformatorischer Theologie ausmacht.

Ein entscheidender Aspekt dieser Besonderheit, so zeigte es sich bereits, ist nach reformatorischer Auffassung mit der Einsetzung zur öffentlichen Evangeliumsverkündigung in Wort und Sakrament gegeben. Mögen auch andere Gesichtspunkte hinzukommen, so dürfte ihr angemessenes Verständnis doch nur dann gewährleistet sein, wenn sie von der Öffentlichkeitsbestimmung des ordinationsgebundenen Amtes her oder doch zumindest im Zusammenhang mit ihr in Betracht gezogen werden. Allein in der Perspektive des Öffentlichkeitsgedankens erscheint eine stimmige theologische Vermittlung der Besonderheit des ordinationsgebundenen Amtes und der Allgemeinheit des Priestertums aller, mithin eine solche Begründung des besonderen Amtes als möglich, welche durch die Behauptung göttlicher Stiftung dieses Amtes die Lehre vom allgemeinen Priestertum nicht einschränkt, sondern bestätigt. Da eine detaillierte theologische Bestimmung des vorausgesetzten Öffentlichkeitsbegriffs, die zur Begründung dieser, in ihren Konsequenzen durchaus weitreichenden Annahme eigentlich erforderlich ist, hier nicht gegeben werden kann, müssen einige thetische Hinweise genügen, die zumindest den Richtungssinn der zu entwickelnden Gedankenfolge angeben. Während das Priestertum aller Gläubigen im einzelnen Fall je besonders, etwa im Zusammenhang mit einer bestimmten sozialen Rolle, verwirklicht wird, ist es die Besonderheit, der besondere Beruf des ordinationsgebundenen Amtes, dazu geordnet zu sein, daß es für Allgemeinheit des allgemeinen Priestertums, mithin für jene Öffentlichkeit eintritt, die durch die Universalität der Heilsbotschaft Jesu Christi hervorgerufen werden soll und tatsächlich hervorgerufen wird. Diese Öffentlichkeit ist nicht einfach identisch mit der faktisch vorfindlichen Gemeinde oder der Vielzahl ihrer sozialen Rollen, sie ist nicht einmal gleichzusetzen mit der Summe aller lebenden Getauften, denn ihr sind gewissermaßen alle Christen sowohl vergangener als auch zukünftiger Zeiten zuzurechnen, deren Zahl für uns nicht festlegbar ist. In diesem Sinne ist die Gesamtkirche, welche die christliche Öffentlichkeit ausmacht, eine eschatologische Größe, die zwar bereits jetzt überall dort, wo zwei oder drei in Jesu Namen versammelt sind, zum Vorschein kommt, aber zugleich jede ausschließende Beschränktheit, sei es von Personen, Gruppen oder empirischen Kirchentümern, transzendiert. Christliche Öffentlichkeit hat sonach etwas mit Offenheit zu tun, ja sie ist, was sie ist, in der Weise schlechthinniger Aufgeschlossenheit für Mensch und Welt und dient so und nicht anders der Universalität der Heilsbotschaft Jesu Christi. In diesem Sinne ist Öffentlichkeit als ein dezidiert theologischer Begriff zu denken.

Als solcher benennt er nicht weniger als die Bestimmung christlicher Gemeinschaft. Eine Christengemeinde, die ihrer Bestimmung entspricht, ruht nicht in sich selbst, weil sie ihren Grund und Bestand nicht in sich selbst hat, nicht auf die eigene Frömmigkeit und Heiligkeit baut bzw. an ihr sich zu erbauen hätte, sondern von dem einen Evangelium Gottes lebt, das Jesus Christus in Person ist und das im Geist zu allen Menschen kommen will. Christliche Gemeinschaft ist sonach exzentrisch verfaßt und nicht verschlossen in sich selbst. Die Gemeinschaft, auf welche sie aus ist, ist denn auch umfassender als ihre je eigene Gestalt. Damit diese universale Aufgeschlossenheit, in der sich die Idee des allgemeinen Priestertums und somit die Idee christlicher Gemeinschaft überhaupt realisiert, gewahrt wird im Vollzug der alltäglichen Rollen, welche die einzelnen Glieder der Gemeinde wahrnehmen, gewahrt wird auch angesichts der jeweils besonderen Gestalt, in denen sich ihr persönliches Glaubensbekenntnis ausspricht, ist das ordinationsgebundene Amt der Kirche eingesetzt. Dieses Amt ist etwas anderes als das Priestertum aller Gläubigen, sosehr, ja gerade weil es direkt auf dieses hingeordnet ist. Eben damit alle je auf ihre Weise Zeugnis geben können vom Heil Jesu Christi, darf das persönliche Zeugnis eines einzelnen oder einer Gruppe nicht unmittelbar mit dem Ganzen gleichgesetzt werden, keiner sich einen Ausschließlichkeits- oder Monopolanspruch anmaßen; und genau aus diesem Grunde ist das öffentliche Amt der Kirche jenen vorzubehalten, die in ordentlicher und das heißt gewiß immer auch in öffentlicher Weise dazu bestellt sind. Was der im entwickelten Argumentationszusammenhang verwendete Öffentlichkeitsbegriff jeweils konkret ansagt, müßte zweifellos noch genauer geklärt werden, insbesondere im Hinblick auf praktische Verfahrens-

und Gestaltungsprobleme. Indes dürfte die Grundtendenz, in deren Zusammenhang die Lösung des Problems zu suchen ist, bereits deutlich geworden sein. Daß die geregelten, einer bestimmten Ordnung folgenden und somit institutionalisierten, kurz: daß die öffentlichen Vollzüge der Christengemeinde eines ordinationsgebundenen Amtes bedürfen, das hat nach reformatorischer Theologie etwas zu tun mit jener Offenheit, die Kennzeichen aller christlichen Gemeinschaft ist bzw. zu sein hat. Und weil das so ist, kann denn auch keine empirisch vorfindliche Gemeinde und Kirche zum direkten Subjekt jener Ordnung erklärt werden, welche dem ordinationsgebundenen Amt zugrunde liegt. Das Amt der öffentlichen Evangeliumsverkündigung in Wort und Sakrament hat vielmehr als von Gott selbst gestiftet zu gelten. Zwar begründet die Ordination keinen ausgesonderten geistlichen Stand, wohl aber ein besonderes Amt, das nicht unmittelbar das der Gemeindeglieder ist. Entsprechend ist auch die Vollmacht des Amtes nicht als Delegation durch die Gemeinde zu verstehen.

Allerdings soll und darf dadurch nicht revoziert werden, daß das Gegenüber von Amt und Gemeinde weder gleichzusetzen noch in ein analoges Verhältnis zu bringen ist mit dem Gegenüber von Evangelium und Kirche. Würde doch eine Sanktionierung exklusiver Amtsautorität eben jenen sektiererischen Ungeist der Verschlossenheit heraufführen, den zu überwinden die gemeinsame Bestimmung von Amt und Gemeinde ist. Nur wenn das ordinationsgebundene Amt der erwähnten Offenheit bzw. Öffentlichkeit dient, um deretwillen es eingesetzt ist, entspricht es seiner Bestimmung und kann Bezugspunkt christlicher Einheit und Repräsentant der Autorität Jesu Christi genannt werden. Dieser Dienst aber setzt die Hinordnung des Amtes auf die Gemeinde in einer solch elementaren Weise voraus, daß diese Hinordnung zum Begründungszusammenhang des Amtes notwendig dazugehört. Wie die Gemeinde des besonderen Amtes bedarf, um in ihrer Besonderheit aufgeschlossen zu sein für jene Universalität, zu der die Kirche bestimmt ist (welche Aufgeschlossenheit, wie gesagt, die Realisierungsbedingung des allgemeinen Priestertums ist), so bedarf das ordinationsgebundene Amt der Gemeinde und jedes ihrer Glieder, weil die Universalität der Kirche sich nur verwirklicht in der Offenheit für den je besonderen Fall, die Bestimmung kirchlichen Amtes hingegen verfehlt wäre, wollte dieses seine Besonderheit direkt an die Stelle des Allgemeinen setzen. Sonach bedarf die Gemeinde des besonderen Amtes und umgekehrt, und es zeigt sich, daß das Verhältnis von Gemeinde und besonderem Amt weder nach der einen noch nach der anderen Seite als ein Verhältnis von Grund und Folge, sondern nur als ein Verhältnis gleich ursprünglicher und gleich wesentlicher Größen bestimmt werden kann, zweier Größen, die zwar nicht aufeinander zurückgeführt bzw. voneinander abgeleitet werden können, aber sich dennoch nicht ausschließend gegeneinander verhalten. Im Gegenteil, ihre Unterschiedenheit hat ihrer Beziehung und Einigkeit zu dienen, die in der Einheit des Evangeliums Jesu Christi ihren Grund hat. Anders gesagt: Durch den einigen Geist, der von dem im Sohne offenbaren Vater ausgeht, um Heil für die in Sünde und Bosheit selbstverkehrte Menschheit und Welt zu schaffen, ist der Unterschied von Amt und Gemeinde gesetzt und vermittelt zugleich, ihr Verhältnis als differenzierter Zusammenhang begriffen.

Diesen Maximen haben sowohl reformatorische Kirchenverfassungen als auch eine reformatorische Theorie und Praxis der Ordination zu entsprechen. Während es sich nach römisch-katholischer Lehre bei der Ordination, deren Fülle durch die Bischofsweihe übertragen wird (LG 21), um ein Sakrament handelt (vgl. DS 1773), haben die Reformatoren die Sakramentalität der Ordination zumeist bestritten (vgl. WA 6, 564 ff.; Inst. IV, 19, 22 ff.). Indes konnte Melanchthon in AC XIII einräumen: „Wo man aber das Sakrament des Ordens wollt nennen ein Sakrament von dem Predigtamt und Evangelio, so hätte es kein Beschwerung, die Ordination ein Sakrament zu nennen“ (BSLK 293, 35 ff.; vgl. Inst. IV, 3, 16). In der Tat kam es den Reformatoren nicht so sehr auf die Frage an, ob die Ordination nun ein Sakrament zu nennen sei oder nicht, als vielmehr auf deren sachliches Verständnis. Unter Ordination sollte nicht die Bevollmächtigung zu einem der Werkerei bezichtigten Opferdienst, sondern die mit Geistanrufung in Gebet und Handauflegung vollzogene (vgl. Apg 6, 1–6; 1. Tim 4, 14; 2. Tim 1, 6) Einsetzung zum ordentlichen Amt der öffentlichen Evangeliumsverkündigung in Wort und Sakrament verstanden werden. Selbst wenn die Reformatoren von dem traditionellen Erfordernis der Ordination durch den Bischof (vgl. DS 1768; 1777; LG 21) aus besagten Gründen abwichen, wurde die Einsetzung zum geistlichen Amt in der Regel von ordinierten Amtsträgern vorgenommen. Auch die Einmaligkeit und Unwiederholbarkeit der Ordination sowie die lebenslange Prägung und Inanspruchnahme des Ordinierten (vgl. DS 1313; 1774) haben die Reformatoren gelehrt. Indes bezog man die Wirkung der Ordination auf den Dienst der öffentlichen Verkündigung und Sakramentsverwaltung und nicht auf den persönlichen Gnadenstand des Ordinierten. Die Ordination schränkt in diesem Sinne das in der Taufe begründete Priestertum aller Gläubigen nicht ein, sondern bestätigt es, indem es seiner Allgemeinheit dient. Ob unter solchen Voraussetzungen von einem 'defectus ordinis' (vgl. UR 22) bei den aus der Reformation hervorgegangenen Kirchen und kirchlichen Gemeinschaften fernerhin die Rede sein kann, wäre in diesem Zusammenhang die entscheidende ökumenische Anfrage an römisch-katholische Theologie.

## 4. DAS MYSTERIUM JESU CHRISTI UND DIE SAKRAMENTE

### 4.1 Zur Frage des Sprachgebrauchs

Im zweiten Teil seiner Versöhnungslehre (KD IV / 2, 59) hat Karl Barth die Frage gestellt, ob die Kirche wohl daran getan habe, „als sie aufhörte, in der Inkarnation und also in der *nativitas Jesu Christi*, im Geheimnis der Weihnacht das *eine, einzige, ein für allemal* vollzogene Sakrament zu erkennen, von dessen Wirklichkeit sie, die Kirche, als die eine Gestalt des einen Leibes ihres Hauptes, nämlich als Jesu Christi irdisch-geschichtliche Existenzform in der Zeit zwischen seiner Himmelfahrt und seiner Wiederkunft lebt? Hat sie wirklich nicht genug an der Gabe und am Empfang dieses *einen* Sakraments, dessen Wirklichkeit sie der Welt in ihrer Verkündigung und so auch in Taufe und Abendmahl zu bezeugen, dessen Wirklichkeit sie aber weder in Taufe und Abendmahl, noch in ihrer Predigt, noch sonstwie zu repräsentieren, zu wiederholen, in ihrem Tun selbst ins Werk zu setzen hat? Wie man auch diese 'Sakramente' (und dann wohl gleich auch den 'sakramentalen' Charakter der Kirche und ihres Tuns überhaupt) interpretiere – was geschah da, was wagte und unternahm man eigentlich, als man besondere 'Sakramente' bzw. ein besonderes sakramentales Geschehen und Sein *neben* das *eine*, das in Jesus Christus geschah und ist, stellte?" Aufgeworfen werden diese Fragen im Rahmen einer Erörterung des Problems, welches Verhältnis zwischen der Vereinigung göttlicher und menschlicher Natur in der Person Jesu Christi und der sog. unio sacramentalis eigentlich anzunehmen sei. Bekanntlich hatte die traditionelle Dogmatik die personale Einigung göttlicher und menschlicher Wirklichkeit in Jesus Christus vergleichen können „mit dem auf göttlicher Stiftung beruhenden und durch göttliche Tat sich realisierenden Zusammengeschehen eines göttlichen und eines menschlichen, eines inneren und eines äußeren, eines unsichtbaren und eines sichtbaren Wirkens und Empfangens der Gnade in den 'sakramentalen' Handlungen der Taufe und des Abendmahles" (KD IV / 2, 58 f.). Barth findet es auch

„ganz in Ordnung, daß man im 16. und 17. Jahrhundert zu Erklärung und Befestigung des als legitim vorausgesetzten Sakramentsbegriffs auf die Christologie zurückgriff". Indes bemängelt er, „daß man es eben auf allen Seiten unterließ, sich bei diesem Anlaß fragen zu lassen, ob es mit der Legitimität des vorausgesetzten, von der römischen Kirche übernommenen Sakramentsbegriffs seine Richtigkeit haben möchte" (KD IV/2, 59).

Das damit angezeigte Problem hat Barth am angegebenen Ort nicht weiterverfolgt. Er begnügt sich mit der Feststellung, es sei „einzusehen, daß der Vergleich zwischen der *unio personalis* und der in dieser begründeten *communio naturarum* in Jesus Christus mit der *unio sacramentalis* nur unter der in sich problematischen Voraussetzung statthat und überhaupt möglich wäre, daß die Einsetzung von Taufe und Abendmahl und ihre Feier in der Kirche als Anordnung und Vollzug einer solchen Repräsentation und Wiederholung, d. h. wiederholten Verwirklichung der Inkarnation und in diesem Sinne als Sakrament *neben* und *nach* jener zu betrachten ist. Nur unter der Voraussetzung, daß die Kirche sich selbst als eine Art Prolongatur der Inkarnation verstehen dürfte! Sollte diese Voraussetzung nicht legitim sein, dann würde zu diesem Punkt zu sagen sein, daß die wirkliche *unio sacramentalis* die *unio personalis* in Jesus Christus selbst ist, daß also ein Vergleich zwischen beiden sich erübrigt" (KD IV/2, 59). Daß eben dies Barths dezidierte Meinung ist, sollte die Tatsache erweisen, daß er seit den vierziger Jahren den Sakramentsbegriff ausschließlich Jesus Christus vorbehielt. Nahegelegt wurde diese Entscheidung nicht zuletzt dadurch, daß Barth den Sakramentsbegriff aufs engste mit dem Begriff der Offenbarung verband, ja beide Begriffe im Grunde gleichsetzte. „Offenbarung", so kann man schon in KD II/1, 56 lesen, „heißt *Zeichengebung*. Man darf ruhig sagen: Offenbarung heißt *Sakrament*, d. h. Selbstbezeugung Gottes, Darstellung seiner Wahrheit und also auch der Wahrheit, in der er sich selbst erkennt, in der Gestalt geschöpflicher Gegenständlichkeit und damit in der Angemessenheit unserer geschöpflichen Erkenntnis." Sakrament in dem so verstandenen Sinne aber ist nach Barth einzig und allein Jesus Christus zu nennen, näherhin die „Existenz der *menschlichen Natur Jesu Christi*" als der „Realgrund und Inbegriff der sakramentalen Wirklichkeit (göttlicher) Offenbarung" (KD II/1, 58).

Um zu einem angemessenen Urteil über diesen Befund zu gelangen, wird man sich zu vergegenwärtigen haben, daß Barths Kritik der klassischen Sakramententheologie eine terminologische und eine inhaltliche Seite hat, die beide wenn auch nicht völlig zu trennen, so doch klar zu unterscheiden sind. Was die Terminologie betrifft, so sind die protestantischen Vorbehalte gegen den Ausdruck sacramentum als Oberbegriff für Taufe und Abendmahl keine Seltenheit und mit den Anfängen der Reformation sehr eng verbunden, was sich nicht nur an Zwingli (vgl. etwa CR LXXXIX, 125, 22–25), sondern auch an Luther zeigen läßt. Auch Barths großer Antipode, F. D. E. Schleiermacher, meinte „wohl noch unbedingter, als Zwingli getan, den Wunsch hegen [zu dürfen], daß diese Benennung lieber nicht möchte in die kirchliche Sprache aufgenommen worden sein, mithin auch den, daß man ihn daraus wieder möge hinwegschaffen können“[1]. Als einen eigenen Beitrag zur Erfüllung dieses Wunsches wollte es Schleiermacher verstanden wissen, wenn in seiner Glaubenslehre „Taufe und Abendmahl für sich und ohne bestimmte Beziehung auf diesen Namen behandelt [wurden], wiewohl er als bekannt bisweilen der Bequemlichkeit wegen gebraucht worden ist. Denn durch das gewöhnliche Verfahren, welches diesen sogenannten allgemeinen Begriff voranschickt und erklärt, befestigt sich immer mehr die falsche Meinung, als sei dies ein eigentlich dogmatischer Begriff und sage etwas dem Christentum Wesentliches aus, und als erhielten Taufe und Abendmahl ihren eigentümlichen Wert vorzüglich dadurch, daß sich dieser Begriff in ihnen realisiert.“[2] Der Kirchenvater des 19. Jahrhunderts hat mit dieser Auffassung bei einer ganzen Reihe von evangelischen Theologen Zustimmung gefunden. In der Tat wird man zu fragen haben, ob es der biblische Sprachgebrauch nicht nahelegt, den Begriff des Sakraments ausschließlich christologisch zu verwenden – und das um so mehr, als er in seiner Funktion als dogmatischer Oberbegriff bestimmter Heilsmittel zu einer Abstraktion führen kann, die der Eigenart von Taufe und Abendmahl nicht gerecht wird. Andererseits sollte man sich ebenfalls davor hüten, einem terminologischen Purismus biblizistischer Prägung zu erliegen, der evangelischer Freiheit nicht entspricht. Mit Recht hat deshalb Luther in seiner Schrift ›Wider die himmlischen Propheten von den Bildern und Sakrament‹ von

[1] Schleiermacher, F. D. E., a. a. O. (vgl. Anm. 3. 39), 364 / § 143.
[2] Ebd.

1525 die Möglichkeit, den traditionellen Sakramentsbegriff beizubehalten, verteidigt: „Hui doch nur eyn tittel, Wenn denn?" (WA 18, 140, 18 f.) Zudem ist zu bedenken, daß auch die Kritiker des traditionellen Sakramentsbegriffs gewöhnlich um den Aufweis von Gemeinsamkeiten zwischen Taufe und Herrenmahl bemüht waren. So ist etwa bei Schleiermacher zu lesen: „Das Gemeinsame von diesen (sc. Taufe und Abendmahl), mit welchem Namen man sie auch gemeinschaftlich bezeichne, wird immer darin bestehen, daß sie fortgesetzte Wirkungen Christi sind, in Handlungen der Kirche eingehüllt und mit ihnen auf das innigste verbunden, durch welche er seine hohepriesterliche Tätigkeit auf die Einzelnen ausübt, und die Lebensgemeinschaft zwischen ihm und uns um derentwillen allein Gott die Einzelnen in Christo sieht, erhält und fortpflanzt."[3]

Statt sich über Gebühr bei Fragen des Sprachgebrauchs aufzuhalten, empfiehlt es sich daher, sogleich die inhaltlichen Implikationen der Barthschen Kritik an der traditionellen Verwendung des Sakramentsbegriffs ins Auge zu fassen. Dogmatisch entscheidend sind dabei insbesondere folgende Problemaspekte: Zum einen ist zu untersuchen, inwiefern Jesus Christus das Sakrament Gottes schlechthin zu nennen ist. Sodann hat man zu fragen, in welcher Beziehung die Sakramentalität Jesu Christi zu jenen Zeichen steht, die üblicherweise Sakramente genannt werden. Schließlich muß erörtert werden, wie sich die Heilszeichen Taufe und Abendmahl zur Kirche und ihrer Verfassung verhalten. Stetig mitzubedenken ist bei der Behandlung dieser Themen die Frage, was man eigentlich theologisch unter einem Zeichen zu verstehen gedenkt. Mit dieser Frage soll daher in der nachfolgenden systematischen Skizze von Grundzügen evangelischer Sakramentenlehre der Anfang gemacht werden.

## 4.2 Symbol und Zeichen

Einen der eindrucksvollsten Entwürfe der Gegenwart zur theologischen Theorie des Zeichens, an dem sich die zu bedenkende Themenfülle ermessen läßt, hat Karl Rahner[4] vorgelegt. Rahners

[3] A. a. O., 366/§ 143.

[4] Rahner, K., Zur Theologie des Symbols, in: ders., Schriften zur Theologie IV, Einsiedeln, Zürich, Köln [5]1967, 275–311. Die nachfolgenden Seitenverweise im Text beziehen sich hierauf.

Ontologie des Symbols geht von dem Grundsatz aus, daß „Seiende[s] ... von sich selbst her notwendig symbolisch [ist], weil es sich notwendig 'ausdrückt', um sein eigenes Wesen zu finden" (278). In diesem Sinne gehört zu jedem Seienden als solchem „eine Pluralität als inneres Moment seiner bedeutungserfüllten Einheit" (283). Realsymbol oder eigentliches Symbol soll demgemäß „der zur Wesenskonstitution gehörende Selbstvollzug eines Seienden im anderen" heißen (290). Ausdrücklich weist Rahner auf den Zusammenhang hin, in welchem seine Symboltheorie mit dem Trinitätsgedanken und mit der Christologie steht. So müsse der Logos als das Realsymbol Gottvaters betrachtet werden, als „das innere und doch vom Symbolisierten verschiedene, von diesem selbst gesetzte Symbol, in dem der Symbolisierte sich selbst ausdrückt und sich so selbst hat" (292). Entsprechend sei die Menschheit Christi nicht als bloß instrumentales Zeichen, sondern als Realsymbol des Logos zu verstehen. Daraus ergibt sich, „daß der Logos als Sohn des Vaters *in* seiner *Menschheit* als solcher in aller Wahrheit das offenbarende, weil das Geoffenbarte selbst gegenwärtig setzende Symbol ist, in dem der Vater sich in diesem Sohn selbst der Welt sagt" (296). Rahner entfaltet die Grundstruktur seines Symbolgedankens des weiteren in ekklesiologischer („Wenn wir sagen, daß die *Kirche* das Gegenwärtigbleiben des menschgewordenen Wortes in Raum und Zeit ist, dann sagen wir damit auch sofort, daß sie diese Symbolfunktion des Logos in der Welt fortsetzt" [297]), sakramentstheologischer („Die Sakramente konkretisieren und aktualisieren die Symbolwirklichkeit der Kirche als des Ursakramentes auf das Leben des einzelnen hin und setzen schon darum, entsprechend dem Wesen dieser Kirche, eine Symbolwirklichkeit" [299]), eschatologischer (vgl. 302 f.) und anthropologischer Hinsicht („Der Leib ist das Symbol der Seele, insofern er als der Selbstvollzug der Seele [wenn auch nicht als deren adäquater] gebildet wird, und sich die Seele in dem von ihr verschiedenen Leib selbst anwesend sein und in 'Erscheinung' treten läßt" [306]). Vorausgesetzt ist bei allen Überlegungen stets: „Symbol heißt ... für eine wirkliche Theologie des Symbols von den letzten Grundpositionen des Christentums her nicht: etwas, was von dem Symbolisierten getrennt (oder als unterschieden in einer bloß additiven Weise mit dem Symbolisierten real oder gedanklich geeint) dieses anzeigt und so von ihm leer ist, sondern: die Wirklichkeit, die als vom Symbolisierten gesetztes inneres

Moment seiner selbst dieses Symbolisierte offenbart, kundmacht und als konkretes Dasein des Symbolisierten selbst von ihm erfüllt ist" (310 f.).

Einen vergleichbar perspektivenreichen Ansatz stellt innerhalb der evangelischen Theologie am ehesten die Symboltheorie Paul Tillichs dar, auf die ich mich im folgenden exemplarisch beschränken werde. Wie Rahner hebt auch Tillich[5] das Symbol klar vom „harmlose[n] Zeichen" (V, 239) ab. Denn im Unterschied zum bloß diskursiven, reinen Zeichen partizipiere das Symbol an der Seinsfülle dessen, worauf es verweist, und verfüge so über echte Repräsentationsfähigkeit. „Man sollte [deshalb] niemals sagen, 'nur ein Symbol', sondern vielmehr: 'nichts Geringeres als ein Symbol'" (VIII, 142). Um Tillichs Symbolgedanken recht zu verstehen, muß man sehen, daß er seiner Intention nach nicht nur einen Teilbereich der Religion und ihrer Theorie, der Theologie, behandelt, sondern das für die gesamte Religion und Theologie zentrale Problem, wie nämlich unter den Bedingungen der Endlichkeit überhaupt vom Unendlichen die Rede sein soll. Einzig das Symbol vollzieht nach Tillich eine angemessene „Veranschaulichung dessen . . ., was die Sphäre der Anschauung unbedingt übersteigt . . ." (V, 197). Denn eine eigentliche, unmittelbar sinnidentische Prädikation ist in bezug auf das Unbedingt-Transzendente wesensmäßig unmöglich. Gottlos wäre deshalb die Absicht, unsymbolisch vom Religiösen reden zu wollen; „denn sie raubt dem Unbedingten die Unbedingtheit und führt dazu, daß dieses gegenständlich gewordene Unbedingte mit Recht als Phantasiebegriff abgetan wird" (I, 328). Entsprechendes gilt nach Tillich übrigens auch für die Metaphysik: Auch sie „will das Unbedingte erfassen. Sie kann es aber nur erfassen in den Formen des Bedingten. Das ist die tiefe Paradoxie, die ihr innewohnt. Aus ihr ergibt sich die Art, in der die wissenschaftlichen Begriffe allein in der Metaphysik Verwendung finden können. Nennt man einen Begriff, der etwas anderes ausdrücken soll als seinen eigentlichen, unmittelbaren Sinn, ein *Symbol*, so müssen sämtliche metaphysischen Begriffe als Symbol bezeichnet werden" (I, 254).

Als elementare Wesensmerkmale jeden Symbols kennzeichnet

[5] Tillich, P., Gesammelte Werke, Bd. I ff., Stuttgart 1959 ff. (= I ff.); ders., Systematische Theologie, 3 Bde., Stuttgart 1958 ff. (= Sy). Die nachfolgenden Seitenverweise im Text beziehen sich hierauf.

Tillich sodann Uneigentlichkeit und Selbstmächtigkeit. „Das Symbol, insofern durch es das Symbolisierte, das Unbedingte, erfaßt werden soll, weist einerseits über sich hinaus; in seiner Uneigentlichkeit, in seinem Hinweischarakter negiert es sich um des Symbolisierten willens selbst. Gleichwohl kommt dem Symbol eine ihm innewohnende Macht zu, aufgrund deren es fähig ist, gegenständliche Darstellung des Ungegenständlichen, des Unbedingten zu sein."[6] Alle weiteren Kennzeichen des Symbols lassen sich strukturell auf diese beiden Merkmale reduzieren. Bezüglich der Arten und Klassen des Symbols unterscheidet Tillich im wesentlichen zwischen sog. Gegenstandssymbolen und sog. Hinweissymbolen. Die spätere Gegenüberstellung von primären und sekundären Symbolen bzw. transzendenten und immanenten Symbolschichten entspricht weitgehend dieser Unterscheidung. Das Gegenstandssymbol bildet nach Tillich die fundierende, selbst unfundierte, transzendente Symbolschicht, welche durch Repräsentation das im religiösen Akte Letztgemeinte vertritt (V, 206 ff.). Es ist seinerseits dreifach zu differenzieren: Das erste und fundamentalste Element der religiösen Gegenstandssymbolik ist die „Welt der göttlichen Wesen und . . . nach Brechung des Mythos das 'Höchste Wesen': *Gott*" (V, 206). Die zweite Gruppe der religiösen Gegenstandssymbole thematisiert unter Voraussetzung der Existenz Gottes dessen „Wesen und Handlungen" (V, 207). Bei der dritten Gruppe handelt es sich um natürliche und historische Objekte, „die als heilige in die Sphäre der religiösen Gegenstände einbezogen und dadurch zu religiösen Symbolen werden" (V, 208). Daran schließen die sog. Hinweissymbole an: „Es ist die ungeheuer breite Schicht der Zeichen und Ausdruckshandlungen, die einen Hinweis auf die religiösen Gegenstände der ersten Schicht enthalten" (V, 209). Tillich unterscheidet diese Gruppe in „Ausdruckssymbole des religiösen Handelns" und „Ausdruckssymbole der religiösen Anschauung", wobei bei den einen etwa an kultische Gebärden und Tänze, bei den anderen an allerlei bildhaftes Material zu denken ist. Ursprünglich hatten auch diese Phänomene „mehr als hinweisende Bedeutung", waren nach Weise der Gegenstandssymbole „heilige, mit magisch-sakramentaler Kraft geladene Gegenstände oder Handlungen" (V, 209), bis sie der Prozeß einer der

[6] Wagner, F., Absolute Positivität. Das Grundthema der Theologie Paul Tillichs, in: NZSTh 15 (1973), 172–191, hier: 184, Anm. 24.

Verjenseitigung des Sakralen proportionalen Verdinglichung und Profanisierung der Wirklichkeit zu ihrer jetzigen Funktion depotenzierte.

Was das Ausdrucksmaterial des Symbols betrifft, so gilt nach Tillich, daß „grundsätzlich alles Träger oder Medium der transzendenten Selbstmächtigkeit sein, Symbolqualität haben und damit in die Offenbarungskorrelation treten kann ..."[7]. „Nichts im Bereich der endlichen Welt ist prinzipiell davon ausgeschlossen" (V, 241). Dennoch gibt es graduelle Unterschiede in bezug auf die „symbolische Ausdruckskraft und das Maß der Bedeutung und Gültigkeit der durch die Symbole vermittelten Offenbarung" (108). So kann die Natur zwar durchaus offenbarungstranszendent werden, aber einzig wenn sie eine Affinität zur Geschichte besitzt. Die Geschichte – und damit speziell die Sphäre des Persönlichen, des Wortes und der Sprache – bildet die vorzügliche „materielle Grundlage für die Symbolisierung der göttlichen Wirklichkeit" (109). Aber „auch, ja gerade Geschichte kann wie die Natur nur durch ihre Beziehung auf Geschichte, also auf sich selbst, d. h. auf ihr Zentrum und ihre Mitte hin, offenbarungstranszendent werden" (109). Diese Mitte ist nach Tillich im Ereignis Jesus als der Christus bzw. in der Dialektik von Kreuz und Auferstehung gegeben. „Wenn das Christentum den Anspruch erhebt, in seinem Symbolismus eine Wahrheit zu besitzen, die jeder anderen Wahrheit überlegen ist, so findet es sie im Symbol des Kreuzes, im Kreuze Jesu Christi. Er, der in sich die Fülle göttlicher Gegenwart verkörpert, opfert sich selbst, um nicht ein Götze, ein Gott neben Gott, ein Halbgott zu werden, zu dem seine Jünger ihn gern gemacht hätten. Und deshalb ist der entscheidende Text im Markusevangelium und vielleicht im ganzen Neuen Testament die Geschichte, in der Jesus den ihm von Petrus angebotenen Namen 'Christus' nur unter der Bedingung annimmt, daß er nach Jerusalem gehen und dort leiden und sterben müsse. Und das bedeutet, daß er die Vergötzung seiner selbst verneint. Dies ist das Kriterium für alle Symbole . . ." (V, 222).

Daß Jesus seinen Charakter als Christus, will heißen: seinen Charakter als Realsymbol Gottes und „Ursakrament des Chri-

[7] Nörenberg, K.-D., Analogia Imaginis. Der Symbolbegriff in der Theologie Paul Tillichs, Gütersloh 1966, 108. Die nachfolgenden (einfachen) Seitenverweise im Text beziehen sich hierauf.

stentums“ (III, 158), dadurch bestätigt, „daß *er sich als Jesus preisgibt an sich als den Christus*“ (Sy II, 134), kann entsprechend als die organisierende Strukturformel der gesamten Tillichschen Christologie verstanden werden, die sicherstellen soll, daß die Gestalt Jesu nicht als bloße Partikularität festgehalten und so zum Götzenbild materialisiert wird. Tillich betont entsprechend, daß die Singularität Jesu gerade darin besteht, schlechterdings allgemein zu sein, womit die Affinität seiner Konzeption zu Gedanken Hegels offensichtlich wird. Beiden ist der Tod Jesu als die Aufhebung der Besonderheit ins Allgemeine die Negation der Negation, der Tod des Todes und damit zugleich die Offenbarung göttlichen Lebens. Bleibt die Frage, ob Jesu Transparenz für das Absolute, wie sie sich in seinem Tode vollendet, das Vergehen seiner bestimmten Endlichkeit bedeutet, so daß sich im christologischen Subjekt das Individuelle verflüchtigt und von einer Christologie ohne Jesus zu reden wäre. Für Hegel wird man das nicht ohne weiteres sagen können; nicht von ungefähr fungiert bei ihm die Kreuz-Auferstehungs-Thematik nicht als isolierte Struktur, sondern erscheint in Kontinuität zu Jesu Lehre und Leben, als deren erfüllende Konsequenz sie begriffen wird. Bei Tillich hingegen droht Jesu Transparentwerden für das Absolute sein gänzliches Verschwinden als Individuum nach sich zu ziehen. Belege für diese These habe ich anderweitig erbracht.[8] Hier kann nur festgestellt werden, daß bei Tillich von einer strenggefaßten Wesensidentität Gottes mit dem Menschen Jesus nicht die Rede sein kann. Sein Symbol- und Offenbarungsbegriff ist in der Logizität von Wesen und Erscheinung gedacht. Das Wesen des sich Manifestierenden hängt nicht unlösbar an seiner Manifestation, vielmehr hat diese im Verhältnis zu jenem den Charakter des Sekundären, Okkasionellen, letztlich eben Unwesentlichen. Insofern kann dann auch ausdrücklich von verschiedenen Manifestationen des Göttlichen in der menschlichen Geschichte die Rede sein (vgl. VIII, 31–39; Sy I, 129–175). Tillichs Manifestationsbegriff impliziert die prinzipielle Wiederholbarkeit des Manifestationsgeschehens und damit eine mögliche Pluralität von Offenbarungen. Es zeigt sich, daß mit der Verabschiedung des Gedankens strenger Wesensidentität die Einzigkeit der Offenbarung aus dem Blick gerät und umge-

[8] Vgl. Wenz, G., Subjekt und Sein. Die Entwicklung der Theologie Paul Tillichs, München 1979.

kehrt. Gott läßt sich auf die Einmaligkeit Jesu nicht wirklich ein, er bleibt von seiner akzidentellen Erscheinung wesentlich geschieden. Diese Scheidung kann Tillich veranlassen, Gott unter Absehung von seinem geschichtlichen Offenbarwerden, die res sacramenti ohne das sacramentum rei zu thematisieren. Zwar bestimmt Tillichs Gottesidee (vgl. Sy I, 247 ff.) das Wesen Gottes trinitarisch. Gott ist, was er ist, als lebendige Identität von Identität und Nichtidentität. Gott ist Gott, indem er sich im anderen seiner selbst expliziert. Aber die Trinitätslehre hat ihre Gültigkeit recht eigentlich unabhängig von der Christologie. Die Theologie weiß bei Tillich gewissermaßen schon ohne die aktuelle Selbstoffenbarung Gottes, was Gott ist, indem sie das Sein Gottes an sich selbst thematisiert. Am Ort des Absoluten selbst soll gleichsam vorweg die in dem Gedanken der Selbstexplikation im anderen mitgesetzte Idee der Menschwerdung Gottes entwickelt werden, währenddessen die Gestalt Jesu nur im Sinne einer nachträglichen Folge fungiert. Tillich geht damit immer schon vom Wissen um eine gelungene Einheit von Allgemeinheit und Besonderheit aus, deren christologische Demonstration im Grunde nichts Neues mehr bringt. Damit ist die Christologie der Theologie gleichgeschaltet und jede Differenz in das Ansichsein Gottes auf die Weise zurückgenommen, daß sie zwar nicht vollends ausfällt, aber nur noch als interne auftritt.

Eine Folge davon ist, daß das Zentralsymbol des Christentums entgegen Tillichs ursprünglicher Einsicht letztlich zu einem bloß äußerlichen Zeichen herabgesetzt wird, welches für das Bezeichnete keine elementare Bedeutung besitzt. Um dies zu vermeiden, wird christliche Theologie im allgemeinen und christliche Sakramentenlehre im besonderen von der Selbstoffenbarung Gottes in der bestimmten Einmaligkeit Jesu ihren Ausgang zu nehmen haben. Gott ist nicht über, sondern in Jesus zu suchen. Das Bekenntnis zur Einzigkeit der Offenbarung ist demnach ebenso unaufgebbar wie der Gedanke strenger Wesensidentität Gottes und des Menschen Jesus. Mithin kann die Gotteslehre nicht mehr unabhängig vom Offenbarsein Gottes in Jesus entwickelt werden. Die Selbstexplikation Gottes im anderen ist wirklich nur als der Vollzug derselben. Wird hingegen die trinitarisch verfaßte Identität von Identität und Differenz, die nach Tillich das göttliche Leben ausmacht, gleichsam vor ihrem Offenbarwerden sichergestellt, wäre eine derartige Einheit immer schon eine 'stillgelegte' und eben keine vollzogene Einheit. Insofern gilt es, im

Sinne des Gedankens der Selbstoffenbarung Offenbarung als Einheit von Offenbarer und Offenbartem zu denken und die Einheit Jesu mit Gott als identischen Vollzug zu entwickeln. Sakramentstheologisch formuliert heißt das, daß im Offenbarungsereignis, welches Jesus Christus in Person ist, Zeichen und Bezeichnetes unveräußerlich verbunden sind.

### 4.3 Jesus Christus als das eine Heilszeichen Gottes

„Signum philosophicum est nota absentis rei, signum theologicum est nota praesentis rei" (WA Tr 4, 666 [Nr. 5106]). Mit diesem in einer Tischrede geäußerten Merksatz hat Luther die Pointe seiner Sakramentstheologie bündig formuliert. Was aber sakramentstheologisch in Geltung steht, hat bei Luther stets einen christologischen Grund. Ist doch das Mysterium Jesu Christi Inbegriff und Vollendung alles Sakramentalen, Zeichen der Nähe Gottes schlechthin. Nicht umsonst sind deshalb die reformatorischen Auseinandersetzungen um das Sakrament, insbesondere um das rechte Verständnis des Abendmahls, mit Diskussionen um die Christologie historisch und sachlich aufs engste verbunden. An der reformatorischen Rezeptionsgeschichte der klassischen, auf dem Konzil von Chalcedon 451 definierten Zwei-Naturen-Lehre soll dies exemplifiziert werden.

Was Luther betrifft, so wußte er sich in der Lehre von der Einheit von Gott und Mensch in der Person Jesu Christi zwar in grundsätzlicher Übereinstimmung mit dem altkirchlichen Dogma, nicht jedoch mit der Auffassung der hypostatischen Union in der ockhamistischen Schultheologie seiner Zeit[9]. Ockham, d'Ailly und Biel hatten im Anschluß an Duns Scotus die hypostatische Union als suppositale Union bestimmt gemäß der Formel: „Natura humana sustentificatur a persona divina."[10] Danach wird die ihrer selbständigen Substanz entledigte menschliche Natur von der außerhalb ihrer bestehenden göttlichen Person als ihrem suppositum angenommen und – wie das Akzidens am selbständigen Subjekt (suppositum per se subsistens) in Erscheinung tritt – „zur Einzelerscheinung erhoben" (sustentari),

[9] Vgl. im einzelnen Schwarz, R., Zur Lehre von der Person Christi bei den Ockhamisten und bei Luther, in: ZThK 63 (1966), 289–351. Die nachfolgenden Seitenverweise im Text beziehen sich hierauf.

[10] Ockham, W., III Sent. q 1, a. 5 (Opera theol. VI, 9).

ohne dabei selbst personales Sein zu empfangen, was im Gegenteil ausdrücklich ausgeschlossen wird, „weil der menschlichen Natur nur ein geschaffenes und kein göttliches, ungeschaffenes Personsein angemessen ist" (299). Die Trennung von ungeschaffenem und geschaffenem Sein erweist sich somit als das ontologische Prinzip, auf welchem die Interpretation der hypostatischen als suppositaler Union basiert, wie sich denn auch Biel ausdrücklich zu dem philosophischen Axiom bekennt: „Nulla proportio est finiti ad infinitum" (300). Luther hingegen sah durch solche philosophischen Vorurteile das wahre Menschsein Gottes in Jesus Christus doketisch aufgelöst und betonte in dezidierter Abwehr der Idee der suppositalen Union „mit Nachdruck die Einheit beider Naturen in der einen Person Christi" (303) bzw. die „Einheit und Identität des personalen Seins von Gott und Mensch in Christus" (304). Die Unterscheidung des Unendlichen und des Endlichen als zweier disparater Größen gilt nicht als unhintergehbares philosophisches Axiom, das die personale Union von Gott und Mensch beschränkt, dient vielmehr allein dem theologischen Ausdruck des Zusammenseins von Schöpfer und Geschöpf, wie der Glaube sie an der Person Christi wahrnimmt. Unbeschadet der Tatsache, daß „Luther zwischen Gott und Mensch einen noch größeren Abstand erblickt als zwischen den Menschen und der übrigen Schöpfung, macht er doch an dem christologisch begründeten Satz 'Deus est homo' keinerlei Abstriche" (343). Die Person Christi „ist in ihrer Existenz die Identität der beiden Naturen" (342).

Diese in sich unergründliche personale Einheit von Gott und Mensch im Gottmenschen Jesus Christus ist für Luther dann auch der „Grund der communicatio idiomatum, einer Gemeinschaft, in welcher die göttliche und menschliche Natur in Christus wechselseitig am eigentümlichen Sein der Naturen teilhaben" (309). Ihr hat alle theologische Rede zu entsprechen. Während die ockhamistische, aber auch die calvinistische Lehre von der communicatio idiomatum den durch die Idee der suppositalen Union abgesteckten Gedankenkreis nirgends überschreitet, so daß eine wirkliche Kommunikation der Eigentümlichkeiten der göttlichen und menschlichen Natur aufgrund eines identisch personierten Seins nicht statthat, ist nach Luther wegen der personal-identischen Existenz göttlicher und menschlicher Natur in Jesus Christus von Gott und Mensch in einer kommunikativen Weise zu sprechen, „so daß in der christologischen Rede von

Gott ganz wie vom Menschen und vom Menschen ganz wie von Gott gesprochen wird“ (338). Zwar hält Luther an den Proprien der jeweiligen Natur und damit auch an ihrer Unterscheidung durchaus fest, jedoch soll dies die wechselseitige Aufgeschlossenheit und Durchdringung von Gott und Mensch in der Person Jesu Christi nicht nur nicht einschränken, sondern geradezu unterstreichen. Wie demnach die göttliche Natur an allen Eigentümlichkeiten der menschlichen teilhat, so partizipiert umgekehrt die menschliche Natur an allen Idiomata der göttlichen.

In der ›Konkordienformel‹ von 1577 als der Lehrbasis altlutherischer Orthodoxie wurden diese Überlegungen aufgegriffen und systematisiert.[11] Nach Erwähnung des abendmahlstheologischen Anlasses des christologischen Streits unter den Anhängern der Reformation und einem wiederholten Bekenntnis zu den chalcedonischen Formeln wird im VIII. Artikel der FC gelehrt, daß nach der Menschwerdung des Logos die angenommene menschliche Natur vermöge ihrer persönlichen Vereinigung mit der göttlichen, welche als „vere und realiter, das ist, mit der Tat und Wahrheit“ (FC (SD) VIII, 19) vollzogen zu denken sei, und sodann auch vermöge ihrer Erhöhung zur Rechten der Majestät Gottes Kraft (virtus) und Gewalt (potentia) über alles und jedes in dieser und der zukünftigen Welt habe und behalte. Die wahrhafte Gemeinschaft der Naturen in der unio hypostatica hebe zwar die wesentlichen Eigenschaften (proprietates essentiales) der jeweiligen Natur nicht auf, führe auch zu keiner confusio oder exaequatio naturarum oder gar zu einer Personenverdoppelung, wohl aber zu einer solchen Einigkeit (unio et communio), daß die Rede von einer Vermischung (mixtio) zweier Naturen in einer Person einen guten christologischen Sinn ergebe, wie solche Rede denn auch von den Vätern vor und nach dem Konzil von Chalcedon gebraucht worden sei (vgl. BSLK 1101 ff.). Entsprechend habe zu gelten, daß Jesus Christus allenthalben „nicht allein als Gott, sondern auch als Mensch, gegenwärtig regieret, von einem Meer zum andern und bis an der Welt Ende . . .“ (FC (SD) VIII, 27). Daraus folge schließlich auch, daß Jesus Christus „vermuge der Wort seines

[11] Zur Vorgeschichte vgl. Mahlmann, T., Das neue Dogma der lutherischen Christologie. Problem und Geschichte seiner Begründung, Gütersloh 1969; zu den gedanklichen Folgeproblemen vgl. Sparn, W., Wiederkehr der Metaphysik. Die ontologische Frage in der lutherischen Theologie des frühen 17. Jahrhunderts, Stuttgart 1976.

Testaments ... mit seinem Leib und Blut im H. Abendmahl, dahin er uns durch sein Wort gewiesen, wahrhaft gegenwärtig sein kann und ist ..." (FC (SD) VIII, 29).

In der Lehre von der communicatio idiomatum werden sodann die Folgen der unio personalis näher entfaltet. Zunächst (genus idiomaticum) hat zu gelten, daß „dasselbige, was gleich nur einer Natur Eigenschaft ist, nicht der Natur allein, als abgesondert, sondern der ganzen Person, welche zugleich Gott und Mensch ist (sie werde genennet Gott oder Mensch), zugeschrieben [wird]" (FC (SD) VIII, 36). Eine weitere Folge der unio personalis ist zweitens (genus apotelesmaticum), daß die Person Christi in ihrem Amt „nicht *in, mit, durch* oder nach einer Natur allein, sondern *in, nach, mit* und *durch* beide Naturen" (FC (SD) VIII, 46) handelt und wirkt. Die dritte Konsequenz der persönlichen Einigung göttlicher und menschlicher Natur in Jesus Christus ist schließlich (genus maiestaticum; auchematicum), „daß die menschliche Natur in Christo ... neben und über ihre natürliche, wesentliche, bleibende Eigenschaften auch sonderliche, hohe, große, übernatürliche, unerforschliche, unaussprechliche, himmlische praerogativas und Vorzüge an Majestät, Herrlichkeit, Kraft und Gewalt über alles, was genennet mag werden, nicht allein in dieser, sondern auch in der künftigen Welt empfangen habe" (FC (SD) VII, 51), daß also die göttliche Natur nicht nur mit der Person des Gottmenschen, sondern auch mit seiner menschlichen Natur in Gemeinschaft getreten ist und dieser alle Hoheitseigenschaften jener zuteil geworden sind. Daher lehrt die ›Konkordienformel‹ die Allmacht, Allwissenheit und entsprechend eben auch die Allgegenwart der menschlichen Natur Jesu Christi, „daß er nämblich auch nach und mit derselbigen seiner angenommenen menschlichen Natur gegenwärtig sein könne und auch sei, wo er will" (FC (SD) VIII, 78). Eben dies hatte bereits der VII. Artikel der FC behauptet und mit dem nachdrücklichen Bekenntnis der Präsenz des Leibes Christi im Abendmahl verbunden. Verdammt wird hingegen die irrige Meinung, daß Brot und Wein im Herrenmahl nur „Bedeutungen, Gleichnis und Anbildunge" (figurae, symbola, typi ac similitudines), nicht mehr als „Wahrzeichen oder Gedenkzeichen" des abwesenden Leibes Christi seien und „daß im Abendmahl dem Glauben allein die Kraft, Wirkung und Verdienst (virtus, operatio et meritum) des weit abwesenden Leibs Christi ausgeteilet werde, und wir also seines abwesenden Leibs teilhaftig werden"

(FC (SD) VII, 115 ff.). Verworfen wird ferner die Lehre, „daß Christus vonwegen seiner Himmelfahrt mit seinem Leibe also an einem gewissen Ort im Himmel begriffen und umbfangen sei (in certo quodam coeli loco . . . comprehensus et circumscriptus), daß er mit demselbigen bei uns im Abendmahl . . . wahrhaftig und wesentlich nicht gegenwärtig sein könne oder wölle, sondern sei so weit oder fern davon, als Himmel und Erde voneinander ist"; „daß Christus die wahre, wesentliche Gegenwärtigkeit seines Leibs und Bluts in seinem Abendmahl nicht habe verheißen noch leisten können oder wöllen, weil die Natur und Eigenschaft seiner angenommenen menschlichen Natur solchs nicht leiden noch zugeben könne"; „item, daß die Gläubigen den Leib Christi vermöge der Wort der Einsetzung Christi bei dem Brot und Wein des Abendmahls nicht suchen, sondern vom Brote des Abendmahls mit ihrem Glauben im Himmel an das Ort gewiesen werden, do der Herr Christus mit seinem Leibe sei, daß sie doselbsten sein genießen sollen" (FC (SD) VII, 119 ff.).

Damit war der Gegensatz zur reformierten Lehrtradition ausgesprochen, wobei sich zeigt, daß die christologische Kontroverse der sakraments- bzw. abendmahlstheologischen durchweg korrespondiert. In der Tat hatten die reformierten Theologen wie in der Abendmahlslehre, so auch in der Christologie[12] die Einheit des Verschiedenen unter Voraussetzung grundsätzlicher Verschiedenheit entwickelt, während für die Lutheraner in beiden Fällen Unterscheidungen allein im Interesse vorgenommen wurden, das Zusammensein des Unterschiedenen auszusagen. Sosehr auch die reformierte Christologie Verbundenheit und Einheit von Gottsein und Menschsein Jesu Christi betonen kann, sowenig gibt man doch die getrennte Betrachtung beider Naturen auf. Andernfalls glaubte man die Unveränderlichkeit Gottes vernachlässigt und die Differenz von Schöpfung und Geschöpf gefährdet. Während für Luther und die ›Konkordienformel‹ Endliches und Unendliches christologisch derart vereint sind, daß dem Endlichen die Majestätseigenschaften des Unendlichen realiter mitgeteilt werden, hält die reformierte Lehre mit Nachdruck an dem Grundsatz fest: finitum non capax infiniti. Für Zwingli kommt deshalb die Idiomenkommunikation nur als „alloeosis (i. gegenwechsel)" in Frage (CR XCIII/II, 128). Ein

[12] Vgl. Willis, E. D., Calvin's Catholic Christology. The Function of the so-called Extra Calvinisticum in Calvin's Theology, Leiden 1966.

solcher Gegenwechsel zweier Naturen ist dann gegeben, wenn man „die einen nennet und die andren verstat, oder das nennet, das sy bed sind, und doch nu(r) die einen verstat" (CR XCII, 92). Eine reale Mitteilung der Eigenschaften der göttlichen an die menschliche Natur findet in der unio personalis also gerade nicht statt; vielmehr ist, was von der Person Jesu Christi zu sagen ist, jeweils auf eine und nur auf eine Natur zu beziehen. Die der Person Jesu Christi zu prädizierende Allgegenwärtigkeit kommt ihr demgemäß allein secundum divinitatem, gemäß ihrer Gottheit, nicht aber secundum humanitatem, gemäß ihrer Menschheit zu: „Der göttlichen halb ist er da als der glychgewaltig, ewig, unangehebt gott, der allenthalb ist, alle ding erhalt, allen dingen das leben ist unnd gibt. Nach der menscheit ist er aber da als mit der nüwlich angenommen natur, die nit von ewigkeit sin mag, oder aber es wärind zwey infinita, das ist: zwo naturen, die unangefengt wärind, das aber nit sin mag, welche menschliche natur ouch nit allenthalb sin mag, denn sy nit die göttlich ist, dero es eynigtum ist, allenthalb sin" (CR XCII, 932). Zwinglis christologische Argumentation ist insgesamt von dem Interesse geleitet, göttliche und menschliche Natur scharf zu unterscheiden und jede Vorstellung einer Vermischung beider abzuwehren. Dieses Interesse kann er bis zu der (bei Augustin ähnlich zu lesenden) These steigern, „wir söllind ettlichermaaß an der menscheyt Christi nitt hangen, sunder durch – oder fürgon also: Die menschlich natur sye angenommen, das wir durch sy zů gott kummind. Und so wir das ergriffen habind, söllind wir nit fürer an der menscheyt hangen, sunder dem alleyn anhangen, zu dem wir durch sy kummen sind" (CR XCIII/II, 121). Damit ist die menschliche Erscheinung Jesu soteriologisch zu einem transitorischen Moment und äußerlichen Zeichen herabgesetzt.

Calvin hat diese Konsequenz zu vermeiden gesucht und im Unterschied zu Zwingli nicht nur am genus idiomaticum der Idiomenkommunikation, sondern zugleich am genus apotelesmaticum festgehalten, demgemäß das Mittlerwerk Jesu Christi auf beide Naturen zu beziehen ist (Inst. II, 14, 3). Damit sollte verhindert werden, daß die Unterscheidung der beiden Naturen Jesu Christi zu deren Trennung führt. Nichtsdestoweniger verurteilte Calvin die Annahme einer Mitteilung der göttlichen Majestätseigenschaften an die menschliche Natur Jesu Christi aufs entschiedenste. Wie Zwingli sieht er durch die lutherische Behauptung des genus maiestaticum die Integrität der menschlichen Natur Jesu Christi in unannehmbarer, grundstürzender Weise verletzt. Exemplifiziert und durchgefochten wird dies insbesondere am Problem der Allgegenwart Jesu Christi. Da Körperlichkeit und mithin räumliche Begrenztheit zu den essentiellen Eigenschaften des Menschen gehöre, könne und dürfe weder mit einer Ubiquität noch mit einer Ubi- bzw. Multivolipräsenz der menschlichen Natur Jesu Christi gerechnet werden. „Obgleich", so Calvin, „der ganze Christus allenthalben ist, so ist doch nicht all das, was in ihm ist, allenthalben" (Inst. IV, 17, 30). Damit ist gesagt, daß die Omnipräsenz wohl von der ganzen Person Jesu Christi auszusagen, nicht aber auf jede seiner beiden Naturen zu beziehen ist. Von einer realen, multilokalen Präsenz des Leibes Christi in den Gestalten des sakramentalen Mahls kann unter diesen Voraussetzungen selbstverständlich nicht die Rede sein. Das Motiv dieser Ablehnung ist erneut in dem Willen zu suchen, die wahre Menschheit Jesu Christi zu achten, was ohne die Annahme, der Leib Christi nehme eine bestimmte Raumstelle ein, reformierter Lehre undenkbar erschien: „Weil es die Wahrheit der menschlichen Natur erfordert, daß der Körper ein und desselben Menschen nicht zugleich an vielen Raumstellen zugleich sein kann, sondern sich an irgendeinem bestimmten Ort befinden muß, deshalb kann der Leib Christi nicht zum selben Zeitpunkt an vielen verschiedenen Raumstellen anwesend sein" (M 516).

Auf den lutherischen Vorhalt, durch die Weigerung, die Menschheit Jesu Christi überall dort sein zu lassen, wo seine Gottheit ist, werde die personale Einheit des Gottmenschen aufgelöst und seine beiden Naturen unstatthaft getrennt, gibt der ›Heidelberger Katechismus‹ in Übereinstimmung mit Calvin und der gesamten reformierten Tradition die Antwort: „Mit nichten: Denn weil die Gottheyt unbegreiflich und allenthalben gegenwertig ist: so muß folgen, daß sie wol außerhalb jrer angenommenen menschheyt, und dennoch nichts desto weniger auch in derselben ist, und persönlich mit jr vereinigt bleibt" (M 695). Damit ist ausgesprochen, was die lutherische Polemik das Extracalvinisticum nennt, wonach der unendliche Gott zwar in, aber zugleich immer auch außerhalb des endlichen Jesu zu denken ist, so daß sich die Formel 'finitum capax infiniti' verbietet.

Karl Barth, der reformierten Lehrtradition ansonsten keineswegs abgeneigt, hat hierzu scharf bemerkt: „Daß die Gottheit 'außerhalb', *extra*, der Menschheit Jesu Christi ist, ist richtig als

Beschreibung der freien Gnade der Inkarnation. *Post Christum* aber, im Rückblick auf die Inkarnation, kann diese Aussage nur eine Aussage des Unglaubens sein."[13] Das Mißliche an den kritisierten Theorien findet er insbesondere darin, daß „es zu dem bis auf unsere Tage verhängnisvollen Spekulieren über das Sein und Wirken eines λόγος ἄσαρκος und also eines solchen Gottes anleiten konnte, den man anderswo zu erkennen und dessen göttliches Wesen man anderswoher bestimmen zu können meinte als in und aus der Anschauung seiner Gegenwart und Aktion als fleischgewordenes Wort. Und es läßt sich nicht leugnen", fährt Barth fort, „daß Calvin selbst (besonders folgenschwer in seiner Prädestinationslehre) dieser Versuchung des Rechnens mit einem solchen 'anderen Gott' ein gutes Stück weit erlegen ist" (KD IV / 1, 197). Indes gibt Barth zugleich zu bedenken, „daß jenes Theorem jedenfalls nicht eine von Calvin aufgebrachte Neuerung und auch keine Wiederaufnahme der einst unter dem Namen des Nestorius verurteilten Lehre war; denn ebenso wie er hatten in der Sache schon *Athanasius, Cyrill von Alexandrien, Hilarius von Poitiers* gedacht und gelehrt, so faktisch das ganze Altertum und Mittelalter, denen gegenüber umgekehrt die abstrakte lutherische Leugung eines Seins des Logos *extra carnem* eine Neuerung darstellte" (KD IV / 1, 197 mit Verweis auf F. Loofs, Art. Kenosis, in: RE 10, 246 ff.).

In der Tat wird man sagen müssen, daß die Rede vom neuen Dogma lutherischer Christologie ihre Richtigkeit hat, auch wenn die Lutheraner selbst ihre Position keineswegs als abstrakte Leugnung eines Seins des Logos extra carnem empfunden haben dürften, weil sie die Gegenüberstellung von extra und intra nicht in der Weise teilten, wie sie von den Reformierten als selbstverständlich vorausgesetzt wurde. Wie dem auch sei: Um eine „ungeprüfte Wiederaufnahme" der im 16. Jahrhundert unter den Reformationskirchen entstandenen christologischen Kontroversen oder „gar darum, ihnen kirchentrennende Bedeutung zuzusprechen"[14], kann es sich heute jedenfalls unter der – von der ›Leuenberger Konkordie‹ bestätigten – Voraussetzung nicht handeln, daß die reformierte Theorie unter ihren Denkvoraussetzungen „nur eben daran [hat] festhalten wollen, daß eben

[13] Barth, K., Die christliche Lehre nach dem Heidelberger Katechismus, München 1949, 71.

[14] A. a. O., 72.

der Sohn Gottes, der ganz und gar dieser Mensch ist (totus intra carnem, wie ein späterer Calvinist formuliert hat), auch ganz und gar Gott und also allmächtig und allgegenwärtig (und insofern extra carnem, durch dessen Schranken nicht beschränkt und also verändert) ist und bleibt: der Herr und Schöpfer, der damit, daß er auch Geschöpf wird und in jener forma servi existiert, nicht aufgehört hat, auch der Herr und Schöpfer zu sein und also in der forma Dei zu existieren" (KD IV/1, 197). Denn wo dies gilt, ist das bewegende und entscheidende Motiv lutherischer Christologie anerkannt: sich, wenn es um Gott und darum ums Ganze geht, in allem an Christus den Bruder halten zu können, der unsereiner geworden ist und seinen Christen „versprochen hat, daß nicht alleine seine bloße Gottheit bei ihnen sein werde, welche gegen uns arme Sünder wie ein vorzehrendes Feuer gegen dürre Stuppel ist, sonder er, er, der Mensch, der mit ihnen geret hat, der alle Trübsal in seiner angenommenen menschlichen Natur versuchet hat, der auch dahero mit uns als mit Menschen und seinen Brüdern ein Mitleiden haben kann, der wölle bei uns sein in allen unsern Nöten, auch nach der Natur, nach welcher er unser Bruder ist und wir Fleisch von seinem Fleisch sind" (BSLK 1046, 32 ff.).

### 4.4 Die Stiftung von Gedächtniszeichen und der Geist Jesu Christi

Mit der Feststellung, daß die Christologie, wie die Theologie überhaupt, bei einem Konkretum einzusetzen hat, beim Dasein Gottes als Mensch Jesus, ist auch der Sakramentenlehre ihr bestimmender Bezugspunkt zugewiesen. Wie die Einheit Gottes mit dem Dasein Jesu nicht zusammenzudenken ist aus vorgefaßten Allgemeinbegriffen von Gottheit und Menschheit, sondern wahrzunehmen ist als jene konkrete Wirklichkeit, in welcher Gott als dieser Jesus wirksam ist zum Heil des sündigen Menschen und seiner Welt, so darf auch die Sakramentenlehre nicht ausgehen von abstrakten Prinzipien, um sich von dorther ihre Probleme zu schaffen, sie muß vielmehr entwickelt werden in strenger Relation auf das Heilsgeschehen, das den einen Namen Jesus Christus trägt und von der Schrift ursprünglich bezeugt ist. In dieser Perspektive ist im folgenden in gebotener Kürze noch einmal die Einsetzungsfrage als Zentralproblem der Sakramentenlehre aufzugreifen. Da das nur im Gesamtkontext der Christologie sinnvoll zu bewerkstelligen ist, muß eine entsprechende Skizze[15] vorausgeschickt werden.

Das Ostergeschehen ist der unvordenkbare Grund des Christentums. An Ostern erweist sich der gekreuzigte Jesus von Nazaret in der Kraft des göttlichen Geistes als der Messias Israels und der Christus der Heiden, als der lebendige Sohn Gottes, welcher ganz und wesentlich der Gottheit Gottes zugehört. Von Gott zu reden heißt mithin von Jesus, von Jesus von Gott zu reden. Anders gesagt: Jesus von Nazaret ist die Realpräsenz Gottes in der Welt und in diesem Sinne das eine Heilszeichen, das Ursakrament des Christentums schlechthin. Zu wenig indes wäre es, im Osterereignis nur die äußere Legitimation des Vollmachtsanspruches des irdischen Jesus zu sehen; an Ostern hat vielmehr die unveräußerliche Selbstidentifikation Gottes mit Person und Werk dessen statt, der am Kreuz gestorben ist. Solchermaßen muß die Auferstehung des Gekreuzigten als Urdatum nicht nur der Christologie, sondern zugleich als Ansatzpunkt einer trinitarisch zu entwickelnden Lehre von Gott gelten. Weder wäre Jesus, was er ist, nämlich der Sohn Gottes, wäre er nicht auferstanden, noch wäre Gott, was er ist, nämlich der liebende Vater, hätte er Jesus nicht auferweckt. Wie aber der Geist, der von der göttlichen Selbstoffenbarung im auferstandenen Gekreuzigten ausgeht, der Gottheit gleich wesentlich zugehört, so ist die soteriologische Bedeutung Osterns in ihrem theologischen Sinn mitenthalten. Denn an Ostern identifiziert sich Gott mit dem, der gemäß seinem, in der Hingabe am Kreuz endgültig manifesten Wesen Sohn sein will nicht ohne jene, die durch den anthropologisch unhintergehbaren Fall der Sünde ihre Sohnschaft verloren, zu der sie schöpfungsgemäß bestimmt waren. Während der mit sich alleingelassene Sünder dem Abgrund verfällt, welcher die Sünde selbst ist, bekehrt der Geist des auferstandenen Gekreuzigten den Sünder vom in sich widrigen Unwesen seiner Sünde und nimmt ihn hinein in das göttliche Reich, dessen Vollendung zwar noch aussteht, aber in Glaube, Liebe und Hoffnung bereits jetzt zum Vorschein kommt.

Um Mißverständnisse zu vermeiden, sollen im folgenden einige Aspekte dieser Gedankenreihe differenziert und näher ent-

[15] Vgl. im einzelnen Wenz, G., Geschichte der Versöhnungslehre in der evangelischen Theologie der Neuzeit, 2 Bde., München 1984–86.

faltet werden. Vorausgesetzt ist, daß der österliche lebendige Herr kein anderer ist als der Irdische. Christus heißt Jesus und nicht anders. Christus ist mit Jesus identisch. Der Herr ist wirklich, er ist leibhaftig auferstanden. Das Ostergeschehen nimmt denn auch in elementarer Weise Bezug auf die gegebene Erinnerung der Zeugen des irdischen Lebens und Sterbens Jesu. Ja, es ist so, daß Ostern der gegebenen Erinnerung der Lebenszeugen des irdischen Jesu materialiter eigentlich nichts hinzufügt. Es befreit diese Erinnerung indes aus trauernder Retrospektive, sofern an Ostern Jesus Christus sich selbst lebendig in Erinnerung bringt, mithin als Subjekt seines Gedächtnisses fungiert. Der Erhöhte vergegenwärtigt im Geiste sich selbst als der, der er war, der er ist und der er sein wird. Im Ostergeschehen erweist sich die Geschichte Jesu sonach „in ihrer Totalität als *nicht* vergangen, als *un*vergänglich, als allen späteren, ja auch allen früheren Zeiten gegenwärtige, weil ein für allemal geschehene, als kosmisch wirksame und bedeutsame Geschichte. Was in ih[m] verging, war nicht diese Geschichte, sondern der Schein und Verdacht ihrer Vergänglichkeit, ihres *Verschlossen*-seins in ihre zeitlich, örtliche, personale Einmaligkeit. Was in ih[m] überwunden wurde, war nicht das zeitlich-örtlich-personale Leben Jesu Christi, sondern der ihm . . . drohende Triumph des Todes. Was in ih[m] Neues geschah, war das Offenkundigwerden des Triumphs eben seines zeitlich-örtlich-personalen Lebens über den es bedrohenden Tod" (KD IV / 4, 26 f.). Man kann das dann auch so sagen: an Ostern ist der gekreuzigte Jesus zum ein für allemal gültigen, beständigen Wirkzeichen Gottes eingesetzt, als das eine Sakrament Gottes offenbar. Wenn in der Theologie fernerhin von Sakramenten die Rede sein kann und soll, dann jedenfalls nicht in einem zusätzlichen und ergänzenden, sondern in einem von der besagten Sakramentalität Jesu Christi geforderten und integrierten Sinne.

Nun bezeugt das Neue Testament den einen Namen Jesu Christi in einer differenzierten Fülle von Worten und Geschichten, und in der Tat wird man sagen müssen, daß der eine Name Jesus Christus nur dann nicht zur nichtssagenden Leerformel verkommt, wenn er mit konkreten, inhaltlich bestimmten Ereignissen in Verbindung gebracht wird, deren Pluralität die Einheit des Namens Jesu Christi keineswegs verschleiert, vielmehr allererst verständlich macht. Demzufolge hängt das Christentum sehr wohl an der differenzierten Geschichte des historischen Jesu und an der ursprünglichen Erinnerung an sie. Tatsächlich wurde im Christentum das Gedächtnis Jesu Christi von Anbeginn im Zeichen und unter Zeichen solch konkreter geschichtlicher Erinnerung gefeiert. Als solche Erinnerungszeichen haben die Sakramente zu gelten; indes gilt das ebenso für die Wörter, die Jesus Christus bezeugen und deren inhaltliche Bestimmtheit ebenso wie die der sakramentalen Vollzüge von der gegebenen Erinnerung an die Geschichte des Irdischen abhängt. Auch in dieser Hinsicht dürfen demnach Wort und Sakrament nicht auseinanderdividiert werden, ihre Differenz ist theologisch durchaus sekundärer Natur. Unter dem Begriff des Erinnerungszeichens lassen sie sich beide zusammenfassen.

Der Begriff des Erinnerungszeichens enthält überdies den entscheidenden Hinweis, wie das für Wort und Sakrament gleichermaßen bestehende Einsetzungsproblem zu lösen ist. Als implizit von Jesus eingesetzt können in einem weiten Sinne all jene Zeichen und Zeichenhandlungen gelten, die der konkreten Erinnerung an seine Geschichte dienen, weil sie solcher Erinnerung einen historisch identifizierbaren Anhalt bieten. Eine besondere Bedeutung kommt darüber hinaus jenen Erinnerungszeichen zu, für die sich nachweisen läßt, daß der irdische Jesus sie ausdrücklich zu seinem dauernden Gedächtnis gestiftet hat. Ein solcher Nachweis muß nicht unmittelbar von der Verifikation der Historizität der klassischen biblischen Stiftungsworte abhängen. In welchem Maße die nachösterliche Gemeinde auch immer an der neutestamentlich tradierten Gestalt der Stiftungsworte beteiligt war, als dem Willen des Herrn entsprechend können sie unter der Voraussetzung gelten, daß sich ein intentionaler Bezug zu einem gegebenen Auftrag des Irdischen herstellen läßt. Es müssen gute Gründe dafür sprechen, daß sich die Initiative und der Wille zur Fortsetzung der durch die neutestamentlichen Einsetzungsworte begründeten kirchlichen Zeichenvollzüge auf den irdischen Jesus selbst zurückführen lassen. In bezug auf Taufe und Herrenmahl scheint mir dies aus Gründen, die hier nicht noch einmal dargelegt werden müssen, der Fall zu sein. Indes kann solches für andere Zeichenvollzüge nicht vorweg ausgeschlossen werden. Auch hier hat zu gelten, daß der Sakramentsbegriff nicht im Sinne eines vorgefaßten Prinzips Verwendung finden darf, sondern offenzuhalten ist für den Reichtum der von biblischer Geschichte erschlossenen und dargebotenen Zeichenschätze.

Hinzuzufügen ist, daß, wie die geschichtliche Sendung des irdischen Jesu ihrem Sinnziel entsprechend ans Kreuz führt, auch alle Weisen der Erinnerung an sie im Zeichen des Kreuzes stehen. Auch die Einsetzungsfrage hat deshalb ihren Fokus in der theologia crucis. Indes ist das Zeichen des Kreuzes und das Wort vom Kreuz heilsam nur im Lichte Osterns, das nicht nur einen Perspektivenwechsel herbeiführt, den jede Betrachtung des Lebens Jesu vorauszusetzen hat, soll sie theologisch angemessen sein, sondern das – um es mit einem terminus der gegenwärtigen sakramentstheologischen Debatte zu sagen – gewissermaßen die Transfinalisation dieses Lebens herbeiführt. Die österliche Reinterpretation des Lebens Jesu durch die neutestamentlichen Zeugen hat also ihr theologisch unaufgebbares Recht, das auch für die Einsetzungsfrage nicht ohne Belang ist. Damit soll allerdings keineswegs jene nicht selten vertretene Auffassung unterstützt werden, welche die Stiftung der Sakramente gegebenenfalls so auf den Auferstandenen zurückführt, daß darüber der Bezug auf den irdischen Jesus überflüssig wird. Ein solches Vorgehen begibt sich nicht nur jedes historischen, sondern auch jedes dogmatischen Kriteriums und sanktioniert vorweg alle möglichen Formen kirchlichen Erfindungsreichtums. Demgegenüber ist noch einmal zu betonen, daß Ostern der Geschichte des Gekreuzigten materialiter nichts hinzufügt, weil der auferstandene Christus kein anderer ist als der lebendige Jesus, der als solcher in Gott für alle Zeiten verewigt ist.

Was Ostern am Erinnerungsbestand, wie er durch das ans Kreuz führende Leben Jesu inhaltlich bestimmt und auch definiert ist, ändert, ist die Tatsache, daß der auferstandene Gekreuzigte in der Kraft des göttlichen Geistes sich selbst als Subjekt seines Gedächtnisses erweist. Österliche Zeugenschaft gibt es deshalb und kann es deshalb nur in dem gewissen Vertrauen geben, daß im Zeugnis der Bezeugte sich selbst lebendig zu bezeugen vermag. Unter dieser österlichen Prämisse sind auch die Sakramente als christliche Erinnerungszeichen zu betrachten. Ihr Subjekt ist weder ein eingeweihter kirchlicher Stand noch die christliche Kirche in ihrer Gesamtheit, sondern Jesus Christus, der sich durch sie selbst zum Heile aller lebendig in Erinnerung bringt, womit die stiftungsgemäße Bestimmung der Erinnerungszeichen erfüllt ist.

Weil solches, wie gesagt, in der Kraft des göttlichen Geistes geschieht, bedarf auch der pneumatologische Aspekt der Thematik noch einer kurzen, expliziten Erörterung, zumal da in dieser Frage traditionelle innerreformatorische Kontroversen vorliegen. Grundsätzlich ist zunächst folgendes zu bemerken: Jesus Christus, so belehrt uns die Christologie, ist die gott-menschliche Einigkeit in Person. Diese im Namen Jesu Christi beschlossene gott-menschliche Einigkeit aber ist nicht verschlossen in sich selbst, sondern im Geiste als schlechthinnige Offenheit manifest. Der Heilige Geist hält also, indem er von dem im Sohne offenbaren Vater ausgeht, die Zweierbeziehung von Vater und Sohn gewissermaßen für Mehrzahl offen und repräsentiert diese – wenn man so sagen darf – als dritter im göttlichen Bunde in Person. Der Heilige Geist ist – kurz gesagt – die göttliche Aufgeschlossenheit in Person. Im Geiste sind demnach Welt und Mensch der Gottheit keineswegs äußerlich, sondern ihr im Innersten zugehörig. Der Geist gewährt dem Endlichen ein unveräußerliches Recht im Unendlichen, dem Geschöpf einen bleibenden Bestand im göttlichen Schöpfer selbst. Das ist ein wesentlicher Sinn der These, daß sich der Geist schon im Werk der Schöpfung als wirksam erweist.

In solchem Schöpferwirken entspricht der Geist nun aber zugleich der Sendung Jesu, wie diese ihm entspricht. Es zeigt sich nämlich, daß der Welt- und Menschheitsbezug mit der Person und Sendung Jesu Christi elementar verbunden ist. Indem Jesus Christus der einige Sohn des Vaters gerade in der Selbstunterscheidung von ihm ist, anerkennt er dessen Schöpfungswerk als ein von ihm unterschiedenes und unterscheidbares. Jesu Anerkennung des Vaters, in welcher er sein Christuswesen hat, impliziert mithin die Anerkennung des Geschöpfs dergestalt, daß Jesus Christus nicht alleiniger Sohn des Vaters sein und bleiben will. Diese in der Anerkennung des Schöpfergotts und seiner gerechten Liebesmacht über die Schöpfung mitgesetzte Anerkennung aller Geschöpfe, welche Inbegriff des Willens Jesu Christi ist, läßt sich in pneumatologischer Perspektive als ein unter dem Beistand des Heiligen Geistes vollzogenes Geschehen erfassen. Im Liebeswirken des Gottmenschen Jesus Christus ist der Schöpfergeist selbst am Werk.

Gleichwohl müßte diese dogmatische Einsicht für sich genommen abstrakt bleiben. Wie die Sendung Jesu Christi sich in Kreuz und Auferstehung erfüllt und ohne diese Vollendung nicht wäre, was sie ist, so kann auch vom Wirken des Heiligen Geistes angemessen nicht in schöpfungstheologischer Allgemeinheit, sondern nur in jener Konkretion gesprochen werden, die dem Ungeist der Sünde und des Bösen begegnet, welcher Mensch und Welt faktisch beherrscht und in dieser seiner Faktizität im Kreuzeszeichen Jesu Christi in letzter Zuspitzung offenkundig ist. Wie eine Inkarnationschristologie, die sich nicht sogleich auf Kreuz und Auferstehung konzentrierte, um von dort her ihre Prägung und einen Begriff von der Abgründigkeit göttlicher Kondeszendenz zu erhalten, zu harmlos wäre, um soteriologisch hilfreich zu sein, so auch eine Pneumatologie, die das wirksame Zeugnis des Geistes nicht zuerst und zuletzt mit der Gestalt des auferstandenen Gekreuzigten verbunden sieht. Nur jener Geist, in dem der Gekreuzigte lebendig ist, dessen Wille zu liebender Koexistenz auch angesichts faktischer Sündenverfallenheit und sinnvolle Existenz zerstörender Selbstinsistenz von Mensch und Welt, angesichts ihrer Gottlosigkeit also, bis hin zum Fluchtod erhalten blieb, nur jener Geist vermag den bösen und sündigen Ungeist selbstverfallener und in sich verendender Endlichkeit zu überwinden, durch dessen zwar beschreibbare, aber letztlich unbegreifliche, weil sinnlose und in sich verkehrte Widerlichkeit der Gegensatz von Schöpfer und Geschöpf in die Welt des Menschen gekommen ist. Nur durch den Geist, in dem der Gekreuzigte lebendig ist, wird das für den Sünder Unausdenkliche offenbare Wirklichkeit, daß Gott seinem Wesen nach Heil für Mensch und Welt will, während sein Unwille über die Sünde allein das fremde Werk seiner Liebe darstellt.

Pneumatologie und Christologie beschreiben demnach einen unauflöslichen, wenngleich differenzierten Zusammenhang. Über die genaue Bestimmung dieses Zusammenhangs kam es innerhalb der Reformationskirchen zu Differenzen, die vornehmlich im Rahmen der Abendmahlsdebatte ausgetragen wurden und deshalb hier noch kurze Erwähnung finden sollen. Die reformierte Tradition ging bekanntlich im Interesse der Wahrung der Integrität der menschlichen Natur Jesu Christi davon aus, daß der erhöhte Christus als Mensch an einem bestimmten himmlischen Ort lokalisiert sei, mithin gemäß seiner Menschheit nicht in Brot und Wein präsent sein könne. Gleichwohl rechnet, wenn auch nicht die zwinglische, so doch die calvinische Abendmahlslehre mit einer sakramentalen Begegnung sowohl mit der Gottheit als auch mit der Menschheit Jesu Christi. Den vermeintlichen Widerspruch dieser Annahmen suchte man pneumatologisch zu beheben. Kraft des Heiligen Geistes soll der durch die lokale Bindung des Menschseins Christi im Himmel bedingte

Abstand zum irdischen Ort des Sakramentsgeschehens überbrückt werden. Der Geist ist es, der Jesus Christus auch als Mensch im Abendmahl gegenwärtig sein läßt. Allerdings kann es sich bei dieser Gegenwart unter reformierten Bedingungen recht eigentlich nicht um eine leibliche Gegenwart des Menschseins Jesu handeln, sondern allein um eine geistige, will heißen: um eine Gegenwart der lebenspendenden Kraft und Wirkung der Menschheit Jesu. Calvin versucht dies mit einem Vergleich zu verdeutlichen: „Wenn wir nämlich sehen", sagt er, „wie die Sonne mit ihren Strahlen auf die Erde scheint und gewissermaßen, um ihre Sprößlinge zu zeugen, zu nähren und zu beleben, ihre Substanz auf sie übergehen läßt – weshalb sollten dann die Strahlen des Geistes Christi von geringerem Vermögen sein, um uns die Gemeinschaft mit seinem Fleisch und Blut zuzutragen?" (Inst. IV, 17, 12).

Weil die Lutheraner die geistvermittelte sakramentale Präsenz des Menschseins Christi als eine bloß virtuelle (und eben gerade nicht substantielle) verdächtigten, glaubten sie das Problem der Gegenwartsmöglichkeit der menschlichen Natur Jesu Christi im Abendmahl insgesamt anders lösen zu sollen, nämlich mit der Ubiquitäts- bzw. Multivolipräsenzlehre. Danach hat die menschliche Natur Jesu Christi vermöge ihrer Teilhabe an den Hoheitseigenschaften der göttlichen Natur die Fähigkeit, überall bzw. an jedem Ort zu sein, wo sie will, was den Grund der Möglichkeit darstellt für die leibhafte Präsenz Jesu Christi in den vielen Sakramentsfeiern.

Betrachtet man beide Lösungsmodelle aus historischer Distanz, werden ihre Stärken und Schwächen zugleich deutlich, was die Voraussetzung darstellt, sich jenseits konfessioneller Vorurteile dem tatsächlichen Sachproblem zu stellen. Es besteht in der Notwendigkeit des Aufweises wechselseitiger Selbstexplikation von Christologie und Pneumatologie. Nur wenn sich zeigen läßt, daß die Heilsgeschichte Jesu Christi in ihrer perfekten Einmaligkeit zugleich Neues eröffnet, kann die christologische Möglichkeit einer Pneumatologie erwiesen werden, welcher Erweis theologisch von höchster Bedeutsamkeit ist, sofern der Geist, soll er christlich verstanden werden, als der identifizierbar sein muß, der von Jesus Christus ausgeht, ohne doch dabei seine Eigenständigkeit christomonistisch einzubüßen. Die Bestimmung des Verhältnisses von Christologie und Pneumatologie stellt also vor das Problem, welches auch, aber keineswegs nur für die Abendmahlstheologie von zentraler Wichtigkeit ist, nämlich einen solchen Zusammenhang zwischen der Ursprungsgestalt des Heilsgeschehens in Jesus Christus und ihren wirkungsmächtigen Folgen zu denken, der von der Äußerlichkeit eines Grund-Folge-Verhältnisses nicht betroffen ist und gleichwohl der durch die Unterscheidung von Christologie und Pneumatologie erforderten Differenziertheit theologischer Rede gerecht wird.

Daß sich sowohl die lutherische als auch die reformierte Lehrtradition redlich um die Lösung dieses Problems bemüht haben, ist mit Respekt zu würdigen. Zu einem wirklich stimmigen Ausgleich von Christologie und Pneumatologie sind indes beide nicht gelangt. Während im lutherischen Lösungsmodell die Pneumatologie tendenziell zu einem bloßen Ratifikationsinstrument der Christologie erklärt und damit in ihrer theologischen Eigenständigkeit unterbestimmt wird, ist die Stärke reformierter Pneumatologie durch ein Defizit der Christologie erkauft: der Heilige Geist fungiert gewissermaßen als Ersatz des leibhaften Jesu, um „den Mangel seiner Abwesenheit auszufüllen" (Inst. IV, 17, 26). Demgegenüber ist geltend zu machen, daß Christologie und Pneumatologie in einem Verhältnis reziproker Selbstauslegung stehen, so daß sich Jesus Christus und Heiliger Geist wechselseitig ihre Vollkommenheit bestätigen. Sonach hat beides zu gelten: Das Heil, welches der Geist vermittelt, heißt Jesus und nicht anders; der Geist erfüllt sein Wesen, indem er Jesus als den Christus bezeugt. Deshalb darf die Jesusgestalt nicht einer bloßen Vergangenheit überlassen oder an einen abwesenden himmlischen Ort fixiert werden. Der im Geiste gegenwärtige und als Christus offenbare Jesus indes ist seinem eigenen Wesen nach nicht verschlossen in sich, sondern da für uns. Der lebendig präsente Jesus Christus will, man kann das durchaus so sagen, nicht einer allein, sondern einer unter anderen sein. Er eröffnet und bestätigt demnach an sich selbst jene gottgewollte geschöpfliche Vielzahl und irreduzible Subjektpluralität, für die der Geist in Person einsteht. Indiz der Nachfolge Jesu ist daher jener Gemeingeist, in dem die Verschiedenen als Verschiedene eins sein können, weil die Verschiedenheit – auch die durch Zeit und Raum bedingte Verschiedenheit – ohne zu verschwinden, doch ihr Trennendes verloren hat. Wo solcher Geist, als dessen Wirkzeichen Wort und Sakrament eingesetzt sind, weht, ist Kirche geworden und das Reich Gottes nicht fern.

## 4.5 Die Sakramente und die Kirche

Seit dem II. Vatikanischen Konzil ist die Rede von der Kirche als Sakrament, welche sich vorher bereits bei einzelnen Theologen finden läßt (z. B. J. Scheeben, J. H. Oswald, O. Semmelroth, K. Rahner), fester lehramtlicher Bestandteil römisch-katholischer Ekklesiologie. So konstatiert die Dogmatische Konstitution über die Kirche ›Lumen gentium‹ (Art. 48): „Christus hat, von der Erde erhöht, alle an sich gezogen ... Auferstanden von den Toten ..., hat er seinen lebendigmachenden Geist den Jüngern mitgeteilt und durch ihn seinen Leib, die Kirche, zum allumfassenden Heilssakrament (universale salutis sacramentum) gemacht. Zur Rechten des Vaters sitzend, wirkt er beständig in der Welt, um die Menschen zur Kirche zu führen und durch sie enger mit sich zu verbinden, um sie mit seinem eigenen Leib und Blut zu ernähren und sie seines verherrlichten Lebens teilhaftig zu machen. Die Wiederherstellung also, die uns verheißen ist und die wir erwarten, hat in Christus schon begonnen, nimmt ihren Fortgang in der Sendung des Heiligen Geistes und geht durch ihn weiter in der Kirche, in der wir durch den Glauben auch über den Sinn unseres zeitlichen Lebens belehrt werden, bis wir das vom Vater uns in dieser Welt übertragene Werk mit der Hoffnung auf die künftigen Güter zu Ende führen und unser Heil wirken ..." (LThK Erg.-Bd. I, 315). Die christliche Kirche, wie sie in der römisch-katholischen subsistiert (LG Art. 8), ist demgemäß „in Christus gleichsam das Sakrament, d. h. Zeichen und Werkzeug (veluti sacramentum seu signum et instrumentum) für die innigste Vereinigung mit Gott wie für die Einheit der ganzen Menschheit" (LG Art. 1; LThK Erg.-Bd. I, 157; vgl. Art. 9, 48 f.). Entsprechend kann man, wie im Ökumenismusdekret ›Unitatis Redintegratio‹ (Art. 4) zu lesen steht, „nur durch die katholische Kirche Christi, die das allgemeine Hilfsmittel des Heiles (generale auxilium salutis) ist, ... Zutritt zu der ganzen Fülle der Heilsmittel haben" (LThK Erg.-Bd. II, 59). Denn alle liturgischen Handlungen, die auf das Heil der Menschen gerichtet sind, sind „Feiern der Kirche, die das 'Sakrament der Einheit' (unitatis sacramentum) ist" (SC 26; LThK Erg.-Bd. I, 35). Auch die Einzelsakramente haben sonach als Explikationsgestalten und Grundvollzüge des Sakraments der Kirche zu gelten. Entsprechend kann und muß gesagt werden, daß die katholische Kirche in den sakramentalen Vollzügen ihr eigenes Sein vollzieht, wobei die eucharistische Feier als die konzentrierteste Gestalt dieser Vollzüge zu gelten hat. Feiert damit die Kirche in den Sakramenten, namentlich in der Eucharistie, die Sakramentalität ihres eigenen Seins, statt sich im Empfang der sakramentalen Gabe der Sakramentalität Jesu Christi zu vergewissern?[16]

Katholische Theologie wird diese Gegenüberstellung gewiß nicht akzeptieren; gleichwohl liegt die Frage nahe, ob die Einzelsakramente tatsächlich in den Realisierungszusammenhang und nicht vielmehr in den Begründungszusammenhang der Kirche gehören. Die ökumenische Dringlichkeit dieser Frage läßt sich an einem für die sakramentale Theorie und Praxis sehr wichtigen Beispiel belegen. Im zweiten Artikel des ›Ökumenismusdekrets‹ (vgl. LThK Erg.-Bd. II, 44 f.) wird gesagt, der Herr habe das Sakrament der Eucharistie in seiner Kirche gestiftet („in Ecclesia sua . . . instituit"). Die ökumenische Praxisrelevanz dieser und ähnlicher Formulierungen zeigt sich spätestens an dem Problem, wie der Nachsatz zu verstehen sei, durch das der Kirche eingestiftete Sakrament werde deren Einheit bezeichnet und bewirkt („quo unitas Ecclesiae et significatur et efficitur"). Wie verhalten sich eigentlich signifikative und effektive Bedeutung der Eucharistie im Hinblick auf die kirchliche Einheit zueinander? Evangelische Theologie jedenfalls wird deutlich zu machen haben, daß das Abendmahl „nicht nur Ausdruck und Zeichen schon bestehender kirchlicher Einheit [ist], sondern auch" – und man muß wohl hinzufügen: vor allem – „die Quelle und Wurzel, aus der die Einheit der Christen lebt und immer wieder erneuert wird. Das spricht für die Meinung, daß die Abendmahlsgemeinschaft nicht erst am Ziel des Prozesses kirchlicher Einigung zu stehen braucht, sondern auch schon die gegenwärtige Kraft Christi für den Weg zu diesem Ziel sein kann."[17] Die Forderung der sog. offenen Kommunion und die Gewährung eucharistischer Gastfreundschaft in den gegenwärtigen evangelischen Kirchen ist deshalb nicht als Zeichen theologischer Laxheit, sondern als konsequente Folge einer ekklesiologischen Grundüberzeugung und eines entsprechenden Verständnisses kirchlicher Einheit zu werten.

[16] Vgl. Jüngel, E., Die Kirche als Sakrament?, in: ZThK 80 (1983), 432–457.

[17] Pannenberg, W., Das Abendmahl – Sakrament der Einheit, in: ders., Ethik und Ekklesiologie. Gesammelte Aufsätze, Göttingen 1977, 286–292, hier: 287.

Vor diesem Hintergrund wird verständlich, warum evangelische Theologen diese These von der Sakramentalität der Kirche in der Regel skeptisch oder ablehnend beurteilen. Wenn man den Sakramentsbegriff nicht überhaupt Jesus Christus vorbehält, möchte man die Sakramentalität einzelner kirchlicher Vollzüge konsequent auf ein testamentarisches Stiftungswort bzw. Stiftungshandeln Jesu Christi zurückführen, um sie ausschließlich von dorther und nicht über den Gedanken einer Sakramentalität der Kirche zu begründen. Dabei läßt sich die Kontroverse letztlich auf die Frage zuspitzen, wie sich Christologie (bzw. Pneumatologie) und Ekklesiologie zueinander verhalten. Geht man dieser Frage nach, so zeigt sich, daß auch römisch-katholische Theologie bei allem Willen, im Anschluß an den neutestamentlichen μυστήριον-Begriff den einigen Zusammenhang beider zu betonen, ohne Differenzierungen nicht auskommt. So wird, um im Rahmen der Sakramentstheologie zu bleiben, die Kirche Grundsakrament, Jesus Christus hingegen Ursakrament genannt. Diese Unterscheidung zielt zweifellos auf die Einsicht, daß die theologische Fundamentalität der Kirche nicht in sich selbst gründet, sondern auf dem in Jesus Christus gelegten Urgrund basiert; nichtsdestoweniger bleibt die Differenzierung zwischen Ur- und Grundsakrament zu unbestimmt, um genau angeben zu können, wie denn nun Einheit und Unterschiedenheit sakramentstheologisch so zusammengedacht werden sollen, daß beide gleichermaßen zur Geltung kommen. Probleme ergeben sich auch, wenn das Verhältnis von Ur- und Grundsakrament bzw. Christologie und Ekklesiologie analogisch bestimmt wird; denn die Rede von Analogie ist sinnlos, wenn nicht angegeben werden kann, worin die Identität des logos analogans besteht. Selbst der Grundsatz klassischer Analogielehre von der in aller Ähnlichkeit je größeren Unähnlichkeit (vgl. DS 806) entlastet m. E. nicht von solchem Identifizierungszwang und läßt infolgedessen – zugestandenermaßen ganz gegen seinen Wortlaut und seine ursprüngliche Intention – die Unterschiedenheit der Analogate gegenüber ihrer Einheit unterbestimmt. Dem Hang zur Univokation kann keine konsequent gedachte Analogielehre entgehen.

Demgegenüber hat es evangelische Theologie stets als ihre besondere Aufgabe betrachtet, mit Genauigkeit auf die Unterschiedenheit und Unterscheidbarkeit von Ekklesiologie und Christologie / Pneumatologie zu achten. Schon die altprotestantische Dogmatik bestand mit Nachdruck darauf, daß Christus in der

Kraft des göttlichen Geistes selbst Subjekt der Versöhnung ist und in alle Ewigkeit bleibt, indem sie die intercessio als zweite priesterliche Funktion Christi der satisfactio beiordnete, um so das fortwährend wirksame Eintreten des Erlösers für sein einmal vollbrachtes Werk hervorzuheben. Christus selbst ratifiziert sein Werk für uns, indem er es in persönlich-verbaler Fürbitte vor Gott repräsentiert. Vorstellungshaft kommt darin sehr schön zum Ausdruck, sowohl daß sich das Werk Christi nicht als äußerlich-objektive Gegebenheit von seiner Person trennen läßt als auch daß Jesus Christus selbst es ist, der den Fortbestand seines Werkes durch die Zeiten garantiert. Eine andere Frage ist es, ob die Lehre von der intercessio Jesu Christi, die auf ihre Weise ja auch die scholastische Tradition vertreten hatte, notwendig konkurrieren muß mit der soteriologischen Funktion der Kirche. Jedenfalls wird sich protestantische Theologie, so sehr sie auf die theologische Unterscheidbarkeit von Jesus Christus und Kirche zu dringen hat, davor hüten müssen, das Verhältnis von Christologie und Ekklesiologie als abstrakte Differenz aufzufassen. Gerade der neutestamentliche μυστήριον-Begriff sagt ja zweifellos eine innige Beziehung beider aus, wie denn auch die sakramentalen Feiern ohne ekklesiologische Bezüge gar nicht zu denken sind. Ulrich Kühn hat das zuletzt wiederholt und mit vollem Recht betont.[18] Ob man deshalb „Sakramente als realsymbolische Glaubenshandlungen der Gemeinde Jesu Christi“ (306) und als Riten bezeichnen kann, „in denen die Gemeinde ihre Zugehörigkeit zu *Christus* verbindlich zum Ausdruck bringt und sich dem dreieinigen Gott hingibt“ (308), um ‘in, mit und unter’ solchem kirchlichen Handeln das Handeln Gottes selbst zu erfahren (vgl. 45, 129, 162, 213 u. a.), scheint mir gleichwohl zweifelhaft. Auch neige ich dazu, die von Kühn aufgeworfene Frage zu verneinen, ob „die ‘Objektivität’ des Sakraments gegenüber dem einzelnen Christen nicht auch als Gegenüber der im Glauben das Sakrament feiernden und handelnden Gemeinde zum einzelnen Sakramentsempfänger zu begreifen (sei)“ (73). Denn wie der einzelne Christ, so ist auch die Gemeinde in ihrer Gesamtheit auf das Gegenüber Jesu Christi angewiesen, dessen lebendiges Fortwirken trotz innigster Verbundenheit mit der Kirche doch nicht unmittelbar an dieser hängt, wenn anders Jesus Christus wahr-

[18] Kühn, U., Sakramente, Gütersloh 1985. Die nachfolgenden Seitenverweise im Text beziehen sich hierauf.

haftig auferstanden ist. So richtig es ist zu sagen, Christus lebe in seiner Kirche, so falsch wäre es doch, daraus zu folgern, Christus sei in die Kirche auferstanden, die versammelte Gemeinde sei die einzige Realexistenz seines Leibes. Denn solche Folgerung führt zu nichts anderem als zu einer Auflösung der Faktizität und des Perfekts der Auferstehung, welche besagen, daß Jesus Christus an sich selbst und als solcher lebt, welche Gewißheit zugleich die Bedingung der Möglichkeit des Lebens der Gemeinde ist, wie der Geist sie vermittelt. Wahre „Begeisterung" ist sonach, das gilt auch und gerade für die Kirche und ihre Glieder, immer ein Extra-se-Sein. Kirche ist, was sie ist, nämlich konkrete Gestalt der Geistesgegenwart, wenn sie gleichsam außer sich ist, selbstvergessen bei der Sache, richtiger gesagt: beim Herrn, welchem sie im Glauben zutraut, seine göttliche Wahrheit mittels des Wirkens des Geistes selbst bewähren zu können. Wollte die Kirche hingegen das Wirken des Geistes Christi mit ihrer Wirklichkeit gleichsetzen, um die Wahrheit Christi selbst zu bewähren, müßte sie zwangsläufig dem Ungeist der Selbstverschlossenheit, des Unglaubens und der Sünde verfallen. Wahre Kirche gibt es sonach nur im Vertrauen auf die Selbstbezeugung der Wahrheit Jesu Christi im Geist, Verkehrung und Sünde hingegen herrschen dort, wo man den Blick auf sich selbst richtet – und sei es auch, um sich an eigener Heiligkeit zu erbauen. In diesem Sinne gilt auch und gerade für die ecclesia: „iniusta in se, iusta in spe resp. in Christo bzw. simul iusta et peccatrix."[19]

Nun kann man gegen die vorgetragene ekklesiologische Argumentation einwenden, in ihr werde nicht hinreichend unterschieden zwischen der kirchlichen Gemeinschaft der Gläubigen und der Kirche, die den einzelnen Gläubigen ebenso wie ihrer Gemeinschaft immer auch gegenüberstehe, indem sie die Heilsmedien verwalte, mittels derer sich der Heilige Geist als wirksam erweist. Der Präfekt der römischen Glaubenskongregation, J. Kard. Ratzinger, hat die Notwendigkeit einer solchen Unterscheidung im Anschluß an das II. Vatikanische Konzil mit Nachdruck eingeschärft und pointiert formuliert: „Wir sündigen, aber nicht die Kirche sündigt ..."[20] Die einzelnen Glieder der Kirche

[19] Vgl. Peters, A., Der dritte Glaubensartikel, in: NZSTh 15 (1973), 326–347.

[20] Ratzinger, J. Kard., Zur Lage des Glaubens. Ein Gespräch mit Vittorio Messori, München, Zürich, Wien 1985, 53.

sind also durchaus als Sünder anzusprechen, und auch ihre empirische Gemeinschaft hat als corpus permixtum zu gelten; gleichwohl darf die Kirche der Sünder nicht sündige Kirche genannt werden. Bleibt zu fragen, wie die Differenz zwischen heiliger Mutter Kirche und ihren sündigen Kindern eigentlich zu denken ist, ohne in eine Hypostasierung institutioneller Strukturen zu verfallen, derzufolge individuelle Personen nur als marginale Funktionsmomente zu gelten hätten, welche Annahme von der katholischerseits stets bekämpften Idee der Kirche als einer civitas platonica so weit nicht entfernt wäre. Wie dem auch sei: Für protestantische Theologie ist und bleibt die Überzeugung grundlegend, daß wie der einzelne Christ, so auch die verfaßte Kirche allein exzentrisch, also gerade nicht in der Weise stabiler Identität mit Christus im Geiste vereint ist. Nichts anderes als dies will die Theorie des doppelten Kirchenbegriffs einschärfen. Damit ist nicht die wahrnehmbare Realität der einen wahren Kirche Jesu Christi auf Erden bestritten. Aber die Wahrnehmbarkeit dieser Realität ist primär gegeben nicht in der Weise fixer Strukturen oder bestimmter Personen, ohne welche die Wahrnehmbarkeit von Strukturen ohnehin nicht denkbar sein dürfte, sondern in der Gestalt von Wörtern und ins Wort gefaßte Zeichen, die zwar auch ohne menschliche Zeugen nicht vorstellbar sind, über die gleichwohl kein einzelner Mensch und keine Gruppe ein Auslegungsmonopol besitzen, weil sie – prinzipiell und universal verständigungsorientiert – sich an alle Menschen richten. Diese Wörter und Zeichen sind ursprünglich gegeben im Zeugnis derer, denen sich der auferstandene Gekreuzigte im Geist lebendig in Erinnerung brachte und so durch sein Selbstzeugnis jene viva vox evangelii hervorrief, deren Kodifizierung in den Buchstaben der Schrift nicht ein neues Gesetz statuiert, sondern insbesondere dies zu bedeuten hat: es sind keine weiteren Offenbarungen zu erwarten, das Heil ist vollbracht, es kann fortan nur noch, wie auch und gerade die ersten Zeugen bestätigen, als vollbrachtes bezeugt werden. Damit ist es zugleich untersagt, daß sich das Zeugnis selbst an die Stelle des Bezeugten setzt und jedem die Möglichkeit eröffnet, sich selbst zu überzeugen. Wort und Sakrament sind die Wahrzeichen dieses Angebots: „Kommet herzu, es ist alles bereit."

# LITERATURVERZEICHNIS

Da die Literaturverweise der Anmerkungen dem Charakter einer Einführung entsprechend auf ein Minimum beschränkt werden mußten, bietet nachfolgendes Verzeichnis eine Auswahl vor allem solcher Texte, denen weiterführende bibliographische Hinweise zu entnehmen sind.


Asmussen, H., Das Sakrament, Stuttgart 1957.

Beasley-Murray, G., Die christliche Taufe. Eine Untersuchung über ihr Verständnis in Geschichte und Gegenwart, Kassel 1968.

Bouyer, L., Wort – Kirche – Sakrament in evangelischer und katholischer Sicht, Mainz 1961.

Brunner, P., Pro ecclesia. Gesammelte Aufsätze zur dogmatischen Theologie, Berlin 1962.

Burgsmüller, A., und Frieling, R. (Hrsg.), Amt und Ordination im Verständnis evangelischer Kirchen und ökumenischer Gespräche. Eine Dokumentation im Auftrage der Arnoldshainer Konferenz, Gütersloh 1974.

Delekat, F., Die heiligen Sakramente und die Ordnungen der Kirche. Ein Beitrag zur Lehre von der Sichtbarkeit der Kirche, Berlin 1940.

Ebeling, G., Wort Gottes und Tradition. Studien zu einer Hermeneutik der Konfessionen, Göttingen [2]1966.

Finkenzeller, J., Die Lehre von den Sakramenten im allgemeinen. Von der Schrift bis zur Scholastik, Freiburg, Basel, Wien 1980.

Fischer, E., Zur Geschichte der evangelischen Beichte, 2 Bde. (1902–03), Aalen 1972.

Fricke, O., Die Sakramente in der protestantischen Kirche, Tübingen 1929.

Fries, H. (Hrsg.), Wort und Sakrament, München 1966.

Frör, K., Zur Geschichte und Ordnung der Konfirmation in den lutherischen Kirchen, München 1962.

Ganoczy, A., Einführung in die katholische Sakramentenlehre, Darmstadt [2]1984.

Garijo-Guembe, M., J. Rohls und G. Wenz, Mahl des Herrn. Ökumenische Studien, Frankfurt a. M. 1988.

Gaßmann, G., und V. Vajta (Hrsg.), Evangelium und Sakrament, Gütersloh 1970.

Graß, H., Die Abendmahlslehre bei Luther und Calvin. Eine kritische Untersuchung, Gütersloh [2]1954.

Hareide, B., Die Konfirmation in der Reformationszeit. Eine Untersu-

chung der lutherischen Konfirmation in Deutschland 1520–1585, Göttingen 1971.
Heubach, J., Die Ordination zum Amt der Kirche, Berlin 1956.
Hotz, R., Sakramente im Wechselspiel zwischen Ost und West, Einsiedeln, Gütersloh 1979.
Kähler, M., Die Sakramente als Gnadenmittel, Leipzig 1903.
Kühn, U., Sakramente, Gütersloh 1985.
Lehmann, K., und W. Pannenberg (Hrsg.), Lehrverurteilungen – kirchentrennend? I: Rechtfertigung, Sakramente und Amt im Zeitalter der Reformation und heute, Freiburg, Göttingen 1986.
–, und E. Schlink (Hrsg.), Das Opfer Jesu Christi und seine Gegenwart in der Kirche. Klärungen zum Opfercharakter des Herrenmahles, Freiburg, Göttingen 1983.
Lieberg, H., Amt und Ordination bei Luther und Melanchthon, Göttingen 1962.
Peters, A., Buße – Beichte – Schuldvergebung in evangelischer Theologie und Praxis, in: KuD 28 (1982), 42–72.
–, Realpräsenz. Luthers Zeugnis von Christi Gegenwart im Abendmahl, Berlin, Hamburg 1966.
Rahner, K., und E. Jüngel, Was ist ein Sakrament? Vorstöße zur Verständigung, Freiburg 1971.
Ratschow, C. H., Die eine christliche Taufe, Gütersloh 1972.
Roth, E., Sakrament nach Luther, Berlin 1952.
Schlink, E., Die Lehre von der Taufe, Kassel 1969.
Schneider, T., Zeichen der Nähe Gottes. Grundriß der Sakramententheologie, Mainz 1979.
Schütte, H., Amt, Ordination und Sukzession im Verständnis evangelischer und katholischer Exegeten und Dogmatiker der Gegenwart sowie in Dokumenten ökumenischer Gespräche, Düsseldorf 1974.
Schwab, W., Entwicklung und Gestalt der Sakramententheologie bei Martin Luther, Frankfurt a. M., Bern 1977.
Skowronek, A., Sakrament in der evangelischen Theologie der Gegenwart. Haupttypen der Sakramentsauffassung in der zeitgenössischen, vorwiegend deutschen evangelischen Theologie, München, Paderborn, Wien 1971.
Stein, W., Das kirchliche Amt bei Luther, Wiesbaden 1976.
Vogel, H., Das Wort und die Sakramente, München 1936.

# REGISTER

Für die Erstellung des Personen- und Sachregisters sowie für die Mithilfe beim Korrekturlesen danke ich meinen Mitarbeitern Frau Susanne Hofmann, Frau Claudia Wagner und Herrn Georg Pfleiderer.

## *1. Personen*

## *2. Sachen*